Ulrich Schmídel de Straubing

Viaje al Río de la Plata

Barcelona **2024**
Linkgua-ediciones.com

Créditos

Título original: Viaje al Río de la Plata.

© 2024, Red ediciones S.L.
Edición: Bartolomé Mitre
Traducción: Samuel Alejandro Lafone Quevedo

e-mail: info@Linkgua-ediciones.com

Diseño de cubierta: Michel Mallard

ISBN rústica: 978-84-9816-540-1.
ISBN ebook: 978-84-9953-484-8.

Sumario

Viaje al Río de la Plata. Ulrich Schmídel

Advertencia

Schmídel, el más conocido para nosotros de cuantos en el siglo XVI escribieron sobre la historia de la conquista y colonización del Río de la Plata, ha tenido la desgracia de ser el peor interpretado de todos ellos; y no solo esto, sino también el de servir como original de muchos errores que se han hecho clásicos entre los escritores de las épocas posteriores. Los errores propios de él, aumentados por los que resultaban de las glosas latinas y las traducciones de éstas, han formado escuela. La versión castellana no iba más allá; la inglesa publicada por la Sociedad Hakluyt de Londres, acepta sin rectificación el texto del autor; y la edición alemana que ha servido de original para este trabajo, no se ha creído en el deber de corregir los *lapsus* frecuentes del famoso viajero y compañero de don Pedro de Mendoza, muy particularmente en aquello que se refiere a los nombres de los protagonistas en el drama de los acontecimientos previos a la llegada de Alvar Núñez Cabeza de Vaca.

Para llenar este vacío y subsanar las deficiencias y errores de este tan interesante relato, se ha traducido la obra de Schmídel de nuevo y directamente de la última edición alemana.

En el prólogo se da cuenta de las confusiones y deficiencias que aparecen en el texto del autor, y se explican, hasta donde ello es posible, mediante lo que sobre los mismos hechos nos han legado escritores contemporáneos.

En las notas al pie de la traducción se indican los puntos que requieren modificación, con llamada a los párrafos correspondientes del prólogo.

En los apéndices se reproduce la documentación en que se fundan los argumentos del prólogo; mucha parte de ella inédita hasta ahora, y la demás corregida según los mejores MSS. que se han podido conseguir, o cotejada con ediciones como aquélla de las *Cartas de Indias*.

Finalmente, se incluye una reproducción de las láminas que embellecen la edición latina de Levino Hulsio, generosamente facilitada con este objeto por el teniente general Bartolomé Mitre.

Se reproducen también tres mapas, uno de los cuales corresponde a la edición latina citada, que no es mejor ni peor que otros muchos de la época. El segundo es copia del que figura en el «Chaco», del abate Jolis, que, como mapa etnográfico del siglo XVIII, es de los mejores que tenemos. El tercero tiene por original un mapa de Delisle, el que, aunque del año 1700, es probable responda a datos del siglo XVI, por contener muchos nombres de lugar, etc., que hallamos en nuestro autor y otros contemporáneos.

De hoy en adelante no tendrán disculpa los que citaren a Schmídel para comprobar la conexión que existió entre ciertos personajes históricos y la actuación que se les atribuye en los hechos de la epopeya nacional en su primera época. Todo se aclara si con constante y verdadero empeño «lucem quaerimus».

Ulrich Schmídel primer historiador del Río de la Plata
Notas bibliográficas y biográficas por el teniente general don Bartolomé Mitre

I. Schmídel y Bernal Díaz del Castillo

Con motivo del famoso libro de Bernal Díaz del Castillo, hemos señalado la coincidencia de que los dos primeros historiadores de México y del Río de la Plata hayan sido dos simples soldados, tan ingenuos como incultos, héroes y testigos presenciales en los sucesos que narran, y que el género a que sus obras pertenecen constituye una singularidad en la literatura histórica de todos los tiempos.

Los grandes capitanes antiguos y modernos han contado lo que hicieron, lo que vieron y lo que pensaron, complementando así la acción con la pluma; pero eran hombres de mando y de pensamiento, cuya palabra es una vibración del temple de sus almas, que miraban las cosas desde arriba y de su punto de vista, incorporándolas a la historia de su propia personalidad. Mientras tanto, ningún legionario de César, ninguno de los expedicionarios de las falanges macedónicas de Alejandro, ni uno solo de los diez mil de Jenofonte, ni veterano alguno de Federico o Napoleón, han escrito memorias geniales que trasmitan a la posteridad los sentimientos y las impresiones de las multitudes que acaudillaron, reflejando los juicios de la colectividad que obedecía.

Es un rasgo característico del descubrimiento del Río de la Plata y de México, que sus dos primitivos y más genuinos historiadores sean dos oscuros soldados que, al contar lo que hicieron, se hayan hecho célebres por sus escritos, legando a la posteridad, no solo un auténtico documento histórico, sino también una obra original, espontánea, hija del instinto y de la observación propia, y por lo mismo llena de la más imparcial y equitativa verdad, y uno de ellos, con una animación y colorido, cual el más consumado arte literario no ha podido jamás reflejar en sus páginas.

Las cartas de Hernán Cortés no nos darían una idea del espíritu de los aventureros que le seguían, si no tuvieran por comentario la *Verdadera historia*, como la llama su autor, de Bernal Díaz del Castillo. Los comentarios del Alvar Núñez Cabeza de Vaca carecerían de sentido, si el *Viaje* de Ulrich Schmídel no nos suministrara los elementos de un juicio completo respecto del carácter de los primeros caudillos conquistadores del Río de la Plata, desde don Pedro de Mendoza hasta Irala, porque les faltaría la opinión que de ellos y de sus actos formaron los soldados colonizadores que los acompañaban.

Bien que la obra de Schmídel pertenezca al género de la de Díaz del Castillo, la de éste le es muy superior, como producto de un genio nativo, siendo única en la literatura universal. La del primero, alemán de temperamento flemático, observador atento y tranquilo de la naturaleza, sin imaginación y despreocupado aunque no exento de preocupaciones vulgares y de prevenciones personales, narra seca y concisamente los hechos, establece las fechas, determina las distancias, describe lo que ve como lo comprende, sin ornamentos de estilo ni divagaciones, y solo de vez en cuando formula un juicio, hace una reflexión o consigna datos etnográficos, geográficos, estadísticos, astronómicos o de historia natural, que en breves rasgos nos dan un retrato, bosquejan una comarca, describen un animal o una planta, señalan un punto en el espacio o dan idea de razas y costumbres perdidas, suministrando a la vez elementos preciosos para la cronología y para la historia de la colonización inicial del Río de la Plata por la raza europea. La obra de Díaz del Castillo, español de temperamento nervioso, es abundante en la palabra, prolija, animada, llena de colorido y eclipsa, como narración, como descripción y como pintura, todas las crónicas e historias escritas antes o después sobre el mismo asunto.

Ambos libros tienen de común, el carácter militar de sus autores, la ingenuidad del relato, la libertad de los juicios respecto de los hechos, hombres y cosas; la pintura al natural de los caracteres sorprendidos en la acción; las pasiones de partido de que participan, y sobre todo, ser ellos la expresión fiel de la opinión de los soldados en guerra con los salvajes y envueltos en discordias civiles, que con el criterio de las multitudes, juzgaban las acciones de sus jefes y los hechos en que eran actores. Son documentos históricos a la vez que elementos morales, que explican los hechos y los ilustran, animándolos con cierto soplo democrático, que hace vibrar la fibra humana al través del tiempo.

II. Bibliografía de Schmídel

La obra de Schmídel fue escrita en alemán. La primera edición se publicó en 1567 en una colección de viajes en 2 volúmenes o partes, sin numeración de tomos, pero con distinta foliatura cada uno, en cifras arábigas y romanas. El título de la primera parte es como sigue:

Erst theil dieses Welt- / buchs von Newen / erfundnen Landtschafften: / Warhafftige / Beschreibunge aller theil der Welt etc. etc. / Durck Sebastian Franck von Word etc. etc. / (Dos viñetas representando guerreros asiáticos.) *Anno M.D.LX.VII.* (Primera parte de esta historia universal, de países nuevamente descubiertos. Verídica descripción de todas las partes del mundo... etc. Publicado por Sebastián Franck de Word, pero corregido y revisado nuevamente.) I vol. fol., letra gótica.

El título de la segunda parte, abreviado, es textualmente como sigue:

Ander theil dieses Welt. / buchs von Schif- / fahrten. / Warhafftige Be- / schreibunge aller / und mancherley sorgfeltigen Schif- / farten, auch viler unbekanten erfundnen Landtschafften, Insu- / len, Konigreichen, und Stedten... Durch Ulrich Schmidel von Straubingen, etc. (Dos viñetas representando dos hombres de mar en paisaje marítimo.) *Getruckt zu Franckfurt am Main, Anno 1567.* (Otra parte de esta historia universal de navegaciones. Verídicas descripciones de varias navegaciones, como también de muchas partes desconocidas, islas, reinos y ciudades... también de muchos peligros, peleas y escaramuzas entre ellos y los nuestros, tanto por tierra como por mar, ocurridos de una manera extraordinaria, así como de la naturaleza y costumbres horriblemente singulares de los antropófagos, que nunca han sido descritas en otras historias o crónicas, bien registradas y anotadas para utilidad pública. Por Ulrich Schmídel de Straubing.) (Al fin:) *Betruckt zu Franckfurt am Mayn bey Martin Lechler, in verle- / gung Sigmund Feirabends / und Simon Hue- / ters.* / (Marca del librero.) *Anno MD.LXVII.* / 1 vol. fol., letra gótica. 5 fsf., prel., con dos foliaturas: 1.ª 1-110 ff. - 2.ª 1-29 ff., y una foja para el colofón ya descrito.

19

En la segunda foliatura (*bis*), desde la foja 1 a 26 inclusive, se registra la narración de Schmídel, con el siguiente título particular por encabezamiento de la primera página:

Warhafftige und liebliche Beschreibung etlicher furnemen Indianischen Landtschafften und Insulen, die vormals in keiner Chronicken gedacht, und erstlich in der Schiffart Ulrici Schmidts von Straubingen, mit grosser gefahr erkundigt, und von ihm selber auffs fleissigst beschrieben und dargethan. (Verídica e interesante descripción de algunos países indianos e islas, que no han sido mencionadas anteriormente en ninguna crónica, explorados por la primera vez en el viaje de navegación de Ulrich Schmídel de Straubing con mucho peligro, y descritos por el mismo con mucho esmero.)

A esta edición le falta el preámbulo y el epílogo del autor. Es tan rarísima, que muy pocos la han visto en el espacio de cerca de tres siglos, y algunos han dudado de su existencia. León Pinelo en su *Epítome*, aunque dice que fue impresa en alemán, solo menciona otra muy posterior en latín; y Barcia, en su *Biblioteca* adicionada, repite lo mismo con algunos pormenores más. Meusel, uno de los más eruditos bibliógrafos alemanes, dice en su *Bibliotheca Historica*, que jamás consiguió ver un ejemplar. Camus, en su estimada *Memoria* sobre los viajes de Thevenot y De Bry, dice: «No sé si el original de esta relación, escrito en alemán, ha sido impreso en esta lengua, en otra parte que en la colección de Teodoro De Bry». Angelis, en su *Colección de documentos*, decía en 1836: «De todas las obras que tratan de la conquista del Río de la Plata, la de Schmídel es la más rara, y casi puede tenerse por irrepetible». Ternaux Compans en 1837, consignó por la primera vez el título abreviado de la segunda parte en su Bibliothèque Americaine. En el catálogo de la *Bibliotheca Grenvilliana*, Payne señaló como casi desconocido un ejemplar completo, que actualmente existe en el Museo Británico. En 1861 apareció por la primera vez en el comercio de libros, ofrecido a la venta por Brockhaus, en Leipzig, y en 1864 en el catálogo de la librería de Franck, en París, de donde lo obtuvimos al precio de 100 francos. Brunet no parece haberlo visto, pues aunque lo mencionó en 1864, le da un título incorrecto, como lo observa *Quaritch*, que es uno de los últimos que lo cita, señalándole el precio de 5 libras esterlinas. En 1878, *Maisonneuve* (Bib.

Leclerc) le asignaba el precio de 450 francos. En Buenos Aires existen tres ejemplares de esta edición.

La segunda edición alemana, apareció en la famosa colección de los grandes viajes de Teodoro de Bry, y forma la séptima parte de ella con el siguiente título:

Das VII. Theil America / Warhafftige und liebliche / Beschreibung etlicher furnemmen / Indianischen Landschafften und Insulen / die vormals in keiner Chronicken gedacht, und erst- / lich in der Schiffart Ulrici Schmidts von Straubingen mit grosser gefahr erkundigt, un von / ihn selber auffs fleissigste beschrieben / und dargethan. / -Und an Tag gebracht durch Dietterich / von Bry. / - Anno M.D.XCVII. / - Venales reperiuntur in officina / Theodori de Bry. (Parte VII. América. Descripción verídica e interesante de algunos países e islas de importancia, de que no se ha hecho mención todavía en ninguna crónica, y cuyas exploraciones han sido llevadas a cabo por primera vez en el viaje de navegación del Ulrich Schmidt de Straubing, con grandes peligros y que han sido descritos y explicados por él con toda diligencia. Dado a luz por Teodoro de Bry.) 1 vol. 4.º mayor, letra gótica. Con 2 fs., f. prel., incluso frontispicio grab., y 31 ff. de texto con una lámina en la primera página.

A esta edición le falta como a la primitiva, el preámbulo y el epílogo, como que es una reproducción de ella, con la sola diferencia de dividir el relato en XXXIII capítulos sin títulos.

Dos años después (1599), el mismo De Bry la incluyó en su serie de grandes viajes en latín, traducida a este idioma por Gothard Arthus, con este título:

Americae Pars VII. - / Verissima et Jvcvndissima Descriptio Praecipvarum Quarvndam Indiae / regionum & Insularum, quœ quidem nullis an- / te hœc tempora visœ cognitœque, iam primum / ab Virico Fabro Straubingensi, multo, cum periculo inuentae & ab eodem summa dili- / gentia consignatœ fuerunt, ex germanico in la- / tinum sermonem conuersa autore M. Gotardo Artvs Dan- / tiscano. / -Illustrata vero pulcherrimis imaginibus, & in / lucem emissa, studio & opere Theodo / ridici de Bry piœ memoriœ relictœ / viduae & filiorum. Anno

21

Christi, M.D.XCIX. - Venales reperiuntur in officina Theodori de Bry. 1 vol. 4.º mayor con 82 páginas incluso la portada grabada igual a la anterior, y el prefacio, que ocupan dos fojas, y una lámina idéntica en la primera página del texto.

Esta edición, salvo el idioma, está ajustada en un todo a la anterior alemana del mismo De Bry.

En el mismo año, fue incluida, en alemán también, en la 4.ª parte de la colección de Levinus Hulsius, con este título: *Wahrhafftgen Historien einer Vunderbahen Schiffart welche Vlrich Schmiedel von Straubingen von anno 1534 bis 1554 in American oder Neuen Welt bey Brasilia und Rio della Plata gethan.* Nuremberg 1599. (Verídica historia de una navegación maravillosa, llevada a cabo por Ulrich Schmídel de Straubing, desde el año 1534 hasta el año 1554, en América o Nuevo Mundo, en el Brasil y Río de la Plata.)

Comparado el texto de esta edición con la alemana, de De Bry, vese que ambos editores tuvieron a la vista un original distinto, y en efecto, el mismo Hulsius declara que la hizo con arreglo a un manuscrito, de que daremos noticia más adelante, y que difiere en parte del primitivo texto.

Casi simultáneamente, el mismo Hulsius, publicó aparte una traducción latina, cuya portada, con el retrato del autor, montado en una llama, con lanza al hombro, y escoltado por indios del Chaco, que llevan el tembetá, reproducimos en facsímil en su formato en 4.º

Esta portada, ocupa la 1.ª foja, y el reverso está en blanco. Sigue otra hoja, a cuyo reverso se encuentra el retrato del autor de cuerpo entero, con sus atributos guerreros, pisando un tigre, con blasón a la izquierda y una especie de serpiente a la derecha, cuyo facsímil damos también.

La foliatura comienza con la dedicatoria del editor al obispo príncipe soberano de Bamberg (Baviera) con las armas de éste al frente, grabada en cobre como las anteriores. Sigue el *Admonitio* de Hulsius al lector, inserto en las páginas 3-5, a cuyo pie se encuentra el preámbulo del autor que falta en las primeras ediciones. Al reverso de la página 5 empieza el texto, que termina en la página 101, con la inserción del epílogo, que también faltaba en las ediciones indicadas. Está dividida en LV capítulos con títulos, en vez de los XXXIII de De Bry, pero su contenido es sustancialmente el mismo, salvo lo apuntado. Contiene 20 láminas sueltas, grabadas en cobre, incluso las ya citadas (dos intercaladas en el texto), y entre ellas, un mapa de la América, desde el trópico de Cáncer hasta el Estrecho de Magallanes y parte de la Tierra del Fuego.

Tales son las ediciones primitivas de la obra de Schmídel, hechas en el siglo XVI, todas las que hemos tenido a la vista al escribir estas notas. La de Hulsius es la más correcta y completa, y la más elegante como trabajo tipográfico. Ella ha servido de texto a las traducciones que posteriormente se han hecho al francés y al español.[1]

III. El nombre de Schmídel

¿Cual es el verdadero nombre del primer historiador del Río de la Plata? He aquí una cuestión que todavía no ha sido resuelta.

En la primera edición alemana de 1567, se le llama *Ulrici Schmidts y Schmidt*; en la segunda de De Bry, se le llama solo *Schmidts*; pero en la latina del mismo se latiniza su nombre, y se convierte en *Ulrico Fabro*. Hulsius, en la edición alemana, le llama *Ulrich Schmiedel,* y en la latina, *Huldericus Schmidel*. Por el nombre de Schmídel es universalmente conocido, y es el destinado a prevalecer, por cuanto a él está vinculada su celebridad.

El primero que promovió la duda acerca de este punto, fue el doctor Burmeister en su *Description physique de la République Argentine*.

La cuestión sinónimo-biográfica que se relaciona con este nombre (que significa *herrero*), había sido tratada antes en general por Goetz respecto de todos los escritores apellidados, en alemán *Schmied,* en inglés *Smith*, en francés *Lefevre*, en español *Fabricio*, y en latín *Faber*. Burmeister, contrayéndose especialmente al punto en discusión, sostiene, que *Schmídel*, es una falsificación, y que debe escribirse *Schmidt*, dando por razón ser un nombre muy generalizado en Alemania.

Los nombres de Schmídel o Schmidl han sido, llevados por nobles familias teutónicas, sin que la adición final altere sustancialmente el significado de su

---

1   Con posterioridad a este estudio, se ha publicado otra edición del viaje de Schmídel, arreglada al texto del manuscrito de la Biblioteca de Múnich de que se da noticia en su lugar, el cual se considera como el más antiguo y se supone sea copia del original. Su título es: *Ulrich Schmidels Reise nach Süd-Amerika in den jahren 1534 bis 1554. Nach der Münchener hand schrift herausgegeben von Dr. Valentín Langmantel. Turingen 1889.* in 8.º 162 págs. (N. del E.)

origen. La *t* adicional en el bajo alemán y *el* en el alto alemán, es una partícula, equivalente *a como*, o proveniente de Schmidt, así como en castellano, Rodríguez significa hijo de Rodrigo y González hijo de Gonzalo. A veces la terminación se convierte en partícula comparativa, para formar un nombre diminutivo, como sucede con el famoso jefe de los *ubicuitarios* luteranos, que fue apellidado Schmidlin, o sea el *herrerito*, a causa de que su padre ejercía este oficio y él lo practicó en sus primeros años. Por lo demás, ambos reconocen el mismo origen con el mismo significado, pues derivan del gótico *Smitha* y del frísico *Smeth*, como puede verse en Webster. En el antiguo alemán era *Smit* o *Smid*, lo mismo que en el alto o bajo alemán. En el moderno alemán es *Schmied*, y así lo escribió Hulsius al tiempo de la muerte del autor, agregándole la terminación *el*. Esto por lo que respecta a la historia de los nombres y a su etimología con sus desinencias.

Considerada la cuestión bajo su aspecto puramente biográfico, ella se reduce a averiguar cómo se denominaban sus antepasados, cómo lo llamaban a él y cómo se llamaba él a sí mismo. Son los documentos escritos los que deben decidirla.

El último que sobre Schmídel haya escrito, es Johannes G. Mondeschein, rector de la Academia de Straubing y compatriota suyo, quien, después de registrar todas las bibliotecas bávaras y especialmente los archivos de su ciudad natal, le llama constantemente Schmídel o Schmidl (que es lo mismo), exhibiendo en su apoyo los documentos más auténticos. En 1881 publicó su trabajo en alemán, en un folleto de 46 páginas y adelantó mucho las noticias biográficas y bibliográficas que acerca de él se tenían, con pruebas, que no dejan duda respecto de su genealogía. He aquí su título: *Ulrich Schmidel von Straubing und seine Reisebeschreibung*. (Ulrich Schmídel y su relación de viaje.)

El nombre de Schmídel o Schmidl, según Mondeschein, era tradicional en Straubing y sus inmediaciones; está consignado en los árboles genealógicos de su nobleza, así como en los registros municipales de la ciudad, estando además registrado en algunos títulos de enfeudación que existen originales y grabado en las piedras tumularias de sus antiguos cementerios.

En la biblioteca real de Múnich existe un manuscrito antiguo, que examinó el mismo Mondeschein, el cual había pertenecido a la de la ciudad de

Regensburg (última residencia del autor), que parece ser una copia del original. Lleva el milésimo de 1564 en el lado interior de la tapa. Arriba del título, de letra distinta, que se supone con algún fundamento ser la del autor, se lee esta inscripción: *It gehering ulich Sckmidl* (pertenece a Ulrich Schmidl). Este manuscrito lleva el preámbulo que no se encuentra en la primera edición alemana de 1567, pero le falta el epílogo. Su relación es más tosca que la del primer texto alemán impreso, como producto nativo antes que sus editores lo puliesen al publicarlo.

Hulsius hizo la impresión alemana y la traducción latina, de que hemos hecho antes mención, sobre un manuscrito distinto, que él consideraba original, y que parece indudable lo era. Llevaba el retrato del autor dibujado, con algunas láminas más, que él reprodujo fielmente por el grabado, aumentándolas con otras de su invención. A su frente puso el nombre de Schmídel, con que es conocido. El manuscrito, que sirvió de texto, fue adquirido por el barón de Moll, secretario de la Academia de Baviera, por el precio de 6 florines. Más tarde pasó a formar parte de la biblioteca pública del reino, de donde ha desaparecido, y «es de esperarse que no para siempre», dice su último y bien informado biógrafo.

Existen además otras pruebas escritas, y algunas de ellas grabadas en piedra dura que deciden la cuestión en favor del nombre de Schmídel o Schmidl. Los nombres de su padre, llamado Wolfgang Schmídel, y el de un hermano Tomás Schmídel, están grabados con todas sus letras en las piedras tumularias de los antiguos cementerios de St. Jacob y St. Peter en Straubing.

El sepulcro de Schmídel no se conoce, pero en la casa por él habitada en sus últimos años y edificada por él en Regensburg, existe en un vestíbulo del primer piso, una chapa de mármol con el blasón de su familia, y abajo esta inscripción:

1563

ULRICH: SC

MIDL - VON

STRAVBING

En la pared exterior, en la parte más antigua de la casa, que da a la Wallerstrasse (calle de Waller), existe otra chapa de mármol, incrustada en ella con esta inscripción:

DIESES HAUS WAR DAS WOHNHAUS

DES

ULRICH SCHMIDL VON STRAUBING

DES

MITENTDECKERS VON BRASILIEN

UND

MITERBAUERS VON BUENOS AIRES

(Esta casa fue la residencia / de / Ulrich Schmidl de Straubing / co-descubridor del Brasil / y / cofundador de Buenos Aires.)

Esta casa pertenecía en 1881 a un farmacéutico llamado Schmídel, que, a pesar de la analogía del nombre, no tenía ningún grado de parentesco con su antiguo propietario, pero que conservaba por tradición algunos recuerdos suyos, entre ellos el retrato de Schmídel, grabado por Hulsius, algunas conchas extrañas y un fragmento de piedra boleadora, perteneciente tal vez a los antiguos querandíes que destruyeron la primera población de Buenos Aires. No se conoce en Europa ningún manuscrito auténtico de Schmídel, pues el que se reputaba por tal, y parece que lo era, se ha perdido, según queda explicado. Por acaso, encontrose en el archivo de la Asunción del Paraguay un documento con las firmas autógrafas de una gran parte de los antiguos conquistadores del Río de la Plata que acompañaron a don Pedro de Mendoza y a Cabeza de Vaca, que lleva la fecha de 13 de marzo, de 1549 y se encuentra en el archivo de don Andrés Lamas. Entre estas firmas se destaca por lo bien conservado de la tinta, el carácter elegante de la letra, la firmeza del pulso y la soltura del rasgo, la de Ulrich Schmídel, cuyo facsímil es éste:

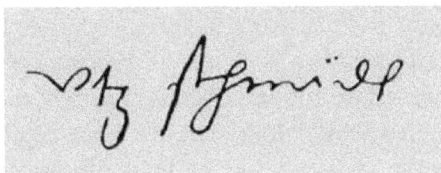

Como este autógrafo pudiera dar todavía motivo para una cuestión paleográfica, queremos agotar la materia, demostrando histórica, ortográfica y gráficamente, que Schmídel se firmaba *Ulrich Schmidl*, lo que resuelve definitivamente la cuestión. *Utz* es una abreviación de *Ulrich*, como *Fritz* de *Friedrich*, y existe como comprobante el antecedente histórico de un antiguo y legendario duque de Baviera llamado *Ulrich*, que en las antiguas crónicas y poemas de la edad media se le llama *Utz*. Por lo que respecta al modo como está escrito el apellido, los dos rasgos que preceden a Smidl (que son clarísimos), representan la *sh* ligadas, que todavía se usa en la escritura alemana, distinguiéndose de la *st* ligadas, en que no se lleva el nudo o cruz indicante de la segunda letra. En cuanto a la ortografía del nombre en sí, Schmidl es lo mismo que Schmídel, como lo hemos apuntado antes, según consta de los documentos y originales citados. Después de esta demostración no quedará duda que Schmídel se llamaba Schmídel.

IV. Biografía de Schmídel
De la vida de Schmídel no se tenían más noticias que las que él mismo suministra en su concisa historia cuando en 1881 Mondeschein publicó la interesante biografía de que hemos hecho mención antes, merced a la cual puede seguírsele desde sus orígenes hasta sus últimos años, en que se pierde su rastro en la vida.

La familia de Schmídel era antiquísima en Baviera, y desde 1364 este nombre figura en su historia municipal. Sus antecesores fueron ennoblecidos por Federico III, quien les concedió por blasón un escudo de armas con la cabeza de un toro negro en cuerpo blanco, con una corona alrededor de las astas, que es el mismo que se ve en el retrato grabado por Hulsius, y que éste copió del manuscrito original del autor, según lo declara.

El padre de Schmídel, que se llamaba Wolfgang, fue tres veces burgomaestre de la ciudad de Straubing, procurador de Azlburg y Augsburg, diputado a la Convención de los Estados en 1506 al final de la guerra de sucesión, y murió en 1511, según consta de su piedra tumularia. Hay motivos para creer que fue casado dos veces. Tuvo tres hijos varones: Federico, el primogénito, cuyo fin se ignora, y Tomás, de quien Ulrico hace especial mención en su historia, que heredaron sucesivamente las prerrogativas de su padre. Respecto del nacimiento del que debía dar celebridad a su nombre, no existen datos, pero es seguro que debió tener lugar antes de 1511, en que murió su padre, o sea a principios del siglo XVI; y que fue en Straubing no hay duda, pues él mismo lo declara: *von Straubing*.

Nada se sabe de la juventud de Schmídel. Parece que recibió alguna educación elemental, o por lo menos que frecuentó una escuela en su niñez, y el carácter correcto de su letra, así como algunas citas literarias de su obra (si es que no son ornamentaciones de sus copistas o editores), así lo harían suponer. Un cronista de Regensburg, ciudad donde el autor pasó los últimos años de su vida, deduce de algunos antecedentes vagos, que se trasladó muy joven a Amberes, en calidad de dependiente de comercio. Lo sabido es que en 1534 se encontraba allí, según consta de su narración, cuando se alistó como simple soldado voluntario con el propósito de dirigirse al nuevo mundo, de que se contaban tantas maravillas.

Al embarcarse en Amberes debía tener por lo menos veinticinco años, pues hacía veintitrés que su padre había muerto, y por su retrato, hecho por los años 1564, se ve un hombre robusto en todo el vigor de la edad viril, con todo su pelo y barba entera, que no representa más de cincuenta años.

En el mismo año llegó a Cádiz, y el 1.º de septiembre de 1534, según él, salió de Sanlúcar con la expedición del Adelantado don Pedro de Mendoza, con destino al Río de la Plata, descubierto por Solís, explorado por Gaboto y visitado por Magallanes al dar la vuelta al mundo. Esta expedición, la más considerable y de gente más distinguida que hasta entonces hubiese salido de España para conquistar y poblar nuevas tierras, se componía de 14 grandes navíos, con 2.500 hombres y 150 soldados de la alta Alemania, flamencos y sajones, armados como arcabuceros (*bombardis* traduce Hulsius) y lansquenetes, debiéndose contar él entre los últimos, según él mismo se ha representado en su retrato.

Su vida, durante sus peregrinaciones por América, es bien conocida por su propia relación, y puede seguírsele casi paso a paso en el espacio de veinte años, que forman su cómputo histórico (1534-1554). Es una odisea, sin más poesía que la de los hechos descarnados, que empieza con el incendio de una nueva Troya de paja y termina, como la del héroe griego, en el hogar paterno.

La expedición de que Schmídel formaba parte, atravesó el Atlántico, y tocó en Río de Janeiro, a la sazón despoblado. Allí tuvo lugar la primera tragedia, precursora de la conquista y colonización del Río de la Plata, que debía ensangrentar su cuna y dar origen a sus revueltas intestinas. Por orden del Adelantado, fue muerto a puñaladas por cuatro de sus oficiales, su segundo Juan de Osorio, y su cadáver expuesto en la plaza, publicándose por bando que moría por traidor, y que en igual pena incurrirían los que se moviesen por su causa. La opinión de los soldados condenó este atentado, según nos lo hace saber el soldado historiador, con estas palabras: «En lo cual se procedió sin motivo justo, porque Osorio era bueno, íntegro, fuerte soldado, oficioso, liberal y muy querido de sus compañeros». Este fallo ha sido confirmado por la Historia.

En 1535 llegó al Río de la Plata. Fue uno de los primitivos fundadores de Buenos Aires en la embocadura del Riachuelo, y se halló en la batalla de Matanza, en que murió el hermano del Adelantado. En la edición de Hulsius está pintada esta batalla en una curiosa lámina, que reproducimos en facsímil. (Ver lámina cap. VIII.)

Padeció el hambre que afligió a los primeros fundadores de la nueva ciudad, y estuvo presente en el asalto que le llevaron los querandíes, presenciando el incendio de sus ranchos y de parte de sus naves el día de San Juan de 1536. Más adelante publicamos la lámina de la edición de Hulsius, en que se representa la escena del asalto y del incendio de las naves, que por su interés histórico reproducimos también fielmente, lo mismo que la que conserva memoria de una de las atroces escenas de aquel primer sitio. (Ver láminas caps. IX y XI.)

Después de este contraste se pasó revista a las tropas, y solo se hallaron presentes 560 hombres de los 2.500 salidos de España. «Los demás, dice Schmídel con su habitual laconismo, habían muerto, y la mayor parte de hambre». Enseguida concurrió a la campaña contra los timbús, que dio por resultado su sometimiento, siendo uno de los fundadores de Corpus Christi, en el Paraná, que él llama Buena Esperanza, tercera estación de la colonización europea en el Río de la Plata.

En 1536-1537 formó parte de la expedición de Ayolas, sucesor de Mendoza, subiendo los ríos Paraná y Paraguay para descubrir nuevas tierras, y fue uno de los fundadores de la Asunción, después de asistir a todos los combates que precedieron a este establecimiento. Desde entonces continuó militando bajo la bandera de Domingo Martínez de Irala, de quien fue constante partidario, y a cuya proclamación como jefe de la reciente colonia, por el voto de los conquistadores, concurrió, haciéndole como historiador la justicia que la posteridad le ha hecho. Volvió a Buenos Aires; y enviado a la costa del Brasil formando parte de un convoy en busca de víveres, naufragó a la entrada del Río de la Plata en 1538, presenciando el año 1541 el abandono de la primera población de Buenos Aires, fundada en el Riachuelo.

En el Paraguay continuó guerreando por el espacio de cuatro años. Desde 1542 sirvió con el Adelantado Alvar Núñez Cabeza de Vaca, del que se muestra enemigo, y a quien trata con menosprecio, juzgándolo con su criterio de aventurero: «No era hombre para tanta empresa —dice en su historia—, y le aborrecían todos porque era perezoso y poco piadoso con los soldados». Por este tiempo navegó el Paraguay hasta sus nacientes en los Xarayes, penetrando tierra adentro con sus compañeros en busca del país de las Amazonas, del que dio noticias de oídas tres años antes que Orellana acreditase esta fábula. En esta expedición dice él que los soldados ganaron 200 ducados. De regreso de ella, Cabeza de Vaca pretendió despojarlos en provecho propio de su botín de guerra, y esto provocó la primera sublevación contra él, en que tomó parte activa Schmídel. «Nos tumultuamos, dice, contra el Adelantado, diciéndole cara a cara nos restituyese lo que nos había quitado, que de otro modo veríamos lo que habíamos de hacer.» Cabeza de Vaca hubo de ceder, y desde entonces su autoridad, ya moralmente comprometida, quedó quebrada. Poco después (1544), el Adelantado fue depuesto por un pronunciamiento unánime de «nobles y plebeyos», según la expresión de Schmídel, y aclamado nuevamente Martínez de Irala, quien con su autoridad y sus talentos consolidó la colonización emprendida y sometió todo el país a sus armas y a su ley.

Schmídel acompañó a Irala en todas sus empresas y trabajos, mereciendo su confianza, a pesar de no ser sino un soldado raso. En seguimiento de su caudillo cruzó el Chaco, en 1548, hasta el Alto Perú, donde los conquistadores del Río de la Plata se encontraron en la ciudad de La Plata con los del Perú, pasando los emisarios de Irala hasta Lima. En esta marcha extraordinaria llena de peripecias, en que los expedicionarios padecieron hambre y sed, llegaron a un lugar en que solo existía un manantial por cuya posesión los naturales se hacían guerra entre sí. Schmídel fue nombrado centinela y distribuidor del agua por designación expresa de su general, y desempeñó su cometido con tanta firmeza, previsión y equidad, que se granjeó la estimación general, lo que indica el grado de consideración que gozaba entre oficiales y soldados. De regreso de esta expedición en 1549, tomó parte en las revueltas intestinas que agitaron al Paraguay, y fue entonces cuando suscribió en San Fernando, el 13 de marzo de 1549, el acta en que por el voto de todos los conquistadores se confirmaba el nombramiento de Irala como gobernador, y en la cual se registra la única firma autógrafa que de él se conoce, y de que hemos dado noticia ya con su facsímil. Afirmada la autoridad de Irala en 1552, la colonización se consolidó y la tierra entró en paz.

Por este tiempo recibió una carta de su hermano en que le llamaba con instancia, y en consecuencia solicitó licencia para retornar a Europa, la que al principio le fue negada, y a sus ruegos concedida al fin con recomendaciones muy honrosas por sus buenos servicios. Después de veinte años continuos de navegaciones, fatigas, combates, exploraciones, descubrimientos y fundaciones de ciudades nuevas, se despidió de sus compañeros de armas y recorrió con veinte hombres y en veinte días en medio de peligros y combates, parte del camino mediterráneo que Cabeza de Vaca había andado en ocho meses con más de 400 hombres. Embarcose en el puerto de San Vicente en el Brasil, y pasando por Portugal, España e Inglaterra, regresó a su patria el 26 de enero de 1554, dando gracias al Todopoderoso por haber preservado su vida en medio de tantos trabajos, miserias y peligros.

Aquí terminan las aventuras y observaciones escritas por él mismo, y hasta aquí alcanzaban las noticias que de él se tenían, cuando en 1881 publicó Mondeschein su biografía completa.

A los ocho meses de restituido a su hogar, murió su hermano Tomás, que le había llamado, el 20 de septiembre de 1554, instituyéndole heredero de una parte de sus bienes a la par de su viuda, por testamento escrito tres días antes de morir, heredando a la vez el blasón de su familia como último representante de ella por línea directa.

En su testamento, Tomás legó un capital de 2.000 florines, que debía producir una renta anual de 100 florines, con destino a los estudiantes de la familia Schmídel, y en caso de no existir miembro alguno de ella, beneficiar con la renta a dos estudiantes de la universidad de Ingolstadt que diesen pruebas de saber bien el latín, lo que indicaría que Tomás poseía una fortuna bastante considerable y que era tradicional en su familia la cultura del espíritu. En la carta fundamental de la institución que aún existe, Ulrico aparece como ejecutor testamentario de la voluntad póstuma de su hermano. En 1558 figura como consejero de su ciudad natal, lo que indica que gozaba de popularidad y de consideración social entre sus conciudadanos.

La reforma de Lutero, que había agitado profundamente a la Alemania durante la ausencia del guerrero-historiador, tuvo una repercusión póstuma en Straubing, y vino a perturbar su descanso en su pacífico hogar. Schmídel se declaró reformista, y a consecuencia de la activa participación que tomó en las agitaciones que con tal motivo sobrevinieron, hasta en el seno del mismo consejo de que era miembro, fue desterrado de su país natal en 1562.

El proscripto se refugió en la imperial ciudad de Regensburg, donde recibió de los habitantes y de sus autoridades una munificente hospitalidad, juntamente con otros ciudadanos de Straubing, extrañados por cuestiones religiosas. El 10 de marzo de 1563 tomó carta de ciudadanía en su nueva residencia, según consta de los registros municipales que aún se conservan. Allí, gozando de mucha consideración, y al parecer dueño de una regular fortuna, compró un terreno con una casa en ruinas sobre las cuales edificó una nueva.

Fue probablemente por este tiempo cuando empezó a escribir sus memorias, consultando sus apuntes de viaje, pues así se deduce de la multitud de hechos, nombres, fechas y cantidades que cita en ellas, y cuya exactitud el tiempo ha confirmado.

El milésimo de 1564 que lleva el códice de Múnich, juntamente con el nombre del autor que se tiene por autógrafo, prueba que en este año había terminado su obra, y que corrían de ella copias manuscritas, pues se conocen dos que corresponden a esa época.

Una especie de misterio acompaña esta última época de su vida. Al trasladarse a Regensburg, llevaba consigo una niña llamada Ana Weberin, de nueve años de edad, nacida en Landau, que le sobrevivió, muriendo a los noventa y dos años. Todo esto induce a pensar, que vivió soltero, y que con él se extinguió su estirpe.

Aquí se pierden los últimos rastros de la vida de Schmídel. Es probable que terminase sus días en la casa por él edificada, como lo indicarían las piedras que atestiguan que la habitó y los recuerdos tradicionales que aún se conservan en honor de su memoria. Un anticuario bávaro le hace vivir hasta 1581, época en que se reedificaba la ciudad de Buenos Aires, de que había sido primitivo fundador, pero no existen documentos que lo comprueben.

El retrato de cuerpo entero de Schmídel da la idea de un hombre de constitución robusta, con miembros bien distribuidos y una poderosa musculatura, apropiada para el ejercicio de las armas de que está revestido. En su fisonomía se hermana la benevolencia con la fuerza. Sus trabajos dan la muestra de su resistencia física. Su letra indica una mano firme y experta. Su relato revela el carácter sólido de un alemán de temperamento sanguíneolinfático, con propensión instintiva a las aventuras, a la par de un juicio sano y un sentido moral que se subleva contra la injusticia en su medida. En medio de esto, cierta indiferencia del soldado de valor frío, que mata, incendia, saquea y cautiva hombres y mujeres, en cumplimiento del deber o su provecho propio. Como historiador, se limita por lo general a narrar lacónicamente los hechos, malos o buenos, sin reprobarlos ni aplaudirlos, y solo una que otra vez formula una condenación relativa, o consigna el juicio de la colectividad a que pertenecía, y de cuyas pasiones participaba con una templanza rara en un aventurero de aquella época, tratándose de salvajes que sus contemporáneos consideraban poco menos que bestias. La fidelidad a su caudillo de elección es otro de sus rasgos característicos.

Las comisiones arriesgadas que desempeñó con éxito en varias ocasiones, a pesar de no ser sino un simple soldado, demuestran que mereció la confianza de sus jefes. De la consideración que gozaba entre sus camaradas, dan testimonio su influencia en los pronunciamientos en que fue actor, la circunstancia de ser llamado a autorizar con su nombre las deliberaciones de los oficiales que figuraban en primera línea, y, sobre todo, el episodio del manantial de agua, de que se proveía el ejército en un desierto, cuando todos padecían sed, y de que él fue custodio y distribuidor.

La redacción de sus memorias es la de un hombre de acción, más apto para manejar las armas que la pluma, con poca imaginación y ninguna inclinación a lo pintoresco o adornos del estilo, que aún después de limadas por su primer editor y vertidas al culto idioma latino, acusan su nativa tosquedad. Empero, algunas de sus citas literarias indicarían cierta cultura, como, por ejemplo, cuando compara a Cabeza de Vaca a un personaje de Terencio, o dice que los tupis hacían una vida epicúrica (que Hulsius traduce: *Vitam agunt, ut Epicurei de gregi porci*). A veces se manifiesta algo crédulo respecto de las cosas que se le cuentan, con tendencia a exagerar el número de las tribus bárbaras con que combate. A la vez se nota en él un espíritu despreocupado, aunque religioso, y observador atento de todo lo que ve, aunque no muy penetrante. Lo que apunta de paso sobre los animales y las plantas, los paisajes que describe con un breve rasgo, la designación que hace de los astros para marcar posiciones geográficas en los mares y en la tierra, indican que los fenómenos de la naturaleza no pasaban para él desapercibidos y que llamaban fuertemente su atención. Un sentimiento de verdad en cuanto a los hechos, de exactitud y precisión en cuanto a los lugares, fechas y distancias; un instinto de imparcialidad sin afectación, con tendencia a identificarse con la multitud de que forma parte, le caracterizan como historiador. Como lo hemos dicho antes, es, a la par de Bernal Díaz del Castillo, aunque en escala inferior, uno de los dos únicos historiadores-soldados que en su género cuenta la literatura universal.

V. La obra de Schmídel

La obra de Schmídel carece de un texto correcto que la presente ante la posteridad tal como es y como debe ser. El manuscrito que sirvió de original para la primera edición alemana, está plagado de errores ortográficos, que hacen ininteligibles los nombres de las personas, de las tribus y de los lugares, errores que fueron reproducidos en las dos ediciones de De Bry. Hulsius corrigió algunos nombres de personas y diversas inexactitudes de detalle, pero dejó subsistentes muchos lunares, que es muy fácil borrar. Barcia, que la tradujo sobre el texto latino de Hulsius, hizo algunas correcciones y anotaciones, pero desgraciadamente murió antes que saliese a luz su trabajo en su colección de los «Historiadores primitivos de Indias». Angelis, que la incluye en su colección de «Documentos para la historia del Río de la Plata», se limitó a reproducir con muy poca diferencia el texto de Barcia, sin cotejarlo con las ediciones originales, que, a estar a su propia declaración, parece que entonces no conocía, ni siquiera la de Hulsius. Ternaux Compans, que la tradujo al francés, se ha ceñido al texto de Hulsius, ateniéndose alguna vez a la letra de la primera edición alemana, y ha procurado ilustrarla con algunas notas, pero ha adelantado muy poco, porque no estaba bien preparado para la tarea. En suma, está todavía por hacerse una edición de Schmídel, comparada, correcta y bien ilustrada, que fije su texto, a fin de que sea más útil a la Historia como documento.

El juicio respecto del libro de Schmídel está definitivamente formado y es unánime. Hulsius dice que leyó el manuscrito original «con placer y admiración». Camus, entre otros méritos, le reconoce el ser uno de los primeros que se hayan escrito sobre esta parte de la América meridional. Azara, tan severo con los cronistas del Río de la Plata, y juez competente en la materia como geógrafo y conocedor del país, declara que «su obra es la más exacta, la más puntual en las situaciones y distancias de los lugares, y la más ingenua e imparcial». Ternaux Compans, como americanista ratifica estos juicios y agrega que «su narración lleva un gran carácter de verdad». La opinión de Burmeister, no menos severo y competente que Azara, es que «su relación quedará como un documento importante de la colonización europea en América, y sería bien precioso que existiesen otras relaciones de la misma época tan dignas de fe, sobre las demás comarcas de la América del Sur».

El libro de Schmídel, casi desconocido por el espacio de dos siglos y medio, a causa de los idiomas en que fue impreso, es muy poco conocido aún en la misma Alemania. «Puede asegurarse, dice su último biógrafo alemán, que la obra de Schmídel es más conocida y apreciada en la República Argentina que en su propia tierra. Su misma ciudad natal no posee siquiera un ejemplar del libro que apareció impreso en cantidad.» Corresponde, pues, a los argentinos, a quienes interesa más y que lo aprecian en lo que vale, hacer una edición completa y correcta, que fije su texto definitivo y lo ilustre, confrontándolo con los documentos, y determinar sobre esta base la carta etnográfica del país al tiempo de la conquista, a la vez que el itinerario de su primer colono-historiador.

Para desempeñar cumplidamente esta tarea, sería necesario tomar por base el manuscrito antiguo que existe en la biblioteca de Múnich, ya que el original que sirvió de texto a Hulsius ha desaparecido, y cotejarlo con el texto de la primera edición alemana. Prescindiendo de las ediciones de De Bry, que solo tienen un valor relativo, debe tenerse presente en la comparación la traducción latina de Hulsius, que la corrige en parte, la abrevia en otras y la ilustra en algunos de sus parajes. Tomando en cuenta las correcciones y anotaciones que posteriormente se han hecho en las ediciones en español y francés, sería fácil depurar el texto con presencia de la historia de Azara, que, escrita sobre documentos originales, da la llave de la nomenclatura geográfica y biográfica, de la cronología y de la etnografía de la época del descubrimiento, conquista y población del Río de la Plata.

Prólogo del traductor don Samuel A. Lafone Quevedo

I. Preliminar

1. Este prólogo tiene por principal objeto tratar con algo más de extensión aquellos puntos del texto de Schmídel que no se prestan a ser aclarados en las cortas notas que nos permite el reglamento a que se sujetaron las publicaciones de nuestra Sociedad: ellas han de limitarse a una sencilla y breve explicación del texto, cuando éste lo requiera. La limitación es acertada, porque notas largas interrumpen la lectura y fastidian, sobre todo cuando sucede que el texto es de una o pocas líneas y la nota de todo el resto de la página. A este mal se aumenta otro, que la nota va en tipo diminuto, lo que cansa la vista. Quedaba el otro recurso, el de notas completas en un apéndice; mas esto también tiene sus inconvenientes: no siempre se siente uno con voluntad de revolver las páginas al fin de un volumen. Se ha creído, pues, que todos estos inconvenientes convenientes se podrían salvar en un prólogo con párrafos numerados en que se presentasen al lector los fundamentos de las explicaciones dadas en resumen en las notas al texto. Para mayor facilidad de referencia, cada capítulo, a más de su número, llevará también un título alusivo a la materia de que se trata.

II. Cronología

2. Se le acusa a Schmídel de ser inexacto a este respecto, y seguramente las fechas que él da no siempre son las de los acontecimientos a que corresponden. La cuestión es si estos son errores de pluma, de ignorancia u olvido, o de computación por diferencia de calendarios; pero cierto es que el error de Schmídel de incluir la primera fundación de Buenos Aires en el año 1535 ha sido madre fecunda de muchos otros durante el siglo que acaba de terminar (XIX). Madero[2] en su conocida obra dejó establecido el año 1536 como el que correspondía a la tal fundación. Como se verá en la nota al pie de la página, Madero deduce que esto debió suceder a mediados del mes de marzo de 1536. Villalta[3] dice que Mendoza «llegó a la isla de San Gabriel entrante el año de 536», mientras que Schmídel[4] cuenta que, Dios mediante, llegaron al Río de la Plata el año 1535. Una de las dos fechas está mal, y por cierto que no es la

---

2   *Historia del Puerto de Buenos Aires*, 1892, pág. 106. (N. del T.)
3   Relación de Villalta, § 1. Ver apéndice A. (N. del T.)
4   Cap. VI. (N. del T.)

de Villalta. ¿Cómo se explica entonces la diferencia? Muy fácilmente. Para un bávaro, que escribía o dictaba en Baviera, y probablemente valiéndose de un clerical, el año 1535 duraba hasta el 28 de febrero del que para nosotros (y, para Villalta también) sería 1536.[5] Acostumbrados como estamos al calendario reformado, en uso actualmente, nos olvidamos que en otros tiempos y en otros países se computaba el año de distinta manera. De esto resulta que Schmídel en su relación arranca su cronología con atraso de un año. Veamos si este error es constante. Empecemos por eliminar la fecha 1538,[6] que es la de la llegada de Alonso de Cabrera al Río de la Plata. Pasemos al capítulo XL en que se da la fecha de la prisión de Alvar Núñez Cabeza de Vaca, día de San Marcos (abril 25) de 1553. Está visto que éste es un error de pluma por 1543, como está en la edición alemana de 1567. El hecho tuvo lugar en el día citado, pero del año 1544,[7] página 181. Aquí, pues, tenemos nuevamente el año de diferencia y en el mismo sentido. Dos fechas más se dejan para tratarlas con la de arriba de 1538, y son éstas: (1) el levantamiento de los carios, 1546, y (2) la expedición al Perú, 1548. El 25 de julio de 1552 recibe Schmídel cartas de España llamándolo a su país y el 26 de diciembre del mismo año parte de la Asunción. El 24 de junio de 1553 se embarca en el puerto de San Vicente (Santos), llega a Lisboa el 30 de septiembre, y el 26 de enero de 1554 desembarca en Amberes. Según la hipótesis ya enunciada, 1554 debería ser 1555, y en tal caso las dos fechas anteriores 1552 y 1553 serían respectivamente 1553 y 1554, sin que sea una dificultad la referencia al «día de año nuevo» en enero de 1554; porque las variaciones de calendario no impedían que se llamase así el 1.º de enero.[8]

3. En todas las fechas anteriores tenemos que dos de ellas llevan un año de retraso, y en las demás sospechamos que suceda lo mismo; pero quedan unas 3 en que el autor aumenta un año y son: —(1) 1539[9] por 1538— llegada de Alonso Cabrera;[10] (2) 1546 por 1545 —guerra con los carios; y (3) 1548

---

5   Ver n.º 29 de la *Revista del Instituto Paraguayo*, art. *Schmídel*, y *Diccionario Enciclopédico Hisp. Amer.*, voz *Año*. (N. del T.)
6   Dice la nota al texto alemán que el MS. da aquí 1539, como estaba en las ediciones antiguas, pág. 36, nota 2. (N. del T.)
7   *Memoria de Pero Hernández*, ed. de Pelliza, pág. 181, etc., apéndice B. (N. del T.)
8   Véase la cita anterior del *Diccionario Enciclopédico*, voz *Año*. (N. del T.)
9   Pág. 36, ed. alemana de 1889. (N. del T.)
10 *Memoria de Pero Hernández*, ed. Pelliza, pág. 163, apéndice B. (N. del T.)

por 1547— partida de Irala al Perú.[11] No nos explicamos cómo ha podido suceder esto, no siendo que Schmídel apuntaba las fechas sobre poco más o menos, como que probable es que hacía su relación de memoria, y que le perturbaba el diferente modo de computar el año.

4. La cosa no es de mayor importancia, y en los casos de significación tenemos documentos a la mano que nos dan las fechas exactas.

5. Es curioso que en una de las ediciones alemanas[12] dice Schmídel que regresó a los veinte años (de 1534 a 1554), mientras que en la latina los años diecinueve calculados entre los mismos 1534 y 1554.

III. Distancias

6. Schmídel siempre habla de «millas», y las más de las veces agrega esto —wegs— «de camino», que no es la misma cosa que distancia absoluta, o por altura, que sería la que calculaban los pilotos. El mapa en la edición latina de Hulsius (1599) trae una escala de millas,[13] en la que se ve que 60 millas italianas son iguales a 17 ½ españolas, así que las «millas» en nuestro continente son de a 17 ½ en grado, o sea una legua de algo más que tres millas. Algunas de las distancias se ve que resultan de error de pluma, como aquélla de 20 millas entre Sanlúcar y las Canarias, según la edición alemana de 1567. La del año 1889 da aquí 200 millas, pero no dice el editor si es corrección de él o transcripción exacta del MS. Las 500 millas del Janeiro al Río de la Plata serían unas 1.500 a razón de 3 por 1; pero aún aquí es probable que el «wegs» que califica esta distancia represente el aumento ocasionado por una derrota que no es la de nuestros vapores de los siglos XIX y XX. Al fin del capítulo VI habla del ancho del Paraná en la altura de San Gabriel, o la Colonia, y las ocho leguas que establece corresponden muy bien a las que se cuentan entre San Gabriel y la Punta de Lara. El explorador Boggiani, gran conocedor de muchos de los lugares citados por Schmídel, insiste en que las distancias citadas por nuestro autor son bastante exactas.

---

11   Guerra con los carios 1545. Carta de Irala 1555. «Schmídel» de Pellicer, 1881, pág. 126, apéndice C. (N. del T.)

12   «Entrada de Irala al Perú», ibíd., pág. 126 et seq. (N. del T.)

13   Véase el mapa I. (N. del T.)

IV. Expedición de Mendoza

Número de hombres y embarcaciones

7. Schmídel dice terminantemente que fueron «2.500 españoles y 150 alto-alemanes, neerlandeses, y sajones» y que 14 eran los navíos. No sé que el testimonio de Herrera[14] haga fe contra lo que dicen Schmídel,[15] Isabel de Guevara,[16] Oviedo[17] y otros.[18] El primero reduce a 800 más o menos la gente que se embarcó con Mendoza; pero él escribía ateniéndose a lo que constaba de documentos oficiales, que no son el todo en esta clase de expediciones. Si se alega que Schmídel aumentaba, se puede contestar que Herrera disminuía, y que los agregados pudieron ser dos tantos más que los del escalafón oficial. Con 800 hombres no hubiesen quedado ni con quienes fundar la Asunción. Herrera tampoco nombra mujeres y sin embargo sabemos que las hubo; entonces deberíamos también asegurar que Isabel de Guevara ni existió ni vio los 1.500 hombres a que se refiere, porque Herrera no se acordó de ella. Esto no quiere decir que Schmídel no exageró el número de los expedicionarios, y que en lugar de 2.500 no fueron solo 1.500, como asegura la Guevara, los que con los 150 alemanes, mujeres, y otros, harían los 2.000, que es el guarismo más general. Fácil es que se haya equivocado alguien escribiendo o leyendo 2 mil por 1 mil: las cifras 1 y 2 no siempre se distinguen muy bien en los MSS. viejos. Sea de ello lo que fuere, en este punto no se le puede refutar a Schmídel con datos precisos como en el caso de la fecha 1535 por 1536, que es (esta) la verdadera de la fundación de Buenos Aires. En el artículo citado de la Revista Paraguaya concluyó así: «Toda la "lucidez y erudición exquisita" del señor Fregeiro no va más allá de establecer que, por el dato oficial, 2.000 fueron los que Mendoza conducía por cuenta propia: Schmídel estaría, o no, en lo cierto cuando escribió que de San Lúcar partieron 2.500 españoles y 150 tudescos en 14 naves. No se ha probado que esto no sea así».

---

14   Dec. V, lib. IX, cap. X, pág. 220, ed. Mad., 1730. (N. del T.)
15   Cap. I. (N. del T.)
16   Carta «Schmídel», ed. Pelliza, pág. 244, apéndice D. (N. del T.)
17   *Historia de Indias*, lib. XXIII, cap. VI, pág. 181. (N. del T.)
18   Ver «Schmídel». Artículo en la *Revista del Instituto Paraguayo*, n.º 29, por S. A. Lafone Quevedo. (N. del T.)

V. Las maravillas del mar

8. De admirar es que Schmídel se haya contentado con tan poca cosa, porque lo que cuenta de los peces raros poco discrepa de la realidad. El principal de ellos es ese *Schaubhuetfischs*, el *Remora Remora*, que Burmeister llama *Echeneis naucrates*. El nombre alemán significa —pez-sombrero-de-paja— y se llama así porque sobre la cabeza tiene una especie de chupón o fuente muy curiosa, ovalada, con la que se adhiere a otro cuerpo cualquiera. De ello nació el cuento de que atajaban los buques. Schmídel los describe dos veces, al principio y al fin de su relación, y en la segunda vez les da el nombre español de *sumére*, que no puede ser otra cosa que *sombrero*. Extraño es que solo le hayan hablado de los golpes que estos peces daban contra los costados de las embarcaciones.[19]

9. Los peces sierra y espadas son tan conocidos hoy por las historias naturales que nadie se admira de ellos; mas en aquel tiempo las ballenas y los peces voladores eran lo que sería el pez sombrero para nosotros; y de los segundos se cuenta que una vieja se enojó con su nieto marinero cuando éste le decía que en el mar había peces que volaban, y solo se reconcilió con ella al inventarle que en el mar Rojo habían pescado una de las ruedas del carro de Faraón.

10. Precisamente es por la seriedad con que Schmídel cuenta lo que vio en alta mar, por lo que podemos confiar en él cuando nos hace la relación de sus viajes. En el curso de su historia se verá que era un hombre sensato, y que cuando se trataba de consejas, y cosas por el estilo, no les atribuía más importancia que la que tenían, como por ejemplo en el caso de los basiliscos a propósito de los yacaré. Lo de las Amazonas era creencia general, y así muchas otras tradiciones, como aquélla de que *un poco más allá* estaba el Paititi, el País de la Sal, la Ciudad de los Césares —en una palabra— El Dorado; pero aún por este lado era muy sobrio el estraubigense.

---

19   Ver cap. IV al fin. (N. del T.)

VI. Mandioca, mandubí y batatas[20]

11. Tanto la mandioca cuanto el maní (*mandubí*), y la batata, son plantas indígenas de América, como lo demuestra de Candolle,[21] y lástima es que no haya conocido, o que no haya citado, las noticias que Schmídel nos da de estas importantes plantas de nuestro suelo americano. Los lugares remotísimos en que se hallaron estos productos ya antes del año 1550, demuestra hasta la evidencia, y sin lugar a la menor duda, que en nuestro continente, y no en el de África, se descubrieron. La obra de Candolle es tan conocida, y de tan fácil consulta que no hay para que reproducir sus argumentos, y baste con decir que se refuerzan con las noticias contenidas en el texto de nuestro Schmídel.

12. Según informes del doctor Manuel Domínguez, se distinguen hoy muchas más clases de mandioca que las que menciona nuestro autor, pero nos limitaremos aquí a éstas, que parecen ser las mismas que cita Ruiz de Montoya.[22]

13. La mandioca es la raíz de una de las euforbias, plantas por lo general venenosas, pero muy útiles, como por ejemplo el castor o tártago. Pohl la llama *manihot utilissima*, y Linneo, *játropha manihot.*[23]

14. Schmídel hace mención de la mandioca cinco o más veces, pero en solo tres distingue entre las clases.[24] Yo las identifico así:

15. Manteochade o Manndeochade. *Mandióg eté* o *tapoû.*[25] Ésta es la *mandi-ó-tin* del doctor Manuel Domínguez,[26] quien dice: «Es la mejor mandioca. Es el pan de la mesa paraguaya». Ruiz de Montoya confunde la *été* con la *tapoû.*

Mandeoch mandepœ o manndepone. Ésta puede ser la *pepirá,*[27] que es la colorada y dulce.

---

20 Caps. XVI, XX, XXXII y XLIV. (N. del T.)
21 Alphonse de Candolle, *L'Origine des Plantes Cultivées*, págs. 27 et seq. (N. del T.)
22 *Tesoro de la Lengua Guaraní*, voz *mandióg*. (N. del T.)
23 De Candolle, obra citada. (N. del T.)
24 Caps. XVI, XX, XXXII, XLIV, etc. (N. del T.)
25 Ruiz de Montoya, voz *mannióg*. (N. del T.)
26 Actual ministro de Relaciones exteriores en el Paraguay. Carta de enero 12, 1902. (N. del T.)
27 Ruiz de Montoya, voz *mandióg*. (N. del T.)

Mandeos perroy. Si ésta es la *mandi-o-tapóyo-a* de Domínguez[28] «es la mandioca más grande, un tanto insípida, pero se come: rinde mucho almidón». Ver arriba § 15.

Manteoch o manteos propie o propy. Es la *poropi* de Montoya,[29] que él llama «dulce» y Schmídel dice «que sabe a castañas».

16. El *manduiss*[30] es nuestro maní. *Arachis hypogœ* de Linneo. Lo encuentra Schmídel en toda la tierra caliente del interior y lo nombra varias veces. Es otra de las plantas utilísimas originarias de América, como lo es también la batata que tantas veces nombra nuestro autor.[31]

17. Oviedo[32] en su historia da esta noticia del *mandubí*: «se siembra y nasçe debaxo de tierra, y tirándose la rama se seca o arranca, y en la rays está aquel fructo metido en capullos como los garbanços y tamaño como avellanas, y assados y crudos son de muy buen gusto».

18. Solo nos falta en esta lista ese *Vachgekhue* o *bachakhue* que yo identifico con el *Mbacucú* o *Xiquima* de Ruiz de Montoya, quien solo dice de ella que es raíz conocida.

VII. Cerro de San Fernando

19. El Pan de Azúcar del mapa de Azara, en 21° 30'. Se halla cerca del puerto de la Candelaria por donde Juan de Ayolas hizo su entrada. Alvar Núñez Cabeza de Vaca lo coloca en 21° «menos un tercio», es decir 21° 20', y no 20° 40'.[33] Es un modo de decir, porque el que subía le faltaba un tercio de grado para alcanzar a los 21°. Que esto es así se prueba fácilmente: Oviedo, después de contar los regocijos cuando Salazar se juntó con Vergara (Irala), dice que bajaron a lo que «agora llaman "la Asunción", questá en 25 grados menos un terçio». Esta ciudad se halla en 25° 20' de latitud sur —más o menos, y no en 24° 40'.[34]

---

28   Carta citada. (N. del T.)
29   *Mândubí*. Ruiz de Montoya. (N. del T.)
30   De Candolle, pág. 330. (N. del T.)
31   De Candolle, obra citada. *Convólvulos Batatas*, Linneo, *Batatas edulis*, Chois. (N. del T.)
32   Lib. XXIII, cap. XII, pág. 193. (N. del T.)
33   *Comentarios*, cap. XLIX. (N. del T.)
34   Lib. XXIII, cap. XIII, pág. 195. (N. del T.)

VIII. Los horrores del hambre

20. La traducción inglesa de 1891, publicada bajo los auspicios de la Sociedad «Hakluyt»[35] trata de exagerada y de increíble a la relación de Schmídel en su capítulo IX. He aquí lo que al respecto dice Villalta:[36]

«Llegados al Pueblo los Bergantines i poca gente que beníamos hallamos que hera tanta la necesidad i hambre que pasaban que hera espanto por (que) unos tenían a su compañero muerto 3 i 4 días i tomaban la Ración por poderse pasar la vida con ella; otros de berse tan Hambrientos les aconteció *comer carne humana*,[37] i así se bido que asta 2 ombres que hicieron justicia se comieron de la cintura para abaxo.»

En sus párrafos 6 y 11 Villalta agrega esto a propósito de las necesidades: «digo los Soldados, porque los Capitanes i allegados a ellos estos nunca pasaron necesidad, etc.»

21. Ruy Díaz de Guzmán[38] confirma todo esto; entre otras cosas dice:

«Comieron carne humana; así le sucedió a esta mísera gente, porque los vivos se sustentaban de la carne de los que morían, y aun de los ahorcados por justicia, sin dejarle más de los huesos, y tal vez hubo hermano que sacó la asadura y entrañas a otro que estaba muerto para sustentarse con ella, etc.»

Si se objeta que este historiador no es de los más fidedignos, acudamos a Herrera, quien compulsó la mejor documentación de su tiempo.[39] Entre lo demás que conducía Antón López de Aguiar venía un indulto al que se refiere el historiador de Indias en estas palabras:

«Y porque se entendió que la extrema hambre que aquellos castellanos habían padecido, los había forzado a comer carne humana y que por temor de ser castigados se andaban entre los indios, viviendo como alárabes, el rey los perdonó y mandó que los recibiesen sin castigarlos por ello, teniéndolo por menos inconveniente, atenta la gran hambre que a ellos los necesitó que pasasen la vida sin oír los Divinos Oficios, ni hacer obras de cristianos.»

---

35 Schmídel, pág. 10, en la nota. (N. del T.)
36 Carta, § 7.º, apéndice A. (N. del T.)
37 La bastardilla es mía. (N. del T.)
38 *La Argentina*, cap. XII. (N. del T.)
39 Dec. VI, lib. III, cap. XVIII. (N. del T.)

No hay para qué abundar en más citas: está visto que Schmídel describía lo que presenció como testigo de vista, y como ésta muchas otras cosas más.

IX. Los comedores de carne humana

22. Parece increíble que aún haya personas que duden de la existencia en todos los tiempos de «comedores de carne humana», o sean antropófagos, llamados en América «caribes».

23. Alvar Núñez Cabeza de Vaca[40] describe la ceremonia de cebar y comerse a los enemigos entre los carios, y Schmídel hace otro tanto al pasar por los tupí del Brasil.[41] Las declaraciones de los testigos en las informaciones que se levantaron contra Sebastián Gaboto[42] están llenas de datos sobre este rito de los indios de raza guaraní. Los chiriguanos, indios de la misma generación, tenían la misma horrenda costumbre, y aún se cuenta de algunos casos entre ellos en nuestros días. Los caribes, los mexicanos, los del Perú y los araucanos, unos más y otros menos, todos participaban de la carne de las víctimas que sacrificaban, ya sea a algún dios, ya a los manes de sus parientes que habían muerto a manos de los prisioneros o sus compañeros.

24. Pero Hernández[43] acusa a Irala de permitir que los carios se comiesen a los agaces cautivos en su presencia, y la de Alonso Cabrera y García Venegas; y no es esta la única ocasión en que los españoles se lo permitieron a los indios. Este permiso otorgado por aquéllos a éstos cada y cuando les convenía, es más deshonroso para la humanidad que el hecho de comer la carne humana en los indios, puesto que ellos creían cumplir con un deber de su rito, mientras que los españoles compraban su provecho a precio de horrendo crimen.

X. Duchumeyen Tucumán[44]

25. La edición inglesa de la Sociedad Hakluyt (página 19), trae una nota en que se critica la identificación de Tucumán por Ternaux Compans.

---

40   *Comentarios*, cap. VI. (N. del T.)
41   Cap. XLII. (N. del T.)
42   Copias de los MSS. originales en la Biblioteca Nacional. (N. del T.)
43   *Memoria*, ed. Pelliza, pág. 164, apéndice B. (N. del T.)
44   Cap. XIX, al final. La pronunciación «*Túcuman*» es común. El fonetismo alemán indica que Schmídel oía «*Tujkamay'n*». (N. del T.)

26. Tucumán era una provincia muy conocida por los españoles desde los primeros días de la Conquista. Mendoza sabía que Almagro le había invadido su jurisdicción, y éste había pasado por las cabeceras del río Bermejo en la dicha provincia. Irala tenía que saber que entraba en sus 200 leguas de Norte a Sur.

27. En 1536, mientras bajaba Juan de Ayolas a Buenos Aires con el objeto de conducir a don Pedro de Mendoza de allí a Buena Esperanza en los timbú, les sale un tal Gerónimo Romero,[45] de la gente de Sebastián Gaboto, y les contó maravillas de las riquezas de tierra-adentro. Este sería uno de los compañeros del capitán César, quien se anduvo por el Tucumán, porque solo por allí pudo penetrar al Perú. En 1545 la gente de la entrada de Diego de Rojas, al mando de Francisco de Mendoza, llegó a las juntas del Carcarañá con el Paraná, y al fortín que fue de Gaboto; allí habló con un indio de los de Francisco de Mendoza, de la gente de Irala,[46] que también llevaba el mismo nombre.

28. En 1550 entró Juan Núñez de Prado y fundó la ciudad del Barco, unas pocas leguas al Sur de la vieja ciudad[47] de San Miguel de Tucumán, fundada cerca del río de Monteros. En algunos papeles viejos una que otra vez se habla de esta ciudad del Barco con el nombre de Tucumán.

29. Hay que tener presente que la palabra «Stat» en Schmídel por lo general dice «ciudad», pero es voz algo lata en su significación: aquí conviene traducirla así: «jurisdicción».

30. Mientras viajaba Schmídel a Europa se estaba fundando la ciudad de Santiago del Estero (1553), capital que fue por muchos años de la provincia del Tucumán, Juríes y Diaguitas. Por aquellos tiempos era más cosa Tucumán que todo el Río de la Plata, sin que por ello faltasen algunos hombres que, como el licenciado Matienzo, presintiesen ya el espléndido porvenir de la cuenca de nuestro argentino río.[48] En el tiempo de Schmídel empero no había oro ni plata, se moría la gente de necesidad, de pura hambre se convirtieron en antropófagos, y poco faltó para que no emigrasen todos al Tucumán en

---

45   Villalta, §§ 15 y 16. (N. del T.)
46   Lozano, *Historia de la Conquista*, tomo IV, págs. 57, etc. (N. del T.)
47   Sitio conocido hoy con el nombre de *Pueblo Viejo*. (N. del T.)
48   Itinerario reproducido en parte por Ximénez de la Espada en sus *Relaciones Geográficas*, tomo II, apéndices. (N. del T.)

pos de las riquezas y abundancia que les prometía Gerónimo[49] Romero el de la entrada de Gaboto.

XI. Etnografía

31. Los datos etnográficos que contiene la relación de Schmídel son muy abundantes; falta saber si tienen valor científico. Esto es lo que se tratará de conocer en las siguientes consideraciones.

32. Para ser un buen etnólogo en el siglo XVI, como en todos, se necesitaba ser observador exacto y haber llenado las siguientes condiciones:

1.ª Conocer personalmente a los indios que se describen;

2.ª consignar sus rasgos físicos;

3.ª describir sus usos y costumbres;

4.ª fijarse en la lengua o idioma;

5.ª precisar la distribución geográfica;

6.ª dar los nombres con que los conocían, propios y extraños.

Pedir más que esto serían exigencias impropias para aplicadas a un autor del siglo XVI, en que no se daba la importancia que nosotros les atribuimos a estas cosas. Veamos, pues, cómo se ajusta nuestro autor a las reglas a que pretendemos someterlo.

33. Llega Schmídel al Janeiro (capítulo V) y se da con los *thopiss* (tupí), de la raza guaraní, que llamaban así en los dominios del rey de Portugal. Sobre estos indios algo más nos dice a la pasada por tierra de regreso a su país; pero en esta ocasión se contenta con nombrarlos como del Janeiro, y así cumple con las reglas 5.ª y 6.ª

34. Puesto en San Gabriel del Río de la Plata se encuentra con los *zechuruass* (charrúas), comedores de carne y pescado, que huyen con mujeres e hijos sin dejar qué pudieran alzar los muy honrados recién llegados; éstos empero alcanzaron a ver que los hombres andaban desnudos, y que las mujeres se tapaban las vergüenzas con una especie de delantal. Aquí solo faltan dos de nuestras reglas, 2.ª y 4.ª, pudiéndose completar los datos por autores tan célebres como Hervás, Azara y d'Orbigny.

35. Pasan los expedicionarios a la banda occidental del Río Paraná a fundar allí la primera Buenos Aires, y se encuentran con los *carendies* (querandí),

---

49   Villalta, § 17. (N. del T.)

que comían y vestían como los charrúas, y andaban de acá para allá como los gitanos, «a noche y mesón», como dice Villalta,[50] y hasta las 30 leguas y más a la redonda; a la sazón empero se hallaban como a 4 leguas del real, esto es, como por las Conchas. Los tales querandí tenían sus aliados y amigos, se defendían con arcos, dardos y boleadoras, usaban mantas de pieles y hacían acopio de pescado, de aceite y harina del mismo; solo le faltó decirnos que eran hombres muy desarrollados y que hablaban la lengua tal o cual.

36. Eran los últimos días del primer año de la existencia de la sin suerte Buenos Aires[51] cuando acudieron a destruirla 23.000 guerreros de las 4 naciones: *carendies* (querandí), *barenis* (guaraní), *zechuruas* (charrúa) y *zechaneís diembus* (chaná-timbú).[52] De éstas la primera y la tercera nos son ya conocidas, no así las otras dos que para el editor de 1567 eran *zechuas* y *diembus*, y para Hulsius en su edición latina[53] *bartenes* y *timbúes*. Nadie atinaba a identificar esos bartenes desconocidos en la etnografía platense, y nos contentábamos con atribuirlos a la ignorancia de Schmídel; mas hoy que los *bartenes* de los editores se han trocado en los *barenis* del autor, ya sabemos dónde estamos: a éste que de Paraguay hizo *Pareboe*, etc., *guaraní* tenía que sonarle *barení*[54] y, si no a él, a su amanuense, que tanto vale. Aquí pues tenemos representados los guaraní de las islas, quienes por otros conductos sabemos que no eran amigos de los españoles, y con sobrada razón, porque no era carga muy liviana dar de comer a 2.500 o 1.700, o sean solo 800, huéspedes incómodos que se morían de hambre, por lo menos los que no eran capitanes, al decir de Villalta.[55]

37. En cuanto a *diembus* y *zechenaís diembus* hay esta diferencia: este es un nombre que precisa los timbú que eran, porque el nombre solo de *timbú* es general de todo indio que horadaba las narices, de suerte que los hallamos hasta en los confines de Bolivia, sin que por esto sean de la misma generación o raza de estos *zechenaís*. Sabemos por otros conductos que en

---

50   Relación de Francisco de Villalta, § 4. Ver apéndice A. (N. del T.)
51   Junio 24 de 1536. (N. del T.)
52   Ver Oviedo, lib. XXIII, cap. XII, pág. 192. Habla de *baranís caribes* enemigos de los *timbús*. (N. del T.)
53   Cap. XI, pág. 15. Noribergae, 1599. El ejemplar citado se halla en la biblioteca del general Mitre. (N. del T.)
54   Como que Oviedo los llama *baranís* en el lugar citado. (N. del T.)
55   Ibíd. § 11, etc., apéndice A. (N. del T.)

el Río de la Plata había ciertos indios a que los guaraní llamaban chaná,[56] y de éstos había unos que eran *chaná mbeguá*, ubicados en la Banda Oriental y Entre Ríos, y otros que se decían *chaná-timbú* y vivían desde cerca de Buenos Aires hasta las inmediaciones de Santa Fe (la de Cayastá). En todo tiempo parece que hubo indios que se llamaban chaná, sin más calificativo. Los *timbú* derivaban su sobrenombre de los adornos que se ponían en las narices, y fueron los guaraní quienes se lo aplicaron, como que por éstos fue por lo que los españoles conocieron a aquéllos. En cuanto a los *mbeguá* no podemos etimologar con la misma confianza;[57] es sin embargo fundada la interpretación de «gente de *tembetá* o barbote». Schmídel no trata de estos *chaná-mbeguá* así por este nombre; lo que no quita que los *charrúa* hayan podido formar parte de esta generación de indios.

38. Se ve, pues, que en la enumeración de los indios que él dice pusieron sitio a Buenos Aires, incluye precisamente a los únicos que pudieron hallarse presentes, indios que conocemos con todos sus pelos y señales, y en cuanto a la lengua de los querandí, sabemos que fue materia de un estudio, como idioma separado, por el bien conocido padre Alonso de Bárcena S. J.[58] La lengua de los chanás ha sobrevivido,[59] y Hervás habló con los que habían andado entre los charrúas como misioneros: aquella no es guaraní, esta según Hervás, Azara, d'Orbigny y otros no lo era tampoco.

39. En el capítulo XIII dice Schmídel que el principal de los timbú se llamaba *Rochera Wassu* o *Zchera Wassu*. Esto es guaraní puro: «Nuestra Cabeza (Cacique) Grande» y de ello se ha deducido que los *timbú* hablaban guaraní. Indudablemente que lo hablaban, como nosotros francés cuando se ofrece; pero el argumento es como este otro: Almirante se llama el que manda nuestras escuadras, desde luego somos moros todos, ingleses, franceses, españoles, italianos, etc. Andando veremos qué idioma hablaban los *timbú*.

---

56 Ya porque los consideraban sus parientes, ya porque eran salvajes. Los etimologistas aún no estamos de acuerdo al respecto. (N. del T.)

57 No está de más hacer notar que hay una voz *meguá* que dice «bellaco», que muy bien les vendría; y Burton en su edición de Hans Stade traduce *mbeguá* así: —«*peaceful*»— pacífico, ed. Hakluyt. P. LXVIII. (N. del T.)

58 Techo, *Historia de los Jesuitas*. (N. del T.)

59 «Los chanás» de Lafone Quevedo. MS. en la colección Lamas ex Larrañaga. (N. del T.)

40. Fundado el presidio de *Corpus Christi*, o sea de Buena Esperanza,[60] se dispuso Ayolas a buscar los carios del río Paraguay, y sea que los vio en este viaje, sea que fue en algún otro, porque la relación es algo confusa en esta parte, entra Schmídel a darnos noticias etnográficas de la mayor importancia.

41. Antes de pasar adelante conviene que establezcamos una o dos distinciones. (1) No es necesario que los *chaná-timbú* que ayudaron al sitio de Buenos Aires sean unos con los *timbú* de Buena Esperanza, ni creo yo que lo fuesen, pues estaban separados por ciertos indios de raza guaraní, que pueden o no ser los carcará del Carcarañá y río de Corrientes.[61] (2) El fortín de Gaboto estaba servido por naciones de los guaraní, que eran comedores de la carne de sus enemigos; mientras que Buena Esperanza y Corpus Christi estaban fundados en plena tierra de los timbú, que no se sabe hayan comido carne humana bajo ningún concepto.

42. A 4 leguas de camino de los timbú de Buena Esperanza, coloca Schmídel a los *karendos*,[62] los corondas de los autores modernos, que comían pescado y carne; muy parecidos a los timbú, con las mismas estrellas en las narices, altos como ellos, horribles las mujeres, sus vergüenzas tapadas, como las de los timbú, con delantales, y las caras arañadas y ensangrentadas.[63] Eran diestros en trabajar mantas de pieles, y tenían muchas canoas. Con los carios eran enemigos, y dan a los españoles un cautivo de éstos para que les sirva de baqueano y de «lengua».

43. De los corondas, a las 30 leguas de camino, llegan a los *gulgeissen*, gente que se *atienen*[64] a pescado y carne, se horadan las narices, y hablan la misma lengua que los timbú y corondas. Lo demás se complementa, porque está visto que las tres naciones son de una sola raza o generación. El nombre *gulgeissen*, el ser laguneros, la distancia que media entre ellos y los corondas, todo hace comprender que estos indios eran los muy conocidos

---

60 El asiento de esta población se mudó varias veces, y siempre en las inmediaciones del antiguo fortín de Gaboto, pero en la isla de los timbú. Duró de 1536 a 1539. Véase Villalta, §§ 8 a 23, apéndice A. (N. del T.)

61 Y por los *querandí* del río del mismo nombre, tal vez el de Arrecifes. (N. del T.)

62 Los «Earinda», de Oviedo, lib. XXIII, cap. XII, pág. 192. (N. del T.)

63 ¿No sería más bien embijadas o tatuadas? (N. del T.)

64 *Enthalten*. Mal interpretado «se abstienen». ¿Entonces qué comían? Estos eran los *quiloazas*, de otros autores. Ver Oviedo, lib. XXIII, cap. XII. (N. del T.)

bajo el nombre de *quiloazas* o *quilbazas*.[65] Sobre el río de este nombre se fundó la primera ciudad de Santa Fe. Los indios especiales de Santa Fe son los abipones, y sus rasgos físicos corresponden perfectamente a los de las tres naciones citadas. Sabemos también que se metían plumas en las narices, desde luego que eran timbú. Serán o no serán estas tres naciones abipones, pero Schmídel establece que ellas eran de raza timbú, y que, por las señales que nos da, de ninguna manera podían ser de los guaraní. Por ahora, a falta de prueba documentada, es preferible clasificar a los timbú, corondas y quiloazas como naciones afines de los chaná del Baradero y Soriano, todos más o menos timbú, porque se horadaban las narices. Estas naciones vivían del lado de Santa Fe, que Schmídel llama la margen izquierda del Paraná, a la inversa de lo que se diría ahora.

44. De los gulgaises[66] caminaron dieciocho días sin encontrar gente, hasta llegar a los *machkuerendes*,[67] distancia de 64 leguas, por las vueltas y revueltas del camino. Estos indios eran comedores de pescado, y de carne, pero poca; buenos canoeros y amigos de los españoles, lo que se confirma en la carta de Irala de 1541. Vivían sobre un río que se metía tierra adentro (sin duda el que separa las provincias de Entre Ríos y Corrientes) sobre el lado oriental del río Paraná; hablaban «otra lengua», es decir, que no era la de los corondas, gulgaises, etc., pero, por lo de las narices horadadas, no dejaban de ser *timbú*. Los hombres eran hermosos de cuerpo, pero horrorosas las mujeres: en una palabra, eran de la raza non-guaraní que se había establecido en ambas márgenes del río Paraná, y que constaba de naciones que más se parecían en sus usos, costumbres y rasgos físicos que en su lengua o idioma.[68] El río que desemboca en el Uruguay y separa Corrientes de Entre Ríos, aún conserva el nombre de estos mocoretá.

45. Aquí llegamos a una jornada de las más interesantes en todo el viaje, porque en este capítulo (XVIII) se trata de los indios llamados *zechennaus*

---

65 *Gulgeissen* suena en alemán gulgaisen. Las confusiones entre *g*, *b* y *u* son interminables; por eso *Gascón* es el mismo nombre que *Bascón*, *Uamba* que *Bamba*, etc. (N. del T.)

66 Por *gulgeissen*, adoptando el fonetismo castellano. (N. del T.)

67 Los *mocoretá*, de los demás autores. Azara llama *guaraní* a éstos como a los *quiloazas*, etc.; pero las clasificaciones de este autor, de indios que no viera, no hacen peso. (N. del T.)

68 Estos indios son los «*mecoretaes*», de Oviedo, quien los coloca en la margen oriental del río grande y más arriba de los «*chanaes* salvajes». (N. del T.)

saluaischco —en buen castellano: nuestros parientes salvajes—, que en boca de indios carios o raza guaraní equivalía a decir que los reconocían por paisanos. ¿Y si estos eran paisanos de los guaraní porque se llamaban chaná, por qué no lo eran los chaná-timbú, que oían también de chaná? La contestación la hallamos en el texto mismo del autor nuestro. Era aquélla «una gente petiza y gruesa»,[69] comía pescado, miel y toda clase de alimañas, y andaban hombres y mujeres, chicos y grandes, como la madre los largó al mundo. Vivían a 18 leguas de los machueradeis,[70] y estaban de guerra con ellos; su morada quedaba a 20 leguas del río Paraná. No falta quien crea que los caracará de la laguna Iberá eran carios, y como se sabe que andaban por el río de Corrientes, no sería extraño que fuesen *carios-caracará*, que Schmídel vio y llamó *zechennaus saluaischco*.

46. Oviedo[71] menciona a los *barrigudos* enseguida de los *quiloaçes*; mas como estos indios no figuran en el texto de Schmídel, no hay para qué nos ocupemos de ellos.[72] Una cosa se debe observar, que ambas relaciones acusan un solo origen, y una a la otra se amplían y explican.

47. Según este historiador, los «*chanaes* salvajes» se hallaban «en la costa de Norte y par del Río Grande» enseguida o adelante de los *quiloaçes* y *barrigudos*, y más al norte recién aparecen los «mecoretaes». Schmídel invierte el orden, y nombra primero a los *machueradeiss*, y recién después a sus «*zechennaus saluaischco*». Hay una explicación sencilla de todo esto. Los tales chaná serían los *carcará* de la laguna Iberá que habían bajado por el río Corrientes de 20 leguas tierra adentro, donde era su morada, rompiendo así la zona dominada por los mocoretá entre el Paraná y Uruguay, más o menos por los 30°. El mismo Schmídel los trata de advenedizos en el momento que los vio. La etnología de la costa occidental de lo que es hoy la provincia de Corrientes está sin aclararse por falta de documentación precisa; pero si hubiesen sido naciones de la estirpe guaraní o caria nos lo hubiesen hecho conocer.

---

69 *Kurz und dickh leut.*, pág. 40, edición de 1889. (N. del T.)
70 Los *machkuerendes* de más atrás. (N. del T.)
71 *Historia de Indias*, lib. XXIII, cap. XII. (N. del T.)
72 Oviedo coloca a los *barrigudos* «más adelante» de los *quiloaçes* y del mismo lado del río, como se desprende de lo que sigue. Por los datos que consigna y la ubicación geográfica pueden identificarse con los indios *matará*, *tonocoté* o *matacos* de la región del río Salado. (N. del T.)

48. Las descripciones que de unos y otros indios hacen Oviedo y Schmídel concuerdan bastante bien, así que no hay dificultad alguna en identificar los mocoretá y chaná salvajes, de uno y otro autor.

49. Después de dejar a estos indios, anduvieron unas 95 leguas de camino, algo más de dos grados de latitud, que corresponde a la región al norte del río de Santa Lucía, entre las Garzas[73] y la embocadura del Paraguay, y allí dieron con los *mapenus* (mepenes),[74] una numerosa nación y muy canoera, que se extendía 40 leguas a todo viento. Por desgracia, nuestro autor solo se ocupa de contar cómo pelearon,[75] así que de esta relación no sacamos más que el nombre de ellos y su costumbre de pelear sobre el agua. Azara, en la edición francesa, dice que los españoles llamaban a los abipones, mepones;[76] por el momento empero no hay más que dejar a los mepenes, indios acuáticos, como mepenes, y a los abipones, indios terrestres, como abipones. Todos los mapas colocan a los mepenes en el rincón entre el Paraná y el Bermejo, que muy bien puede haber sido ocupado por los abipones. Una cosa debe asegurarse, que no eran carios, porque, si hubiesen sido, Schmídel nos hubiese contado que tenían mandioca, maní, etc., y en Corrientes, y no en la Asunción, se hubiesen asentado los españoles.[77]

50. A los ocho días y 40 leguas de camino llegaron los españoles a los kueremagbeis,[78] indios que siempre se mostraron amigos de los cristianos. Comían solo pescado, carne y algarroba. Era gente alta y gruesa, hombres y mujeres. Se horadaban las narices para meterse plumas de papagayo; las mujeres tenían las mejillas tatuadas con rayas azules y las vergüenzas tapadas con delantales de algodón. He aquí una verdadera descripción de gente de raza guaycurú, ya sea ella toba, ya abipona. El mismo nombre de *kueremagbeis* o *kurgmaibeis* se presta a ser interpretado por este otro: *kurumeguá*.[79]

---

73   Véase el mapa de Jolis al fin. (N. del T.)
74   *Mepeos*, de Oviedo. Ibíd. «Que duran hasta la boca del Paraguay.» (N. del T.)
75   Oviedo, por los rasgos físicos, etc., los clasifica con los *mocoretá*. Ibíd. (N. del T.)
76   *Historia del Paraguay*, tomo II, pág. 167. (N. del T.)
77   Véase el mapa de Ruy Díaz. (N. del T.)
78   *Curumías*, Trad. Esp. *Mechereses*, de Oviedo: Ibíd. *Kueremagbas*, ed. 1567. *Cinamecaes*, de Villalta, § 31. *Conamegoals*, de Luis Ramírez Madero, pág. 346. *Tonamaguas*, carta de Irala, 1541, apéndice (N. del T.)
79   Sarnoso-bellaco, que lo sería en boca de guaraní. Mê'gûa-bellaco. (N. del T.)

51. De los *kuremagbeis* caminaron 35 leguas hasta llegar a los aigeiss,[80] que ocupaban el territorio bañado por el río Bermejo o *Yepedy*, como lo llama Schmídel.[81] Comían los Agá[82] pescado y carne; eran altos y esbeltos, hombres y mujeres, éstas hermosas, pintadas y sus vergüenzas tapadas. Todo indica la raza pampeano-guaycurú, rama payaguá-mbayá. Eran ellos grandes guerreros por agua.

52. Con estos indios se cierra la lista de las naciones que fueron del Río de la Plata en tiempo de la conquista, pero que han desaparecido, siempre que no se admitan algunas de las identificaciones que se han pretendido hacer, como ser aquella de mepenes convertidos en abipones, etc. De los *aigeiss, aeiges* o *aygass* (porque todas estas variantes y otras más se encuentran en el texto) adelante, ya trata Schmídel de indios que se han perpetuado hasta nuestros días, y nos servirán de piedra de toque para aquilatar el valor científico del saber y observación de nuestro autor.

53. De los «*aygas*» caminaron 50 leguas[83] río Paraguay arriba, hasta dar con la nación de los *carios*, como se llamaban en aquel tiempo los guaraní del Paraguay. ¡Cómo se saborea el autor en medio de esa abundancia de maíz, mandioca, batatas, maní, etc., y también pescado y carne y aves de todas clases, y miel para comida y bebida! Era una bendición, era el paraíso. Dejaban atrás las miserias de la raza pampeana (nómades, más o menos), y entraban en la tierra de promisión de la raza guaraní (sedentaria, más o menos). Raza extendida, como dice Schmídel; gente petiza, corpulenta, apta para la labor —como dirían los naturalistas de hoy—, hecha para servir de hormiga negra a la hormiga blanca que se presentaba a sojuzgarlos. Los varones se abrían el labio inferior para ingerirle el barbote[84] de cristal,[85] de dos jemes de largo. Hombres y mujeres andaban «como las madres los... y Dios los echó al mundo», cosa muy de los carios y de sus congéneres, los *zennas saluaischco*.

---

80 De muchos modos escribe Schmídel este nombre, como los demás. Oviedo los llama «agaçes». (N. del T.)
81 Él lo escribe Jepedy. (N. del T.)
82 Nótese que «agases», es un plural de otro plural: *agá, agás, agases*. (N. del T.)
83 En el capítulo XXII dice que solo son 30 leguas. Sería que los *agá* ocupaban unas 20 leguas del río Paraguay. (N. del T.)
84 *Parabol* dice el texto; pero *P* es *B* en boca y oídos del bávaro, y *l* y *t* por ahí andan cuando se escriben. (N. del T.)
85 Una resina. (N. del T.)

Los padres, maridos y hermanos vendían sus hijas, mujeres y hermanas por cualquier baratija;[86] pero, naturalmente, estos indios, como más civilizados que los pampeano-guaycurú, tenían que estar más al corriente de estas cosas, y que lo observe Schmídel es prueba de que era un relator fidedigno del medio en que actuaba. «Ítem más», como a veces decía nuestro autor, estos carios comían... carne humana, siempre que podían, a saber: cuando estaban de guerra y les caía algún prisionero, hombre o mujer, no importaba cuál, y se la saboreaban como a cualquier chanchito, y era ocasión de gran boda: solo se escapaban las lindas, por su hermosura, y los viejos, ¡¡por su carne dura!! Era la nación más extendida de todas en el Río de la Plata, y sus «pueblos o ciudades»[87] ocupaban toda la parte elevada del río Paraguay. Sus pueblos o ciudades estaban fortificadas de una manera muy curiosa, que el autor describe con toda minuciosidad, y que el artista de la edición latina de Hulsius[88] ha pretendido reproducir; guárdese el lector, empero, de creer que los demás indios, como ser los *timbú*, etc., tenían pueblos así construidos. Esta es invención del que ideó las láminas. Las «demás naciones» no contaban con más palizadas que sus piernas largas para huir, cuando no se creían con poder bastante para triunfar del enemigo, cristiano o indio. Esta es una de las grandes diferencias que Schmídel establece con perfecta claridad, porque siempre habla de los pueblos (*fleckhen*) en general, mientras que a propósito de los carios ya los distingue con esta advertencia: pueblo o ciudad, *fleckhen oder stet*. Esto no obstante algunas tribus pueden haberle aprendido algo a los carios, y entre estas acaso debemos incluir a los indios timbú y carcará.

54. Desde Buena Esperanza hasta la Asunción cuenta Schmídel 335 leguas, *de camino* se entiende; unos 10° por «altura».

55. A las 100 leguas «de camino» de la Asunción estaban los *piembas* o *paimbass*, etc., como Schmídel llama a los payaguá,[89] gente que vivía solo de pescado, carne y algarroba..., que por lo tanto tenía que ser, como se ha visto que lo es, hasta por su lengua, rama de la raza pampeana-guaycurú.

---

86 Se nos ocurre preguntar ¿cuántas compraría Schmídel? (N. del T.)
87 *Fleckhen oder stet.* (N. del T.)
88 Véase la lámina, cap. XXI. (N. del T.)
89 Los restos de esta poderosa y temible nación se hallan hoy asentados en las inmediaciones de la ciudad de la Asunción. (N. del T.)

56. Cerca de estos indios estaba otra nación, que Schmídel y otros apellidan de *naperus*,[90] cuyo alimento de solo pescado y carne los declara nómades. Por la región que ocupaban es muy probable que sean nación de esa raza que hoy llamamos lengua-machicuy, que son los lenguas modernos, *angaité, sanapaná* y *guaná*,[91] indios que corresponderían perfectamente a la descripción de nuestro autor.

57. La expedición de Ayolas en la parte a que se refiere Schmídel, concluye en San Fernando,[92] y se reanuda cuando vuelve a este punto con Alvar Núñez Cabeza de Vaca.[93] Caminan las 100 leguas *de camino* entre la Asunción y los payaguá, y otras 100 más, de la misma especie, hasta llegar a los *guajarapos*, que nuestro autor llama *baschereposs*, según su fonetismo bávaro; gente ésta que comía pescado y carne, era canoera, las mujeres se tapaban las vergüenzas, y, por consiguiente, no eran carios. Estos son los mismos indios que Azara,[94] Hervás,[95] Castelnau[96] y Martius llaman *guachí* o guachica. Vivían tierra adentro del río Paraguay, más o menos en el paralelo 20° y margen oriental de este río. Martius reproduce un corto vocabulario recogido por Castelnau, y, según éste, su clasificación debería buscarse entre la raza pampeana, rama guaycurú, pero con sus diferencias, que acaso respondan a influencias de las vecinas naciones.

58. Schmídel abrevia su relación, y omite indios nombrados por Alvar Núñez, hasta que a las 90 leguas de los guajarapos dan con una nación que aquél llama *sueruekuessis* y éste describe, sin nombrarlos,[97] como habitantes del puerto de los Reyes. Los varones usaban orejeras, y las mujeres, *tembetá* o barbote:[98] eran hermosas, y andaban en cueros. Cada indio tenía su casa por separado, en la que vivía con su mujer y sus hijos, y eran agricultores.

---

90 Oviedo habla de «*mataraes*», ibíd., pág. 194. (N. del T.)
91 No se confundan con los *guaná* o *quiniquinao*, de Miranda, que son de raza *chané*. El explorador Boggiani se inclina a esta identificación de los *naperus*. (N. del T.)
92 En los 21° 20', más o menos. Ver mapa de Azara - el Pan de azúcar. (N. del T.)
93 *Comentarios*, cap. L, etc. (N. del T.)
94 Azara, *Historia del Paraguay*, tomo I, págs. 193, etc., ed. de Madrid, 1847. (N. del T.)
95 Hervás, *Cat. de las Leng.*, tomo I, págs. 191, etc. (N. del T.)
96 Castelnau, *Martius Glossaria*, pág. 131. (N. del T.)
97 Ibíd., cap. LIV. Relación de Hernando de Ribera, *Historia Prim. de Indias*, tomo I, pág. 598. Este los llama *urtueses*, gente parecida a los *jarayes*. (N. del T.)
98 Más adelante veremos que las mujeres de los *karkhokhies* se ponían algo parecido. (N. del T.)

Por lo visto se trata de una nación zamuca o chamacoca, como parece que eran también los *jarayes* y *siberis*. Schmídel dice que el barbote de estas mujeres era del largo y grueso de un dedo. Que las mujeres usen *tembetá* parece extraño.

59. De este punto parte Schmídel con Hernando de Ribera, río arriba, y llegan a unos indios que vuelve a llamar *sueruckhuessis*, y que compara a los *sueruckuissys* ya nombrados; entre unos y otros mediaban 4 leguas. A los nueve días de viaje y 36 leguas de distancia, llegan a los *acheress*, nación de mucha gente, altos y desarrollados, hombres y mujeres, como ningunos otros del Río de la Plata; no comían otra cosa que pescado y carne; las mujeres no se tapaban más que las vergüenzas.[99] Por las señas, estos *ajeres* eran de raza pampeana.

60. A las 38 leguas de los ajeres llegaron a los *scheruess* o jarayes. Estos indios eran orejones, y usaban barbote de resina; se pintaban de azul hasta la rodilla, imitando ropa. Las mujeres se embijaban de otra manera, desde los pechos hasta las vergüenzas;[100] son hermosas a su modo y nada mezquinas estando a oscuras. Algunos autores quieren que sean guarayos.[101] Se trata de una nación chamacoca o zamuca, como se desprende de los usos y costumbres.

61. Lo que sean los *jarayes* serán también los *syeberiss*, porque Schmídel identifica las dos naciones, y otro tanto se puede asegurar de los *orthuses*, urtueses de Alvar Núñez, indios todos agricultores, y por este lado interesantes para los españoles, que buscaban indios útiles. Pueden ser los otuquis, indios de la raza de Chiquitos.

62. Después que Alvar Núñez Cabeza de Vaca fue derrocado de su mando y remitido a España los «carios» y «aigaiss», con otras naciones más, se sublevaron contra el español, o sean los cristianos, como los llama Schmídel y como los apellidan siempre los indios. Para conjurar este peligro

---

99 *Die frauen gehenn bedeckt mit ihrer scham*, ed. 1889, pág. 64. (N. del T.)

100 Según Boggiani, el *tatuaje* es desconocido entre estos indios. *Revista del Instituto Paraguayo*, año 1900. (N. del T.)

101 Trad. ing., *Hakluyt Society*, pág. 43, nota. Es preferible clasificarlos como *zamucos* o *chamacocos*. (N. del T.)

se hizo alianza con los jheperus y *batatheiss*.[102] Esta gente solo comía pescado y carne, y peleaba por agua y por tierra, lo más por tierra. Sus armas eran dardos con punta de pedernal, macanas y unos palillos con dientes de palometa, con que degollaban a los enemigos que volteaban con sus macanas. De las cabelleras hacían trofeos para memoria de sus hazañas. Se trata, pues, de indios que no eran de la raza de los guaraní. ¿Serían tobas, mataguayos[103] o lenguas? En cualquier caso debieron ser pampeanos, más o menos guaycurú.[104]

63. Concluida esta guerra con los carios y entrado el año 1547, en alianza con los mismos carios ya reconciliados, parte Schmídel, bajo las órdenes de Irala, con la expedición que se dirigía al Perú.[105] Salieron del puerto de San Fernando,[106] donde en aquel tiempo vivían los payaguá. De allí llegaron, después de ocho o nueve días de viaje y 38 leguas de distancia, a una nación llamada *naperus*, que solo comían pescado y carne; eran gente alta y corpulenta y sus mujeres feas, sin más adorno que un delantal. Todos los rasgos son de raza pampeana, y lo probable es que hayan sido tribus de lenguas-machicuy.[107]

64. Un viaje de siete días, o sea de 28 a 30 leguas, los puso en tierra de los *maieaiess*, los *mbayá* de los modernos: una gran multitud de gente, con vasallos que les servían, y, por consiguiente, bien surtidos de comida de todas clases, ni más ni menos que entre los guaraní, sin que ni los señores ni sus súbditos fuesen de esta raza. Los *maijeaijs* son altos, gallardos y guerreros, en aquel entonces como ahora, pampeanos de raza, y sus siervos los chaneses, mojo-mbaures de origen. Las mujeres eran hermosas, sin más vestido que el delantal, y nada mezquinas de sus favores. Estos mbayá son los caduveos de Boggiani, y los siervos, esos guaná-quiniquinao, etc., de Miranda,

---

102 *Jeperis* y *bachacheis*, ed. Inglesa, pág. 54. *Yapirús* y *nagases*, Edición Españ., cap. XLI. *Guatataes*, de Alvar Núñez, cap. XXIII. Siempre sospecho que estos *batatá* sean *matará* o mataguayos. (N. del T.)

103 *Matacos* o *matará*. (N. del T.)

104 Las variantes «*geberus*» y «*bathadeis*» no ayudan mucho. (N. del T.)

105 Por lo que Irala llama «provincia de los *tamacocas*», y son los *chamacocos* o *zamucos*. (N. del T.)

106 Ver el mapa. (N. del T.)

107 El explorador Boggiani se inclina a esta creencia. (N. del T.)

descritos también por Escragnolle Taunay.[108] Los mismos usos y costumbres prevalecen hasta el día de hoy, y en esta relación, como en todas las demás, se muestra Schmídel un observador digno de toda fe. Irala[109] confirma que esta entrada fue por los mbayá.

Estos indios estaban a 70 leguas de San Fernando, y de allí llegaron a los *zchennte*, vasallos de los mbayá, y los *chané* de los demás historiadores. Parece que es la misión de la raza chané-aruaca servir a sus vecinos más guerreros. ¿Acaso serían ellos los restos de una población americana sojuzgada por hordas invasoras? Así parece, porque no se concibe cómo a la par de indios bravos suele haber otros más mansos.

65. Irala, en su famosa carta del año 1555, se limita a decir que llegaron a la provincia de los *tamacocas*, y de allí a la de los *corocotoquis*,[110] con referencia general a los «carios de la sierra», que son los chiriguanos. Schmídel, en esta parte, es muy parco de datos etnológicos, y, si no fuese por la carta de Irala ya citada, no sabríamos a qué atenernos, porque de los nombres de tribus o naciones poco se puede sacar en limpio: eran todas, o las más, agricultoras.

66. Si queremos darnos exacta cuenta de lo que eran los *zamucos* o *chamacocos*, los *tumaná* o *tumanahá* y los *morotocos* o *moro*,[111] debemos estudiar lo que de ellos ha escrito el explorador Guido Boggiani,[112] quien ha estado en contacto con ellos, y por lo tanto, me limitaré a reproducir algunas de las noticias de aquel viajero: en amplitud e importancia son únicas, como que ha vivido largo tiempo con estos indios.

67. Según este autor, los chamacoco son los más nomádicos y los tumanahá los menos; éstos algo entienden de labranza, pero sus parientes los moro o morotocos, mucho más, y estas tres naciones hablan dialectos de la

---

108 *Scenas de Viagem*. (N. del T.)
109 Carta de Irala de 24 de julio de 1555, reproducida por Pelliza en su edición de Schmídel, 1881, págs. 125-133. (N. del T.)
110 «Schmídel», ed. Pelliza, págs. 127 y 128. (N. del T.)
111 *Compendio de Etnografía Paraguaya Moderna, Revista del Instituto Paraguayo*, 1900, año III, tomo I. (N. del T.)
112 Actualmente (marzo de 1902) anda Boggiani perdido entre estos mismos *chamacoco*. Si salva, lo que Dios permita, traerá grandes noticias de esta región y sus indígenas. (N. del T.)

misma lengua.[113] Hoy estos indios ocupan parte del territorio que antes fue de los mbayá, a los que eran inferiores en pujanza. Cardús, en su obra sobre las misiones en Bolivia,[114] dice que los morotocos «honran a las mujeres con el título de señoras», y que son las que mandan, etc. Según Boggiani, los chamacoco, hombres y mujeres, son «orejones», esto es, se ponen rodelas en los lóbulos de las orejas, y los primeros usan el barbote largo, en este caso de hueso, y no de resina, como el de los carios. Se pintan, pero no se tatúan. Los hombres andan en cueros, las mujeres con un pequeño delantal.

68. Schmídel, después de nombrar *thohannes*, *payhanas* y *maiehonas*, pasa a los *morronos*, que sin duda son los moro o morotocos.[115] Después vienen *perronoss*, *sunennos*, *borkenes*, *leichonos*,[116] *karchkonos*, *digeberis*, *peysennes*, *maygennos* y *karckhokies*. Antes de llegar a tierra de estos últimos indios, dieron con unas salinas que pueden ser las que marca Jolis[117] en su mapa.[118] Hasta aquí cuenta Schmídel unas 320 leguas desde San Fernando, latitud 21° 20', hasta las salinas, distancia que, como máximo, no puede exceder de 5 grados, 2 de latitud y 3 de longitud: esto demuestra que anduvieron de acá para allá perdiendo tiempo y desandando camino, hasta enterar casi tres tantos de la verdadera distancia.

69. De la Salina, como a las 36 leguas, llegaron a los *karkhokhies*, indios que usan el *tembetá* como botón de los chiriguanos. Pelean con dardos, arcos y flechas, y rodelas o paveses de anta. Las mujeres visten *tipoy*, y usan un canuto asegurado al labio, en que meten una piedra verde o gris. Son hermosas, y no se mueven de las casas. Por lo visto se trata de una nación chiriguana, y precisamente a esa distancia de la Salina están los chiriguanos, según Jolis.[119] De los *karkhokhies* a las pocas leguas, llegaron a los *machkaises*, y precisamente sobre el río Pilcomayo y en el paralelo 20° entre 315° y 316°, Jolis coloca el valle de Machareti, en la región de los chiriguanos.

---

113 Hervás, *Cat. de las Leng.*, tomo I, págs. 162 y 163. (N. del T.)
114 Pág. 273. (N. del T.)
115 Ver mapa de Jolis, paralelo 19° y meridiano 318°. (N. del T.)
116 ¿Serán los *zatienos* de Jolis? (N. del T.)
117 Ver mapa, 19° 30' latitud y 317° 15' longitud. (N. del T.)
118 Esta región corresponde a *zamucos* o *chamacocos* y a *chiquitos*. Véase el mapa de Jolis al fin. (N. del T.)
119 Ver mapa ya citado. (N. del T.)

70. Nada de lo que dice Schmídel se opone a lo que conocemos por otros conductos. Los mbayá (pampeano-guaycurú) y chané (pampeano-mojo-baure) se presentan con las señales características de su origen vario. Los muchos pueblos pampeano-zamuco llenan el vacío entre los chané y las salinas; y del otro lado (el oeste) de éstas empiezan los carios de la sierra o chiriguanos. Irala llama a éstos *karkhokies* y *machkaisies* «corocotoquis», y dice que estaban a 52 leguas de los *tamacocas*, distancia que concuerda con la que demuestra Jolis en su mapa. Resulta, pues, que las tales salinas dividían la nación zamuco-morotoca de la corocotoca, que yo identifico con los chiriguanos, en razón del botón en el labio de los varones y el tipoy de las mujeres.[120]

71. Cuando regresa Schmídel del Paraguay a Alemania, hace la descripción de los *thopis*; en nada discrepa de lo que ya sabemos de ellos por otros conductos. Eran comedores de carne humana, de los enemigos se entiende; mas para que no faltase andaban siempre en guerra; y por lo demás son como lo cuenta el capítulo LII, que es un complemento a lo que dice Alvar Núñez en sus *Comentarios*.[121] El idioma es muy parecido al de los carios, y esta apreciación nos prueba que Schmídel lo entendía y hablaba, y por lo tanto, que era muy competente en eso de saber si tales o cuales indios eran del habla guaraní o no.

72. Largo y muy largo nos ha salido este capítulo, pero solo así se podía establecer que los datos etnológicos que nos suministra Schmídel son de verdadero valor científico. En su relación se destacan dos grandes razas, la guaraní y la que no lo es. Esta, que es la pampeana de d'Orbigny, se subdivide en dos ramas, una nomádica[122] o guaycurú-patagónica, que solo comía carne y pescado, y la otra semisedentaria,[123] que sembraba y solía vivir a la par de la anterior en calidad de protegida o vasalla, como los chané con los mbayá. A la guaraní solo la encuentra Schmídel en el Brasil, en las inmediaciones de Buenos Aires; en el Paraguay, a la vuelta de la Asunción;[124] y en

---

120 Esto del origen cario de los *karkhokies* y *machkaisies*, sean ellos *corocotoquis* o no, se propone con todas las reservas del caso, porque los *otuques* de Hervás son chiquitos. Cat. de las Lenguas, tomo I, pág. 160. (N. del T.)
121 Capítulo VI *al fin* y XVI. (N. del T.)
122 Nómades son los que cambian de asiento cuando se les retira la caza. (N. del T.)
123 Semisedentarios son los que siembran aquí y allí siguiendo a los nómades. (N. del T.)
124 Digamos a 30 leguas a todo viento al este del río Paraguay. (N. del T.)

el territorio que conducía del Alto Paraná al Atlántico. Los demás indios se hallaban desparramados en todo lo que anduvo nuestro autor.

73. Debemos fijarnos en que Irala, en su viaje al Perú por el país de los zamucos o chamacocos («*tamacocas*», como él los llama),[125] entró por donde habían andado ya Hernando de Ribera y Schmídel en tiempo de Alvar Núñez. Iban en pos de las fabulosas riquezas de los amazones, cuento éste que no es inventado por nuestro autor, sino que consta también en la relación de Hernando de Ribera.[126] Se buscaba El Dorado, y los indios, cansados de sus molestos huéspedes, siempre los halagaban con noticias de algo mejor *un poco más allá*. Así se explica esa larga peregrinación por el país de los jarayes en las dos entradas. El viaje al Perú parece que fue cosa de última hora y por las razones que el mismo Irala da en su carta.[127] Esta carta, los apuntes de Schmídel y las noticias ya citadas del explorador Boggiani, adquiridas *in situ*, bastan para determinar quiénes eran los indios que visitaron más allá de los mbayá, por el norte y el oeste. Irala es algo confuso en su relación, pero esto es, más o menos, lo que dice: Desde el puerto de San Fernando pasaron por diversas generaciones hasta llegar a los tamacocas. Allí supieron de las minas de plata en las sierras de los *carcaxas*, que, si no se explica mal Irala, son las de los charcas (chuquisaca). De regreso para entre los *corocotoquis*, a 52 leguas de los *tamacocas*, y allí le confirman las noticias de las riquezas que había más al norte, «los naturales de la tierra y yndios carios de la sierra».[128] ¿Quiénes eran estos naturales? Los corocotoquis, que según se ve, no eran *carios*, es decir, *chiriguanos*. Lo que hay de cierto es que los españoles al pasar de la tierra de los mbayá y chané entraron por la provincia de los chamacocos, chiquitos y chiriguanos, y que encontraron carios entre los jarayes. El mapa de Jolis, levantado por el abate Joaquín Camaño a fines del siglo XVIII es la mejor guía que podemos tener para darnos cuenta de los indios que visitaron Cabeza de Vaca e Irala con Schmídel. Concluiré con las palabras de López de Velazco:

---

125 Carta de 1555. (N. del T.)
126 Parece que está de más la nota a la traducción inglesa (ed. Hakluyt, pág. 46). Que Hernando de Ribera y Schmídel se refieran a la misma fábula, nos prueba que era moneda corriente por aquellos lugares. Ver Oviedo, lib. XXIII, cap. XVI, pág. 207. (N. del T.)
127 La del año 1555. (N. del T.)
128 Carta de 1555, ed. Pelliza, págs. 127 y 8. (N. del T.)

«Así como estas provincias son grandes, son muchas las naciones de indios que hay, y más la diversidad de lenguas que platican, *aunque se reducen a dos diferencias de naturales*; unos que llaman *gandules*, por la mayor parte *muy altos, más que españoles*, bien hechos y de buenas facciones, enjutos y morenos, y bien proporcionados, de buenas fuerzas aunque sin maña, mal vestidos; no siembran, y se sustentan de la caza y pesca, holgazanes, y su más continuo ejercicio es la guerra: los otros son los indios labradores guaraníes, que quiere decir *guerreros*, porque van muy lejos de su tierra a guerrear, *de estatura de españoles*, y bien agestados, que hacen sus sementeras, y entretanto que se crían también ejercitan la guerra, caza y pesca: entre ellos, los que están alrededor de la Asunción, son los que más se derraman por la tierra, y así la lengua de los que se llaman *guaraníes* es la que generalmente se habla en todas las provincias, aunque tienen lenguaje particular». *Geografía y Desc. Univ. de las Indias*, ed. Madrid, 1894, pág. 555.

XII. Los españolismos del autor

75. No hay cosa más convincente, en cuanto a la autenticidad de la relación de Schmídel, que el gran número de españolismos que encierra su MS.[129]

Prescindamos de la ortografía en los nombres propios y del *thonn* por *don*. Ahí están *pot* o *podell*, por *bote* o *batel*; *pese espade* y *pese de sere*, que se explican solos; *cardes*, por *cardos*; *dardes*, por *dardos*; *ordinirt und manndirt*, por *ordenó y mandó*; *nazión* (de indios), por *nación*; *bastamen* o *fastamen*, por *bastimento* (víveres); *palla saide*, por *palizada*; *abestraussen*, por *avestruz*; con su *Yandú*,[130] por *Ñandú*; *pabessen*, por *paveses*; y tantos otros ejemplos que se podrían citar. Cada palabra de éstas es una prueba que fue el mismo Schmídel que escribió o dictó su relación, y son justamente estos modos de decir los que dan colorido local a su historia, la más importante de todas las que tenemos de aquella época, por sus muchos detalles y buen sentido, sin perjuicio de que algunas veces incurra en error.

---

129 El de Múnich, publicado en 1589. (N. del T.)
130 *Jandú* suena *Yandú*. (N. del T.)

XIII. El sitio de Buenos Aires

76. «Más o menos al mes de haber vuelto» Jorge Luján de su viaje en busca de provisiones, dice Schmídel que los indios *querandí, guaraní, charrúa* y *chaná-timbú* atacaron la naciente ciudad de Buenos Aires, con el éxito que él mismo cuenta. A lo que sabemos hasta aquí por la documentación contemporánea que se conoce en el Río de la Plata, es él el único autor que nos da cuenta del episodio, y desde luego, a falta de prueba en contrario, tenemos que aceptar los acontecimientos tal como él nos los refiere. El doctor Manuel Domínguez de la Asunción, prolijo compulsador de papeles, no ha podido hallar otra referencia de este interesante suceso, que por lo tanto debe juzgarse por sus propios méritos.

77. Según Schmídel el hecho aconteció antes de la subida de don Pedro de Mendoza con Ayolas a los timbú (Buena Esperanza). El adelantado estaba ya de regreso antes de fin de año (1536) en Buenos Aires, de donde despachó a Juan de Salazar en busca de Ayolas el 15 de enero de 1537,[131] y, ya antes de eso, había regresado Gonzalo de Mendoza de su viaje a Santa Catalina en busca de víveres: éste partió de Buenos Aires el 3 de marzo y estuvo de vuelta el 17 de octubre de ese mismo año.[132] De estas dos fechas se deduce, (1) que Gonzalo de Mendoza se hallaba ausente de Buenos Aires el día de San Juan Bautista (el 24 de junio), razón por la que no pudo referirse a los acontecimientos ocurridos en esos días, y (2) que su presencia en la dicha ciudad el 27 de diciembre, día de San Juan Evangelista, y el hecho de no haber incluido en su interrogatorio una pregunta más a propósito de tan importante suceso, nos obligan a conceder que fue en la primera fecha y no en la segunda cuando sucedió lo del capítulo XI. La fecha 1535 es uno de tantos errores de igual especie que notamos en el texto, debidos a olvido, descuido o diferencia de modo de computar el año.

78. El silencio de Villalta y Pero Hernández se explica por la índole de sus relaciones, y solo podíamos esperar alguna noticia del ataque llevado por los indios contra la naciente ciudad de Buenos Aires en la información de Gonzalo de Mendoza: éste lo calla como suceso de junio, porque no se halló

---

131 *Memoria de Pero Hernández*, ed. 1881, pág. 162. *Información* de Gonzalo de Mendoza. Preg. 11, apéndice C. (N. del T.)

132 *Información* citada. Pregs. 5 y 8. (N. del T.)

presente, y lo calla también en diciembre, sin duda, porque no sucedió en esta fecha. Queda, pues, establecido, hasta la presentación de mejor prueba en contrario, que el incendio de Buenos Aires tuvo lugar el 24 de junio de 1536, fiesta de San Juan Bautista.

XIV. Los viajes de Ayolas a los timbú

79. Después que don Pedro de Mendoza llegó a la margen occidental del Río de la Plata y fundó allí la primera ciudad de Buenos Aires, comprendió enseguida que poco podía esperar de los naturales para la alimentación de los suyos, y, en su mérito, despachó expediciones a todas partes. Una de ellas fue la de Gonzalo de Mendoza a Santa Catalina, de que se ha dicho algo en el capítulo anterior; la segunda hizo una entrada por las islas al mando de un «caballero deudo» de don Pedro[133] que Schmídel llama *Jerg Lichtenstein*[134] y la tercera fue la primera de Juan de Ayolas río arriba al lugar que fue asiento del fortín de Sancti Spiritus.[135] En la laguna de los timbú se establecen y regresa Ayolas a Buenos Aires en busca del adelantado. Más o menos en agosto o septiembre[136] se embarcó Mendoza en la escuadrilla de 8 bergantines y bateles con Ayolas y 400 hombres y subieron río arriba al asiento de Buena Esperanza, de donde regresó el adelantado a Buenos Aires antes del 15 de enero, época en que despachó a Juan de Salazar en busca de Ayolas. Este es el segundo viaje de Ayolas según Villalta y el único según Schmídel. Lo que nos importa saber es que Schmídel acompañó a Mendoza y a Juan de Ayolas cuando éstos con el grueso de la gente pasaron a los timbú y fundaron sus asientos en Buena Esperanza[137] y Corpus Christi.

---

133 Villalta. Carta de 1556, § 6. La madre de don Pedro era doña Constanza de Luxán. Madero. *Historia del Puerto de Buenos Aires*, pág. 123. (N. del T.)

134 La edición de Niremberga dice «*Luchsam*», la de Francfort, Lanchstein, ed. 1889, pág. 31, nota. Ver cap. IV, Jorge Mendoza. (N. del T.)

135 Villalta, §§ 8-17. (N. del T.)

136 Pero Hernández, ed. cit., pág. 162. (N. del T.)

137 Antes del 20 de octubre de 1536. El *Archivo Nacional de la Asunción*, n.º 1, doc. VI, al fin. (N. del T.)

XV. Los cuatro años del capítulo XIV y los dos del capítulo XXX

80. «*Inndiesem fleckhenn plieben wir 4 jhar lang*» —«en este pueblo permanecimos durante cuatro años»— dice Schmídel. El pueblo era el de los timbú, y los cuatro años pueden computarse desde fines de 1536 hasta principios de 1539, es decir, son cuatro años incompletos, faltándoles meses. Es entendido que el *wir* —nosotros— se refiere a los cristianos, y que no es necesario que los años sean enteros; porque las relaciones, como por ejemplo la de Villalta, se hacen cargo de expresar que el año 1539 hubo un abandono momentáneo de Buena Esperanza; pero se cae de su peso que éste abandono se haría definitivo cuando Irala retiró toda la gente de Buenos Aires y los puertos intermedios a la Asunción el año de 1541.

81. Los dos años del capítulo XXX son los que mediaron entre la subida de Cabrera con Ruiz Galán a la Asunción en 1539 y la llegada de Alvar Núñez Cabeza de Vaca a Santa Catalina. Si seguimos el orden del texto, parece que los dos años deberían contarse desde la dejación de Buenos Aires; pero, como se demostrará más adelante, el episodio del naufragio corresponde al año 1538 (1.º de noviembre), y durante estos dos años tuvieron lugar los acontecimientos que se cuentan desde el capítulo XX hasta el XXVIII.

XVI. Viaje de Ruiz Galán a la Asunción con Cabrera 1539

82. Al doctor Manuel Domínguez, de la Asunción, se debe el descubrimiento de que Ruiz Galán —después que llegó Cabrera a fines de 1538, y pasaron con él a Corpus Christi, donde le juraron obediencia a Ruiz el 28 de diciembre de 1538—[138] en lugar de seguir viaje como equivocadamente lo supuso Madero,[139] regresó a Buenos Aires, «donde le encontramos administrando justicia con Cabrera en febrero de 1539,[140] siempre con Juan Pavón al lado».[141] El 8 y 20 de abril del mismo año aún estaba Ruiz en Buenos Aires como lo confiesa el mismo

---

138 Juramento en favor de Ruiz Galán, *Revista del Instituto Paraguayo*, n.º 18, apéndice F. (N. del T.)
139 *Historia* citada, pág. 172. (N. del T.)
140 N.º 12 del *Archivo de la Asunción*, apéndice G. (N. del T.)
141 Correspondencia inédita del doctor Domínguez, septiembre 22 de 1902. (N. del T.)

Madero,[142] y lo hace notar Domínguez,[143] y su partida para la Asunción debió tener lugar enseguida del despacho a España del galeón *Santa Catalina*;[144] porque, como dice el mismo,[145] en julio, Ruiz ya firmaba documentos en la Asunción.[146] El viaje era de unos dos meses en aquella estación y basta esto para probar que Ruiz no pudo ir y volver a la Asunción para estar en Corpus Christi el 28 de diciembre de 1538, en Buenos Aires en febrero de 1539 y también en este puerto el 8 de abril del propio año.

83. Aparte de todo esto hay que tener en cuenta el desastre de Corpus Christi, que Domínguez ha probado no puede haber ocurrido sino entre diciembre 28 de 1538 y el 20 de abril de 1539, porque, para las condiciones del problema histórico, Ruiz Galán tenía que estar en Buenos Aires. Madero, a pesar de la documentación que invoca, se equivocó en esta parte: lástima que no la publicó.

XVII. Confusiones en el relato del autor

84. No se puede negar que Schmídel se enredó más de una vez al hacer la historia de su famoso viaje: entre digresiones, ampliaciones, omisiones y algunos errores que no ha dejado de cometer vemos que hay que estudiarlo a la luz de los demás documentos de la época, que, sea dicho de paso, no son tampoco inmaculados. Faltándonos por ahora parte de las informaciones a que se refiere Madero, y que no publicó este señor, nos atendremos: (1) a las Cartas de Irala, (2) a la Memoria de Pero Hernández y Acta de 1538, (3) a la carta de Francisco de Villalta, (4) a la Información de Gonzalo de Mendoza hasta donde la conocemos, y (5) a la Historia de Oviedo en el lib. XXIII y caps. XII y siguientes.

85. Pero Hernández es muy breve en la primera parte de su relación. A los siete meses de llegar don Pedro de Mendoza al Río de la Plata, despacha a su teniente Juan Ayolas a descubrir la tierra, con 3 navíos y 150 hombres. El 15 de enero de 1537 parte Juan de Salazar del puerto de Buenos Aires en

---

142 *Historia* citada, págs. 172 y 3. El *Archivo Nacional de la Asunción*, n.º 2, págs. 72, 73, 74, apéndice H. (N. del T.)

143 Correspondencia inédita del doctor Domínguez, septiembre 22 de 1902. (N. del T.)

144 *Historia* citada, págs. 172 y 3. El *Archivo Nacional de la Asunción*, n.º 2, págs. 72, 73, 74, apéndice H. (N. del T.)

145 Correspondencia inédita del doctor Domínguez, septiembre 22 de 1902. (N. del T.)

146 El *Archivo Nacional* citado, n.º 2, págs. 41 y 43, apéndice 1. (N. del T.)

busca de Ayolas. A los cuatro meses después, regresa Mendoza a España,[147] dejando a Juan de Ayolas de su lugarteniente, y al capitán Francisco Ruiz Galán de interino en Buenos Aires. Salazar[148] «viene» seis meses después de salir Mendoza, y cuenta que Ayolas se había ido tierra adentro, dejando a Irala[149] con 30 hombres en el puerto de la Candelaria, asiento de los payaguá. Aparte de esto, avisa Salazar que al bajar había «asentado un pueblo en concordia de los naturales de generación carios», y en la ribera del río Paraguay. En abril de 1538 llega a Buenos Aires el navío de Pan Caldo, y en octubre del mismo año Alonso Cabrera,[150] veedor, «con una nao e cierta gente». Se producen «pasiones y contentaciones» entre Cabrera y Ruiz por el mando,[151] y después parten los dos con 7 bergantines y 200 hombres para el Paraguay, «donde residía» Salazar, «para dar socorro a Juan de Ayolas, e llegados al puerto hallaron allí a Domingo de Irala, vizcaíno». Cabrera se entiende con Irala, destituyen a Ruiz, y queda mandando Irala.[152]

86. Madero,[153] citando una información de junio 1538, dice que Ruiz y Cabrera dejaron una pequeña guarnición en Buenos Aires, y que con el grueso de la gente (200 a 250 hombres) subieron al Paraguay, y en una acta levantada de paso en Corpus Christi, firma Juan de Salazar, entre varios otros, reconociendo a Ruiz de teniente gobernador interino. En enero de 1539 siguen viaje a la Asunción.[154] Hay desacuerdo con Irala, se retira Ruiz, y en abril de 1539 estaba ya en Buenos Aires despachando el galeón Santa Catalina a España. De este viaje resultó la confirmación real de los títulos de Ayolas, que le llegaron a Irala más o menos a principios de 1540.[155] Hasta aquí Madero.

---

147 Parece que en mayo. (N. del T.)
148 No dice si a Buena Esperanza o a Buenos Aires. (N. del T.)
149 Dice: «un Domingo de Irala vizcaíno», ed. Pelliza, pág. 162, apéndice B. (N. del T.)
150 Ibíd., pág. 163. (N. del T.)
151 Ibíd., pág. 163. (N. del T.)
152 Ibíd., pág. 163 y 4. (N. del T.)
153 Historia del Puerto de Buenos Aires, págs. 132 a 136. Colección de documentos, Garay, Asunción, 1899, págs. 200 et seq. Información de Gonzalo de Mendoza. Esta es del 15 de febrero de 1545. (N. del T.)
154 Error: véase el capítulo anterior, XVI. (N. del T.)
155 Madero, pág. 136 y demás documentos. (N. del T.)

87. Francisco de Villalta[156] se extiende más, y suplementa mucho de lo que falta en los otros relatores: daré en resumen el contenido de sus párrafos:

1. 1536. Llegada de Mendoza a San Gabriel.
2. Fundación de Buenos Aires.
3. Número de gente: 1.800; empiezan a morir de hambre.
4. Enfermedad de Mendoza y envío de Diego, su hermano, en busca de comida.
5. Pelea y muerte de Diego de Mendoza.
6. Manda Mendoza 200 hombres en busca de comida.
7. Regresan los bergantines. Grande hambruna. Comen carne humana, etc.
8. Mendoza envía a Sancti Spiritus al capitán Ayolas.[157]
9 y 10. Pasan éstos grandes necesidades.
11 y 13. Llegan a los timbú y carcará, se remedian del hambre, y regresan a Buenos Aires.
18. Arribo de Mendoza con Ayolas a los timbú.
23. Regresa Mendoza a Buenos Aires, dejando a Alvarado en Buena Esperanza, porque Ayolas había partido con 160 hombres y 3 navíos río Paraná arriba.

[Aquí empieza la relación del verdadero viaje de Ayolas, reproducido por Herrera en sus Décadas. En el párrafo 36 deja a Ayolas, y narra lo que sucedía en los puertos de abajo.][158]

25 a 35. Sale Ayolas de viaje, pierde uno de los 3 navíos, llega a los carios, éstos le dan maíz, etc., sigue a los payaguá, 100 leguas más arriba, y se mete tierra adentro con 130 hombres. Irala queda con los 30 restantes esperando.
36. Mendoza despacha a Juan de Salazar en busca de Ayolas, y regresa a España, 1537.
37. Salazar e Irala quieren entrar a socorrer a Ayolas. Las aguas y la mala voluntad de los indios se lo impiden.
38. Funda Salazar la «casa fuerte» en los carios, sin dar el nombre.

---

156 Carta de Villalta. Ver apéndice, §§ 1 a 50. (N. del T.)
157 Este es el primer viaje de Ayolas. (N. del T.)
158 Esta es la relación del verdadero viaje de Ayolas, reproducido por Herrera. Ver Oviedo, lib. XXIII, cap. XIII. (N. del T.)

39. Deja allí 20 hombres, y se vuelve a Buenos Aires a dar cuenta a Ruiz.

40. Sube Francisco Ruiz al Paraguay con 200 hombres, en socorro de Ayolas.

41. Peleas de los españoles con los indios por comida.

42. Vuelta de Ruiz a los timbú.

43. Matanza de indios por orden de Ruiz. Regresa éste a Buenos Aires.

44. Desastre en los timbú, y abandono de ese pueblo.

45. Llegada a Buenos Aires de los dos bergantines que Ruiz mandó a los timbú. Arribo de un navío que no pudo seguir viaje al Estrecho y, más tarde otro de Alonso Cabrera. Pasiones y revueltas con Ruiz. Pasan Ruiz y Cabrera a la Asunción con 250 hombres, algunos de ellos de la gente de *Pan Caldo*.

46. Cabrera y demás capitanes quitan el mando a Ruiz.

47. Derrocado Ruiz, Irala (o sea «capitán Vergara») hace una tentativa de socorrer a Ayolas, pero sin éxito, por el hambre y las inundaciones. Se les presenta un indio, y avisa de la muerte de Ayolas.

48. Interrogan a ciertos indios payaguá, y confirman éstos el testimonio del indio chané.

49. Regresa Irala a la Asunción, y manda 3 bergantines a rescatar comida.

50. Vuelven los bergantines, y despacha otros 2 adelante, y siguió él después a despoblar Buenos Aires.

88. Igual en importancia con la carta de Villalta es la *Información* levantada en la Asunción por Gonzalo de Mendoza el 15 de febrero del año 1545. Este Mendoza fue yerno y sucesor de Irala, pero solo le sobrevivió unos dos años.[159] Los declarantes son varios y entre ellos Francisco de Mendoza y Juan de Salazar, ambos protagonistas en la conquista.[160] Según el Interrogatorio, casi enseguida de llegar Mendoza, y de haber asentado su real y pueblo en el puerto que dicen de Buenos Aires, despachó al capitán Gonzalo de Mendoza a la costa del Brasil a rescatar bastimentos para aliviar el hambre que empezaba a hacerse sentir; éste salió el 3 de marzo de 1536. De allí no solo trajo los bastimentos y otras cosas necesarias, sino ciertos cristianos que allí vivían con sus familias y esclavos, para que les sirviesen de

---

159 Madero, *Historia del Puerto de Buenos Aires*, pág. 167. Irala murió en 1556 y Mendoza en 1558. (N. del T.)

160 *Colección de documentos* del doctor Blas Garay, págs. 200, etc. Desgraciadamente la información está incompleta. (N. del T.)

intérpretes en sus tratos con los indios comarcanos. A Buenos Aires llegaron el 17 de octubre de 1536. Más o menos por el mismo tiempo regresó don Pedro de Mendoza de Buena Esperanza, y después que se concluyeron las naos que se estaban preparando (que eran 3), despachó a Juan de Salazar y a Gonzalo de Mendoza el 15 de enero de 1537 en busca de Juan de Ayolas, demorando ellos seis meses hasta llegar al puerto de la Candelaria.[161] Como habían dejado un navío en Buena Esperanza, los otros 2 con los 2 de Irala, en muy mal estado bajaron a un puerto de los carios. Mucho les sirvió de «lengua» el cristiano Juan Pérez, que Gonzalo de Mendoza había traído del Brasil. Aquí se fundó la «casa fuerte» origen de la ciudad de la Asunción.[162] Enseguida partió Juan de Salazar para Buenos Aires quedando Gonzalo de Mendoza al mando de la fortaleza.

89. Cinco o seis meses después de esto llegaron al dicho puerto los capitanes Francisco Ruiz y Juan de Salazar de Espinosa, de donde enseguida regresaron Ruiz y el capitán Gonzalo de Mendoza a Buenos Aires, y desde allí despachó Ruiz un galeón a la costa del Brasil por bastimentos el 4 de junio de 1538 al mando del dicho Mendoza. En Santa Catalina se encontraron con el veedor Alonso de Cabrera y juntos se pusieron en viaje para el Río de la Plata, pero se perdió la nao de Gonzalo de Mendoza en la noche del 1.º de noviembre a la entrada del río, ahogándose 5 personas y perdiéndose lo más del cargamento; los sobrevivientes se reunieron en San Gabriel con Cabrera y la gente de la nao *Marañona*.

90. Subió Cabrera a los indios carios con Gonzalo de Mendoza, y después que se dio «la obediencia al capitán Domingo de Irala»,[163] viendo que «estaba la tierra levantada»,[164] encargaron a Mendoza de la pacificación de los indios, y partieron enseguida a «dar socorro al capitán Juan de Ayolas».[165]

91. Todo esto, más o menos, lo confirmaron los testigos Francisco de Mendoza y Juan de Salazar, con detalles interesantes, como por ejemplo:

---

161 El de San Fernando, en 21° 20'. (N. del T.)

162 Seis meses del 15 de enero, más el tiempo para bajar del puerto de la Candelaria, nos permiten fijar la fecha de la fundación, más o menos el 15 de agosto. (N. del T.)

163 No lo nombra a Ruiz Galán, ni tampoco hace referencia a ese regreso a Buenos Aires entre el 28 y 29 de diciembre de 1538 y febrero de 1539. (N. del T.)

164 Aquí cabe lo que cuenta Schmídel del asedio de Lambaré. (N. del T.)

165 Todavía soñaban con la idea de hallarlo vivo y esto sucedía estando avanzado ya el año 1539. (N. del T.)

que Hernando de Ribera y Gonzalo Morán eran de los que Gonzalo de Mendoza trajera de Santa Catalina en su nao del mismo nombre; que éstos y Ruiz construían 3 bergantines para ir a presentarse a don Pedro de Mendoza en Buena Esperanza, pero antes de poderlos concluir bajó don Pedro a Buenos Aires y en tales bergantines despachó a Salazar y a Gonzalo de Mendoza en busca de Ayolas.

92. Según estas declaraciones, don Pedro permaneció muy poco tiempo en Buena Esperanza. Más o menos en octubre[166] envió Mendoza a Ayolas desde este puerto río arriba; el 15 de enero de 1537 despachó de Buenos Aires a Salazar a buscarlo, el 17 de octubre de 1536 Gonzalo de Mendoza entró de regreso de Santa Catalina a este puerto, de suerte que entre estas dos fechas debemos colocar el regreso de don Pedro a dicha ciudad. Si el asedio de Buenos Aires hubiese tenido lugar el día de San Juan Evangelista[167] lo hubiese presenciado Gonzalo de Mendoza, e invocado para mayor aumento de méritos.

93. Nos queda por analizar lo que dice un historiador muy famoso acerca de la entrada de Ayolas. Oviedo en su lib. XXIII y capítulo XII enreda la relación del viaje de Juan de Ayolas con la del de Alonso de Cabrera, y de una manera tal que medio justifica las confusiones de Schmídel. A propósito de la reunión de Cabrera con «Pancalvo, genovés» en el Río de la Plata pasa a contar lo de Juan de Ayolas en su entrada desastrosa. Llevaba Ayolas 160 hombres en 2 bergantines y una carabela mandadas respectivamente por Ayolas, don Carlos de Guevara y el capitán Domingo de Irala. En el camino se perdió la carabela, pero como pudieron llegaron a la «boca del Paraguay» donde encontraron una nación de indios dichos «*mechereses*», que estaban a la parte del oeste,[168] dejando a la parte del este «otras nasçiones e lenguas diferentes hasta llegar a la mar». Este curioso paréntesis (que aquí acaba) interrumpe la relación que corresponde al viaje de Cabrera, y esta palabra «mar» le sirve para volver atrás y para reanudar el hilo de la narración del veedor Alonso de Cabrera, y el capítulo entero se dedica a datos etnográficos del mayor interés; pero en la página 193 al llegar a los «mechereses ya

---

166 Pero Hernández, apéndice B, ed. 1881, Schmídel, pág. 162. (N. del T.)
167 El 27 de diciembre de 1536. (N. del T.)
168 Para los de ese tiempo «este» y «oeste» era «norte» y «sur», por aquello de «Mar del Norte» y «Mar del Sur». (N. del T.)

dichos» vuelve a acordarse del «capitán Juan de Ayolas», y lo hace llegar a los «llamados *guaraníes* (que) por otro nombre se diçen *carios*». De allí en el capítulo XIII lo hace subir a los «*apayaguás*», se entiende con ellos y con los «*mataraes*» de más arriba «y se entró la tierra adentro», dejando por teniente a Domingo de Irala.

94. Vuelve la relación a hablar de Mendoza y del envío de Salaçar y de Gonçalo de Mendoça con 60 hombres en 2 bergantines, que «llegaron hasta donde estaba Domingo de Irala, que por otro nombre assimesmo se deçia *Domingo de Vergara*». De allí bajaron juntos los 3 a «la cibdad que *agora llaman de la Asunçion*, que está *en veynte e çinco grados, menos un terçio*»[169] «e hicieron allí los nuestros una casa fuerte de madera, que llamaban ellos la fortaleça».[170]

95. Salazar regresó de allí en busca de don Pedro de Mendoza para darle cuenta de su comisión, pero halló que había partido para España dejando a Francisco Ruiz Galán de su lugarteniente. Éste, desobedeciendo órdenes expresas que para el efecto tenía, en lugar de marcharse a España en pos de don Pedro, subió río arriba con Salazar a verse con Irala, y de paso se hizo jurar en «Buena Esperanza y Corpus Christi».[171] De allí pasaron a la fortaleza en la Asunción y se encontraron con Irala (Vergara) quien le negó el juramento de obediencia a Ruiz. Por este tiempo, y durante la ausencia de Irala en la fortaleza, llegó Ayolas al puerto, y él y toda su gente fueron muertos a traición. Vuelve a subir Irala y casi *cayó él también en una celada de los indios*.

96. Después de esto bajó Irala a la Asunción y fue mal recibido por Salazar, dejado allí por Ruiz Galán, quien bajó a Buenos Aires apurado por la falta de víveres. Éste a la pasada por el «asiento de los timbús» perpetró la histórica felonía contra estos indios y su principal «*chararaguaçu*», que quiere decir «capitán grande». Los demás indios le suplicaron que retirase a todos los cristianos porque era su intención matarlos a todos; mas Ruiz no hizo caso, sino que dejó allí a Antonio de Mendoza con 80 hombres y siguió viaje a Buenos Aires adonde lo esperaban una de las dos carabelas de Alonso Cabrera y la nao de «Pao Calvo».

---

169 Aquí se ve claro que 25° «*menos un terçio*» son 25° 20', la verdadera altura, y no 24° 40'. Ver cap. San Fernando en el prol. (N. del T.)
170 Lo que significa que no se llamó más que «*fortaleça*» al principio. (N. del T.)
171 Falta esta acta. (N. del T.)

97. Mientras esto sucedió la tragedia de Buena Esperanza tal y como la cuenta Schmídel pero con menos detalles, y sin fijarse en el orden cronológico.

98. En el capítulo XIV se da cuenta de la llegada de Cabrera con «provisiones para que Johan de Ayolas gobernasse *ó aquel que él oviesse nombrado, e que si el tal nombrado no oviesse, que era la voluntad de Su Magestad que la gente se juntasse, y en conformidad que eligiessen gobernador*, etc.» Marcharon Ruiz y Cabrera a la Asunción en 17 bergantines y con 340 hombres y allí, derrocado el primero, dieron la obediencia a Domingo de Irala, «alias Vergara», quien enseguida despachó a Ruiz Galán con 3 navíos en busca de Juan de Ayolas, debiendo alcanzarlos él con la demás gente.

99. Cerciorados Irala y los demás de la muerte de Ayolas, regresaron a la Asunción y después de algún tiempo bajaron a despoblar Buenos Aires, como lo efectuaron, dejando cartas escritas en este lugar y en la isla de San Gabriel. Aquí intercala Oviedo cosas que ocurrieron en la Asunción durante su ausencia, y al concluir el capítulo, vuelve al viaje de Irala río arriba.

100. Así cuenta Oviedo los sucesos acaecidos entre los años 1537 y 1541, después de la partida de don Pedro de Mendoza para España, pero sin muchos de los detalles pintorescos que narra Schmídel. Restáurense los verdaderos nombres de los jefes en esta relación y veremos que la historia de Oviedo y el viaje de Schmídel nacen del mismo origen. No es probable que se hayan copiado el uno al otro, pero todo lo que se cuenta gira al rededor de Alonso de Cabrera y de sus informes.

101. Otro documento muy importante es el *Juramento de obediencia al capitán Francisco Ruiz Galán* reproducido en la *Colección* de Blas Garay, página 19 a 24. Está fechado en el puerto de *Corpus Christi*, a 28 de diciembre del año 1538, y en él figura Antonio de Mendoza (página 23).[172] El acta habla de «las personas, etc., que están y residen en este dicho puerto», lo que prueba que aún no se había abandonado la colonia en los timbú; por otra parte, como Antonio de Mendoza estaba aún en vida, no podía tratarse de un renacimiento de la plaza fuerte, se impone que el desastre de Corpus Christi recién sucedió después de la bajada de Ruiz a Buenos Aires en enero

---

172 El primero que se ha fijado en este nombre es el doctor Manuel Domínguez, actual Vice-presidente de la República del Paraguay. Esta cita fija el año de la tragedia en los timbú. (N. del T.)

de 1539, en esa misma vez en que fue jurado en dicho puerto y antes de emprender su viaje con Cabrera a la Asunción.

102. Todo esto parece muy claro y muy sencillo si no fuese que Villalta (§§ 40 a 44) en su relato introduce una nueva complicación. Según él, enseguida de la llegada de Salazar a Buenos Aires, de regreso del Paraguay, subió Ruiz río arriba para conocer el estado de las cosas. Poco tiempo permaneció con Irala y «llegados a los timbúes y hecho el asiento y pueblo» manda hacer la matanza de indios, a que se refieren todos, y baja al puerto de Buenos Aires «dejando 100 hombres en el pueblo y palizada questaba en los tinbues». A continuación cuenta el desastre ocurrido allí, sin hacer referencia al intervalo que pudo separar la matanza de indios de la venganza de los sobrevivientes, y sin fijar una sola fecha. En el párrafo 45 se trata de la llegada de Alonso Cabrera, casi como si fuese un incidente intercalado en los sucesos del § 44; pero sin que se aclaren las vagas noticias de los demás autores.

103. No es solo Schmídel que, por su modo confuso de contar las cosas, nos expone a errar en materia del orden cronológico de nuestra historia primitiva. Sobre los hechos parece que no cabe duda alguna, solo las fechas son las que nos faltan. Ahora bien, los dos documentos citados son irreprochables, y por su calidad más expuestos a estar en lo justo que Schmídel. Es una prueba más de la necesidad de no limitarnos a la primera impresión que nos dejan los papeles consultados, y de tener en cuenta su índole. Schmídel hace la relación de un viaje; para él lo importante eran los incidentes pintorescos, sin necesidad de observar el orden cronológico en toda su rigidez; Villalta contaba los hechos de la entrada de don Pedro de Mendoza, y hasta donde cabía, empezaba y concluía cada episodio por sí. Pero Hernández era escribano, y establece que el 28 de diciembre de 1538 existían aún el puerto de Corpus Christi y el capitán Antonio González. Se deduce, pues, que así como se leen, ni Villalta ni Schmídel bastan para establecer el orden cronológico de los sucesos en·los timbú. Este defecto no les quita méritos ni al uno ni al otro, solo si tenemos que ocurrir a Pero Hernández para determinar que la dejación de Corpus Christi no pudo tener lugar antes de 1539, año que integra los 4 que dice Schmídel duró el asiento en los timbú (capítulo XIV).

104. Por ahora estas son las principales fuentes que tenemos a la vista para el esclarecimiento del relato de nuestro autor Schmídel desde el arribo

de Mendoza al puerto de San Gabriel, entrado el año 1536 hasta la dejación de la primera ciudad de Buenos Aires a mediados del año 1541 por Domingo Martínez de Irala.

105. Según lo que se ve, el itinerario que describe Schmídel corresponde al viaje con Alonso Cabrera en 1539, como se comprueba por lo que dice Oviedo en su historia.[173] Otro punto más se establece, que el despueble de Corpus Christi se efectuó después que Ruiz bajó de allí en enero de 1539, después de haberse hecho jurar obediencia, según se dijo más atrás en el § 101. Ni Oviedo, ni Villalta, ni Schmídel, ni Ruy Díaz de Guzmán mencionan ese viaje de Ruiz Galán en diciembre 1538 a Corpus Christi, ni menos su regreso y permanencia en Buenos Aires y posterior partida en mayo de 1539 a la Asunción; siendo que justamente en este intervalo, es decir, entre diciembre de 1538 y mayo de 1539, es cuando debió suceder el desastre de Corpus Christi, según lo ha comprobado el doctor M. Domínguez con la documentación contemporánea en la mano. En la relación de Ruy Díaz hay puntos que esclarecer; porque Felipe de Cáceres estaba en Corpus Christi el 28 de diciembre de 1538,[174] éste parece que se embarcó para España después del 20 de abril de 1539, fecha después de la cual debió partir Felipe de Cáceres, cuya partida precedió a la noticia del «notable aprieto» de Antonio de Mendoza en Corpus Christi.[175] ¿Dónde queda, pues, la fecha del 3 de febrero del año 1539, único que cuadra al desastre de aquel puerto, si hemos de estar a que Ruiz Galán, y no otro, despachara socorro en los dos bergantines? No cabe más respuesta que una: es esta otra de las varias fábulas interesantes, pero poco auténticas, del simpático historiador platense.

106. Pero Hernández, el 28 de diciembre de 1538, en el acta citada, habla de las personas «que están y Resyden en este dicho puerto» (Corpus Christi), y uno de los que prestaron juramento de obediencia a Ruiz Galán fue ese mismo Antonio de Mendoza, quien, a estar al orden de la relación, ya debía haber muerto en el ataque llevado por los indios, como muy bien lo hace notar el doctor Manuel Domínguez, de la Asunción.

---

173 *Historia de Indias*, lib. XXIII, cap. XII. (N. del T.)
174 *Colección de documentos*, Blas Garay, n.º 4, pág. 20, apéndice J. (N. del T.)
175 Ruy Díaz, *Historia*, ed. Pelliza, pág. 76. (N. del T.)

107. La verdad del caso es que el acta aludida se labró entre las dos series de acontecimientos que sirvieron de causa y efecto para los sucesos de Corpus Christi. Es curioso que así Oviedo y Villalta como Schmídel hayan concluido con Corpus Christi antes de ocuparse de la entrada de Cabrera en todos sus detalles;[176] pero siendo esto así en los tres casos citados, le cabe algo más de disculpa a Schmídel; que sí, es error exclusivamente de este autor equivocarse en muchos de los nombres de sus protagonistas en los diferentes episodios en que los hace actuar antes de la llegada de Alvar Núñez Cabeza de Vaca. Para él no había más jefes que don Pedro de Mendoza, Juan de Ayolas y Domingo Martínez de Irala. Pasa por alto a Francisco Ruiz Galán y a Juan de Salazar de Espinosa, atribuyendo a otros hechos que correspondían a estos dos. Este descuido u olvido del autor ha sido una de las causas de la confusión que hace siglos se ha implantado en la historia de la entrada de don Pedro de Mendoza. Era Ruiz, y no Ayolas, que fue el jefe de la expedición al Paraguay descrita por nuestro autor; era Ruiz, y no Irala, que mandaba en Buenos Aires cuando el viaje de Schmídel a Santa Catalina; no era Ayolas que tomó el «pueblo o ciudad» de Lambaré. Son estos descuidos los que han expuesto a nuestro autor a la crítica adversa y no mal fundada del doctor Domínguez. Lo que no se explica es que nadie haya advertido antes que la verdadera relación del viaje de Ayolas era la de Villalta reproducida por Herrera.

108. Algo más hay, empero, en lo que nos cuenta Schmídel, que requiere explicación. Se ha observado que es el único que refiere el ataque de los indios a la ciudad naciente de Buenos Aires, lo que es muy cierto, a juzgar por la documentación con que contamos por ahora.[177] Este argumento negativo en contra de nuestro autor pierde algo de su fuerza por las siguientes consideraciones: Pero Hernández tenía por principal objeto denigrar a Irala; cuenta al galope los varios viajes río arriba y regreso de don Pedro de Mendoza a España, etc., hasta llegar a su vizcaíno. Hace caso omiso de todos

---

176 Para mí es esto una prueba más de que Schmídel refrescó su memoria con escritos y relaciones contemporáneas que le facilitarían los instigadores de su trabajo. (N. del T.)

177 Ver *Colección de documentos* de Blas Garay; el «Schmídel» de Pelliza, ed. 1881; Madero, *Historia del Puerto de Buenos Aires*; las Cartas de Irala; Pero Hernández; Francisco de Villalta, etc. (N. del T.)

los detalles, tan conocidos, y, desde luego, su silencio en el caso del asedio no es de extrañarse.

109. Como Schmídel hace comprender que «el incendio de Buenos Aires por los indios tuvo lugar el día de San Juan, anterior a la subida de don Pedro a Buena Esperanza», el «San Juan» tiene que ser el Bautista (24 de junio); por este tiempo Gonzalo de Mendoza se hallaba en viaje a Santa Catalina, con cual motivo esta escaramuza no pudo ser causa de una pregunta en el Interrogatorio, ni menos de una contestación por parte de los testigos. Lo único que se prueba con la *Información* es, que el hecho pudo suceder el 24 de junio, y no el 27 de diciembre del año 1536. Schmídel no ha inventado los demás incidentes del año aquel; justo es, pues, concederle que esta noticia curiosa y pintoresca sea auténtica.

110. El silencio de Villalta es más grave; pero él mismo cuenta que por aquel tiempo andaba en viaje. Peleas con los indios eran cosas tan comunes que no merecían especial mención para ellos.

111. Lo referente a Lambaré es una intercalación, y al hacerla ha vuelto a enredarse en los nombres y fechas nuestro Schmídel. Los autores de cartas, relaciones y memorias son muy amigos de ponderar «*las pacificaciones*», pero eran éstas a costa de hecatombes de indios. La de Lambaré sería una de tantas.

112. En los siguientes párrafos se restablece el orden cronológico de los hechos que refiere Schmídel. Los números romanos dan los capítulos de las ediciones más conocidas, que se hallarán también en el texto de la traducción. Las omisiones se intercalan, pero van señaladas con este signo [].

113. Según Schmídel, pues:

Llegó la expedición al Río de la Plata el año 1535,[178] y puerto de San Gabriel, donde se encontraron con los indios charrúa; y de allí pasaron a la banda argentina del Paraná Guazú (VI).[179] (VII) Se funda Buenos Aires en tierra de los querandí, nación de indios parecidos a los charrúa: éstos dieron de comer a los españoles, pero a los catorce días hubo sus diferencias, y se retiraron; Juan Pavón va en pos de los indios, y es corrido por ellos, y con tal

---

178 *Entrado el año 1536*, Villalta, § 1, etc., apéndice A. (N. del T.)

179 Los números romanos éstos se refieren a los capítulos de las ediciones conocidas. (N. del T.)

motivo Mendoza envió a su hermano don Diego a escarmentarlos.[180] (VIII) Triunfaron los españoles, pero murieron varios, y entre ellos don Diego; los indios huyeron todos, dejando solo sus reales con las provisiones (pescado) y peleterías que en ellos se hallaron.[181]

114. (IX) Levantaron los españoles una casa fuerte y los muros de la nueva ciudad, pero en medio de todo arreciaba la escasez de provisiones, así que no se excusaban de comer hasta los zapatos, y más tarde se comieron la carne de los ajusticiados, etc.[182]

115. En tales apuros envió Mendoza a Jorge «*Lichtenstein*»[183] con gente a buscar comida, yendo Schmídel con ellos; pero les fue mal, porque perdieron mucha gente de pura necesidad, y trajeron poco o ningún auxilio de comida.

116. [Más o menos por este tiempo[184] debió marcharse Ayolas, en su primer viaje río Paraná arriba, a descubrir y poblar su presidio o fortaleza de Buena Esperanza, en los timbú, cerca de donde estuvo el fortín de Gaboto *(Sancti Spiritus)*.][185]

117. (XI) Por este tiempo 4 naciones de indios, a saber: querandí, guaraní, charrúa y chaná-timbú, pretendieron destruir la ciudad naciente de Buenos Aires, pero fueron rechazados. Esto sucedió más o menos por San Juan (Bautista, de 1536).[186]

118. (XII y XIII) Acaecido todo esto, y hallándose Ayolas en Buenos Aires, delega Mendoza el mando en él. Se revista la gente, y dejando unos 160 hombres en Buenos Aires, se marchan los demás a los timbú en 8 bergantines, Ayolas y Mendoza con ellos.[187]

---

180 Omite Schmídel dar cuenta del primer viaje de Gonzalo de Mendoza a la costa del Brasil. *Información* de éste ya citada, apéndice C. (N. del T.)

181 Más o menos por esta época sale Gonzalo de Mendoza de viaje a Santa Catalina en busca de bastimentos. Ver *Información*, apéndice C. (N. del T.)

182 La exageración, si la hay, es de Villalta también. Ver § 7, apéndice A. (N. del T.)

183 Jorge (o Diego, según Ruy Díaz) Luján, deudo de Mendoza. (N. del T.)

184 Esta parece que es la primera omisión de Schmídel en su relato. (N. del T.)

185 Ver Villalta, §§ 8 a 13, apéndice A. (N. del T.)

186 San Juan, 1535, dice el texto. Ver Villalta, § 1. (N. del T.)

187 Más o menos en septiembre. Pero Hernández, ed. citada, pág. 162, apéndice B. (N. del T.)

119.[188] [En esta parte se planta Schmídel en los timbú, y se debe ocurrir a la relación de Villalta para conocer los incidentes del viaje y desastroso fin de Juan de Ayolas.[189] Lo que Schmídel más tarde cuenta al respecto, es lo que supieron de boca del indio chané y de los payaguá atormentados. Todo lo del viaje de Ayolas, y algo más, sucedió mientras pasaba lo que Schmídel cuenta en sus capítulos XIV, etc. La confusión nace del nombre Juan «Eyollas» por Juan de Salazar o Francisco Ruiz Galán, a mediados del capítulo XV.

120. Tampoco menciona Schmídel el envío por Mendoza de Juan de Salazar en busca de Ayolas; Madero,[190] citando documentos de la época, hace que Salazar regrese a Buenos Aires en octubre (1537), y dé cuenta de la casa que había dejado en el río Paraguay. Con los informes favorables de este capitán partió Ruiz Galán con 150 hombres en 4 bergantines y 1 zabra, dejando en Buenos Aires 50 hombres y 3 navíos grandes: *Santa Catalina*, *Trinidad* y *Anunciada*. Al pasar por Corpus Christi sacaron 50 hombres, y siguieron viaje a la «casa» que estaba en el río Paraguay, donde se reunieron con Irala. Hizo iglesia, y dejó 50 hombres al mando de Juan de Salazar. De allí regresó a Corpus Christi con Gonzalo de Mendoza, dejando en el fortín 100 hombres al mando de Antonio de Mendoza, y enseguida pasó a Buenos Aires, adonde llegó en mayo de 1538.][191]

121. (XIV) En los timbú permanecieron los españoles cuatro años (de 1536 a 1539), y mientras esto, sucedieron muchas cosas. Mendoza volvió a bajar a Buenos Aires, de allí se embarcó para España, murió en el viaje, y en cumplimiento de promesas y disposiciones testamentarias, fue despachado Alonso Cabrera al Río de la Plata con socorro de gente y de toda munición.

122.[192] (XXIX y XXX) Estando, pues, Schmídel en Buenos Aires, según él dice, con Irala de jefe, pero en realidad con Ruiz Galán, llegó una carabela de Santa Catalina con noticias del arribo a ese puerto del capitán Alonso Cabrera con 200 hombres, y el capitán (no lo nombra) envió una nao

---

188 Esta es la segunda omisión de Schmídel, y la más importante, porque calla la expedición de Ayolas al Paraguay, que nada tiene que ver con los acontecimientos que se relatan en los capítulos que siguen. (N. del T.)
189 Villalta, §§ 25 a 35, apéndice A. (N. del T.)
190 *Historia del Puerto de Buenos Aires*, págs. 129 *et seq.* (N. del T.)
191 Docum. citados por Madero, ibíd. (N. del T.)
192 Aquí la relación salta al capítulo XXIX. Cabrera llegó en octubre de 1538. Se impone la intercalación según el orden cronológico. (N. del T.)

pequeña a que lo encontrase, al mando de Gonzalo de Mendoza: ésta debía cargar víveres a la vuelta. Schmídel acompañó la expedición. Todos llegaron bien a Santa Catalina, y de allí regresaron al Río de la Plata, perdiéndose la nave en que iba Schmídel, como a 10 leguas de San Gabriel. Los náufragos y Alonso Cabrera llegaron juntos a Buenos Aires y se reunieron con Martínez de Irala,[193] según el texto de nuestro autor, lo que no es posible, desde que Ruiz Galán, y no Irala, estaba mandando en Buenos Aires,[194] e Irala ausente en la Asunción.

123. Madero confirma el episodio del viaje a Santa Catalina, y más o menos como sigue: El 4 de junio de 1538 Ruiz despachó el galeón *Anunciada* con Gonzalo de Mendoza de capitán y Juan Sánchez de Vizcaya de piloto, a Santa Catalina; allí se encontraron con la nao *Marañona*[195] de Alonso Cabrera, y después de cargar bastimentos y lo demás necesario, partieron para Buenos Aires. La *Anunciada* se perdió a la entrada del Río de la Plata, ahogándose 4 hombres; los demás se reunieron en San Gabriel con la *Marañona* el 1.º de noviembre.[196]

124. (XV) Habiendo llegado Cabrera a Buenos Aires con sus navíos, se propuso ir en busca de Juan de Ayolas, quien por la muerte de Mendoza venía a ser el gobernador en propiedad. Aquí se ve que hay un error en el nombre, porque mal podía Alonso Cabrera hacer junta con Juan de Ayolas,[197] a quien precisamente iba buscando, como perdido que estaba. Irala por aquel tiempo se hallaba en la Asunción, Ruiz Galán, empero, mandaba como interino en Buenos Aires, y sabemos que Juan de Salazar estaba allí también, o en Buena Esperanza, porque firma el acta de obediencia a Ruiz

---

193 Irala estaba en la Asunción cuando llegó Cabrera en octubre de 1538; fue en abril y mayo de 1541 que se tramitaba la despoblación de Buenos Aires entre Irala y los demás capitanes; pero en este tiempo no consta que esperase socorro de Santa Catalina, ni había lugar de enviar a traerlo. (N. del T.)

194 *Historia del Puerto de Buenos Aires*, pág. 131. (N. del T.)

195 La otra había logrado arribar a Buenos Aires antes de la partida de Schmídel para Santa Catalina. (N. del T.)

196 Ibíd. Concuerda esta fecha con la de Pero Hernández, octubre de 1538. *Información* de Gonzalo de Mendoza, *Colección de documentos* de Blas Garay. (N. del T.)

197 Se comprende que Schmídel se haya olvidado quién mandaba a la sazón; porque lo cierto es que en 1538 tres «magníficos señores» se disputaban el bastón: Ruiz, Cabrera e Irala. (N. del T.)

el 28 de diciembre de 1538 en Corpus Christi.[198] El dilema está entre Ruiz y Salazar; éste, al firmar el acta, confesaba que no era más que uno de los otros capitanes;[199] así, pues, lo cierto es lo del *oberster hauptman* (capitán general), que en cuanto al nombre le metió al que acababa de nombrar, Juan de Ayolas. La presencia de Irala fue en la Asunción, y no en Corpus Christi. Enseguida pasaron revista de la gente, y encontraron que había 550 con los de Cabrera: es un error decir que se llevaron 400 consigo río Paraná arriba y que 150 quedaron en los timbú, con Carlos Dubrin de capitán.[200]

En esta relación se confunde Schmídel, porque no consta que al subir Cabrera y Ruiz Galán de paso a la Asunción hubiesen entrado a los timbúes, ni existía Corpus Christi.

Estos dos caudillos bajaron otra vez a Buenos Aires en los primeros días de enero de 1539, dejando a Antonio de Mendoza al mando de la fuerza en Corpus Christi, como dice el mismo autor en su Capítulo XXVII. La confusión nace de que Schmídel calla el primer viaje de los capitanes Ruiz y Cabrera a los timbúes, viaje que precedió al desastre. Consta que Mendoza dejó a Carlos Dubrin y a Gonzalo Alvarado mandando en *Buena Esperanza o Corpus Christi*.[201] En un caso como éste el solo testimonio de Schmídel no basta, porque ya conocemos la fragilidad de su memoria en cuanto a los nombres de los caudillos en cualquier acontecimiento.

125. (XVI a XX) Después del acuerdo de los capitanes, marchan todos Paraná arriba en los 8 bergantines, sin decirse quien era el que los rnandaba, con ser que Schmídel es hasta cargoso en aquello de repetir nombres. Para él era «*Bon Esperainso*», y no «*Corpus Christi*», el punto de partida. Aquí sigue el famoso itinerario, que para todos ha sido el de Ayolas, pero que nunca

---

198 *Colección de documentos*, Blas Garay, págs. 19, etc., apéndice J. (N. del T.)

199 *Anderen zeinen hauptleuten*. Schmídel nada dice del viaje de Ruiz a Corpus Christi en diciembre de 1538, ni del regreso a Buenos Aires y permanencia allí hasta abril de 1539. (N. del T.)

200 Se equivocan los que creen que Dubrin muriera con Ayolas: es uno de los firmantes del acta de Corpus Christi en diciembre de 1538. Madero, pág. 133. *Colección de documentos*, Blas Garay, págs. 19, etc., apéndice J. y Pero Hernández, apéndice B., § 15. (N. del T.)

201 Ver apéndice J. bis. (N. del T.)

lo pudo ser, por razones que iremos haciendo notar. A su tiempo llega la escuadrilla a los carios, y allí se planta el autor para describirlos.[202]

126. (XXI) Después cuenta cómo era la ciudad «*Lamberé*» de los indios carios y cómo estaba fortificada, y para hacer resaltar lo inútiles y contraproducentes que resultaron las zanjas con hoyos y estacas puntiagudas, que empalaban a los que en ellas caían, refiere lo que pasó cuando el asedio de Lambaré. Este curioso episodio se introduce con estas palabras, *nemlich als* —por ejemplo como cuando—, y, desde que Schmídel habla de los cuatro años de miserias pasadas antes de llegar a esa tierra de promisión en los carios, se comprende que se trata del año 1539, y no del 1536. Esta misma mención de los cuatro años hace imposible la presencia de Juan de Ayolas como caudillo de la jornada: sobre este punto no hay discusión posible, y Schmídel al nombrarlo cometió otro de esos errores inexplicables, que le han hecho acreedor a cargos muy graves. Para él *Ayolas* era «*Eyollas*» e *Irala* «*Ayolla*». Esto puede explicar en parte la confusión; pero queda siempre lo otro, que en cada caso decía «*Jann Eyollas*» y «*Marthin Doménico Ayolla*». Puede haber intervenido algún corrector de los MSS. a quien deba imputarse la confusión; pero ahí está ella.

127. No es esto lo único que hay que corregir, porque se dice que el nombre de «Asunción» se dio a la ciudad Lambaré porque fue tomada el 15 de agosto en el 4.º año de la conquista. Sabemos por acta del 28 de diciembre de 1538[203] que el puerto en los carios del Paraguay ya en esa fecha se llamaba «Nuestra Señora de la Asunción». Sabemos también que se fundó en paz y concordia con los naturales.[204] No es imposible que los acontecimientos del año 1539 hayan ocurrido más o menos por la fiesta del Tránsito; pero esto podemos asegurar: que ni en la fundación de Juan de Salazar en 1537, ni en la época que cuenta Schmídel se halló presente Juan de Ayolas, para quien jamás había existido la Asunción del Paraguay.

128. (XXII y XXIII) Vencidos los carios, se prepara la campaña contra los agá. Estas guerras y expediciones tomaron tiempo, como lo dice el mismo

---

202 Véase Oviedo, *Historia de Indias*, lib. XXIII, cap. XII, etc. Esta relación confirma la de Schmídel. (N. del T.)

203 Acta de Pero Hernández. *Colección de documentos*, Garay, pág. 22, etc., apéndice J. (N. del T.)

204 Carta de Villalta, *Información* de Gonzalo de Mendoza, etc., apéndices A y C. (N. del T.)

Schmídel, y no solo esto, sino que el capitán[205] se queda seis meses en la Asunción y emplaza para dos meses después de esto a la gente para la entrada de los jarayes. En solo este párrafo se invierte un año de meses, sin tener en cuenta lo que corría desde Buena Esperanza hasta la toma de Lambaré.

A ser todo esto así, Juan de Salazar hubiese encontrado a Juan de Ayolas en la Asunción holgándose con las 6 indiecitas que le regalaron, la mayor de dieciocho años. Está visto, pues, que el *Eyollas* es por *Ayolla* (Irala), confusión del mismo Schmídel o de su amanuense.[206]

129. (XXIV) Llega la expedición a los payaguá y cerro de San Fernando[207] y trataron de averiguar cómo eran los jarayes y carcará.

130. Al fin de este capítulo se aumenta la confusión, porque aquí se ensambla la expedición de Irala (noviembre de 1539) en busca de Ayolas con la del mismo Ayolas. Todo esto queda claro si pasamos al capítulo XXVI, en que cuenta el autor cómo supieron el trágico fin del desgraciado lugar-teniente de Mendoza.

131. (XXV) Aquí introduce Schmídel el episodio de la entrada de Ayolas, y su muerte, contado por el indio chané.

132. (XXVI) Con datos sueltos y enredados Schmídel da razón de cosas del año entero que permaneció Irala en la Asunción, antes de la llegada de Ruiz con Cabrera y concluye con la elección de Irala[208] para capitán general de la provincia, y enseguida (XXVII) nos presenta a Irala preparándose para bajar a despoblar Buenos Aires.

133. Sigue la relación y con un *Und Zuvor* —ya antes de esto— se remonta a la primera bajada de Ruiz a mediados del año 1538 y a la matanza que ordenó de los indios timbú y otros. Aquí debió Schmídel haber referido lo del viaje a Santa Catalina en busca de víveres y de Alonso Cabrera (XXIX); en lugar de esto, él, como Villalta y Oviedo, pasa a concluir con el episodio de la pérdida de Corpus Christi, y hace figurar el nombre de Irala en lugar

---

205 Juan de Ayolas, lo que es imposible. Sería Irala o alguno de sus capitanes. (N. del T.)
206 Eso de las indiecitas le cuadra mejor a Irala que a Ayolas. (N. del T.)
207 Llamado también Puerto de la Candelaria; el cerro este es el Pan de Azúcar del mapa de Azara en los 21° 20' más o menos. Ver mapa n.º 2. (N. del T.)
208 Por esta vez «*Domingo Ayolla*». Vilialta dice que «derrocaron» a Francisco Ruiz y que «eligieron y nombraron» al capitán Vergara (alias de Irala), § 46. (N. del T.)

del de Ruiz; siendo así que Irala desde 1536 hasta marzo de 1541 no volvió a salir del Paraguay; y desde que Ruy Díaz da la fecha de un 3 de febrero como la del fracaso en Corpus Christi, si resulta esta ser cierta, no es posible la intervención de Irala en aquellos acontecimientos. Lo que hay es esto: Schmídel, a propósito de la bajada de Irala en 1541, se acuerda del episodio de Corpus Christi, que empezó antes y acabó después del viaje del autor con Gonzalo de Mendoza a Santa Catalina en 1538. Donde Schmídel dice «*Irala*» debe entenderse «*Ruiz Galán*»: éste y no aquél tuvo que ver con todo lo de Corpus Christi y con el envío de Mendoza al Brasil.

134. La relación sigue dando curiosos e interesantes detalles hasta llegar a los capítulos XXIX y XXX, en que introduce el episodio del viaje a Santa Catalina. Este, como ya se ha visto, corresponde al año de la llegada de Alonso Cabrera[209] y debe intercalarse en los capítulos XV y XXVII.

135. Desde aquí, es decir, el despueble de Buenos Aires, el relato de Schmídel sigue con más orden. Schmídel no era literato, ni su época la de las exactitudes más o menos científicas de la nuestra; relata lo que se acuerda de sus viajes sin importarle demasiado el orden cronológico; y cuando habla de su capitán, o de su gobernador, no le daba mucho cuidado si lo nombraba bien o mal. Según la *Memoria de Pero Hernández* y la carta de Villalta,[210] podemos restaurar los verdaderos nombres y fechas, y vemos que, en lo general, lo que dicen estos escritores se ajusta bien a la relación de Schmídel y que unos a otros se suplementan y completan.

XVI. Corpus Christi y Buena Esperanza

136. ¿Eran éstos dos puertos o solo uno? Mendoza en abril (1537) había de *Buena Esperanza o Corpus Christi*.[211] Villalta, en la carta que se encontrará en el Apéndice, habla de varios cambios de asiento practicados por los españoles después que Juan de Ayolas, por mandato de don Pedro de Mendoza, subió a Sancti Spiritus (§ 8). Llegados los españoles a la laguna y casas de los timbú y carcará, ocupan una casa de éstos y regresa Ayolas a Buenos Aires (§ 13).

---

209 Octubre 1538. Pero Hernández, pág. 163 y documentos citados por Madero. *Historia*, pág. 132. *Información* de Gonzalo de Mendoza. (N. del T.)

210 Y la *Información* de Gonzalo de Mendoza. *Colección de documentos*, Blas Garay, apéndice C. (N. del T.)

211 Poderes de Ayolas, apéndice J bis. (N. del T.)

Enseguida, los que quedaron, hicieron un «asiento y pueblo» desviado de los indios (§ 14). Después del regreso de Ayolas con don Pedro de Mendoza mudan la población «4 leguas más abajo», a unos pantanos plagados de mosquitos (§ 19). Ya se llamaba el pueblo Buena Esperanza (§ 23). Partido Ayolas, vuélvese a mudar el pueblo al «asiento y tierra de los timbú», que, sin duda, sería el que se llamó Corpus Christi, fecha en que más o menos se fundaría el primer asiento.

137. En la lámina al capítulo XIII, se ve la isla o estero de los timbú, más arriba una fortaleza con el nombre de Corpus Christi, y más abajo un pueblo rodeado por una palizada, a que se le pone el letrero Buena Esperanza. El dibujante pudo haberse guiado por alguna relación oral o escrita; pero la verdad es que la lámina concuerda con la carta de Villalta.

138. Esto, en cuanto a las mudanzas del asiento de *Buena Esperanza*, que estaba ya fundada el 20 de octubre de 1536, según consta en el título de veedor para el capitán Juan de Salazar de Espinosa, otorgado allí por el mismo don Pedro de Mendoza.[212] En el momento que desaparece de la historia llamábase ya Corpus Christi, pero la fecha precisa de su dejación no consta de documento que conozcamos.

139. Pero Hernández no incluye mención en su memoria de los asientos en los Timbú, sin duda porque no le ayudaban a formular más cargos contra Irala; mas él firma el «Juramento de Obediencia» a Francisco Ruiz Galán, en Corpus Christi, el 28 de diciembre de 1538;[213] como Antonio de Mendoza es uno de los firmantes, el mismo que después murió en el asalto, podemos asegurar que el abandono de la colonia en Corpus Christi no pudo efectuarse antes del año 1539, sino después que Ruiz regresó a Buenos Aires.

140. En febrero de 1539[214] Ruiz y Cabrera estaban en Buenos Aires administrando justicia[215] en lugar de haber seguido viaje a la Asunción, como lo suponía Madero,[216] y allí permanecieron hasta después del 20 de abril de ese año, como se comprueba por actas del 8 y 20 de abril.[217]

---

212 El *Archivo Nacional*, agosto 1900, n.º VI, págs. 17 y 18, apéndice M. (N. del T.)
213 *Colección de documentos*, doctor Blas Garay, n.º IV, págs. 19, etc., apéndice J. (N. del T.)
214 Sigo un estudio inédito del doctor Manuel Domínguez. (N. del T.)
215 *Archivo Nacional de la Asunción*, n.º 12, apéndice G. (N. del T.)
216 *Historia* citada, pág. 171. (N. del T.)
217 Id. págs. 172 y 173. El *Archivo Nacional de la Asunción*, octubre 1900, pág. 49, apéndice K. (N. del T.)

141. Como muy bien observa Domínguez, Juan Pavón era el *fidus Achates* de Ruiz, y en julio 11 de 1539 firma aquél un documento en la Asunción,[218] lo que prueba que Ruiz salió de Buenos Aires más o menos a principios de mayo. Ahora, pues, como el auxilio que fue en socorro de la gente de Corpus Christi fue despachado por Ruiz, cuando éste mandaba en Buenos Aires, según Villalta, Oviedo, Herrera y Ruy Díaz,[219] se impone que tuvo que ser en alguna fecha entre principios de enero y fines de abril del año 1539.

142. Ruy Díaz, expresamente dice que Ruiz supo del aprieto en que estaba Antonio de Mendoza en su casa fuerte de Corpus Christi después que partieron Felipe de Cáceres y Francisco de Alvarado a España.[220] Ahora, como Madero supone que Cáceres partió en el galeón *Santa Catalina* para España *después del 20 de abril*,[221] mientras nos consta que el mismo Cáceres estaba en Corpus Christi el 28 de diciembre de 1538,[222] jurando obediencia a Ruiz Galán, si no sale a luz algún otro documento que más fe haga, habrá que interpretar muy latamente aquello de Ruy Díaz: «*y luego que desembarcaron* (Alonso Cabrera y sus compañeros) se determinó volver a despachar la misma nao, por dar aviso a S. M., etc.», porque el «*luego que*» tiene que ser o después del 29 de diciembre de 1538 o fines de abril de 1539. No hay la menor prueba que entre enero y abril del año 1539 haya salido más embarcación para España que la consabida en la segunda fecha, abril, sea ella llamada *Marañona*, con Ruy Díaz,[223] o *Trinidad* y *Santa Catalina*, con Madero,[224] porque de los dos modos la llama.

143. Estas dos fechas son de mucha importancia para poder apreciar el valor de lo que a este respecto escribió Ruy Díaz. Si Cáceres partió en mayo se viene abajo la fábula del asalto y salvación de Corpus Christi el 3 de febrero de 1539; si hemos de estar a un viaje hipotético emprendido en enero, difícilmente se pueden meter tantos acontecimientos en tan corto plazo: bajada a Buenos Aires, despacho de un galeón a España, noticia de los apuros de Antonio de Mendoza, despacho de los 2 bergantines al socorro de

218 El *Archivo Nacional* citado, pág. 54, apéndice L. (N. del T.)
219 Estudio citado de Domínguez. (N. del T.)
220 *La Argentina*, ed. 1881, pág. 76. (N. del T.)
221 Madero, págs. 172 y 173. (N. del T.)
222 Blas Garay, *Colección de documentos*, pág. 20, apéndice J. (N. del T.)
223 *La Argentina*, pág. 76. (N. del T.)
224 *Historia*, págs. 172 y 173. (N. del T.)

los sitiados, tiempo consumido en el viaje por los mismos, y todo entre el 29 de diciembre en que se juraba y festejaban juramentos en Corpus Christi y el 3 de febrero inmediato. Yo le doy menos crédito a la fábula de esta fecha que lo que le concede Domínguez —es otra más de las tantas del ameno historiador del Río de la Plata. Domínguez ha probado hasta la evidencia en su Estudio sobre la materia que el asalto de Corpus Christi tuvo que suceder antes de la partida de Ruiz Galán con Cabrera; la cita de Ruy Díaz sola no abona la fecha del 3 de febrero, fiesta de San Blas; cabe, pues, esta hipótesis. En momentos (fines de abril) que Ruiz Galán se preparaba para subir con Cabrera a la Asunción, llegan las nuevas del «aprieto» en Corpus Christi. Preocupados como estaban los dos caudillos con sus pretensiones de mandar en jefe, despachan el socorro en los dos bergantines y sin más se lanzan río arriba, desentendiéndose de Corpus Christi, a socorrer a Ayolas, como pretexto, arrebatarse el mando, si ello cabía. Lo que pueda haber más allá, está enterrado en la documentación inédita de la época.

144. En Villalta se encontrará una relación exacta de lo ocurrido en Corpus Christi, y en Schmídel la misma historia con más pintorescos detalles. Oviedo y Herrera se refieren también a los mismos acontecimientos: aquél se comunicó con muchos de los descubridores y conquistadores, y éste compulsó la documentación oficial contemporánea. Ruy Díaz consignó la historia legendaria y fabulosa, autor que debe ser prohibido, no siendo en una edición anotada a la luz de los documentos de la época.

XVII. Nombre de la Asunción

145. Es el doctor Manuel Domínguez quien ha puesto en limpio este punto interesante en la historia del Paraguay. «Puerto de Nuestra Señora de la Asunción» se llamaba ya el 28 de diciembre del año 1538, como se establece en el *Juramento de Obediencia* al capitán Francisco Ruiz Galán.[225] Juan de Salazar salió en busca de Ayolas el 15 de enero de 1537.[226] Seis meses demoraron en llegar al puerto de la Candelaria, es decir, hasta mediados de julio. Enseguida bajaron e hicieron y asentaron «puerto y pueblo» en lo que es y fue la Asunción,

---

225 *Colección de documentos*, Blas Garay, pág. 22, apéndice J. (N. del T.)
226 Pero Hernández, pág. 162, apéndice B. (N. del T.)

en tierra de carios.[227] Las fechas de arriba nos permiten suponer que la fundación pudo hacerse el 15 de agosto de 1537.

146. Todas estas noticias se confirman en la carta de Francisco Villalta, §37 y 38.[228] Lo que Schmídel cuenta en sus capítulos XXI y siguientes, es un episodio intercalado de una escaramuza con los indios del pueblo o ciudad de Lambaré, ocurrida cuatro años después de la entrada, más o menos en 1539, época en que ya hacía mucho más de un año que el nombre de la Asunción figuraba en actas públicas de la gobernación. El dato contenido en el capítulo XXII que asigna el nombre de Nuestra Señora de la Asunción al pueblo, porque en ese día se rindieron los indios carios de Lambaré,[229] es un simple error, siempre que se entienda que eso quiso decir Schmídel. No negaremos que por casualidad la escaramuza de Lambaré pudo suceder en un 15 de agosto también, pero si ese 15 de agosto fue del año 1539, mal pudo ser causa de llamarse así el puerto de la Asunción; y si se trata del año 1537, no pudo haber tal escaramuza, porque Ayolas llegó a los carios, trató de paz con ellos, le dieron «mucha comida de maíz y batatas i algunas abas por sus Rescates» y pasó de largo río arriba hasta los payaguá.[230] La relación del capítulo XXII no está muy clara y bien puede suceder que Schmídel no quiso decir más sino que los cristianos se posesionaron del puerto en los carios el día de la Asunción, sin que necesariamente fuese consecuencia del episodio que precede.

XVIII. Gobierno de Alvar Núñez Cabeza de Vaca

147. En el capítulo XXXI cuenta Schmídel como llegó Alvar Núñez a Santa Catalina y de allí a la Asunción con 300 hombres y el resto de los 30 caballos que habían salvado del viaje. En el capítulo XXXII refiere la muerte de Aracaré y en los siguientes trata de la guerra con Atabaré o Taberé. Concluida ésta sale Alvar Núñez al descubrimiento de la tierra. Schmídel cuenta las cosas a su modo, y en todo demuestra que era poco afecto a Cabeza de Vaca. Para poder juzgar cuál de las dos relaciones es la más verídica, ésta o la del mismo Alvar

---

227 *Información*, Gonzalo de Mendoza. Preg. 13, 14 y 15. *Colección de documentos*, Garay, págs. 204 y 205, apéndice C. (N. del T.)
228 Ver apéndice A. (N. del T.)
229 1539. (N. del T.)
230 Villalta, § 31-33, apéndice A. (N. del T.)

Núñez, sería necesario hacer un estudio detallado de los instrumentos que sirvieron en el juicio que se le siguió al adelantado en España. Si Schmídel no ha falseado los hechos, no era Cabeza de Vaca el hombre para dominar a la gente del Río de la Plata, y una vez producido el escándalo referido en el capítulo XXXVIII, quedaba de manifiesto la incompetencia de aquel jefe, cuya autoridad desde luego desaparecía por completo. El historiador Oviedo confirma el juicio desfavorable de Schmídel,[231] lo que prueba que por algo se le retiró el mando al jefe derrocado. Hombres buenos se valen de malos elementos, y éstos comprometen la fama y reputación de sus superiores; pero éstos tienen que ser responsables de los excesos de sus subalternos. La verdad histórica de los hechos no se establece ni con la relación de Schmídel ni con la de Alvar Núñez Cabeza de Vaca, para ello nos faltan las piezas del proceso a que fue sometido éste; pero en todos los casos habrá que tener en cuenta lo que dice nuestro viajero, quien nos ha dejado una descripción pintoresca y al parecer exacta de todo cuanto vio y experimentó.

XIX. Los últimos años de Schmídel en el Río de la Plata

148. Después de la expulsión de Cabeza de Vaca pasa Schmídel a contar en el capítulo XLI lo ocurrido en la colonia bajo el mando interino de Domingo Martínez de Irala, hombre muy querido por todos los que no eran del bando del adelantado. Describe varias guerras contra los indios carios, etc., y marcha Irala a su famosa expedición a los chamacocas y corocotoquis, según él mismo nos la cuenta en su carta del año 1555. Creyeron llegar por allí a un «el Dorado», pero al fin se aproximaron al Perú. En la jornada medio se le sublevó la gente, y algo de esto se desprende del capítulo XLVIII. Schmídel calla lo de la renuncia de Irala y su reelección en el puerto de San Fernando, pero sin duda, porque era cosa fea y que no conducía a nada. La gente quería hacer de las suyas mientras merodeaban entre los pobres indios, pero al saber que, en la Asunción, Diego de Abreu había usurpado el mando después de dar muerte a Francisco de Mendoza, lugarteniente de Irala, volvieron nuevamente a someterse a este caudillo.

149. Los tres viajes últimos de Schmídel deben ser anotados por personas que hayan andado por donde él pasó. Si el explorador Guido Boggiani no ha

---

231 *Historia de Indias*, lib. XXIII, cap. XVI. (N. del T.)

caído víctima de su temeridad,[232] al meterse sin más defensa que su bondad entre los indios chamacocos y tuminahás, sabremos como eran los lugares y las naciones por donde se pasearon Irala, Hernando de Ribera y Ulrico Schmídel en busca de los amazones y su *el Dorado*; pero mientras este viajero (o algún otro) no nos traiga noticias frescas de aquellos lugares, quedarán las cosas como nuestro Schmídel las dejó.

150. Otro tanto se dirá del viaje de la Asunción al puerto de mar. Alvar Núñez tomó por el Iguazú, Schmídel por el Uruguay: uno y otro se encontraron con indios carios o guaraníes, antropófagos, amigos de los españoles a más no poder.

XIX. Conclusión

151. Hemos llegado al fin de este Prólogo y no me resta más que llamar la atención a esa sencillez y claridad del relato, que contrasta tan bien con las noticias confusas[233] de los demás papeles viejos, que tantas veces repelen al lector y lo dejan en peor duda que antes. Schmídel no era literato ni pretendía serlo, pero la misma sencillez de su estilo le da méritos. Sus juicios son acertados y de un hombre de buen sentido. Para él Alvar Núñez carecía de méritos, a Irala le sobraban: y la verdad es que éste salvó la colonia española, mientras que al otro lo expulsaron indignamente. Por lástima se ensalzan los méritos, acaso negativos, de Cabeza de Vaca; pero por casi un cuarto de siglo el porvenir del Río de la Plata estuvo en manos de Martínez de Irala. Al fin son los éxitos, y no los fracasos, que la historia celebra, y ésta se ha hecho cargo de demostrar que no era Cabeza de Vaca el hombre para suceder a don Pedro de Mendoza, cuyo gobierno desde su cama de moribundo había triplicado las dificultades de la conquista de su gobernación del Río de la Plata, en aquel siglo, como en los posteriores, invadido por otras jurisdicciones.

152. En la traducción se ha tratado de conservar el estilo del original, tal vez en algunos casos con menoscabo de la lengua castellana; pero hay que tener presente que el mismo texto alemán está plagado de españolismos,

---

232 Desgraciadamente se sabe que esto es lo que ha sucedido: la ciencia y el arte han perdido un distinguido e intrépido investigador de cosas americanas. (N. del T.)

233 Descontado aquello de los errores cronológicos y de los cambios de nombres, unos por otros. (N. del T.)

y que el autor, al pensar de nuestras cosas, escribía como pensaba; —en lengua mixta.

153. En algunas partes he introducido innovaciones en la traducción, porque el sentido de la frase así lo exigía: por ejemplo, como en el capítulo II donde dice —*Unnd alda wirt feur gemacht*— «muy abundantes de azúcar» en las ediciones corrientes, es más probable que sea «se hizo fiesta», *feur* por *feir* —fiesta; expresión ésta bastante usual en alemán.

En los capítulos XVI y XVII encontramos la frase —*ennthaltenn sich von fischs und fleischs*— traducida en la edición inglesa así: se abstienen de pescado y carne. La edición de 1889 explica *ennthaltenn* como un bavarismo por *ernähren* o *erhalten* —mantener— y por lo tanto yo me atengo a la versión castellana, que dice que esto era lo que comían.

154. Los nombres de personas y de lugar se conservan en la misma forma del original, con las equivalencias del caso en el texto o en las notas.

155. Parece increíble que durante un siglo entero nos hayamos ocupado en el Río de la Plata de nuestro célebre Schmídel, y que recién a fines del XIX se haya levantado en el Paraguay la voz del doctor Manuel Domínguez[234] contra las deficiencias de los datos históricos contenidos en el viaje de nuestro autor. ¿Con qué nos disculparemos? En la primera mitad del siglo que fue nuestro contábamos con las Décadas de Herrera, que contienen la relación del verdadero viaje de Ayolas, cuando marchó a esa muerte, justo castigo por otra de que fue autor él antes de entrar al Río de la Plata; eran también conocidas la *Memoria de Pero Hernández*, y algunas de las cartas de Irala. En la segunda mitad del mismo siglo se publicó la Historia de Oviedo, en que se reproduce todo, o casi todo, lo concerniente a la entrada de Alonso Cabrera: con esta crónica y lo que se halla en las Décadas, bastaban para establecer la verdad de los hechos citados por Schmídel. Más tarde se han conseguido la *Relación* de Villalta, original que le sirvió a Herrera, los documentos publicados por el doctor Garay en el Paraguay y algunas piezas más. Todo esto, no obstante, el año 1891, la Sociedad Hakluyt publicó una traducción inglesa en que no se utiliza para nada la luz que arrojan las historias y documentos conocidos por todos hasta esa fecha. Nadie se acordó de decir que la historia de la conquista del Río de la Plata no podía aceptarse como tal sin que

---

234 Vicepresidente de aquella República. (N. del T.)

primero se restaurasen los verdaderos nombres de los jefes y se asignasen sus fechas a los hechos narrados; porque de lo contrario se exponía a nuestro autor a los ataques bien fundados del ya citado doctor Domínguez.

156. No es fácil darse cuenta de cómo Schmídel, tan exacto en sus otros detalles, pudo confundir tan lastimosamente los nombres de los jefes que acaudillaron las expediciones anteriores a la entrada de Alvar Núñez Cabeza de Vaca. Estas confusiones nos han inducido a todos en error, y recién, cuando el doctor Domínguez impugnó los hechos a consecuencia del error en los nombres de los jefes, me hice cargo yo que rectificados estos se ponía todo en su lugar, si bien con ciertas advertencias que a su vez se irán haciendo notar.

157. Ahora que sabemos que no fue con Juan de Ayolas, sino en busca de él, que partieron Francisco Ruiz Galán, Juan de Salazar y Alonso Cabrera a reunirse con Domingo Martínez de Irala en la Asunción a principios de 1539 (Capítulo XV), con Oviedo en la mano podemos seguir a Schmídel sin más interrupción que para cambiar el nombre de *Juan de Ayolas* por el de Irala, o de algún otro que corresponda, según los documentos contemporáneos, hasta que llegamos al 2.º párrafo del capítulo XXVII, en que lo deja a Irala preparándose para bajar a Buenos Aires, a despoblar esta ciudad y puerto.

158. Se ve, pues, como, en muy pocos renglones hemos podido dejar la relación de Schmídel clara y ajustada a la verdad. Ignoramos si fue él o alguno de sus secretarios o copistas quienes introdujeron los serios errores que se han notado; pero, por suerte, la documentación contemporánea no es escasa, y mucha parte de ella se ha utilizado, así no será necesario ya que se invoque a nuestro Schmídel cuando se quiera hablar de un Buenos Aires fundado en 1535; de un Ayolas, quien con numerosa escuadrilla, después de merodear por los ríos Paraná y Paraguay y de fundar la ciudad de la Asunción, recién se metió tierra adentro por el país de los payaguá, a cuyas manos más tarde él y sus compañeros perecieron miserablemente; de un Irala, que regresara a Buenos Aires antes del año 1541; y de tantas otras cosas que tan lejos están de la verdad histórica, según la documentación contemporánea.

159. La traducción española del siglo XVIII, y las reproducciones por Angelis y Pelliza en el XIX, nos dejaron a Schmídel donde había quedado después de las ediciones latinas de Hulsius y de Bry a fines del siglo XVI.

160. El año 1891 la «*Hakluyt Society*» de Londres, agregó un tomo más[235] a su valiosa colección de textos raros sobre viajes. Las *Notas e Introducción* son de la pluma de don Luis L. Domínguez y el texto lo forman traducciones (1) del *Viaje de Ulrich Schmídt a los Ríos de la Plata y Paraguay* y (2) de *Los Comentarios de Alvar Núñez Cabeza de Vaca*. La primera está basada en la edición alemana de 1567, y se atiene al texto con tal fidelidad que no se hace referencia alguna a la duda sobre si el año 1535 era o no el de la fundación de Buenos Aires; se acepta sin nota ni observación que Ayolas estaba vivo en la Asunción cuatro años después de la entrada de Mendoza al Río de la Plata; y muchas otras cosas más que ya en el año 1891 podían ponerse en duda. Se imponía, pues, la necesidad de una edición castellana que a la vez de ser fiel reproducción del nuevo MS. publicado en 1889, salvase en el comentario y notas los errores que indudablemente afean el texto, sobre todos, aquel de poner un nombre por otro cuando se trata de los caudillos que actuaron en los acontecimientos materia de la relación.

161. Razón tenía el doctor Manuel Domínguez cuando fustigaba al pobre Ulrico Schmídel,[236] y su dura crítica ha producido su efecto, porque en la nueva traducción se deja ver que muchos de los defectos no eran del autor, que otros respondían a la inexactitud y criterio de la época, mientras que otros eran lisa y llanamente el error craso de atribuir a Juan de Ayolas o a Irala hechos que no eran hazañas de ellos, pero que como de otros, y en el propio lugar, quedaban subsistentes.

162. Todo esto va corregido en las notas con referencia a los párrafos correspondientes en el prólogo, y Schmídel dejará de ser un texto peligroso para los que lo han estudiado sin el cotejo indispensable con lo que dicen Oviedo, Herrera, Ruy Díaz de Guzmán y los documentos de la época, y esto sin haber perdido en nada lo útil y lo ameno por la infinidad de datos novedosos y pintorescos con que, como buen viajero y observador, ha salado su relación.

163. Se ha creído conveniente reproducir la división en capítulos con el resumen de su contenido, que son los mismos que están señalados en el texto alemán del 89. La traducción inglesa ha prescindido de esta comodi-

---

235 El n.º LXXXI. (N. del T.)
236 *Revista del Instituto Paraguayo*, año III, tomo II, pág. 3 *et seq*. (N. del T.)

dad con el resultado de que esta parte del libro es una pampa sin un solo ombú —de suerte que el que busca una cita se pierde en ese maremágnum, sin faro ni pontón.

164. No será nuestro Schmídel la última palabra acerca del famoso Estraubigense y su obra; pero se han disminuido los escollos y se han abierto derroteros que podrán aprovechar otros cuando la documentación sacada a luz en el siglo XX venga a enriquecer la que tarde conocimos en el XIX.

Samuel A. Lafone Quevedo.
Museo de La Plata, 13 de septiembre de 1902.

Viaje de Ulrich Schmídel al Río de la Plata. (América del Sur)

En el año que se cuenta después de nacido Cristo nuestro amado Señor y Redentor 1534,[237] yo *Ulerich Schmídel de Straubing* he visto las siguientes naciones y tierras, partiendo de *Andorff* (Amberes) por mar, a saber: *Hispaniam* (España), *Indiam* (Indias), y muchas islas; con peligros varios por lances de guerra las he visitado y recorrido; y este viaje (que ha durado desde el susodicho año hasta el de 1554[238] en que Dios el Todopoderoso me ayudó a llegar otra vez a mi tierra) juntamente con lo que a mí, y a los mismos mis compañeros aconteció y nos tocó sufrir, lo he descrito yo aquí con la brevedad posible.

---

237 El año debe ser 1535, si bien pudo llamarse 34 antes del 28 de febrero. Ver prol., cap. II § 2. (N. del T.)

238 1554 enero para los bávaros sería 1555 para nosotros. Ver nota anterior. (N. del T.)

Capítulo I. La navegación de Amberes a España

En primer lugar después de haber partido de *Andorf* (Amberes) llegué a los catorce días a *Hispania*, a una ciudad que se llama *Khalles* (Cádiz), hasta allí se cuentan 400 *millas* (leguas) por mar.[239]

En la costa de aquella ciudad vi una ballena o cetáceo de 35 pasos de largo, de la que se sacaron unos 30 cascos llenos de aceite, cascos como los de arenques.

Cerca de la susodicha ciudad de *Khalles* (Cádiz) estaban surtos 14 grandes navíos bien provistos de toda munición y de cuanto era necesario, que estaban por emprender viaje al *Rieo delle Platta* en *Indiam* (Indias). También se hallaban allí 2.500 españoles[240] y 150 alto-alemanes, neerlandeses y sajones, junto con el capitán general de todos nosotros, que se llamaba *tum Pietro Mandossa*.

Entre estos 14 navíos estaba uno de propiedad de los señores *Sewastian Neithart* y *Jacoben Welser* de Niremburgo, quienes mandaban a su factor *Heinrich Paimen* con mercaderías al *Rieo delle Platta*. Con estos partimos al *Rieo delle Platta* yo y otros alto-alemanes y neerlandeses, más o menos en número de 80 hombres armados de arcabuces y ballestas.[241] Después de esto salimos de *Sievilla* en 14 navíos, con los susodichos caballeros y el capitán general en el susodicho año, y día de *Sannt Bartholomei*[242] y llegamos a una ciudad en *Hispania* llamada *San Lucas* (San Lúcar de Barrameda), que está a 20 *millas* (leguas)[243] de *Sievilla*. Allí tuvimos que demorar hasta el 1.º de septiembre del susodicho año,[244] por causa de los temporales que corrían.

---

239 La «*milla*» del autor es *legua*. Véase el mapa de Hulsius, prol. n.º 1, § 6. (N. del T.)

240 Otros autores dan un número muy inferior. Ver Madero, *Historia del Puerto de Buenos Aires*. Carta de Villalta, § 3 (dice 1800). Ver prol., cap. IV § 7. (N. del T.)

241 *Mit pixenn unnd gewertenn*, ed. 1889, pág. 22. (N. del T.)

242 Agosto 24 de 1535. (N. del T:)

243 *Millas* son *leguas*; pero falta que saber de qué nación. Ver escala en mapa de Hulsius, prol. § 6. (N. del T.)

244 1535. (N. del T.)

Capítulo II. La navegación de España a las Canarias

Después de esto salimos de allí y arribamos a tres islas que están cerca unas de otras, de las que la primera se llama *Dennerieffe*, la segunda, *Cumero* (Gomera) y la tercera, *Polmant* (Palma); y de la ciudad de *San Lucas* (San Lúcar) a las islas se cuentan más o menos 200 *millas* (leguas). En estas islas se dispersaron los navíos. Las islas pertenecen a la Cesárea Majestad, y las habitan solo los españoles con sus mujeres e hijos. Y allá descansamos.²⁴⁵ Arribamos también con 3 de los navíos a la Palma y allí permanecimos unas cuatro semanas haciendo provisión y reparando averías.

Mas después de esto, mientras nuestro general, *tum Pietro Manthossa* se hallaba a unas 8 o 9 *millas* (leguas) distante de nosotros, resultó que habíamos tenido a bordo de nuestro navío a *ton Jerg Manthossa* primo del señor *tonn Pietro Manthossa*: este se había enamorado de la hija de un vecino en *Palman* (la Palma) y como estábamos por salir al día siguiente, el dicho *thonn Jerg Manthossa* bajó a tierra esa misma noche, a las doce, con 12 compañeros de los buenos, y sin ser sentidos se robaron de la isla *Palman* a la dicha hija de aquel vecino, con la doncella, ropa, alhajas y algún dinero, volviendo enseguida al navío muy ocultamente para no ser sentidos ni por nuestro capitán, *Heinrich Paimen*, ni por otra persona alguna de los del navío; solo la guardia se apercibió de ello, por ser la media noche.

Y cuando nos hicimos a la vela de mañana, antes de andar más de unas 2 o 3 millas (leguas) se armó un fuerte temporal que nos obligó a volver a entrar en el mismo puerto de donde acabábamos de salir. Mas después que largamos nuestras anclas al agua, se le antojó a nuestro capitán, el dicho *Heinrich Paimen*, desembarcar en un pequeño esquife llamado *pot* (bote) o *podell* (batel). Eso que se acercaba y estaba ya por poner pie en tierra, lo esperaban allí más de 30 hombres armados con arcabuces, lanzas y alabardas, dispuestos a tomar preso a nuestro capitán *Heinrich Paimen*.

En el mismo instante uno de su gente le advirtió que no saltase a tierra sino que se volviese a bordo; entonces el capitán se dispuso regresar al navío, mas no le dieron tiempo; porque los de tierra se le habían acercado demasiado en otras barquillas, que estaban allí ya preparadas: con esto y todo

---

245 *Feur getnacht* por *feier gemacht*, expresión que equivale a «descansar», «holgar», «hacer fiesta». Es lo natural, y no lo otro, «azúcar» o «fuego». (N. del T.)

logró escapárseles a otro navío que se hallaba más cerca de la tierra. Como la gente no pudo tomarlo enseguida hicieron tocar a rebato en la ciudad de *Palman*, cargaron 2 piezas de artillería gruesa, y con ellas hicieron 4 descargas contra nuestro navío, pues nos hallábamos no muy distantes de la tierra. Con el primer tiro nos agujerearon el cangilón que estaba en la popa lleno de agua fresca, de la que se derramaron 5 o 6 baldadas. Después nos hicieron pedazos la mesana, que es el último mástil, el más inmediato a la popa. El tercero nos acertó abriéndonos un boquerón en el costado del navío, y nos mató un hombre. El cuarto nos erró del todo.

Estaba también otro capitán presente que tenía su navío a la par del nuestro, con rumbo a *New-Hispanien* (Nueva España), o sea, *Mechssekhen* (México): este se hallaba en tierra con 150 hombres, y cuando supo de nuestro combate, trató de hacer las paces entre nosotros y los de la ciudad, bajo la condición de entregarles las personas de *ton Jerg Manthossa*, la hija del vecino y su sirvienta. No tardaron en presentarse el *Stathalter* (Regidor) y el *Richter* (Alcalde) en nuestro navío, pretendiendo llevarse presos a *thon Jerg Manthossa*[246] y a sus cómplices. Al punto les contestó él que era ella su legítima mujer, y a ella no se le ocurrió decir otra cosa, casándose enseguida, con gran disgusto del afligido padre; y nuestro navío quedó muy estropeado de resultas de los balazos.

---

246 Sería curioso que este Jerg Manthossa resultase ser el Jorge Luján de la subsiguiente historia: que los alemanes lo dejasen no quiere decir que no siguiese viaje con Mendoza. (N. del T.)

Capítulo III. Viaje de la Palma a Santiago

Después de todo esto dejamos en tierra a *ton Jerg Manthossa* y a su mujer, porque nuestro capitán no quería tenerlos más a su bordo.

Volvimos a aprestar nuestro navío y navegamos hasta llegar a una isla o tierra que se llama de *San Jacob*, o sea en español *Augo* (Santiago):[247] es una ciudad que depende del rey de Portugal; los portugueses mandan en el pueblo y los negros les sirven. Esta ciudad está a 300 *millas* (leguas) de la dicha isla de *Polman* (Palma) de donde habíamos salido.[248] Permanecimos allí cinco días, y de nuevo abastecimos el navío de provisiones[249] frescas y de mesa, como ser: pan, carne, agua y todo lo demás que se necesita en alta mar.

247 Archipiélago del Cabo Verde. (N. del T.)
248 Valga lo dicho ya sobre «*millas*». Ver escala en mapa de Hulsius y prol. § 6. (N. del T.)
249 *Profant*, ed. 1889, pág. 24. (N. del T.)

Capítulo IV. Viajan por alta mar y describe sus maravillas

Así toda la flota, a saber los 14 navíos, se volvieron a reunir. Nuevamente salimos mar afuera y navegamos por dos meses hasta que arribamos a una isla en que no había más que aves que matábamos a garrotazos. En este lugar demoramos tres días. La isla está del todo despoblada; tiene de ancho y largo unas 6 *millas* (leguas)[250] a todo viento y dista de la susodicha isla de *San Augo* (Santiago), de donde habíamos partido, 1.500 *millas* (leguas).

En este mar hay peces voladores, y otros muy grandes de la especie de las ballenas; otros también grandes, llamados *Ichaub-huet-fischs* (pez sombrero de paja)[251] en razón de que un disco extremadamente grande les tapa la cabeza, con el que pueden ofender a los demás peces en sus peleas. Son peces de mucha fuerza y muy malos. Otros hay de cuyo lomo nace una especie de cuchilla de hueso de ballena, y se llaman en castellano *pes espade* (pez espada); y más otros con un serrucho de hueso de ballena que también arranca del lomo; son malos y grandes: se llaman *pese de sere* (pez sierra). Aparte de estos son muchos los peces raros que hay, cuya forma, tamaño y cualidades no puedo describir yo en esta vez.[252]

---

250 El original nuestro (1889) supone que sea el islote Fernando Noroña. (N. del T.)

251 Burmeister dice que es el *echeneis naucrates*, pez que con la cabeza se pega a los buques, etc. Este disco es un chupón muy curioso que tapa la cabeza a manera de sombrero. Ver cap. LIII, pág. III de la ed. 1889. (N. del T.)

252 Ver cap. LIII. (N. del T.)

Capítulo V. Llegada a Río del Janeiro y muerte de Osorio

Después navegamos de esta isla a otra[253] que se llama *Río Genna* (Río Janeiro) a 500 millas de la anterior,[254] dependencia del rey de Portugal: esta es la isla de *Río Genna* (Río del Janeiro) en *Inndia* (Indias) y los indios se llaman *thopiss* (tupís).[255] Allí nos quedamos unos catorce días. Fue aquí que *thonn Pietro Manthossa*, nuestro capitán general, dispuso que *Hanss Ossorio* (Juan de Osorio), como que era su hermano adoptivo, nos mandase en calidad de su lugarteniente; porque él seguía siempre sin acción, tullido y enfermo. Así las cosas él, *Hans* (Juan) *Ossorio*, no tardó en ser malquistado y calumniado ante *thonn Pietro Manthossa*, su hermano jurado, y la acusación era que trataba de sublevarle la gente a *thonn Pietro Manthossa*,[256] el capitán general. Con este pretexto él, *thonn Pietro Manthossa*, ordenó a otros 4 capitanes llamados *Joan Eyolas* (Ayolas), *Hanns Salesser* (Juan Salazar), *Jerg Luchllem* (Jorge Luján) y *Lazarus Sallvaischo* que matasen al dicho *Hanns Assario* (Juan Osorio) a puñaladas, o como mejor pudiesen, y que lo tirasen al medio de la plaza por traidor. Más aún, hizo publicar por bando que nadie osase compadecerse de *Assirio* (Osorio) so pena de correr la misma suerte, fuere quien fuere. Se le hizo injusticia, como lo sabe Dios el Todopoderoso, y que Él lo favorezca; porque fue aquel un hombre piadoso y recto, buen soldado, que sabía mantener el orden y disciplina entre la gente de pelea.

---

253 Modo de decir tratándose de Indias. (N. del T.)
254 No la nombra, la supuesta Fernando Noroña. (N. del T.)
255 Tupís. Guaranís del Brasil. (N. del T.)
256 Estas repeticiones son características del original alemán, y las más de las veces se reproducen. (N. del T.)

Capítulo VI. Llegan al Río de la Plata y puerto de San Gabriel. Los charrúa

De allí navegamos al *Rio de le Platta* y dimos con una corriente de agua dulce,[257] que se llama *Parnau Wassu* (Paraná Guazú), y tiene de ancho en la boca, donde deja de ser mar, una extensión de 42 *millas* (leguas) de camino,[258] y desde *Río Gena* hasta esta agua se cuentan 500 *millas* (leguas) de camino.[259]

Enseguida arribamos a una bahía que se llama *Sannt Gabriehel* (San Gabriel)[260] y allí en la susodicha agua corriente *Parnau* largamos las anclas de nuestros 14 navíos. Y como tuviésemos que hacer quedar los navíos mayores a un tiro de arcabuz de la tierra, nuestro general *thon Pietro Manthossa* había ordenado y mandado que los marineros desembarcasen la gente en los pequeños esquifes, que con este fin estaban ya dispuestos, y se llaman *podel* o *poet* (batel o bote). Así pues, con el favor de Dios llegamos al *Rio de la Platta* el año 1535.[261]

Allí nos encontramos con un pueblo[262] de indios llamados *zechuruass* (charrúas)[263] que constaba como de unos 2.000 hombres, y que no tenían más de comer que pescado y carne. Estos al llegar nosotros, habían abandonado el pueblo huyendo con mujeres e hijos, de suerte que no pudimos dar con ellos. Esta nación de indios se anda en cueros vivos, mientras que sus mujeres se tapan las vergüenzas con un paño de algodón que les cubre desde el ombligo hasta la rodilla.

Entonces el general *thon Pietro Manthossa* mandó que se vuelva a embarcar la gente, y que la hagan pasar a la otra banda del agua *Pernaw* (Paraná), que allí no tiene más anchura que 8 millas (leguas) de camino.[264]

---

257 Schmídel llama siempre a los ríos «*agua corriente*». (N. del T.)
258 Es más o menos la distancia en la embocadura. (N. del T.)
259 Falta que saber cómo se las anduvieron y contaron. (N. del T.)
260 Hoy la Colonia. (N. del T.)
261 1536. Ver Madero, *Relacción* de Villalta y Ruy Díaz de Guzmán. (N. del T.)
262 *Flecken*. Así llama siempre al pueblo de indios. (N. del T.)
263 La ubicación es exacta. Las costumbres de estos indios nos enseñan que no eran de la raza guaraní. Ver prol., cap. XI § 34. (N. del T.)
264 Es lo que habrá entre Buenos Aires, o mejor dicho, Punta de Lara y San Gabriel o la Colonia. (N. del T.)

Capítulo VII. La ciudad de Buenos Aires y los indios querandí

Allí levantamos una ciudad que se llamó *Bonas Ayers* (Buenos Aires), esto es en alemán *–gueter windt–* (buen viento).[265] También traíamos de España, en los 14 navíos, 72 caballos y yeguas.

En esta tierra dimos con un pueblo en que estaba una nación de indios llamados *carendies*,[266] como de 2.000 hombres con las mujeres e hijos, y su vestir era como el de los *zechurg* (charrúa), del ombligo a las rodillas; nos trajeron de comer, carne y pescado. Estos *carendies* (querandí) no tienen habitaciones propias, sino que dan vueltas a la tierra, como los gitanos en nuestro país; y cuando viajan en el verano suelen andarse más de 30 *millas* (leguas)[267] por tierra enjuta sin hallar una gota de agua que poder beber. Si logran cazar ciervos[268] u otras piezas del campo, entonces se beben la sangre. También hallan a veces una raíz[269] que llaman *cardes* (cardos) la que comen por la sed. Se entiende que lo de beberse la sangre solo se acostumbra cuando les falta el agua o lo que la suple; porque de otra manera tal vez tendrían que morir de sed.[270]

Estos *carendies* traían a nuestro real y compartían con nosotros sus miserias de pescado y de carne por catorce días sin faltar más que uno en que no vinieron. Entonces nuestro general *thonn Pietro Manthossa* despachó un alcalde[271] llamado *Johann Pabón*,[272] y él y 2 de a caballo se arrimaron a los

---

265 El nombre oficial era: - *Nuestra Señora de Buenos Ayres* - Instrucción de Mendoza a Ruiz - abril 20 de 1537; o *N.ª S.ª S.ta María de Buen Ayre*. Escritura de Ruiz Galán, 1538. *Colección de documentos*, Garay, págs. 18 y 30, apéndices N. y O. (N. del T.)

266 Los usos y costumbres de los *querandí*, así como sucede con los *charrúa*, indican que no son de la raza guaraní: los araucanos aún no habían entrado en la Pampa. Los *querandí* eran los verdaderos *pampas* y forman parte de la raza *pampeana* de d'Orbigny. Estos eran los *querandí* que recorrían la ribera sur del Plata entre el Cabo de San Antonio y el río de las Conchas. Ver prol., cap. XI § 35. (N. del T.)

267 Ruy Díaz dice que corrían «desde el Cabo Blanco hasta el río de las Conchas», pág. 30, ed. 1881. (N. del T.)

268 *Hirschen*. Lo común es llamarlos *venados*. (N. del T.)

269 *Wurtzel* a veces dice «planta» en nuestro autor. *Cardones* llaman en el interior a las tunas altas. (N. del T.)

270 Todo esto indica que los *querandí* llevaban la vida nomádica del desierto, y no la semicivilizada del guaraní. Villalta cuenta que los *querandí* era gente que andaba a *noche y mesón*. Párr. 4.º El cereus o cardón es muy aguanoso y aplaca la sed. (N. del T.)

271 *Richter*. (N. del T.)

272 *Ruiz Galán*, dice la versión castellana, el *alter ego* de Pavón, al decir del doctor Domínguez. (N. del T.)

tales *carendies*, que se hallaban a 4 *millas* (leguas) de nuestro real. Y cuando llegaron adonde estaban los indios, acontecioles que salieron los 3 bien escarmentados, teniéndose que volver enseguida a nuestro real.

Pietro Manthossa, nuestro capitán, luego que supo del hecho por boca del alcalde (quien con este objeto había armado cierto alboroto en nuestro real), envió a *Diego Manthossa*, su propio hermano, con 300 *lanskenetes* y 30 de a caballo bien pertrechados: yo iba con ellos, y las órdenes eran bien apretadas de tomar presos o matar a todos estos indios *carendies* y de apoderarnos de su pueblo. Mas cuando nos acercamos a ellos había ya unos 4.000 hombres, porque habían reunido a sus amigos.[273]

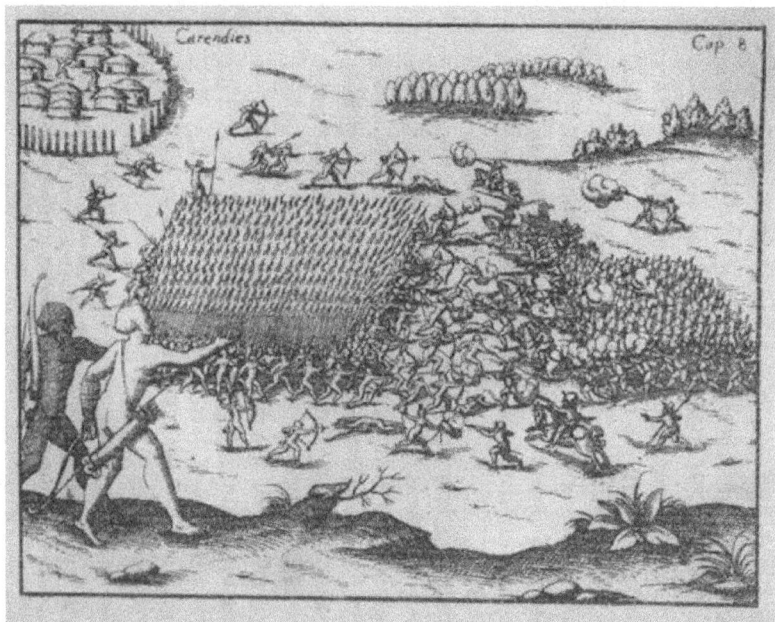

_____

273 Otros indios de la comarca que no eran querandí. (N. del T.)

Capítulo VIII. La batalla con los indios querandí

Y cuando les llevamos el asalto se defendieron con tanto brío que nos dieron harto que hacer en aquel día. Mataron también a nuestro capitán *thon Diego Manthossa* y con él a 6 hidalgos de a pie y de a caballo. De los nuestros cayeron unos 20 y de los de ellos como mil. Así, pues, se batieron tan furiosamente que salimos nosotros bien escarmentados.

Estos *carendies* usan para la pelea arcos, y unos *dardes* (dardos), especie de media lanza con punta de pedernal en forma de trisulco.[274] También emplean unas bolas de piedra aseguradas a un cordel largo; son del tamaño de las balas de plomo que usamos en Alemania. Con estas bolas enredan las patas del caballo o del venado[275] cuando lo corren y lo hacen caer. Fue también con estas bolas que mataron a nuestro capitán y a los hidalgos, como que lo vi yo con los ojos de esta cara, y a los de a pie los voltearon con los dichos *dardes*.

Así, pues, Dios, que todo lo puede, tuvo a bien darnos el triunfo, y nos permitió tomarles el pueblo;[276] mas no alcanzamos a apresar uno solo de aquellos indios, porque sus mujeres e hijos ya con tiempo habían huido de su pueblo antes de atacarlos nosotros. En este pueblo de ellos no hallamos más que mantos de *nuederen* (nutrias) o *ytteren*[277] como se llaman, *Ítem* harto pescado, harina y grasa del mismo;[278] allí nos detuvimos tres días y recién nos volvimos al real, dejando unos 100 de los nuestros en el pueblo para que pescasen con las redes de los indios y con ello abasteciesen a nuestra gente; porque eran aquellas aguas muy abundantes de pescado; la ración de cada uno era de 6 onzas de harina de trigo por día y al tercero un pescado. La tal pesquería duró dos meses largos; el que quería aumentar un pescado a la ración se tenía que andar 4 *millas* (leguas) para conseguirlo.

---

274 Como dice la versión castellana. (N. del T.)

275 *Hirschen*, ciervo. (N. del T.)

276 *Flecken*: la voz usual en Schmídel. (N. del T.)

277 *Myopotamus coypus.* Burmeister. (N. del T.)

278 Las voces en el original son «*fischsmeh*» y «*fischsschmalz*». Dice Hans Stade: «Hacen harina de carne y pescado así (los guaraní del Brasil): la asan al fuego en medio del humo, la dejan secar, desmenuzándola enseguida y la vuelven a secar en ollas que llaman *Yueppaun* (*Cambocy*, dice Burton). Después la muelen en mortero de palo, la ciernen en cedazo, y la reducen a polvo. Se conserva mucho tiempo, etc.». 2.ª parte, cap. X, ed. Hakluyt Society, pág. 132. (N. del T.)

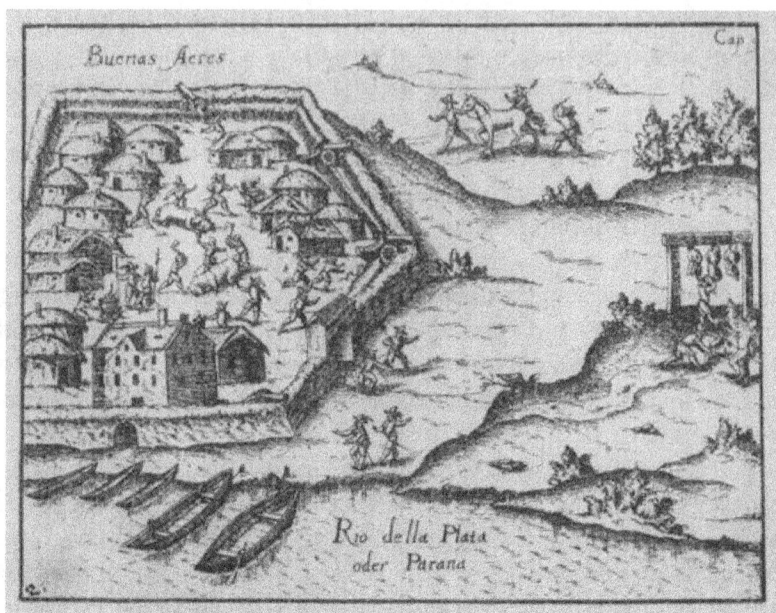

Capítulo IX. Se fortifica Buenos Aires y se padece hambre

Y cuando volvimos al real se repartió la gente en soldados y trabajadores, así que no quedase uno sin qué hacer. Y se levantó allí una ciudad[279] con un muro de tierra como de media lanza de alto a la vuelta, y adentro de ella una casa fuerte para nuestro general;[280] el muro de la ciudad tenía de ancho unos 3 pies; mas lo que un día se levantaba se nos venía abajo al otro; a esto la gente no tenía qué comer, se moría de hambre, y la miseria era grande; por fin llegó a tal grado que ya ni los caballos servían, ni alcanzaban a prestar servicio alguno. Así aconteció que llegaron a tal punto la necesidad y la miseria que por razón de la hambruna ya no quedaban ni ratas,[281] ni ratones, ni culebras, ni sabandija alguna que nos remediase en nuestra gran necesidad e inaudita miseria; llegamos hasta comernos los zapatos y cueros todos.[282]

Y aconteció que tres españoles se robaron un rocín y se lo comieron sin ser sentidos; mas cuando se llegó a saber los mandaron prender e hicieron declarar con tormento; y luego que confesaron el delito los condenaron a muerte en horca, y los ajusticiaron a los tres. Esa misma noche otros españoles se arrimaron a los tres colgados en las horcas y les cortaron los muslos y otros pedazos de carne y cargaron con ellos a sus casas para satisfacer el hambre. También un español se comió al hermano que había muerto en la ciudad de *Bonas Ayers*.[283]

---

279 Probablemente de tapia y de adobes crudos con algunos techos de «torta» de barro, y otros de paja, como se acostumbra aún en el interior. Siendo la *torta* bien podrida forma un techo impermeable y de bastante duración. (N. del T.)

280 Esta llevaría techo de «torta», el *Ziegel* del cap. XI. (N. del T.)

281 *Weder ratzen nock meís*, pág. 30, ed. 1889. Eso de los gatos era cosa de la versión castellana. Gatos pudieron llevar, pero serían pocos. Ratas no faltarían en los navíos. A los caballos los salvaban por razones que se imponen, y porque no era la superioridad que tanto padecía, al decir de Villalta. Ver prol., cap. VIII §§ 20 y 21. Villalta § 10. (N. del T.)

282 Villalta confirma todo esto, §§ 6.° y 7.°, y agrega que tenían los muertos en sus casas días para lograr la ración. Se ha criticado la noticia ésta como exageración de Schmídel; tal vez valga más la palabra de Villalta, su compañero. (N. del T.)

283 Hechos bien comprobados. Véase prol., cap. VIII, §§ 20 y 21. (N. del T.)

Capítulo X. Expedición de Jorge Luján

Ahora, pues, nuestro capitán general *thon Pietro Manthossa* vio que no podía mantener la gente por más tiempo allí, así ordenó y mandó[284] él a una con sus capitanes, que se aprontasen cuatro pequeñas embarcaciones que habían de navegar a remo, y se llaman *parckhadiness* (bergantines), en que entraban hasta 40 hombres; como también otras tres menores a que llaman *podel* (batel) o, *potht* (bote), y cuando los 7 navíos estuvieron listos y provistos hizo que el capitán nuestro reuniese toda la gente y envió a *Jerg Lichtenstein*[285] con 350 hombres armados[286] río *Parnau* arriba, a que descubriesen indios, que nos proporcionasen comida y víveres. Pero ni bien nos sintieron los indios nos jugaron una de las peores, porque empezando por quemar y destruir su pueblo, y cuanto tenían de comer, enseguida huyeron todos de allí; y así tuvimos que pasar adelante sin más de comer que tres onzas de pan al día en *pischgosche* (bizcocho).

La mitad de la gente se nos murió en este viaje de esta hambre sin nombre, y la otra mitad hubo que hacerla volver al susodicho pueblo, do se hallaba nuestro capitán general. *Thonn Pietro Manthossa* quiso tomar razón a *Jergen Lichtensteinen*,[287] nuestro capitán en este viaje, porque tan pocos habíamos vuelto siendo que la ausencia solo había durado 2 meses;[288] a lo que le contestó éste que de hambre habían muerto, porque los indios habían quemado la comida que tenían y habían huido, como ya se dijo antes en pocas palabras.

---

284 Nuestro «*ordeno y mando*», «*ordinirt und manndirt*», prol., cap. XII § 75, ed. 1889, pág. 31. (N. del T.)

285 Las demás ediciones alemanas dicen *George Lanchstein*, y *Luchsam*, el *Jorge Luján* de las otras ediciones. Es probable que sea *Diego* y no *Jorge Luján*. Ver ed. 1889, pág. 31 en la nota. (N. del T.)

286 Villalta dice 200 más o menos. (N. del T.)

287 Ver la nota anterior. Villalta dice que fue un deudo de Mendoza, pero sin nombrarlo. (Ver § 6.º). Esto desvirtúa la suposición que fue uno de tantos alemanes. La madre de Mendoza era una Luján. (N. del T.)

288 Villalta la confirma, § 6. (N. del T.)

Capítulo XI. El sitio de Buenos Aires

Después de esto[289] seguimos un mes todos juntos pasando grandes necesidades en la ciudad de *Bonas Ayers* hasta que pudieron aprestar los navíos. Por este tiempo los indios con fuerza y gran poder nos atacaron a nosotros y a nuestra ciudad de *Bonas Ayers* en número hasta de 23.000 hombres; constaban de cuatro naciones llamadas, *carendies*, *barenis* (guaranís), *zechuruas*, (charrúas) y *zechenais diembus* (chanás timbús).[290] La mente de todos ellos era acabar con nosotros; pero Dios, el Todopoderoso, nos favoreció a los más; a él tributemos alabanzas y loas por siempre y por sécula sin fin; porque de los nuestros solo cayeron unos 30 con los capitanes y un alférez.

Y eso que llegaron a nuestra ciudad Bonas Ayers y nos atacaron, los unos trataron de tomarla por asalto, y los otros empezaron a tirar con flechas encendidas[291] sobre nuestras casas, cuyos techos eran de paja (menos la de nuestro capitán general que tenía techo de teja),[292] y así nos quemaron la ciudad hasta el suelo. Las flechas de ellos son de caña y con fuego en la punta; tienen también cierto palo del que las suelen hacer, y éstas una vez prendidas y arrojadas no dejan nada; con las tales nos incendiaron, porque las casas eran de paja.[293]

A parte de esto nos quemaron también cuatro grandes navíos que estaban surtos a media *milla* (legua) de nosotros en el agua.[294] La tripulación que en ellos estaba, y que no tenía cañones,[295] cuando sintieron el tumulto de indios, huyeron de estos 4 navíos a otros 3, que no muy distante de allí estaban y artillados. Y al ver que ardían los 4 navíos que incendiaron los indios, se prepararon a tirar y les metieron bala a éstos; y luego que los indios se aper-

---

289 Aquí más o menos entra el primer viaje de Juan de Ayolas a descubrir y poblar el asiento de Buena Esperanza. (N. del T.)

290 «*Querandíes, bartenes, charrúas y timbúes*» dice la versión castellana derivada de la latina. «*Carendies, zechurias, zechuas y diembus*», la alemana de 1567. Ver prol., cap. XI § 36. (N. del T.)

291 «También toman algodón, lo empapan en cera, lo atan a las cañas de las flechas y las encienden: estas son sus flechas de fuego». Hans Stade, parte II, pág. 154, ed. Hakluyt ya citada. Se trata de los indios del Brasil, en la región del Janeiro, que eran de raza guaraní. (N. del T.)

292 *Ziegel.* Tal vez de torta de barro sin quemar. (N. del T.)

293 Véase nota anterior. (N. del T.)

294 *Wasser:* en el Río. (N. del T.)

295 *Geschiz:* las lombardas de la época. (N. del T.)

cibieron, y oyeron las descargas, se pusieron en precipitada fuga y dejaron a los cristianos muy alegres. Todo esto aconteció el día de San Juan, año de 1535.[296]

296 De todo esto nada dice Villalta, lo que no prueba que Schmídel haya inventado esta parte de su relación. La fecha es probable que sea el 24 de junio de 1536, siguiendo la norma establecida de un año de atraso en la cronología. Ver prol., cap. XIII, § 77. (N. del T.)

Capítulo XII. Padrón de la gente y preparativos

Habiendo sucedido todo esto, la gente no tuvo más remedio que volverse a meter en los navíos, y *thonn Pietro Manthossa*, nuestro capitán general, entregó la gente a *Joann Eyollas* y lo puso en su lugar, para que fuese nuestro capitán y nos mandase. Enseguida *Eyollas* pasó revista de la gente y halló que, de 2.500 hombres que habían sido, no quedaban con vida más de 560; los demás habían muerto y perecido de hambre. ¡Dios el Todopoderoso se apiade [de ellos] y nos favorezca!

Después de esto, *Juan Eyollas*, nuestro capitán, hizo aprestar 8 navíos pequeños, *parckhadines* (bergantines) y *potteles* (bateles) y se sacó 400 hombres de los 560; los otros 160 dejó él en los 4 grandes navíos, para que ellos se cuidasen, y les puso de capitán un tal *Joann Romero*, y les dejó provisiones[297] para un año [de suerte que a cada soldado le tocase por día de a 8 onzas de pan], o harina; y si más quería comer que se lo buscase.

---

297 *Profant,* ed. 1889, pág. 33. *Bastimento.* (N. del T.)

113

Capítulo XIII. Viaje de Mendoza con Ayolas a fundar Buena Esperanza

Más tarde partió él, *Joann Eyollas* con los 400 hombres en los *parckhadienes* (bergantines) o *wasserbuegen* (buques) aguas arriba del *Paanaw*, y *thon* (don) *Pietro Manthossa*, el capitán general de todos, iba también con nosotros.[298] Y en dos meses llegamos a los indios, a 84 *millas* (leguas)[299] de distancia; esta gente llámase *tiembus*, se ponen en cada lado de la nariz una estrellita de piedrecillas blancas y celestes,[300] los hombres son altos y bien formados, pero las mujeres, por el contrario, viejas y mozas, son horribles, porque se arañan la parte inferior de la cara que siempre está ensangrentada.[301]

Esta nación no come otra cosa, ni en su vida ha tenido otra comida, ni otro alimento que carne y pescado. Se calcula que esta nación es fuerte de 15.000 o más hombres.[302] Y cuando llegamos como a 4 *millas* (leguas) de esta nación, nos vieron y salieron a recibirnos de paz en 400 *kanneonn* (canoas) o barquillas con 16 hombres en cada una. Las tales barquillas se labran de un solo palo, son de 80 pies de largo por 3 de ancho y se boga como en las barquillas de los pescadores en Alemania, solo que los remos no tienen los refuerzos de hierro.

Cuando nos juntamos en el *agua* (el río) nuestro capitán, *Joann Eyollas*, mandó al indio principal[303] de los *tiembú*, que se llamaba *Rochera Wassú*,[304] una camisa, un gabán, un par de calzas y varias otras cosas más de *reschat* (rescate). Después de esto el dicho *Zchera Wassú* nos condujo a su pueblo y nos dio de comer carne y pescado hasta hartarnos. Pero si el susodicho

---

298 Los viajes de Ayolas, según Villalta, fueron dos, y recién en el segundo se llevó a don Pedro de Mendoza; en el primero se embarcó en 3 navíos con 270 hombres y llegaron a los timbú. En el camino perdieron unos 100 hombres de hambre. El viaje duró 50 días. §§ 8 a 13. (N. del T.)

299 La distancia era de 60 leguas. Villalta, § 18. (N. del T.)

300 Ver Ruy Díaz, *La Argentina*, págs. 30 y 31, ed. 1881. Concuerdan las dos descripciones. «Son más afables y de mejor trato y costumbres que los de más abajo.» (N. del T.)

301 *Pluetig:* Puede sospecharse que sea de *blau* —azul— en cuyo caso se referiría al tatuaje. Ver adelante. (N. del T.)

302 Los *timbú* por sus rasgos físicos, usos y costumbres no eran de la generación guaraní. Ver prol., cap. XI, § 37. (N. del T.)

303 La palabra «*cacique*» aún no había entrado en uso, y los españoles oían de boca de guaranizantes. (N. del T.)

304 Nombre con que los indios guaraní de Ayolas llamaban al principal de los timbú y caracará. (N. del T.)

viaje durara unos diez días más a buen seguro que todos de hambre pereciéramos; y con todo, en este viaje, de los 400 hombres, 50 sucumbieron;[305] en esta vez nos socorrió Dios el Todopoderoso, y a Él se tributen loas y gracias.

---

305 Villalta dice que murieron como 300 hombres en los 2 viajes. §§ 9 y 18. (N. del T.)

Capítulo XIV. Regresa don Pedro de Mendoza a España y muere en el viaje

En este pueblo permanecimos por espacio de cuatro años.[306] Mas nuestro capitán general, *thonn Pietro Mantossa*, agobiado de sus dolencias, ya no podía mover ni manos ni pies, y había gastado en este viaje 4.000 ducados en oro;[307] ya no podía quedarse más tiempo con nosotros en este pueblo y se volvió con dos pequeños *parckhadienes* (bergantines) a *Bonas Ayers*[308] a juntarse con los 4 navíos grandes [de los que tomó dos] con 50 hombres y partió para Hispanien. Mas cuando llegaron como a medio camino, la mano de Dios, que todo lo puede, cargó sobre él, así que murió miserablemente. ¡Dios le tenga misericordia![309]

Él, empero, nos había prometido, antes de dejarnos, que al punto de llegar él o los navíos a España, mandaría otros 2 al *Rio della Plata*, lo que también se consignó fielmente en su testamento y se cumplió. Así, pues, luego que los 2 navíos arribaron a *Hispania* y que lo supieron los del consejo de la Cesárea Majestad, sin demora y en nombre de Su Majestad hicieron aprestar y despacharon al *Rio della Platta* otros navíos con gente, comida y rescates y lo demás que podría faltarles.

---

306 Desde 1536 hasta 1539, más o menos. (N. del T.)

307 Las otras ediciones dicen 40.000. (N. del T.)

308 A fines del año 1536. Ver *Información* de Gonzalo de Mendoza, apéndice C. (N. del T.)

309 Esto y lo que sigue hasta llegar a la Asunción es un episodio intercalado que interrumpe el hilo de la historia, según ella consta en Villalta. Sugestionado por el nombre de Cabrera, pero con el nombre de Ayolas en la cabeza, relata lo que corresponde a la entrada de aquél, como si fuese de este capitán. Ver Oviedo, lib. XXII, cap. XII a XIV. (N. del T.)

Capítulo XV. Alonso Cabrera llega al Río de la Plata

El capitán de estos 2 navíos[310] se llamaba *Aluiso Gabrero* (Alonso Cabrera), y se traía 200 españoles y víveres y como para dos años; llegó a *Bonas Ayers*, a donde los otros 2 navíos habían quedado, con los 160 hombres, el año 1538.[311]

Y cuando llegó el capitán Aluiso[312] Gabrero a la isla de los Tyembús a verse con nuestro capitán *Johan Eyollas*[313] se dispuso a despachar un navío nuevamente a *Hispienia*, porque así era la voluntad y mandamiento del Concejo de la Cesárea Majestad, que se le haga saber al dicho Concejo cómo eran los arreglos en aquella tierra y en qué estado se hallaba.[314]

Después de todo esto, *Joann Eyollas*, nuestro capitán general, hizo junta con *Aluiso Gabrero* y con *Mart[i]no Thoming[o] Ayona* (Domingo Martínez de Irala) y otros de sus capitanes. También se resolvió que se pasase revista de la gente, y se halló que con los nuestros y los otros recién llegados de *Hispanien*, había 550 hombres; se separó, pues, 400 hombres para sí, y los restantes 150 los dejaron en los *tiembús*, porque no alcanzaban los navíos;

---

310 «Una nao e una caravela», dice Oviedo. Los hombres «eran hasta 140». Equivoca la fecha 1537 por 1538, lib. XXIII, cap. XII. (N. del T.)

311 Mal hizo el editor de 1889 al alterar la fecha del MS. y de las dos ediciones alemanas primitivas. Cabrera *llegó* el año 1538, pero *partió* para la Asunción el 1539, fecha en que *quedaron* los susodichos. Ver ed. 1889, pág. 36, en la nota. Pero Hernández, apéndice B, § 7. (N. del T.)

312 Alonso Cabrera. (N. del T.)

313 Porque aún ignoraba que hubiese muerto. Llama la atención que Oviedo en el cap. XII trata de Cabrera, en el cap. XIII, de Ayolas, y en el cap. XIV vuelve otra vez a Cabrera. (N. del T.)

314 Esto que cuenta Schmídel es materialmente imposible: Juan de Ayolas, Alonso Cabrera y Domingo Martínez de Irala, jamás pudieron reunirse en parte alguna del Río de la Plata. Este párrafo confunde hechos del tiempo de Mendoza con otros que corresponden a la entrada de Cabrera y su partida para la Asunción con Ruiz en 1539. Los únicos jefes que podían reunirse en aquel entonces, serían Francisco Ruiz, Alonso Cabrera y Juan de Salazar; porque Irala no se había movido del Paraguay.
Schmídel calla el verdadero viaje de Ayolas, y el de Salazar en pos de aquél, como lo mismo el de Ruiz y Salazar al puerto de la Candelaria en San Fernando de los Payaguá para verse con Irala, y el regreso de Ruiz a Buenos Aires antes de junio de 1538. Todo lo que sigue se relaciona con la entrada de Cabrera. Ruiz era quien mandaba interinamente en Buenos Aires, y Ayolas seguía perdido en el chaco de los Payaguá, cerca del Pan de Azúcar, en los 21° 20' río Paraguay arriba. (N. del T.)

a éstos les nombraron un capitán llamado *Carollus Doberin*[315] para que los mande y gobierne:[316] éste en otro tiempo había sido paje de Su Cesárea Majestad.[317]

315 Se halló en la jura de Corpus Christi el 28 y 29 de diciembre de 1538. *Colección de documentos*, Blas Garay, pág. 23, apéndice J., y en Buenos Aires el 20 de abril de 1539. Madero, pág. 133. Este hecho, al decir de Oviedo, se refiere a la subida de Ruiz con Salazar a la Asunción en 1537. De paso entró y se hizo jurar obediencia en *Buena Esperanza y Corpus Christi de los timbú*, donde mandaban García Benegas y don *Carlos de Ugrie (Dubrin)*, dejados allí por Alvarado, teniente de doctor Pedro, lib. XXIII, cap. XIII. Ver apéndice J. bis. (N. del T.)
316 *Guberniren*, ed. 1889, pág. 36. (N. del T.)
317 Como se ha visto, esto de Carlos Dubrin es un recuerdo de la primera subida de Ruiz a la Asunción, 1537. Vuelve enseguida a lo que corresponde a la entrada de Cabrera, 1539, pero siempre con el enredo de Ayola por Ruiz. (N. del T.)

Capítulo XVI. Parten en busca del Paraguay y llegan a los corondas[318]

Después de esto, pasado el acuerdo de los capitanes, partimos con los 400 hombres en 8 pequeños navíos (o) *parchadines* (bergantines) aguas arriba del *Paranaw*, en busca de otra agua corriente llamada *Paraboe* (Paraguay), adonde viven los *carios*[319] que tienen *trigo turco* (maíz), y una raíz con el nombre de *manteochade* (mandioca) y otras raíces como *padades* (batatas)[320] y *manteoch propie* y *mandeoch mandepore*. La raíz *padades* (batatas), se parece a la manzana y es del mismo sabor; *mandeoch propie* sabe a castaña; de *mandeoch poere* se hace vino, que beben los indios. Estos carios tienen pescado y carne, y unas ovejas muy grandes[321] como las mulas de esta tierra *(Alemania)*; *Ítem* más tienen chanchos del monte, avestruces y otras salvajinas; *Ítem* más gallinas y gansos en gran abundancia.[322] [323]

Así, pues, partimos del puerto *Bon Esperainso* (Buena Esperanza)[324] con los dichos 8 navíos *parckhadienes*, y el primer día, a las 4 leguas de camino, llegamos a una nación con el nombre de *karendos* (corondas). Ellos se mantienen[325] de carne y pescado, son fuertes de 12.000 hombres, todos aptos para la pelea. Esta nación se parece a la anterior, es decir, a los *tiembú*,[326]

---

318 El verdadero viaje de Ayolas se contiene en Oviedo, lib. XXIII, cap. X y XIII, en Villalta, §§ 25 a 35, apéndice A, en Herrera, dec. V, lib. X, cap. XV. La relación de éste y capítulos siguientes corresponde a la entrada con Cabrera y Ruiz. La gente, según Villalta (§ 45), eran 250. Oviedo dice que fueron 340 más o menos, y 7 los bergantines que hicieron, cap. XIV. En una palabra, los hechos son del tiempo de Cabrera, 1539, dos años después de la muerte de Ayolas. (N. del T.)

319 Los guaraní del Paraguay. Ver prol., cap. XI, § 53. (N. del T.)

320 Varias clases de mandioca. Ver prol., cap. VI, § 15. La nota a la edición de 1889 (pág. 37) dice que la «*propie*» es la *manihot Janipha*, la dulce, llamada en guaraní *poropí*. La *pepira* es la mandioca dulce y colorada. (N. del T.)

321 En este caso, guanacos. (N. del T.)

322 Aquí acaba el paréntesis. (N. del T.)

323 Según parece, aquí empieza un itinerario abstracto, que se ajusta bien al que reproduce Oviedo en su lib. XIII, cap. XII, a propósito de la subida de Cabrera con Ruiz. El puerto se llamaba *Buena Esperanza* en 1537, cuando Ruiz subió con Salazar, pero ya se conocía como *Corpus Christi* en abril o mayo de 1539, época en que Ruiz y Cabrera pasaron a la Asunción. Don Pedro de Mendoza nombra a los dos en los poderes que dejó a Ruiz, apéndice J. bis. (N. del T.)

324 Así también lo llama Villalta, § 24. (N. del T.)

325 *Ennthalten* quiere decir «se abstienen de»; pero el editor de 1889 advierte que es un bavarismo por *erhalten ernähren*, «alimentarse». Ver cap. XXIII. (N. del T.)

326 Tiembú, karendos, etc. Ver prol., cap. XI, § 37. (N. del T.)

usan estrellitas en las narices, y son bien formados de cuerpo; *Ítem* las mujeres son horrorosas, viejas y mozas, con las caras arañadas y siempre ensangrentadas;[327] *Ítem* visten, como los *tiembú*, un corto paño de algodón que las cubre del ombligo a las rodillas, como ya se dijo antes. Estos indios tienen gran copia de pieles de nutria; *Ítem* muchas *cannaon* (canoas) o esquifes. Ellos se compartieron con nosotros de su pobreza, como ser, carne, pescado [y pieles]; nosotros les dimos abalorios, rosarios, espejos, peines, cuchillos [y anzuelos]; dos días permanecimos con ellos, y nos dieron 2 carios[328] cautivos que eran de ellos: éstos deberían servirnos de baqueanos y ayudarnos con la lengua.

---

327 En cuanto a «*arañadas*», será por el tatuaje; por lo que respecta a «*ensangrentadas*», solo sería con pintura. Ver atrás pág. 158, nota 1. (N. del T.)
328 Se distingue entre carios y las otras naciones. (N. del T.)

Capítulo XVII. Llegan a los gulgaises y machkuerendes

De allí, seguimos nosotros adelante hasta llegar a otra nación, que se llaman *gulgeissen*,[329] que alcanzan a ser unos 40.000 hombres de pelea, se mantienen de pescado y carne, también tienen estrellitas en las narices; *Ítem* mas se hallan a unas 30 *millas* (leguas) de camino de los *carendes* (corondas); hablan una sola lengua con los *tiembú* y *carendes*; viven en una laguna que mide de largo 6 *millas* (leguas) por cuatro de ancho del lado izquierdo[330] del *Parnau;* cuatro días nos quedamos con ellos; compartieron también con nosotros de su pobreza, como igualmente nosotros de la nuestra con ellos.

De allí seguimos adelante sin encontrar más indios por dieciocho días; después dimos con un agua que corre tierra adentro, y allí encontramos mucha gente llamada *Machkuerendes*.[331] Estos no tienen más comida que pescado y algo de carne; son fuertes como de unos 18.000 hombres de pelea, tienen muchas *canaen* (canoas) o esquifes; nos recibieron bien a su modo haciéndonos parte de su miseria. Ellos viven del otro lado del *Parnaw*, esto es, a la derecha; hablan otra lengua, se ponen 2 estrellitas en las narices. Altos y bien formados los hombres, las mujeres empero son horrorosas, como se dijo ya. Están a 64 *meil* (leguas)[332] de los Gulgaises.

Y cuando se cumplieron los cuatro días de estar con ellos, hallamos estirada en la tierra una serpiente extremadamente grande, que medía 25 pies de largo y gruesa como un hombre, overa de negro y amarillo; y la matamos con un arcabuz. Y eso que la vieron los indios se maravillaron de su tamaño, porque jamás habían visto otra igual. Esta serpiente, según nos contaron, los

---

329 Aquí se ve que los *gulgaises* eran de la misma generación o raza que los *timbú* y los *coronda*, en usos, costumbres y lenguas, y de suponer es que en rasgos físicos también. Estas 3 naciones corresponden a la raza pampeana. Ver prol., cap. XI, § 43. De sospechar es que los tales *gulgaises* sean los *quiloazas*, cuya laguna y río son famosos en las relaciones de la conquista. Son los indios de Cayastá, primer asiento de Santa Fe. (N. del T.)

330 Nosotros diríamos *derecho*, es decir, margen occidental. (N. del T.)

331 Machkuerendes. Interprétense la derecha y la izquierda de un río como se quiera, queda el lecho que Schmídel colocó a los *Gulgaises* de un lado y a los *Machkuerendes* del otro, y dadas las demás noticias, parece que éstos estaban del lado de Entre Ríos o Corrientes. Lo probable es que sean los *Macoretá*, cuyo nombre aún se conserva como el de un río entre las dos provincias. En razón de las narices horadadas, son *Timbú*, como lo son también por sus rasgos físicos, etc.; por lo tanto, son pampeanos —guaycurú— en su generación o raza, y no guaraní. Ver prol., cap. XI, § 44. Las distancias son «de camino» que las aumenta por las vueltas y revueltas. (N. del T.)

332 Ver nota anterior, serán unas 40 de distancia. (N. del T.)

tenía mal a los indios; porque cuando se bañaban en el agua siempre solía estar oculta en el agua, envolvía a los indios con la cola y zambullendo con ellos se los tragaba; así que muchas veces indios desaparecían sin que se supiese la suerte que habían corrido. Yo mismo medí esta serpiente con carne y todo, así que me doy cabal cuenta de como era de larga y gruesa. Esta serpiente después los indios la despedazaron, la asaron, la hicieron hervir y se la comieron en sus casas.

Capítulo XVIII. Llegan a los zechennaus saluaischco y mepenes

De allí navegamos el *Paranaw* arriba y después de cuatro días de viaje llegamos a una nación que se llama *Zeckennaus Saluaischco* (Chaná-Salvajes),[333] [son] gente petiza y gruesa, no tienen más de comer que pescado y miel. Esta gente, tanto hombres como mujeres, mozos como viejos, andan en cueros vivos, así como fueron lanzados al mundo, de suerte que no visten ni un trapillo ni cosa alguna que les sirva para tapar las vergüenzas; están de guerra con los Machueradeiss;[334] y su carne es la de ciervos,[335] chanchos del monte, avestruces y conejos,[336] que parecen ratones, pero sin la cola.

Esta nación está a 18 *millas* (leguas) de los *Mahueradeis*. Esta jornada la hicimos en cuatro días. Permanecimos solo una noche con ellos, porque ni para ellos tenían de comer; es una nación que se parece a los salteadores[337] de caminos de nuestro país. Viven ellos a unas 20 *millas* (leguas) del *agua* (el río), para evitar que los tomen de sorpresa sus enemigos. Pero en esta ocasión habían bajado al agua cinco días antes de llegar nosotros para proveerse de pescado y para pelear con los *Macharades;* son fuertes de unos 2.000 hombres.

De allí partimos y llegamos a una nación que se llaman *Mapenuss*[338] (Mepenes). Estos son fuertes como de 100.000 hombres,[339] viven en todas partes de aquella tierra, que se extiende por unas 40 *millas* (leguas) a uno y otro viento, pero se los puede reunir a todos por tierra y agua en dos días; tienen más canoas o esquifes que cualquier otra nación de las que hasta allí habíamos visto; en cada una de estas canoas o esquifes cabían hasta 20 personas.[340]

---

333 *Zerhennaus* o *Zennas Saluaischco* —chaná salvajes—. *Chaná* había de varias generaciones o razas. Esta, por sus rasgos físicos, se diferencia radicalmente de los *Chaná Timbú*, y más se parecen a los guaraní. Ver prol., cap. XI, § 45. (N. del T.)

334 Ver capítulo anterior. (N. del T.)

335 Ciervos *(cervas paludosus)*. El nombre general es «venados». (N. del T.)

336 Conejos —aperiadas— *(Cavia leucopyga)*. (N. del T.)

337 Villalta trata a los indios en este viaje de «*Sartehadores*», § 25.(N. del T.)

338 *Mapenuss*, una de las naciones más conocidas por las relaciones; figuran en casi todos los mapas de aquella época. Algunos quieren que sean abipones, pero no está probado. No eran guaraní. Ocupaban las márgenes del Paraná al sur de la boca del río Paraguay. Ver prol., cap. XI, § 49, y mapa. (N. del T.)

339 Las otras ediciones dicen 10.000. (N. del T.)

340 *Person.* (N. del T.)

Esta gente nos salió al encuentro por agua en son de guerra, con 500 canoas o esquifes, pero sin sacarnos mayor ventaja, les matamos a muchos con nuestros arcabuces, porque hasta entonces no habían visto arcabuces ni cristianos.[341] Mas cuando llegamos a sus casas no les pudimos sacar ventaja alguna, porque el lugar distaba una *milla* (legua) de camino del agua *Paranaw*, donde teníamos los navíos, y sus pueblos estaban rodeados de agua muy profunda a todos vientos, así que no les pudimos hacer mal alguno, ni quitarles nada; y como bailamos 250 canoas, o esquifes, las quemamos y destruimos. Tampoco nos pareció prudente apartarnos demasiado de nuestros navíos, porque recelábamos que nos pudiesen atacar por el lado opuesto; así, pues, nos volvimos a los navíos; porque la guerra que ellos hacen es solo por agua.

Hasta estos *Mapenus*, desde la antedicha nación que acabamos de dejar (se cuentan) 95 *millas* (leguas)[342] de camino.

---

341 Indudablemente habían visto a Gaboto, que por allí pasó con su gente y los nombra. (N. del T.)

342 La distancia ésta es exageradísima; pero rebajando los caracoleos, porque caminaban a toa y remo, se comprende la cifra alta del lenguaje. Tal vez ni 60 se deberían contar. (N. del T.)

Capítulo XIX. Llegan a los kueremagbeis y agá

Desde allí a los ocho días llegamos a un agua corriente llamada *Paraboe* (Paraguay); por ella navegamos aguas arriba. Allí encontramos muchísima gente, (que se llaman) *Kueremagbeis*,[343] que no, tienen más de comer que pescado y carne y pan de San Juan o cuerno de cabra (algarrobo), de lo que hacen vino; esta gente nos trató muy bien y nos proporcionó cuanto nos faltaba. Son altos y corpulentos, así hombres como mujeres. Estos hombres se horadan las narices y en la aberturita meten una pluma de papagayo; las mujeres se pintan la parte inferior de la cara con unas rayas largas de azul, que les duran por toda la vida;[344] y se tapan las vergüenzas con un pañito de algodón desde el ombligo hasta las rodillas. Hay desde los dichos *Mapenniss* hasta estos *Kurgmaibeis* 40 *millas* (leguas) de camino; paramos tres días con ellos.

De allí llegamos a una nación llamada *Aigeiss* (Agazes),[345] tienen pescado y carne; *Ítem* son altos y bien formados, uno y otro sexo; las mujeres son lindas, se pintan y se tapan las vergüenzas.

Eso que llegamos adonde ellos estaban, se presentaron de guerra dispuestos a pelearnos; y con esto creían no dejarnos pasar adelante; cuando esto vimos y que no había más remedio, nos encomendamos a Dios, el Todopoderoso, y nos preparamos en orden de batalla por agua y por tierra, los peleamos y acabamos a muchísimos de los *Aigas*, y ellos nos mataron 15 hombres. Dios los favorezca a todos. Estos *Aeiges* son buenos guerreros, los mejores que hay, si es por agua, pero por tierra no lo son tanto.

Con tiempo habían hecho huir a sus mujeres e hijos, del mismo modo habían ocultado la comida y cuanto tenían, así que no les pudimos quitar ni aprovechar nada. Mas cómo les fue al fin es lo que a su tiempo se dirá.

Su pueblo está cerca de un *agua corriente* (río)[346] que se llama *Jepedy* (Ipiti),[347] se halla en la otra banda del *Paraboe*, nace de la sierra del Perú, de

---

343 Los *Conamaguas* de Irala, Carta de 1541, apéndice C, y *Cinamecaes* de Villalta, § 31. Los usos y costumbres son de los tobas y sus congéneres. Ver prol., cap. XI, § 50. (N. del T.)
344 Rasgos éstos muy de los guaicurú, abipones o tobas. (N. del T.)
345 *Aigeiss:* Los agaces, algunos quieren que sean nación de los *Payaguá*, y por sus rasgos físicos, usos y costumbres pueden serlo. En tal caso serían pampeanos guaycurú-payaguá. (N. del T.)
346 Para Schmídel «río» es *fliesenten Wasser*, pág. 43. (N. del T.)
347 El Bermejo. (N. del T.)

una ciudad llamada *Duchkameyen* (Tucumán).[348] A los *Aeiges* de los dichos *Kuremagbeis* son 35 *milla* (leguas) de camino.

---

348 *Tucumán*: Schmídel salió del Paraguay en 1554, y el Barco de Tucumán se fundó por Juan Núñez de Prado en 1550; a parte de esto escribió cuando ya en Europa se conocían estas conquistas. El Bermejo nace en la antigua provincia de Tucumán. Ver prol., cap. X, §§ 25-30. (N. del T.)

Capítulo XX. Los pueblos carios

Después de esto tuvimos que dejar a estos *Aygass* y llegamos a una otra nación, llamada *Caríes* (Caríos),[349] están a 50 *millas* (leguas) de camino de los *Aygas;* allí Dios, él que todo lo puede, nos dio su santa bendición, porque estos *carios* tenían *trigo turco* o *meys* (maíz) y manndeochade (mandioca),[350] *padades* (batatas), *manndeos perroy, mandeporre, manduris* (manduvís),[351] *vackgekhue,*[352] también pescado y carne, ciervos[353] y chanchos del monte, avestruces, ovejas de la tierra (guanacos), conejillos, gallinas y gansos; también tienen miel, de la que se hace vino, en mucha abundancia, *Ítem* hay muchísimo algodón en la tierra.[354]

La tierra de estos caríos es de mucha extensión, casi 300 *millas* (leguas) de ancho y largo,[355] son hombres petizos y gruesos y más capaces de servir a otros. *Ítem* los varones tienen en el labio un agujero pequeño en el que meten un cristal amarillo, que en lengua de ellos se llama *parabol*[356] (barbote), de dos jemes de largo y grueso como el canuto de una pluma. Esta gente, hombres y mujeres, andan en cueros vivos, tal como Dios los echó al mundo. Entre estos indios el padre vende a la hija, *Ítem* el marido a la mujer, si esta no le gusta, también el hermano vende o permuta a la hermana; una mujer cuesta una camisa, o un cuchillo de cortar pan, o un anzuelo o cualquier otra baratija por el estilo.

Estos *carios* también comen carne humana, cuando se ofrece, es decir, cuando pelean y toman algún enemigo, sea hombre o mujer, y como se ceban los chanchos en Alemania, así ceban ellos a los prisioneros; pero si la mujer es algo linda y joven, la conservan por un año o más, y si durante ese tiempo no alcanza a llenarles el gusto la matan y se la comen, y con ella hacen fiesta solemne, o como si fuese para una boda; mas si la persona es vieja la hacen trabajar en la labranza hasta que se muere.

---

349 Carios, los guaraní del Paraguay, Villalta, § 31, apéndice A, prólogo, cap. XI, § 53. (N. del T.)

350 Mandioca. Ver prol., cap. VI, 9§ 11 15. (N. del T.)

351 Manduví. Ver prol., íd. § 17. (N. del T.)

352 Vachgekhue —Bocaja— palmera *acrocomía.* Nota ed. 1889, pág. 43. (N. del T.)

353 Ciervos, los venados de los demás autores. (N. del T.)

354 Estas noticias de Schmídel parece que resuelven las dudas que aún le quedaban a de Candolle (Alfonso) sobre si eran o no plantas indígenas de América la mandioca y el maní. Ver prol., cap. VI, § 11. (N. del T.)

355 300 leguas, pero con interrupciones, como se hará notar después. (N. del T.)

356 El famoso *tembetá* de resina. *Parabol* por *Barabot.* (N. del T.)

Esta gente es la más caminadora de cuantas naciones[357] hay en el *Río delle Plata*; son grandes guerreros por tierra. Sus pueblos o ciudades están en las alturas del *agua* (río) Paraboe.[358]

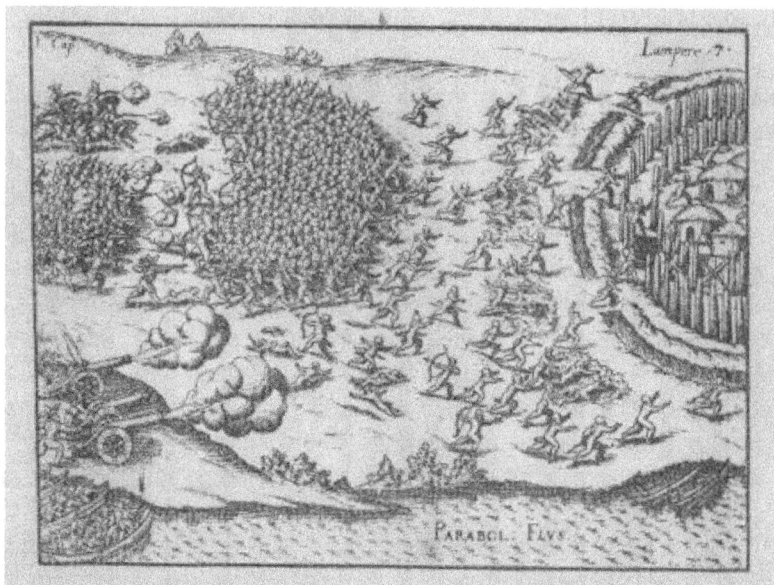

---

357 *Carios* caminadores. Con razón decía Schmídel esto, porque los hallaba en muchas partes: en las islas del Delta del Plata, en el Paraguay, en el alto Paraguay, en el alto Perú, en el Brasil, pero con otras generaciones de por medio. (N. del T.)

358 Esta descripción es general de los carios, como lo es también lo que sigue. (N. del T.)

Capítulo XXI. Describe la ciudad de Lambaré y su captura[359]

Y este pueblo antes se llamó, en lengua de indios, *Lambere* (Lambaré);[360] la ciudad de ellos está rodeada con 2 *pallersaide* (palizadas) de madera, cada poste del grueso de un hombre; y la una *pallersaide* está a 12 pasos de la otra; los postes están enterrados o clavados en hondura de 6 pies, y se levantan del suelo lo que puede alcanzar un hombre con la punta de su tizona.[361]

Ítem habían cavado unos fosos,[362] también a distancia de 15 pies del muro de esta su ciudad habían dejado unos hoyos en que podían pararse 3 hombres, adentro habían clavado (como para que no sobresaliesen) estacones de palo duro y puntiagudos como aguja; y habían tapado estos hoyos con paja y ramas cubiertas de tierra y pasto, a fin de que cuando nosotros los cristianos persiguiésemos a los carios o atacásemos su ciudad, cayésemos en estos hoyos; pero fueron tantos los hoyos cavados, que al fin los mismos indios se caían en ellos.

Como por ejemplo cuando[363] nuestro capitán general *Jann Eyollas*[364] puso en orden a toda nuestra gente menos 60 hombres que dejó de guardia en los *par* (k) *adiennes* (bergantines), y con ella llevó el ataque contra *Lambore*[365] la ciudad de ellos, y nos divisaron estando nosotros como a un tiro largo de arcabuz de distancia, siendo ellos unos 40.000 bien armados con arcos y *fleschen* (flechas), y nos mandaron decir que nos retirásemos a los *parckha-dienes* y nos volviésemos; porque así nos proveerían de comida y de lo demás que nos hacía falta, y que con esto nos fuésemos en sana paz, que de no se convertirían en enemigos nuestros; mas esto de ningún modo convenía a nuestro capitán general ni a nosotros; porque la tierra y su gente nos parecía bastante bien con su abundancia de comida; y sabido era que en los últimos

---

359 Este es otro de los tantos paréntesis intercalados. (N. del T.)

360 «*Lambaré*» no es guaraní. Sin duda es un fósil recuerdo de otra generación de indios. (N. del T.)

361 *Rapir*, ed. 1889, pág. 44. (N. del T.)

362 *Schanzgreben*, ibíd. (N. del T.)

363 Un cuento al caso y nada más, introducido con las palabras «*Nemlich als*» (ibíd., pág. 45). (N. del T.)

364 *Jann Eyollas:* cosa imposible, porque estaba ya perdido en el Chaco desde 1537. Sería Irala o Ruiz, y el año, 1539. (N. del T.)

365 La Asunción era una casa fuerte sobre el mismo puerto; Lambaré sería la población guaraní inmediata. (N. del T.)

cuatro años[366] no habíamos probado ni visto siquiera bocado de pan, y solo con pescado y carne nos habíamos alimentado.

Entonces empuñaron los caríos sus arcos y sus rodelas, con ellos en las manos nos recibieron y ésta fue la bienvenida que nos dieron. Ni aun así quisimos nosotros hacerles mal, y les rogamos por tercera vez que se mantuviesen de paz [porque deseábamos ser sus amigos]; mas ellos no quisieron hacer caso, porque no habían experimentado lo que eran las rodelas y los arcabuces nuestros. Y cuando ya nos pusimos cerca de ellos les hicimos un descarga con nuestras bocas de fuego; eso que la oyeron y vieron que su gente caía al suelo, y, que no asomaban ni jara ni flecha alguna y solo sí un agujero en el cuerpo, se llenaron de espanto, les entró miedo y al punto huyeron en pelotón y se caían unos sobre otros como perros; y tanto fue el apuro de meterse en su pueblo que como unos 200 caríos cayeron ellos mismos en sus ya dichos hoyos durante el descalabro.[367]

Después de esto nosotros los cristianos nos acercamos al pueblo de ellos y lo atacamos, mas ellos se defendieron lo mejor que pudieron, hasta el tercer día. Como ya no podían resistir más y temían por las mujeres e hijos, que también tenían consigo en la ciudad, nos pidieron misericordia prometiendo complacernos en todo con tal que les perdonásemos las vidas. También le trajeron a nuestro capitán *Jann Eyollass*[368] 6 mujeres, de las que la mayor tendría unos dieciocho años; *Ítem* le *presentaron*[369] también 8 venados, ciervos y otras salvajinas más. De ahí se empeñaron con nosotros para que nos quedásemos con ellos, y le regalaron a cada soldado 2 mujeres, para que nos sirvan en el lavado y cocina. También nos dieron comida y de cuanto nos hacía falta. Así de esta manera se hizo la paz entre nosotros.

---

366 Estos cuatro años excluyen toda idea de que se trata de la entrada de Ayolas y año 1536 y 7; mientras que en el supuesto de referirse a la expedición con Alonso Cabrera se ajustan bien a las escaseces de los años 36, 37, 38 y 39. (N. del T.)

367 La *Información* de Gonzalo de Mendoza (pág. 208) dice que estaba la tierra levantada cuando entró Cabrera, apéndice C. Ayolas fue bien recibido y, pasó de largo. Villalta, § 32. (N. del T.)

368 Error por Irala (*Eyolla*) o Ruiz. Véase el prol., cap. XVII. A Irala conviene mejor aquello de las «chinitas», porque era aficionado. (N. del T.)

369 *Presenntireten:* le regalaron. Ver prol. Españolismos, cap. XII, § 75. (N. del T.)

Capítulo XXII. La asunción fundada. Guerra de los agá

Después de esto[370] se vieron obligados los carios a levantarnos una gran casa de piedra, tierra y madera, para que si con el andar del tiempo llegase a acontecer que se levantasen contra los cristianos, tuviesen estos un amparo y pudiesen defenderse. Tomamos este pueblo de los carios el día de *Nostra Singnora de Sunsión* [ganado el año 1536][371] y se llama todavía *Nostra Singnora de Sunsión* esta su ciudad; en esta escaramuza cayeron de los nuestros 16 hombres; y quedamos allí dos meses largos. A estos carios desde los *Aygaysen* (Agaces) hay 30 *millas* (leguas)[372] y desde la isla *Bon Esperainso*, esto es, *Guete Hofnung* (Buena Esperanza)[373] donde viven los *tiembus*, cerca de 335 *millas* (leguas) de camino.[374]

Así celebramos un *contrato* con los caríos, por el que se obligaban y prometían acompañarnos a la guerra y auxiliarnos con 8.000 hombres contra los antedichos *aygaissen* (agaces).[375]

Después que nuestro capitán general hubo arreglado todo esto, sacó él 300 españoles con más los carios estos y navegó aguas abajo, y después por tierra las 30 *millas* (leguas), hasta donde los dichos *aigais* vivían, de quienes y de cómo nos trataron se dijo ya en el capítulo XIX. Los encontramos en el mismo lugar en que los dejamos, y los sorprendimos, sin que nos sintiesen, en sus casas, porque aún dormían, entre las tres y cuatro de la mañana; porque los carios los habían descubierto o espiado; allí matamos chicos y grandes

---

370 Encierra otro paréntesis: *Nach dem*, etc. Tiempo después. (N. del T.)

371 1536. Siguiendo nuestra regla sería 1537, y 16 de agosto. Las 2 ediciones primeras dan la fecha 1539. Villalta cuenta como Mendoza despachó a Juan de Salazar en pos de Ayolas, y como Salazar fundó la «Casa fuerte» en el Paraguay y todo con fecha de 1537. §§ 36 y 37. Ver prol., cap. XVII, § 85. Domínguez puso en limpio esta fecha. Probable es que el nombre se derive del 15 de agosto de 1537, y que en ese día Juan de Salazar haya tomado posesión del puerto. El nombre ya era corriente a fines de 1538. Ver jura. Apén. J; así que no pudo deberse a la época de Cabrera, y no le cabe otro origen que el de N.ª S.ª de agosto del año 1537, como lo ha probado el doctor Domínguez. Ver prol., cap. XVII, § 149. (N. del T.)

372 Más atrás, cap. 20, cuenta 50 leguas. Sin duda esta vez se calculó por «altura». Aquí se ve que Buena Esperanza estiba en la isla y no en tierra firme. (N. del T.)

373 Por las vueltas y revueltas del Río. (N. del T.)

374 Aquí concluye el paréntesis. Ver atrás, pág. 176. (N. del T.)

375 Villalta calla esta expedición, Pero Hernández la precisa y con Irala de caudillo y año 1539, apéndice B, §§ 9 y 10. (N. del T.)

dando muerte a todos; porque es costumbre de los carios, cuando guerrean y salen ganando, que matan a todos, y no se compadecen de nadie.

Después de esto tomamos nosotros 500 *cannanon* (canoas) o esquifes y quemamos todos los pueblos que pudimos hallar e hicimos mucho daño. A los cuatro meses vinieron algunos de los *aygaissen*, que no habían tomado parte en la tal escaramuza, por no haberse hallado en sus casas y pidieron perdón. Este se lo tuvo que conceder nuestro capitán general según orden de la Cesárea Majestad, que se había de perdonar a los indios hasta la tercera vez; pero había de ser así que si alguno se alzase por tercera vez, debería quedar preso [o de esclavo] por toda su vida.

Capítulo XXIII. Los payaguá. Viaje de descubrimiento

Después de esto permanecimos nosotros seis meses más en esta ciudad.[376] *Nostra Singnora de Sunsión*, en *Alemán —Unnser Trauen Himelfart—* (El Tránsito de N. S.), y descansamos esa temporada. Por ese tiempo hizo nuestro capitán *Jann Eyollas*[377] que estos *carios* le contasen de una nación llamados *Pienbaís* (Payaguá); contestaron ellos, que de esta ciudad *Sunsión* hasta los pienbas había 100 *millas* (leguas) de camino,[378] aguas arriba del *Paraboe* (Paraguay). Otra vez hizo preguntarles nuestro capitán a los *carios*, si también ellos, los *Pienbass* (Payaguá) tenían comida, y qué era lo que no les gustaba;[379] *Ítem*, la clase de gente que era y cuáles sus defectos; así contestaron ellos, los *piembas* no tienen más comida que pescado y carne, *Ítem cuerno de cabra*, o *algorabo* (algarroba) o pan de San Juan; de estos *cuernos de cabra* (vainas de algarroba) hacen ellos miel que comen con el pescado; también de esto hacen vino, y es dulce como la hidromel en Alemania.

Y luego que nuestro capitán *Jann Eyollas* supo todo esto de los carios les mandó[380] que cargasen 5 navíos con comida de *trigo turco* (maíz) y de lo demás que había en el país, lo que se había de hacer plazo de dos meses, porque en este tiempo también él y los suyos se prepararían para el viaje, y visitarían en primer lugar una nación llamada *charchareis* (¿jarayes?),[381] la primera después de *los paimbas* (payaguá).[382]

Entonces se obligaron los carios a prestarse siempre y ser obedientes y a cumplir en todo lo que el capitán mandase. Así consiguió también nuestro capitán de los marineros que acabasen de aprestar los navíos para realizar este viaje.[383]

---

376 Villalta cuenta la entrada esta a los *Payaguá* y los coloca a 100 leguas de la Asunción, como Schmídel. §§ 33 a 35. (N. del T.)

377 Error por Marthin Eyolla (Irali). Aun se dudaba de la muerte de Ayolas. Muchos olvidos y confusiones pueden atribuirse a la costumbre de llamar a Irala «*capitán Vergara*». (N. del T.)

378 100 leguas de camino, pero solo 3° 40' por altura. (N. del T.)

379 *Von wohe sie sich ennthilten —de qué* hacían su ayuno— el mismo idiotismo bávaro de los capítulos. Ver cap. XVI. (N. del T.)

380 Martínez de Irala, el «*Eyolla*» del autor; Juan de Ayolas no podía ser. *Manndirt.* (N. del T.)

381 Caracará, según Angelis, indios de raza guaraní según Martius. Beit. I S. 186. (N. del T.)

382 No tan la primera. (N. del T.)

383 *Información* de Gonzalo de Mendoza, ed. citada, pág. 208, preg. 21; y las Respuestas a la misma, apéndice C. (N. del T.)

Cuando todo aquello quedó arreglado y listo, y cargado el bastimento en los navíos, hizo nuestro capitán que se reuniese toda la gente y de los 400 hombres separó 300 bien armados, y a los 100 los dejó en la antedicha ciudad *Vordelesso* (Fortaleza),[384] esto es, *Nostra Singnora de Sunssión*, donde en aquel tiempo vivían los susodichos carios.

De ahí navegamos aguas arriba y encontramos a cada 5 *millas* (leguas) de camino un pueblo de los dichos carios, asentados sobre el *agua* (río) *Peroboe;* [estos] nos trajeron a los cristianos lo necesario y comida de pescado y carne, gallinas, gansos, ovejas de los indios[385] [y] avestruces, mas cuando al fin llegamos al pueblo de los carios que se llama *Weybingon* (Guayviaño)[386] que cae a 80 *millas* (leguas) de la ciudad *Nostra Singnora de Sunsión* allí tomamos nosotros de estos carios comida y todo lo demás que nos hacía falta y de ellos pudimos conseguir.

---

384 *Stat Vordelesso*: plaza fuerte. Se ve aquí que aún en 1539 los indios carios compartían el lugar con los españoles. (N. del T.)

385 Ovejas de los indios, guanacos. (N. del T.)

386 *Weybingón*: Germanización del nombre *Guayviaño* como lo escribe Herrera, dec. VII, lib. VI, cap. XIV, pág. 125, a propósito de la entrada de Álvar Núñez, y dice así: «Puerto de Guaybiaño, que es adonde acaba la Nación de los indios guaraníes». Es probable que sea el mismo que en otras partes Schmídel llama Frontera. (N. del T.)

Capítulo XXIV. Cerro de San Fernando y viaje a los payaguá

De allí llegamos a un cerro llamado *S. Ferdinannt,*[387] que se parece al *Pogenperg* (Bogenberg); allí encontramos a los susodichos *pienbas*; a estos de *Weibingen* (Guayviaño) hay 12 *millas* (leguas) de camino; y nos salieron a recibir de paz, pero con mala intención, como lo sabréis más tarde. Nos llevaron a sus casas y nos dieron de comer pescado y carne y *cuernos de cabra,* o *pan de San Juan* (algarroba). Así permanecimos nosotros nueve días con estos pienbass.

Después de lo cual nuestro capitán[388] hizo preguntar al principal de ellos lo que sabía de una nación que se llama *Carchkareisso;*[389] dijo él, que no sabía nada de cierto de la tal nación, no siendo lo que por casualidad habían oído; que debían hallarse o vivir lejos de allí tierra adentro, y que debían también tener mucho oro y plata; pero ellos, los *pienbas,* no habían visto nada. También nos contaron que los *karkeis* eran gente entendida, como nosotros los cristianos, y que tenían mucho de comer, *trigo turco* (maíz), *mandeoch* (mandioca), *manduiss* (maní), *padades* (batatas), *wackekhue,*[390] *mandeoch proprie, mandepore*[391] y otras raíces más, carne de las ovejas de los indios,[392] antas, esta una bestia como un burro, pero que tiene patas como una vaca, y el cuero grueso y oscuro; *ítem* venados, conejillos, gansos y gallinas en gran cantidad. Pero ni uno solo de los *piembas* lo había visto personalmente, y solo lo sabía de oídas; mas nosotros experimentamos como era la cosa.

Después de esto nuestro capitán general[393] pidió algunos *pyenbas,* para que fuesen con él tierra adentro; se prestaron de buen grado, y al punto el

---

387 Cerro de San Fernando, o sea el Puerto de la Candelaria, en «21 grados menos un tercio» según Álvar Núñez, *Comentarios,* pero en realidad en 21° 40' según Boggiani. Cartas inéditas. Azara en su mapa coloca el Pan de Azúcar precisamente en los 21° 30'; lo de Pan de Azúcar condice con la descripción de Schmídel que se parecía al Bogenberg en Baviera. Esto lo hizo notar Boggiani, quien tiene varios cuadros pintados de este curioso cerro. Véase mapa de Azara-Pan de Azúcar, y prol., cap. VII, § 19. La altura sería 21° 20' —esto es— un tercio de grado antes de 21° subiendo. (N. del T.)

388 Capitán. No lo nombra. No podía ser otro que Irala. Todo esto se refiere al viaje de 1539, pero enredado con reminiscencias del de 1537. (N. del T.)

389 *Carchkareisso*: Carácara en ciertas combinaciones se refiere a la gente del Perú. Ver González Holguín *in voce.* (N. del T.)

390 Wackekhue, etc. Ver prol., cap. VI, 18. (N. del T.)

391 Varias clases de mandioca. Ver prol., cap. VI, §§ 11 a 18. (N. del T.)

392 Llamas, alpacas, guanacos, vicuñas. (N. del T.)

393 Es decir Irala (1539). Todo lo que precede y esto se refiere a la entrada de Irala con Cabrera a socorrer a Ayolas. (N. del T.)

principal *pyenbas* separó 300 indios para que lo acompañasen y cargasen la mantención, y lo demás que les hacía falta, y mandó nuestro capitán que se aprestase la gente esta, porque él partiría dentro de cuatro días; enseguida hizo que de los 5 navíos los 3 zarpasen,[394] y en los 2 metió él 50[395] hombres de nosotros los cristianos, desde que nosotros deberíamos permanecer allí por cuatro meses durante su ausencia, y si llegase el caso que el capitán no se volviese a juntar con nosotros dentro del plazo estipulado, deberíamos nosotros regresar con estos 2 navíos a la ciudad *Nostra Singnora de Sunsión*. Aconteció, pues, que aunque nosotros permanecimos con los *payenbas* durante seis meses no supimos nada de nuestro capitán *Jan Eyollas*; ya no teníamos cosa que comer, así que nos vimos obligados a viajar con este nuestro dicho capitán *Marthin Thomingo Ayolla* de vuelta a la ciudad *Signora* (Asunción), según lo mandado por nuestro capitán general.[396]

---

394 *Zerprechen,* dice el texto alemán. (N. del T.)

395 50. Villalta dice 30, § 35 y 130 los que llevó Ayolas, § 34; pero, él describe la entrada de Ayolas 1537 y Schmídel la del año 1539. (N. del T.)

396 Parece como si Schmídel hablase en general, y que el «*nosotros*» no dijese más que «nuestra gente». No consta que él haya subido con Ayolas, y por eso ha confundido tanto toda su relación. (N. del T.)

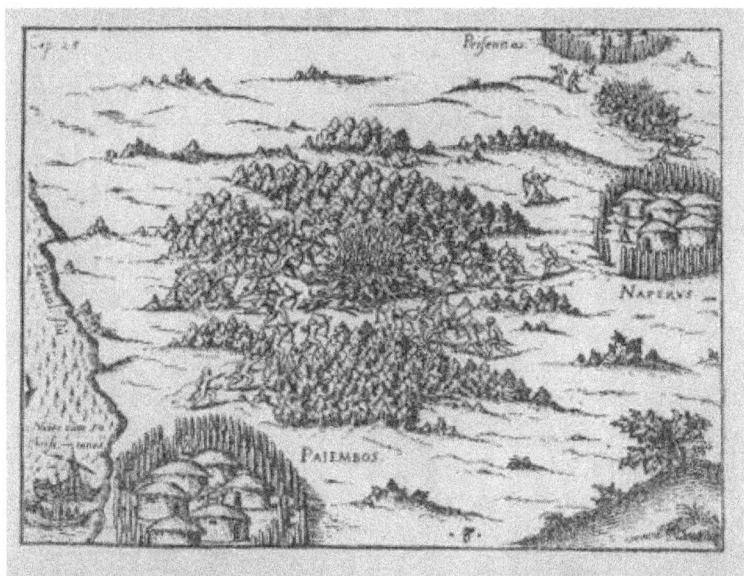

Capítulo XXV. Ayolas viaja por tierra de los payaguá y naperú

Y primero[397] después que partió de los *pyembas*, llegó él a una nación llamada *naperus*,[398] que son amigos de los *pyembas* y no tienen más que pescado y carne; es una nación de mucha gente. De estos *naperus* también nuestro capitán general se separó algunos que le sirviesen de baqueanos; pasaron enseguida por muchas naciones con grandes penas y trabajo, y se les hizo gran resistencia; también murieron de hambre en este viaje la mitad del número de los cristianos; y en eso llegó a una nación llamada *payssenos* (payzunos);[399] de allí no pudo pasar más adelante, sino que se vio obligado a retroceder con la gente, menos tres españoles, que por estar enfermos tuvo que dejar atrás entre los *paysennos*. Así él, nuestro capitán *Jann Eyollas salverende* (sano y salvo) en cuanto a su persona, es decir *gesunndt*, regresó con la gente a los *naperus;* allí quedaron y descansaron hasta el tercer día, porque]agente estaba muy cansada y enferma, y ya no les quedaba más *munición*.

Estando las cosas así convinieron los *naperrus* con los *payenbas* y se obligaron entre sí que al capitán *Jann Eyollas* y a los suyos les darían muerte o los acabarían, como que así más tarde también lo cumplieron. Y eso que *Jann Eyollas*, el capitán, con los cristianos, marchaban de los *naperrus* a los *pyembas*, a medio camino como estaban y al descuido fueron sorprendidos por los *naperrus* y *pyembas* con gran fuerza en un espeso bosque; porque los *naperrus* y *pyennbas*, según su convenio de sorprender[los] en la selva por donde tenían que pasar [los] cristianos, embistieron sin piedad al capitán y [a los] cristianos, como si fuesen perros rabiosos, y acabaron de matar y destruir a los debilitados cristianos junto con el capitán *Jann Eyollas*,[400] de suerte que ni uno de ellos escapó. Dios se apiade de ellos y de todos nosotros y nos tenga misericordia.

---

397 Aquí realmente cuenta Schmídel algo que corresponde a la entrada de Ayolas. (N. del T.)

398 *Naperús:* Tal vez los Lengua Maciticuy de hoy, prol., cap. XI, 56. (N. del T.)

399 *Payssenos.* Véase el cap. XLVI. (N. del T.)

400 En todo esto se narra la tragedia de Juan Ayolas y su gente como la contó el indio chané. Es un episodio intercalado, y no depende de lo que precede, porque esto se refiere a la entrada de Irala y Cabrera a socorrer a Juan de Ayolas en 1539, como lo cuenta Villalta en los § 47 y 48. Si Schmídel acompañó a Ayola tuvo que estar de vuelta en Buenos Aires con Ruiz en mayo de 1538; pero más bien se debe suponer que contaba de oídas. (N. del T.)

Capítulo XXVI. Se sabe de la muerte de Ayolas. Eligen a Irala[401]

Ahora [pues] nosotros los 50 hombres, eso que fuimos al asiento *Nostra Singnora de Sunsión* y allí esperábamos a *Jann Eyollas*, el capitán, y a nuestros soldados, supimos como les había ido por un indio, que era esclavo del finado *Jann Eyollas* y que él había traído de los payse[n]os; este gracias a su lengua había escapado, nos contó todo de principio a fin como había sucedido; sin embargo no nos fue posible creerle. Y durante el año[402] que permanecimos en la dicha ciudad *Nostra Singnora*, y sin poder conseguir la menor noticia ni voz alguna de como les había ido a nuestra gente, solo los carios le anunciaban a nuestro capitán *Domenigo Eyolla* ser voz general que nuestros cristianos tenían que haber perecido todos a manos de los *peyenbass*, como se decía. Pero nosotros no queríamos creer que fuese cierto mientras no lo oyésemos declarar a un *Payenbas* que la tal cosa era así. A los dos meses de este tiempo llegaron allí los carios y le trajeron a nuestro capitán *Marthin Domenigo Eyolla* (Irala) 2 *payenbas*, que habían tomado prisioneros; cuando nuestro capitán los vio les preguntó si ellos habían tenido parte en la muerte de los cristianos; aquí mintieron mucho y dijeron que él, nuestro capitán general, y su gente aún no habían llegado de tierra adentro. Enseguida el capitán consiguió del justicia y del maestre de campo que se interrogase a los *payenbas* con apremio, porque así se averiguase la verdad; y se les dio *tormento*[403] a tal punto que declararon y confesaron ser verdad que ellos habían muerto a los cristianos con su capitán. Después de esto nuestro capitán *Marthin Eyolla* hizo condenar a los dos *bayenbas* y atarlos a un palo con una gran hoguera a la vuelta para quemarlos.[404]

---

401 En este Capítulo XXVI sigue Schmídel la enredada relación de lo que corresponde al año 1539 en que supieron definitivamente la suerte que corriera el desgraciado Ayolas. Parece increíble que durante dos años no se pudiese establecer la verdad de los hechos; pero, valía la pena de que se permaneciese en duda: en ello le iba el mando a uno o más de los magníficos. Aquí se refiere al indio chané, pero la relación de éste se había anticipado en el capítulo anterior. (N. del T.)

402 Este «año» solo se refiere al largo tiempo que duró la incertidumbre acerca del fin que tuvieron Ayolas y su comitiva; y el plural de primera persona es simplemente general, porque se trata de los «nuestros cristianos». (N. del T.)

403 *Tormendt.* Texto alemán. (N. del T.)

404 Villalta, § 48, confirma esto de la declaración de los Payaguá, pero omite dar cuenta del castigo espantoso de los pobres indios, que serían o no los verdaderos culpables; porque el tormento saca verdades a gusto del que interroga. Villalta escribía para quejarse de Irala, y no para dar cuenta del fin y muerte de pobres indios, que trataban de deshacerse de sus molestes huéspedes. (N. del T.)

Mientras esto[405] nos pareció bien a los cristianos todos tomarlo a *Marthin Domenigo Eyolla* (Irala) para capitán general nuestro, por lo mismo que se había portado tan bien con los soldados, hasta tanto que la Cesárea Majestad otra cosa proveyese.

---

405 «Mientras esto.» *Mit der Zeit.* Otra noticia fuera de lugar, porque la *elección* y *nombramiento* de Irala (Capitán Vergara) precedió a la captura de los Payaguá. Villalta, § 46 y 47. (N. del T.)

Capítulo XXVII. Bajada de Irala a Buenos Aires en 1541. Tragedia de Corpus Christi

Así pues[406] mandó él, *Marthin Eyolla* (Irala), y ordenó que se preparasen 4 navíos de los *parckhadienes* (bergantines) y tomó de los [soldados 150 hombres], a los demás los dejó él en la dicha ciudad *Nostra Singnora de Sunsión* y nos dio a entender que quería reunir en la dicha ciudad, *Nuestra Singnora de Sunsión*, a la demás gente que había dejado en los *tiembus*,[407] de qué se trató ya en la pág. 12,[408] *ítem* 160 españoles, que habían quedado en *Bonas Ayers* en los 2 navíos, de los que se dijo ya en la pág. 10.

Enseguida partió *Marthin Doménigo Eyolla* (Irala) con los 4 navíos parckhadines aguas abajo del *Paraboe y Paraneu*.[409] Y antes de esto,[410] cuando él aún no había llegado a los *tienbus*, se resolvió por los cristianos, que allí nos esperaban, a saber, un capitán, que se llamaba *Francisco Riss (Ruiz)*, y también *Jann Pabón*, un sacerdote, y un secretario, que se llamaba *Jann Eronandus* (Hernández), como *gobernadores sustitutos* de los cristianos, que se había de dar muerte al indio principal de los *tiembus*, y a ciertos otros indios con él,[411] como que ellos así ejecutaron tamaño crimen, y los indios, que por tan largo tiempo los habían servido en toda cosa buena, fueron pasados escandalosamente de la vida a la muerte, antes que llegáramos nosotros con *Marthin Domenigo Eyolla* (Irala) nuestro capitán.[412]

---

406 Irala salió de la Asunción en marzo de 1541. Pero Hernández, ed. cit., pág. 166, apéndice B. § 15. (N. del T.)

407 Los *timbú* es decir, Buena Esperanza o *Corpus Christi*. Ver caps. XII y XV. Eran Ruiz y otros quienes los dejaron. (N. del T.)

408 Foliatura dada por la edición de 1839, que no es la del MS. (N. del T.)

409 La verdadera historia es esta: El 28 de julio de 1540 Irala mandó a Juan de Ortega con 2 bergantines a Buenos Aires como su lugar teniente allí. En marzo de 1541 bajó Irala con otros 2 bergantines y se despobló Buenos Aires. *Memoria de Pero Hernández*, págs. 165 y 166, apéndice B, §§ 15. (N. del T.)

410 *Und Zuvor*. Episodio de la matanza que hizo Ruíz en Corpus Christi el año 1538, al bajar de la Asunción, y sus consecuencias. Nada tuvo que ver Irala con todo esto. Ver prol., cap. XVI, §§ 136 a 144. (N. del T.)

411 Villalta cuenta este episodio en breves palabras, pero no hace referencia a Irala a quien él suele llamar «*Capitán Vergara*». § 43 a 45. (N. del T.)

412 Todo este episodio, según Villalta, corresponde a las hazañas de Francisco Ruiz y año 1538. Ver § 43 a 45.

No es posible explicar la cosa si hemos de admitir que quede el nombre de Irala. Fue Ruiz el culpable de todo, y todo había pasado cuando bajó Irala de la Asunción en 1541. Schmídel no supo ordenar bien el hilo de su relación. Ver prol., cap. XVI, § 133. (N. del T.)

Ahora pues, cuando *Martín Domenigo Eyolla* (Irala), nuestro capitán, llegó con nosotros del asiento *Nostra Singnora de Sunsión* a los dichos *tiembus* [y cristianos, mucho le pesó esta matanza y la huida de los *tkyembus*]; mas no halló qué hacerles y dejó *bastimento y provisiones*[413] en *Corporis Christi*, también 20 hombres de los nuestros con un capitán *Anthoni Manthossa*[414] y mandó, so pena de la vida, que no se fiase por nada de los indios, sino que de día y de noche se asegurase bien con guardias, y si sucediere que llegasen los indios y quisiesen volver a ser amigos que los tratasen bien y les mostrasen la vieja amistad; pero que todo fuese sin descuidarse, mirando bien que no les pasase ningún perjuicio ni a él ni a los cristianos.

Después de esto[415] nuestro capitán general *Marthin Doménigo Eyolla* (Irala) se llevó consigo de allí las (3) personas, como *causa efficiens* de la matanza, a saber, el *Francisco Reyss*, el sacerdote, *Jann Pabón* y *Jann Eronandus*,[416] que era el secretario; y cuando estaban por partir y hacerse a la vela, se presentó allí un principal [del los tyembus, que se llamaba *Zeiche Legemi*,[417] gran amigo que fue de los cristianos, pero que a pesar de esto tenía que hacerles el gusto a los indios por causa de su mujer e hijos y amigos, y dijo a nuestro capitán *Marthin Thoménigo Eyolla* (Irala),[418] que debería llevarse a todos los cristianos consigo, porque toda la tierra estaba alzada contra ellos y querían matarlos y expulsarlos del país; a esto le contestó el capitán general *Domenigo Eyolla* (Irala),[419] que no tardaría en volver, que su gente se bastaba para con los indios; y dijo más, que *Zeiche Leymi* debería mudarse con mujer e hijos, amigos también, y con toda su gente a los cristianos; a lo que dijo él, *Zeiche Lyemi*, que así lo haría.

---

413 *Bastament y profant*. Todo esto corresponde a Ruiz y su tiempo. (N. del T.)
414 Madero repite el nombre de Antonio de Mendoza, pero no cita procedencia, pág. 130. Villalta habla de «el Capitán» § 44. Fue Ruiz Galán que dejó al capitán Antonio de Mendoza. (N. del T.)
415 Se vuelve aquí a Ruiz. (N. del T.)
416 Léase aquí Francisco Ruiz. Así también sale la cuenta, porque de lo contrario serían «4» y no «3» personas. El escribano s llamaba *Pero* (Pedro) y no *Juan* Hernández. Este episodio, origen de la famosa leyenda de Lucía Miranda, corresponde todo él a los años 1538 y 1539, administración de Ruiz Galán. (N. del T.)
417 La nota en nuestro original da la interpretación de Burmeister. *Kazike* por *Zeiche*; pág. 53. (N. del T.)
418 Ruiz se entiende. (N. del T.)
419 Ruiz se entiende. (N. del T.)

Al punto partió nuestro capitán general *Marthin Doménigo Eyolla*[420] (Irala)[421] aguas abajo y nos dejó solos allí.

420 Ruiz se entiende. (N. del T.)
421 Es decir, Ruiz. (N. del T.)

Capítulo XXVIII. Traición de los timbú y asalto a Corpus Christi

Unos ocho días después sucedió que el dicho indio *tyembus, Zeiche Lyemi*, envió a uno de sus hermanos, llamado *Suelaba*,[422] con engaño, y rogó a nuestro capitán Annthoni Mannthossa que le mandase 6 cristianos con arcabuces y otras armas, que quería con ellos traernos su familia con los suyos, y en adelante vivir con nosotros; y además nos hizo saber, que él se recelaba de los *tiembús*, y que sin esto no podría él llevar a cabo su propósito con seguridad. Él se pronunció de tal manera [que nos convenció de sus muy buenas intenciones y nos prometió también] que él traería consigo comida y cuanto nos hacía falta; pero todo esto era picardía y engaño. En su mérito le prometió nuestro capitán que no solo 6 hombres le daría sino 50 españoles bien armados con armas de defensa y ofensa; lo que encargó nuestro capitán a estos 50 hombres fue, que no se descuidasen y estuviesen bien prevenidos, a fin de que no cayesen en alguna celada de los indios.

Pero no había más que un medio cuarto de *milla* (legua) de distancia entre nosotros los cristianos y estos tyembus, y cuando estos 50 hombres nuestros llegaron a las casas de ellos en la plaza se les acercaron los tyembus y les dieron un beso, como Judas el traidor al Señor *Chriesto* y les trajeron de comer pescado y carne; mientras comían los cristianos se les fueron encima estos amigos y otros *tyembus* que estaban ocultos en las casas y en los rastrojos y les bendijeron la mesa de tal suerte que ni uno de ellos salió de allí con vida, salvo un solo muchacho que se llamaba *Kalterón*. Dios los favorezca y tenga misericordia de ellos y de todos nosotros. Amén.[423]

---

422 *Suelaba*: Este debe ser el fabuloso Siripo, hermano de Mangoré, héroes del episodio trágico que figura en Ruy Díaz de Guzmán como acontecido en el fortín de Gaboto, cosa históricamente imposible. *La Argentina*, cap. VII. (N. del T.)
423 Villalta cuenta todo esto en pocas palabras. § 44. (N. del T.)

Una hora después marchó el enemigo, fuerte de 10.000 o más hombres, contra nuestro pueblo, nos asediaron y creyeron podernos vencer, mas esto no sucedió ¡Dios, el Señor sea loado! y durante catorce días acamparon fuera de nuestro pueblo y nos asaltaban día y noche. En esta ocasión ellos se habían fabricado lanzas largas con las espadas, como se lo habían aprendido a los cristianos; con estas nos embestían y se defendían. Y aconteció en el mismo día en que los indios con toda la fuerza nos llevaron el ataque nocturno y nos quemaron las casas, que al punto corrió nuestro capitán, *Anthony Manthossa*[424] con un montante[425] a un portón; allí estaban algunos indios tan ocultos que no se los podía ver, y estos ensartaron al capitán con las lanzas, de suerte que ni ¡ay! no dijo.[426] ¡La misericordia de Dios le valga! Ya los indios no podían estarse más tiempo, porque no tenían qué comer, por lo que tuvieron que levantar campamento y mandarse mudar. Después de esto nos

---

424 Villalta cuenta que murió el capitán, pero no lo nombra. (N. del T.)

425 *Montante* o mandoble, espada que se manejaba con las dos manos. (N. del T.)

426 Ruy Díaz cuenta otra cosa, pudo recibir los últimos auxilios. *Argentina*, cap. XIV. (N. del T.)

llegaron 2 *bergantincitos* con provisiones de *Bonas Ayers* que nos mandaba nuestro capitán *Marthin Doménigo Eyolla* (Irala) para que nos sostuviésemos allí hasta la llegada del dicho capitán,[427] con lo que nos alegramos mucho, no así los que llegaron con los 2 *berg(en)tin* (bergantines), que sentían la muerte de los cristianos. Así, pues, acordamos entre los dos bandos y tuvimos a bien no quedarnos más tiempo allí en *Corporis Chriesti*, en los *tyembus*,[428] sino que nos fuimos todos juntos aguas abajo y llegamos a *Bonas Ayers*, donde estaba nuestro capitán *Marthin Doménigo Eyolla* (Irala);[429] con esto se alarmó mucho y fue grande[430] su pesar por la gente que se perdió; porque no atinaba a saber qué sería de él [ni lo que haría con nosotros], porque ya no teníamos víveres.

---

427 Villalta lo confirma, pero dice que fue Ruiz que los envió, § 45; lo cual pone fuera de toda duda la colocación que debe dársele a este episodio, y los cambios que hay que introducir en los nombres de los jefes. (N. del T.)

428 Como se decía siempre. (N. del T.)

429 Ruiz Galán. (N. del T.)

430 Ruiz tenía razón de afligirse, porque era el culpable de la tragedia de Corpus Christi. (N. del T.)

Capítulo XXIX. Llega la carabela de Santa Catalina y viaje del autor a encontrar a Cabrera[431]

Pero unos cinco días después de nuestro arribo a *Bonas Ayers* nos llegó de *Hispanien* una pequeña nao, llamada *carabelle* (caravela) y nos trajo buenas nuevas, a saber, que un navío más había arribado a *Sannta Katarina*, cuyo capitán, del mismo, llamado *Aluiso Gabrero* (Alonso Cabrera),[432] había traído consigo de *Hispanien* 200 hombres.[433] Ni bien supo nuestro capitán las tales nuevas hizo aprestar de los 2 navíos uno, que era un *galiber* (galeón)[434] y lo despachó con el primero a *S. Katarina* en *Presael* (Brasil), que está a 300 *millas* (leguas) de *Bonas Ayers*, y le nombró un capitán, llamado *Consalto Manthossa (Gonzalo de Mendoza)* para que mandase el navío, y le encargó que tan luego como llegase a *S. Catarina*, en *Pressel* (Brasil), donde estaba el navío, había de cargar su nao con víveres de arroz, *mandeoch* (fariña?)[435] y otra comida más que le pareciese bien.

Con esto el tal capitán *Consaillo Mannthossa* (Gonzalo Mendoza) pidió a nuestro capitán general *Marthin Domenigo Eyolla* (Irala)[436] que le diese o facilitase 6 compañeros de la gente de guerra, para que pudiese darse vuelta; él se lo prometió; así pues nos llevó a mí y a 5 españoles consigo, más 20 hombres de la gente de guerra y marineros.

---

431 Deslíguese esto de lo que precede: aquello se refiere a 1539, esto a abril o mayo de 1538, fecha en que llegó Ruiz a Buenos Aires de la Asunción y Corpus Christi, después de la matanza de los carcará. Ver *Información* de Gonzalo de Mendoza, apéndice C. (N. del T.)

432 Alonso Cabrera. Ver cap. XV. Sigue la actuación de Ruiz Galán. Véase Villalta § 45, y la *Información* de Gonzalo de Mendoza, quien confirma el relato de Schmídel. *Colección de documentos*, Blas Garay, pág. 206 y 207. Pregs. 17-20, apéndice C.
Madero, que cita una Información del 3 de junio de 1538 dice que el Piloto era Juan Sánchez de Vizcaya. *Historia del Puerto de Buenos Aires*, pág. 131, apéndice Q.
Villalta nada dice al respecto, porque no le iba ni venía.
El galeón en que iba Schmídel se llamaba la «*Anunciada*». Madero, pág. 132. (N. del T.)

433 Villalta omite todo el episodio del viaje a Santa Catalina en busca de Cabrera y del naufragio a la vuelta. (N. del T.)

434 El galeón «*Anunciada*». Madero, pág. 131. Ver apéndice Q. (N. del T.)

435 *Mandeoch*: La mandioca es una raíz delicada que se come fresca: está claro que lo que conducían era la fariña, que era y es el pan de los guaraní y sus imitadores. (N. del T.)

436 Ruiz Galán, se entiende. (N. del T.)

Eso que partimos de *Bonas Ayers*[437] al mes llegamos a *Sannt Katarina*, allí nos encontramos con el susodicho navío, que de *Hispania* había llegado, y al capitán[438] junto con toda su gente; nos alegramos en grande, y nos quedamos dos meses allí mismo, y cargamos nuestro galeón de arroz, *mandeoch* (fariña?) y trigo turco (maíz) en mucha cantidad, de suerte que ya no podíamos meter más en los 2 navíos; después de esto nosotros y los 2 navíos y el capitán *Aluiso* (Cabrera) y toda su gente juntos salimos en viaje de *S. Katarina* a *Bonas Ayers* en *Inndiam* (Indias), y de allí llegamos como a las 20 millas (leguas) y dimos con un agua corriente *Parnaw Wassu* (Paraná Guazú). Esta agua tiene de ancho en la boca 40 *millas* (leguas)[439] y sigue de este ancho por 80 *millas* (leguas) de camino[440] hasta que uno llega a un puerto llamado *S. Gabriel;* allí el agua *Parnau* tiene 8 *millas* (leguas) de ancho.[441] Así pues llegamos, como se dijo, a 20 *millas* (leguas) en esta agua, la víspera de Todos Santos, y arribamos al anochecer a este punto con los dos navíos reunidos; y nos preguntamos el uno al otro si estábamos ya en el agua corriente *Pernau;* y aunque aseguraba nuestro piloto, que habíamos llegado ya al agua corriente, el otro piloto le decía a su capitán, que estábamos aún a 20 *millas* (leguas) de distancia de ese punto. Porque en el mar cuando 2, 3 o más navíos andan en compañía, siempre se juntan a puestas de Sol; entonces se averiguan entre sí cuanto han caminado día y noche, y cual el rumbo a tomar en el siguiente, con arreglo a lo cual poderse reunir.

Después de esto el piloto nuestro volvió a preguntar al otro piloto, si quería seguirlo; mas éste le dijo que ya era casi de noche, y que por eso se quedaría mar afuera hasta la mañana de alba y que no estaba para tomar tierra a esas horas; este piloto era algo más avisado que el nuestro, como se verá más tarde. Así nuestro navío siguió su camino y se separó de la otra nao.

---

437 El 4 de junio de 1538, *Información*, Gonzalo de Mendoza, pág. 206, apéndice C. (N. del T.)

438 Este era Alonso Cabrera. (N. del T.)

439 40 leguas. Ya se dijo que es así más o menos. (N. del T.)

440 80 leguas. El ancho del estuario no es uniforme. (N. del T.)

441 8 leguas es justamente el ancho del Río de la Plata entre San Gabriel y la Punta de Lara. La edición castellana da 18. (N. del T.)

Capítulo XXX. Naufragio cerca de San Gabriel. Los sobrevivientes llegan a Buenos Aires y pasan a La Asunción

De este modo caminamos nosotros a oscuras y se levantó un recio temporal en la mar; y fue el caso que a eso de las doce de la noche vimos nosotros la tierra, pero antes que pudiésemos largar nuestra ancla. Después encalló el navío, y nos faltaba una buena milla (legua) de distancia para llegar a tierra. Entonces comprendimos que no nos quedaba más remedio que clamarle a Dios Todopoderoso que nos favorezca y nos tenga misericordia. Y fue en el mismo instante que nuestro navío se hizo cien mil pedazos y se ahogaron 15 hombres y 6 indios;[442] algunos escaparon sobre trozos de madera, yo y 5 compañeros más nos salvamos en el mástil; de las 15 personas no pudimos recoger un solo cuerpo. El Señor Dios nos favorezca, a ellos y a nosotros todos.

Después de esto nos vimos obligados a caminar a pie 10 *millas* (leguas); habíamos perdido toda nuestra ropa en el navío, y los víveres también; y nos tuvimos que remediar con las raíces y frutillas que hallábamos en el campo, hasta que llegamos a un puerto o ensenada llamada *S. Gabrihel*;[443] allí, encontramos al susodicho navío con su capitán, que había llegado tres días antes que nosotros.

Y se lo habían comunicado a nuestro capitán *Marthín Domenigo Eyolla* (Irala) en *Bonas Ayers*;[444] él en persona se afligió sobremanera por nosotros y creyó que habíamos perecido, y por ello mandó decirnos algunas misas.

Y después que nosotros llegamos a *Bonas Ayers*, nuestro capitán *Marthín Doménigo Eyolla* (Irala)[445] hizo llamar a nuestro capitán y al piloto o timonel; y a no ser los grandes empeños[446] que por él se hicieron, lo hubiese hecho

---

442 Gonzalo de Mendoza dice que fueron 4 y un fraile franciscano. *Información*, pág. 207, apéndice C. (N. del T.)

443 Se salvó el batel y algo de provisiones. La ropa y armas las perdieron. Marcharon por mar y parte por tierra, porque no cabían todos en el batel y llegaron al puerto de San Gabriel adonde estaba surta la nao Marañona de Cabrera. *Información* citada, pág. 207, apéndice C. (N. del T.)

444 Francisco Ruiz Galán, se entiende, quien a la sazón mandaba en Buenos Aires. Madero, pág. 132. (N. del T.)

445 Francisco Ruiz Galán, se entiende, quien a la sazón mandaba en Buenos Aires. Madero, pág. 132. (N. del T.)

446 Si hubiese sido Irala lo hubiese hecho yerno al piloto, y no hubiese pretendido darle muerte. (N. del T.)

ahorcar al piloto; así y todo tuvo que pasar cuatro años largos en la barquilla *pergentin* (bergantín).[447]

Ahora ya que estaba toda la gente reunida en *Bonas Ayers*[448] mandó enseguida nuestro capitán general, que se aprontasen los *pergantín* (bergantines), y reunió toda la gente y quemó los navíos grandes y reservó la ferretería; y después navegamos nosotros aguas arriba del *Parnau* y al antedicho asiento *Nostra Singnora de Sunssión*; allí permanecimos dos años largos esperando que la Cesárea Majestad otra cosa proveyese.[449]

---

447 Con esto concluye el episodio de todo lo que precedió a la llegada de Cabrera, quien con Ruíz y Salazar subieron río Paraná arriba a reunirse con Irala. Aquí debe el lector retroceder al capítulo XVI, sin perjuicio de tener en cuenta la última parte del XV con los nombres corregidos, y continuar hasta mediados del capítulo XX, en que se pasa a dar noticias generales de lo que eran los guaraní y su tierra. (N. del T.)

448 La fecha oficial de la dejación de la primera ciudad de Buenos Aires es el 10 de mayo de 1541. Ver la Relación de Irala, apéndice E, Villalta, § 45, dice que sacaron 250 hombres de Buenos Aires, e Irala, que estos con los de la Asunción ascendieron a 400. Véase Villalta, § 50. (N. del T.)

449 Aquí se cierra otro periodo en la narración de Schmídel, es decir, el de la primera administración de Irala, y principia el gobierno de Alvar Núñez Cabeza de Vaca; pero hay que advertir que el autor cuenta dos años largos después de la dejación de Buenos Aires y la llegada de Alvar Núñez, cosa imposible; es pues, un argumento más en favor de la interpretación que se da al texto del original, es decir, que los dos años se refieren a la subida de Cabrera en 1539, y no a la de Irala en 1541. (N. del T.)

Capítulo XXXI. Llega Alvar Núñez Cabeza de Vaca a Santa Catalina y pasa a La Asunción

Mientras esto llegó un capitán general de Hispania, que se llamaba *Albernuso Capesa de Wacha*;[450] al tal capitán lo había nombrado la Majestad Cesárea y venía con 400 hombres y 30 caballos en 4 navíos, de los que 2 eran mayores y 2 *Karabella (carabelas);* y cuando él arribó con esta gente a un puerto o bahía en *Presel,* que se llama *Wilsey* (Mbiaçá?)[451] mas este puerto se llama también *S. Katarinna;* allí quiso él cargar *bastimento* o víveres; y cuando el capitán despachó 2 carabelas unas 8 *millas* (leguas) del dicho puerto a buscar víveres, les sobrevino tal tempestad, que las 2 tuvieron que quedar en el mar o piélago y lo único que de ellas volvió fue la tripulación que en ellas había;[452] cuando el capitán general se impuso de la tal cosa, ya no se quiso exponer con sus 2 navíos mayores al viaje por agua; acaso porque no sería mucha la gana que tenía es que se recelaba de la cosa; y pasó por tierra hasta el *Río delle Platta,* y llegó hasta nosotros en el asiento *Nostra Singnora* en *El Paraboe* y lo condujeron 300 de los 400 hombres; los demás habían perecido de hambre y de enfermedad.

Este capitán demoró ocho meses de tiempo en el camino[453] y hay 500 *millas* (leguas) de la ciudad *Nostra Singnora* hasta este pueblo o bahía de *S. Katarina.*[454] Traía pues consigo de Hispania su *gubernazión* (provisión?) de la Cesárea Majestad, y decía que *Marthín Domenigo Eyolla* (Irala), nuestro capitán, tenía que entregarte su *gubernazión* (gobernación) y que toda la gente había de acatarlo.

A todo esto el capitán *Marthín Domenigo Eyolla* (Irala) y toda la gente se declaró estar pronta y obediente, pero con esta salvedad, que él *Albe(r) nuso Capossa d*[e] *Wacha* le mostrase algo como que él había obtenido y recibido la tal provisión de la susodicha Cesárea Majestad; misterio este que el común de la gente no pudo esclarecer, sino que los sacerdotes y 2 o 3 de

---

450 Alvar Núñez Cabeza de Vaca, partió de San Lúcar el 2 de noviembre de 1540 y llegó a Santa Catalina el 29 de marzo de 1541. (N. del T.)
451 Wilsey. El territorio en frente de Santa Catalina se llamaba *Biazá*. Esta parte del Brasil era española. (N. del T.)
452 En los *Comentarios*, capítulo IV, no dice que naufragaron los navíos. Esta noticia es de oídas, y a esto puede atribuirse el error. (N. del T.)
453 Ocho meses. Los *Comentarios* dicen que partió el 18 de octubre de Santa Catalina (cap. VI) y llegó a la Asunción el 11 de marzo del año 1542. (cap. XIII). (N. del T.)
454 500 leguas. Son como 20°. Villalta, pág. 51. (N. del T.)

los oficiales[455] lo verificaron y con ellos él, *Albernuss Capossa etc.*, mandó y gobernó. Pero de cómo le fue es lo que se contará más tarde.[456]

---

455 Fueron: Alonso de Cabrera, veedor, Felipe de Cáceres, contador, Pedro Dorantes, factor. *Comentarios*, cap. XIII. (N. del T.)
456 Es más o menos lo que refiere Alvar Núñez. Hay que descontar algo de lo que uno y otro cuentan. *Comentarios*, cap. XIII. (N. del T.)

Capítulo XXXII. Cabeza de Vaca manda una expedición a los suruchacuiss y otros indios

Ahora este dicho *Capessa* etc.[457] hizo pasar revista de toda la gente; y así halló él que eran 800 hombres por toda cuenta; también por este tiempo hizo él hermandad con *Marthín Domenigo Eyolla* (Irala) y se juraron fraternidad, así que este tenía que hacer y que entender con la gente no menos que antes.

Enseguida él, *Albernaso Capessa de Wacha* mandó aprestar 9 navecillas *pergentín* (bergantines)[458] y quiso navegar el *Paraboe* aguas arriba, hasta donde se pudiese; y así por este tiempo, mientras se alistaban los navíos, envió 3 *bergentín* (bergantines) con 115 hombres,[459] que deberían subir hasta donde pudiesen y hallasen indios que por allí tuviesen *manndeoch* (mandioca o fariña) y algo de trigo turco, esto es, maíz; y nombró para que los mandasen a 2 capitanes llamados *Anthoni Gabrero* (Antonio Cabrera) y *Tigo Tobellino* (Diego Tabellino?); y llegaron primero a una nación que se llaman *suruchakuiss*; (cacocies chaneses?)[460] estos tienen algo de trigo turco (maíz) y *mandeoch* (fariña)[461] y otras raíces, como *manduies* (maní) que se parece a las avellanas, ítem pescado y carne. Los hombres usan en los labios una piedra lisa y grande como ficha de damas; las mujeres andan con las vergüenzas por adorno.[462]

Con los de esta nación dejamos nuestras navecillas y algunos de nuestros compañeros en ellas para su resguardo, y enseguida nosotros nos metimos tierra adentro[463] unos cuatro días de camino; así hallarnos un pueblo que era de los caríos, los que más o menos eran fuertes de 300 hombres; también tomamos nosotros noticia de la tierra y ellos nos dieron buenos informes. Después de esto volvimos nosotros a las navecillas y navegamos el *Paraboe* aguas abajo y llegamos a una nación llamada los [a] *cherery*; allí encon-

---

457 Así en el original. (N. del T.)
458 Eran 1 «carabela y 10 navíos de remos», según Alvar Núñez. *Comentarios*, cap. XXXVI. (N. del T.)
459 Alvar Núñez dice que iba mandando Irala y que los cristianos eran 90. Salieron el 20 de noviembre 1542. *Comentarios*, cap. XXXIV. (N. del T.)
460 Suruchakuiss. *Comentarios* Alvar Núñez, caps. XXXIX y LIV. Ver prol., cap. XI, § 59. (N. del T.)
461 Cazabí. (N. del T.)
462 Geherm bedeckht mit irer scham, ed. 1889, pág. 60. Según Álvar Núñez, «sus vergüenzas de fuera», cap. LIV. Entiéndase así en XVI y XXIII. (N. del T.)
463 Por el Puerto de los Reyes, *Comentarios*, cap. XXXIX. (N. del T.)

trarnos una carta de nuestro capitán general *Albernuso Capessa de Bacha*; esta carta decía, que había que ahorcar[464] al indio principal de allí, *Achere*.[465] Nuestro capitán obedeció la tal orden sin perder un momento; por ello y enseguida se armó una guerra grande, como se oirá después. Ya que esto se había cumplido, a saber que el dicho indio había tenido que recibir la muerte de esta manera, emprendimos nosotros viaje aguas abajo al asiento *Nostra Singnora de Sunssión*, y anunciamos a nuestro capitán general *Albernuiso Capessa de Bacha* lo que nosotros en este viaje habíamos hecho y visto.[466]

---

464 *Comentarios*, cap. XXXV. Véase lo que dice Alvar Núñez de la mala conducta del Principal Aracaré, sobre todo en el cap. XXXIX. (N. del T.)

465 *Achere-Aracare*. Ver *Comentarios*, cap. XXXV, allí se verá lo que pasó. Diciembre 1542. El relato está ampliado en el cap. XXXVII. (N. del T.)

466 *Comentarios*, cap. XXXIX, año 1543 y febrero. (N. del T.)

Capítulo XXXIII. Guerra contra Tabaré. Éste es vencido

Después de esto, dijo él al principal de los indios que estaba en el asiento *Nostra Singnora* que tenía que facilitarle 2.000 indios y marchar con los cristianos aguas arriba; los indios se ofrecieron de buena gana y prometieron obedecerle, y agregaron esto más, que él, nuestro capitán general, debería pensarlo bien primero y no lanzarse así no más tierra adentro; porque toda a provincia *Dabre* (Tabaré)[467] de los carios estaba alzada con todo su poder y se disponían a marchar contra los cristianos; porque este *Dabre* (Tabaré) era hermano[468] del *Acheres* (Aracaré) que había sido ahorcado, por eso quería él vengar aquella muerte.

Así pues, nuestro capitán general tuvo que dejarse de este viaje y a causa de esto prepararse y marchar contra sus enemigos. Enseguida mandó[469] de acuerdo con su hermano de adopción *Marthin Domenigo Eyolla* (Irala), que tomase 400 hombres[470] y 2.000 indios y marchase contra los susodichos *daberes* (tabarés) o *carios* y que a todos ellos juntos los expulsase o destruyese. *Marthin Doménigo Eyolla* (Irala) obedeció la tal orden[471] y marchó con esta gente de la ciudad *Nostra Singnora* y avanzó contra los enemigos, y primero hizo requerir al *Dabero* (Tabaré) de parte de la Cesárea Majestad. Mas este *Dabere* (Tabaré) no quiso ceder ni prestarse; tenía mucha gente reunida y su pueblo bien fortificado con palizadas[472] que es un muro hecho de maderos; de estos muros tenía el pueblo 3 a la redonda y zanjas muy anchas, como consta en el capítulo XXI; mas nosotros ya desde antes sabíamos qué valor darles a las tales cosas.

Así acampamos hasta el cuarto día en que ganamos la primera ventaja, y tres horas antes de amanecer entramos al pueblo y matamos a todos los que encontramos y tomamos a muchas mujeres; que nos sirvieron de mucho después. En la tal escaramuza 18[473] cristianos murieron y muchísimos de los

---

467 Tabaré. Ver *Comentarios*, caps. XI a XLII. El principal se llamaba Atabaré. Schmídel usa el nombre para designar al cacique o a sus indios. (N. del T.)
468 Hermano: así tratan los indios a sus amigos. (N. del T.)
469 *Mandirt.* (N. del T.)
470 Irala marchó con 150 hombres en 4 bergantines a socorrer a Gonzalo de Mendoza río arriba, *Comentarios* XL. Los 400 serían con los de este capitán. (N. del T.)
471 *Mandat.* (N. del T.)
472 *Pallasaide.* (N. del T.)
473 16 dice la edición castellana. (N. del T.)

nuestros fueron heridos; ítem sucumbieron muchos de nuestros indios; pero no nos llevaron mucha ventaja, porque de la parte de ellos los muertos de los *canibelless*[474] (antropófagos) alcanzaron a los 3.000.

No se pasó mucho tiempo sin que viniesen *Dabere* (Tabaré) con su gente a pedirnos perdón y nos rogaron que les quisiésemos devolver sus mujeres e hijos, porque así también él, *Dabere* (Tabaré), y su gente nos servirían a los cristianos y serían nuestros súbditos. Lo cual tuvo que prometerle nuestro capitán según las instrucciones de la Cesárea Majestad.[475]

---

474 *Canibelless*, ed. 1889, pág. 61. Los *cambales* de otras ediciones. (N. del T.)
475 *Comentarios*, cap. XLII. Los principales nombrados son Atabaré y Guacani. (N. del T.)

Capítulo XXXIV. Cabeza de Vaca sube a San Fernando a los payaguá, guasarapos y sacocíes

Después que estas paces se ajustaron volvimos a tomar aguas abajo del *Paraboe* (Paraguay) a reunirnos con el capitán general de todos,[476] *A*[l]*bernuso de Bacha* y le hicimos relación de como nos había ido; así pues, resolvió él realizar su ya pensado viaje de marras, y pidió a *Dabere* (Tabaré), que ya estaba pacificado, 2.000 indios armados que marchasen con él; y manifestaron su buena voluntad, y prometieron que siempre la tendrían; también mandó él que ellos, [los] carios cargasen 9 navecillas *bergentin* (bergantines). Eso que todo estuvo dispuesto, de los 800 hombres cristianos tomó él 500[477] y a los 300 los dejó él, en la ciudad *Nostra Singnora de Sunssión*, nombró un capitán llamado *Jan Salleysser* (Juan de Salazar),[478] enseguida emprendió la marcha aguas arriba del *Paraboe* con los 500 cristianos y 2.000 indios.

Los *carios* tenían 83 *conanen* (canoas) o esquifes[479] y nosotros los cristianos teníamos 9 navíos *bergentin* (bergantines), y en cada uno de ellos 2 caballos;[480] pero a estos se los hizo caminar por tierra 100 *millas* (leguas), y nosotros marchamos por agua hasta llegar a un cerro llamado *Sannt Ferdinandt*,[481] allí se embarcaron los caballos y de allí caminamos y llegamos a los *payenbas* (Payaguá), enemigos nuestros; mas ellos no se dejaron estar sino que huyeron presto de allí con mujeres e hijos después de haber quemado sus casas. Enseguida caminamos unas 100 *millas* (leguas) más de marcha, en que no encontramos gente alguna; y después llegamos a una nación llamada *baschereposs* (guaxarapos),[482] tienen pescado y carne; es una gran nación y se extiende por unas 100 *millas* (leguas) y tienen hartas

---

476 *Comentarios* XLII. (N. del T.)
477 Diez bergantines. *Comentarios*, cap. XLIV. indios 1.200-españoles 400. Los que quedaron en la Asunción eran 200 y tantos. Ibíd. (N. del T.)
478 *Comentarios*, ibíd. (N. del T.)
479 Las canoas eran 120, según los *Comentarios*, ibíd.
480 Los de a caballo 12. *Comentarios*, ibíd.
481 *Comentarios*, cap. XLVIII. Dice que en Itabitan embarcaron los caballos. Sannt Ferdinandt, o puerto de la Candelaria, en 21° 20', el 21' menos un tercio de los *Comentarios*. Ver cap. XLIV. (N. del T.)
482 Los guajarapos de Alvar Nuñez. *Comentarios*, cap. L y LI. El 18 de octubre llegaron aquí. Estos indios vivían tierra adentro del río Paraguay, margen oriental, entre los 190 y 200: son los mismos que algunos autores llaman guachi o guachica. Ver prol., cap. XI, 57. Bedeckte scham. (N. del T.)

khannean (canoas), y baste con lo dicho de esto; sus mujeres se tapan las vergüenzas, no quisieron saber nada con nosotros, sino que huyeron de allí. De estos llegamos a otra nación, llamada de los *sueruekuessis*[483] (sacocíes),[484] donde en aquella ocasión estuvieron los 3 antedichos navíos; está a las 90 *millas* (leguas) de *los basherepass* (guaxarapos); nos recibieron muy de a buenas, cada cual tiene casa sola para sí con su mujer e hijos. Los hombres tienen una rodelita de madera como ficha de damero colgada en el lóbulo de la oreja; las mujeres tienen una piedra gris de cristal que les cuelga de los labios, es del largo y grueso de un dedo,[485] son hermosas y andan en cueros vivos como nacieron. *Ítem* tienen algo de trigo turco (maíz), *manndeoch* (mandioca o fariña), *manduiss* (maní), *padades* (batatas), pescado y carne en abundancia; es una gran nación; nuestro capitán les hizo preguntar de una nación llamada *karkhareiss*,[486] Carcará, Ítem más de los caríos,[487] pero ellos no le pudieron dar noticias de los *karckhareiss*, pero en cuanto a los carios dijeron ellos, que estos estaban aun en sus casas; mas esto no era así.[488]

Después de lo cual,[489] nuestro capitán mandó que se aprestasen; él quería marchar tierra adentro y dejó 150 hombres[490] allí con los navíos y víveres para dos años y se llevó los 350 hombres cristianos[491] más los 18 caballos y los 2.000 carios, que con nosotros salieron de la ciudad de *Nostra Singnora de Sanssión*, y se metió tierra adentro; pero poco fue el provecho que él sacó, porque no era el hombre para tanta empresa; a esto se agregaba que los

---

483 «*Sueruekuessis*» son los *sacocíes* de Alvar Núñez, nombrados junto con los *xaqueses* y chanases. Son los llamados «orejones». La descripción del autor concuerda con lo que de ellos cuenta Alvar Núñez. *Comentarios* LIII y LIV. Ver atrás pág. 202. (N. del T.)

484 Ver prol., ibíd. § 58 y 59. (N. del T.)

485 De este «*tembetá*» no habla Alvar Núñez. *Comentarios*, cap. LIV. No es general que las mujeres usen *tembetá* o barbote. (N. del T.)

486 Fue a los chaneses que interrogó Alvar Núñez. Estos tenían guerra con los «chimeneos» y con los «carcaráes». Se averiguó también de los *gorgotoquies, payzuñoes, estarapecocies* y *candirees*, gente labradora y criadora. Estos «*karkhareiss*» son los carcaráes. *Comentarios*, cap. LVI. (N. del T.)

487 Los carios estaban también establecidos entre los jarayes. (N. del T.)

488 Calla Schmídel la entrada de Antón Correa y Héctor de Acuña a los jarayes. *Comentarios*, cap. LIX. Dice Alvar Núñez algo allí que puede dar la medida del crédito que debe acordarse a muchos de los detalles color de rosa de los Comentarios. (N. del T.)

489 26 de noviembre 1543. *Comentarios*, cap. LXI. (N. del T.)

490 Alvar Núñez cuenta 100. Ibíd. (N. del T.)

491 300. Ibíd. (N. del T.)

capitanes y caballeros todos eran sus enemigos; a tal grado de demasía había llegado él en su modo de portarse con la gente de guerra.[492]

Así pues, caminamos durante dieciocho días, en que no hallamos ni carios ni otra población[493] alguna y no eran muchos los víveres [que nos quedaban], así que por eso nuestro capitán tuvo que contramarchar a los navíos,[494] y cuando dimos la vuelta nosotros envió él a un Español llamado *Francisco Rieffere* (Ribera)[495] con otros 10 españoles armados para que pasasen adelante un buen trecho, les encargó que caminasen por diez días, y si fuese el caso que durante este tiempo no diesen con gente alguna habían de volver atrás a buscarnos en los navíos, donde nosotros los esperaríamos. Allí encontraron ellos una gran nación de los indios, que también tienen algo de trigo turco (maíz), *manderoch* (mandioca)[496] y otras raíces más. Los españoles no se atrevieron a dejarse ver y se volvieron a nuestro real y dieron relación de ello al capitán general. Así pues, no hubo más sino que él en persona había de marchar tierra adentro, y se vio obligado a desistir por causa de las aguas que se lo impedían.

---

492 La anarquía que reinaba consta en los *Comentarios*, caps. LXIV y LXV. (N. del T.)

493 *Menschenn, Profannt.* (N. del T.)

494 Los *Comentarios* dan los detalles de la entrada, cap. LXI al LXV. (N. del T.)

495 Ibíd., cap. LXIX y LXX. Los españoles eran 6 y 7 con Francisco de Ribera. Los indios principales eran 11. Volvieron el 20 de enero de 1544. (N. del T.)

496 La harina de esta raíz que llamamos «*fariña*». (N. del T.)

Capítulo XXXV. Viaje de Hernando Ribera a los orejones «sueruchuessis» y a los «acharés»

Mandó empero y ordenó disponer un navío[497] con 80 hombres,[498] y nos nombró un capitán, llamado *Ernando Rieffere* (Ribera) y nos despachó aguas arriba del *Paraboe* a descubrir una nación llamada *Scheruess* (Xarayes),[499] de allí precisamente [deberíamos] meternos tierra adentro unos dos días de camino, y no más, trayéndole enseguida relación de la tierra y de los mismos indios. Y fue que en el primer día que nos separamos de ellos, a las 4 *millas* (leguas)[500] llegamos nosotros a otra nación llamada de los *sueruckuessis* (orejones)[501] y situada en la otra tierra; ellos viven en una isla, [de] casi *30 millas* (leguas) de ancho y la rodea el agua corriente *Paraboe*, tienen para comer *mannderoch* (mandioca),[502] *meiss* (maíz), *manduischs* (maní), *padat[e]s* (patatas), *mandepore* [*mandeoch*], *porpy, buchakhu* y otras raíces más, ítem pescado y carne, son los hombres y las mujeres precisamente como entre los antedichos *sueruekuissy* (sacocíes).[503] Nos quedamos este día con ellos y al otro volvimos a partir; y nos llevamos 10 *kannanen* (canoas) o esquifes de estos indios para que nos mostrasen el camino, cazaban salvajinas del campo dos veces por día, como también pescaban y con ello nos obsequiaban. En este viaje demoramos nosotros nueve días de tiempo y enseguida llegamos a una nación llamada de los *acheress* (vacaré).[504] Hay muchas poblaciones unas cerca de otras; es gente alta y gruesa, hombres y mujeres, que los iguale nada he visto en todo el *Río delle Plata*. Estos *achares* (yacarés) están a 36 *millas* (leguas) de los dichos *sueruekuessis* más inmediatos; no tienen más de comer que pescado y carne; las mujeres no se tapan las ver-

497 El Golondrino. *Comentarios*, pág. 59, apéndice R. (N. del T.)
498 Eran 52 hombres. *Comentarios* LXVIII. Véase la Relación del mismo Hernando de Ribera. Historiadores de Indias. Tomo I, pág. 597. 20 de diciembre de 1543. (N. del T.)
499 Jarayes. Algunos de éstos parece que eran de raza guaraní, que vivían mezclados con otras naciones. (N. del T.)
500 La jornada usual era siempre de 3 a 4 leguas. Ver el Itinerario de Matienzo, *Relaciones Geográficas* de Ximénez de la Espada, tomo II, apéndices. (N. del T.)
501 *Sueruckhuesis*. Ver cap. XXXIV, al fin. (N. del T.)
502 Prol., cap. VI, § 11-18. (N. del T.)
503 *Comentarios*, Alvar Núñez, LIII y LIV. (N. del T.)
504 Yacareatí se llamaba uno de los ríos que visitaron. Relación de Hernando de Ribera. *Comentarios*, Alvar Núñez, ed. cit., pág. 598. (N. del T.)

güenzas.[505] Con estos *acheress* nos quedamos un día entero.[506] Aquí los dichos *sueruekuessis* se volvieron otra vez con sus 10 *cannanen* (canoas) a su pueblo. Enseguida *Ernando Rieffere* (Ribera), nuestro capitán, les hizo saber a los *acheres* (yacaré) que tenían que mostrarnos el camino a los *scherues* (jarayes), y se prestaron ellos gustosos, y nos acompañaron de su pueblo con 8 *cananen* (canoas) y nos procuraban, dos veces por día, pescado y carne, con lo que nosotros teníamos de comer en abundancia.

Por qué esta nación se llama *acheres* (yacaré), es la razón (esta): *achere*[507] es un pez que tiene el cuero tan duro que uno no lo puede herir con un cuchillo, ni menos penetrarle una flecha de los indios; es un pez grande, y les hace mucho mal a los demás peces; ítem sus huevas u ovas, que de suyo pone en tierra, a unos dos o tres pasos del agua, saben como a almizcle; es bueno para comer, la cola es lo mejor; lo demás también no es dañoso; vive siempre en el agua. Ítem aquí en nuestra Alemania se lo tiene por una bestia dañosa y asquerosa y lo llaman *basiliesckh* (basilisco) y se cuenta, que si uno lo mira a este pescado de suerte que éste le haga llegar el aliento, por fuerza tiene él que morir, lo que es una verdad sin vuelta, porque el hombre tiene que morir y nada es más sabido. También se cuenta que si uno de éstos se cría y es visto en un pozo, que no hay más medio de acabar con este pez que el de mostrarle un espejo y tenérselo por delante, para que allí él mismo se mire, porque así al ver allí su propia fealdad tendrá que caer muerto al punto.[508] Pero las tales consejas del dicho pez son pura fábula y sin valor; porque de ser verdad, cien veces debería haberme muerto, porque más de 3.000 de estos peces he cogido y comido yo; no hubiese escrito tanto acerca de este pez si yo no hubiese tenido una razón conocida: en Múnich, en la casa de campo del duque Alberto, nuestro finado señor [...].[509]

---

505 Die frauen gehenn bedeckht mit ihrer scham; pág. 64, ed. 1889. Me decido por «sus vergüenzas de fuera». Ver pág. 202, nota 3. Así en caps. XVI y XXIII ver pág. 207, nota 1. (N. del T.)

506 Ver prol., cap. XI, § 59. Los rasgos físico-morales indican indios de raza pampeana. (N. del T.)

507 *Achere*-Yacaré. *Alligator sclerops*, ed. 1889, pág. 64, nota 4. *Pez* porque es acuático. (N. del T.)

508 Un párrafo de folklore curioso, a propósito de una superstición no del todo perdida en nuestros días. (N. del T.)

509 Falta algo para completar la frase en el original. (N. del T.)

Capítulo XXXVI. Llegan a los «scheruess» y son bien recibidos por ellos

Después de esto llegamos a los *scheruess* (xarayes), hasta donde de los *acheres* se cuentan 38 *millas* (leguas), que las hicimos en nueve días;[510] es una nación grande, pero no era esta justamente la nación en que vivía el rey;[511] mas estos *scherues* (xarayes) con quienes habíamos dado usan bigote[512] y llevan un redondel de palo colgado en el lóbulo de las orejas y la oreja abraza el redondel de palo, cosa que maravilla de ver.

Ítem más los hombres tienen en el labio una piedra ancha de cristal azul muy parecida a una dama. Ítem más se pintan el cuerpo de azul desde arriba hasta las rodillas, y la cosa se parece a algo como calzas pintadas.

Pero las mujeres se embijan de otra manera, también de azul desde los pechos hasta las vergüenzas, tan artísticamente, que así no más, fuera de allí, no se hallaría un pintor que lo imitase; ellas andan como las echó al mundo la madre, y son hermosas a su manera, y muy bien que saben pecar estando a oscuras.

Con estos *scherues* (xarayes)[513] nos quedamos un día y navegamos desde allí hasta llegar en tres días a lo de un rey, que está a 14 *millas* (leguas) de allá [su gente]. Se llaman también *scherues* (xarayes), pero su tierra no tiene más que 4 *millas* (leguas) de camino de ancho; también tiene él un pueblo situado a orillas del agua *Paraboe*. Allí dejamos nuestro navío con 12 españoles, que lo cuiden, para que cuando llegásemos nos sirviese de amparo; les encargamos también a estos *scherues* (xarayes) en el propio pueblo, que tenían que portarse como buenos amigos con los cristianos, como que también así lo hicieron.

Así pues nos quedamos dos días enteros en el pueblo y nos aprestamos para el viaje y nos tomamos cuanto nos hacía falta; después cruzamos el agua *Paraboe* y llegamos a lo del rey, allá donde vive en persona. Y allí cuando llegamos nosotros como a una *milla* (legua) de distancia, entonces nos

---

510 Los xarayes, urtueses y aburuñes de Hernando de Ribera. *Comentarios*, pág. 598. Relación del mismo Ribera, prol., cap. XI, §§ 60 y 61. (N. del T.)

511 Parece que había carios entre los jarayes estos. (N. del T.)

512 ¿No sería algún adorno del labio superior a que el autor dio este nombre? Bigote entre indios no se admite fácilmente. (N. del T.)

513 Véase la relación de Hernando de Ribera. *Comentarios*, pág. 598, apéndice R. Este «rey» era Camire, y los 12 españoles precisan el párrafo de Ribera. (N. del T.)

salió al encuentro el rey de los *scherues* (xarayes)[514] con 12.000 hombres y tal vez más, en una pampa y en son de paz. El camino por donde andaban ellos era de 8 pasos de ancho; el tal camino estaba entapizado con puras flores y pasto hasta el pueblo, así que no se podía dar con una piedra, palo o paja alguna; también el rey se traía su *música*[515] consigo, tal y como el caramillo[516] entre nosotros; también había mandado el rey que para esta ocasión se corriesen venados[517] y otras salvajinas, a uno y otro lado del camino; así por suerte ellos habían cogido 30 venados y 20 *abestraussen* (avestruces, o *nandu* (ñandú));[518] y era cosa de alegrarse de ver.

Y cuando nosotros hubimos ya llegado a su pueblo, hizo el rey que cada 2 cristianos entrasen[519] en una casa, y que nuestro capitán junto con su servidumbre pasase a la casa real; después de esto el rey de los *scherues* encargó a sus súbditos, que nos diesen lo que nos hacía falta. También el rey reunió su corte a su manera[520] como el más poderoso señor de la tierra; hay que hacerle música a la mesa cuantas veces se le antoja; entonces los hombres y las mujeres más hermosas tienen por obligación que bailarle; el tal baile de ellos es cosa de verse como maravilla, en especial para nosotros los cristianos, de suerte que uno tiene que olvidarse hasta de su boca.[521]

Esta gente se parece a los *scherues* (xarayes), de los que se dijo ya más atrás.[522] Sus mujeres hacen unas mantas grandes de algodón, tan sutiles como tela de *Arlas* (Arles), en las que ellas después, bordan varias figuras,[523] como ser venados,[524] avestruces, ovejas de Indias (llamas o guanacos), o lo que sea que se puede. En las tales mantas duermen cuando hace frío, o se sientan sobre ellas, según la necesidad o el antojo del momento. Estas

---

514 Parece como si Schmídel no distinguiese entre los *jarayes* y los *urtueses* de que habla Hernando de Ribera. *Comentarios*, pág. 598; pero se ve que estaban ya entre los urtueses. Ver prol., cap. XI, §§ 59 a 61. (N. del T.)
515 «Música.» (N. del T.)
516 Así traduce Angelis la voz «*Schalmeyen*». (N. del T.)
517 Como siempre *hirschen* «ciervos». (N. del T.)
518 El MS. dice «Jandú» (J=Y), ed. 1889, pág. 67, nota 2. Es la *Rhea Americana*. (N. del T.)
519 *Foriren*, ed. 1889, pág. 67. (N. del T.)
520 *Monnir*. Ibíd. (N. del T.)
521 Estos detalles todos son propios de nuestro autor. (N. del T.)
522 «Foja 34» dice el original. (N. del T.)
523 *Figuren*. Ibíd. (N. del T.)
524 *Hirschen:* ciervos. (N. del T.)

mujeres son muy hermosas y grandes enamoradas;[525] muy corrientes y de naturaleza muy ardiente[526] a mi modo de ver.

Allí[527] nos demoramos unos cuatro días, y en ese tiempo el rey preguntó a nuestro capitán cual era nuestro deseo e intención, y hacia donde queríamos marchar. A esto contestó nuestro capitán que él buscaba oro y plata. También le dio el rey una corona de oro que pesaba casi un marco y medio,[528] ítem una *plenschen* (plancha)[529] de oro, que alcanzaba a jeme y medio de largo y a medio jeme de ancho; también un *prusseleh* (brazalete) esto es, un medio *harnischs* (arnés) y otras cosas más de plata, y dijo después a nuestro capitán, que él ya no tenía más oro ni plata y que estas susodichas piezas las había tomado de los *amossenes* (amazones)[530] en la guerra en tiempos atrás. Y entonces él se hizo oír acerca de los *amossenes* (amazones) y nos dio a entender cuán grande era su riqueza, así que nos alegramos mucho; y luego al punto preguntó nuestro capitán al rey si podríamos nosotros llegar allí por agua con nuestros navíos y qué distancia habría hasta los dichos *amossenes* (amazones). A lo que contestó el rey, que no podríamos nosotros llegar allí por agua, sino que tendríamos que marchar por tierra y habría que andar dos meses de tiempo uno enseguida de otro. Así resolvimos nosotros caminar a los dichos *amossenes* (amazones), como se pasará a contar.[531]

---

525 *Gross pulerin*. Ibíd.(N. del T.)

526 *Sehr hizig am leib*. Ibíd. (N. del T.)

527 Según Hernando de Ribera más o menos en los 15° *menos dos tercios*, lo que tan puede ser 14° 20' como 15° 40', porque como subían río arriba se podía describir así esta última altura. Me decido por lo segundo. Ver cap. XXXIV, nota. San Fernando. *Comentarios*, pág. 598. Irala dice 16°. Carta de 1555, Schmídel, ed. Pelliza, pág. 126. (N. del T.)

528 *Annderhalb marckh*. El marco era de 8 onzas, así que el peso era de 12 onzas. Ibíd., pág. 68. (N. del T.)

529 *Planchas*, etc. Confirmado por Hernando de Ribera. Ibíd. (N. del T.)

530 Schmídel habla de los amazones o indios *del Mosu*, uno de los nombres de *El Dorado*. (N. del T.)

531 Amazonas. La leyenda era de la época. Véase la Relación de Hernando de Ribera. Estos cuentos de Indios son generales. Así oyó Gaboto de Indios con las rodillas para atrás, y aun hoy es voz corriente que los hay en el Chaco. Yo he oído el cuento de boca de Indio Toba. (N. del T.)

Capítulo XXXVII. Buscan a los amosenes y pasan por los syeberis y ortueses

Las mujeres de estos *amossenes* no tienen más que un pecho y solo se juntan con sus maridos 3 o 4 veces en el año, y si de este contacto con el marido quedan preñadas de varón, se lo mandan ellas a que se esté con el marido; mas si resulta mujer, la conservan a su lado y ellas no más le queman el pecho derecho, para que no pueda criarse más. Pero la razón es esta, para hacerse diestras y poder manejar sus armas, los arcos; porque son mujeres de pelea y hacen guerra contra sus enemigos.

También estas mujeres viven en una isla que está rodeada de agua a la vuelta y es una isla grande; si se quiere llegar allá hay que ir en *cannaen* (canoas); pero en esta isla los *amossenes* (amazones) no tienen ni oro ni [plata], sino en *Terra ferma* (tierra firme), esto es, tierra adentro, allí donde viven los maridos, ellos son los que tienen grandes riquezas. Es una nación grande y [un] rey poderoso,[532] que parece llamarse *Jegiuss*,[533] como también lo demuestra el lugar.

Ahora nuestro capitán *Ernando Rieffiro* (Ribera) pidió al dicho rey de los *scherueses* (xarayes) que nos facilitase algunos hombres de su gente, porque él quería marchar tierra adentro y buscar a los susodichos *amossenes* (amazones), para que así los *scherues* (xarayes) cargasen nuestro botín y nos mostrasen el camino; de su parte el rey se hallaba dispuesto, mas demostró a las claras, que la tierra en este tiempo estaba anegada y que no era bueno por ahora viajar tierra adentro; mas nosotros no quisimos creer, sino que le exigimos los indios, así pues él le dio a nuestro capitán para su persona[534] 20 hombres, que debían cargarle el botín y los víveres, y a cada uno de nosotros 5 indios para que nos sirviesen y cargasen lo que hacía falta, porque teníamos que caminar ocho días en que no encontraríamos más indios.[535]

---

532 *Paititi* dice la versión castellana. Todo esto es *Folklore* de *El Dorado*. (N. del T.)

533 *Jegiuss* o sea *Yegiuss*. La edición alemana (1889) cree que pueden ser los *Yaguas*, pág. 69. (N. del T.)

534 *Personn*. Ibíd. pág. 69. (N. del T.)

535 Todos estos son detalles que no se encuentran en la relación de Hernando de Ribera. (N. del T.)

Así llegamos a una nación llamada de los *syeberiss* (paresis?);[536] se parecen a los *scherues* (xarayes) en la lengua y en otras cosas. Estos ocho días caminamos nosotros siempre y siempre en el agua hasta la cintura y la rodilla, día y noche, así que de allí no podíamos ni sabíamos como salir. Si se nos ofrecía hacer fuego, teníamos que amontonar trozos grandes unos sobre otros y hacer el fuego encima; y aconteció muchas veces, que la olla en que teníamos la comida junto con el fuego se caían al agua y nos quedábamos por lo tanto sin comer; tampoco teníamos descanso, ni de día ni de noche, a causa de las pequeñas moscas (mosquitos), que no nos dejaban dormir.

Así preguntamos nosotros a los *syeberís* si aun nos quedaba agua más adelante; dijeron ellos, que teníamos que andar aun cuatro días enteros por el agua y de ahí todavía más de cinco por tierra, y que así llegaríamos a una nación llamada *ortthuessen* (urtueses);[537] y nos dieron también a entender que éramos nosotros muy pocos, y que convenía nos volviésemos. Mas nosotros no quisimos hacer tal cosa por considerar a los *scherues* (sarayes), antes bien estuvimos por despachar de vuelta a sus casas y su pueblo a los *scherues* (xarayes) que nos acompañaban, mas ellos, los dichos *scherues* se negaron a hacerlo, porque su rey les había encargado, que no nos dejasen sino que nos sirviesen mientras no regresásemos nosotros otra vez de tierra adentro. Así pues los dichos *syeberís* nos dieron 10 hombres para que junto con los *scherues* (xarayes) nos mostrasen el camino a los *ortheuesen* (urtueses). Así marchamos nosotros siete días más por el agua que nos daba a la cintura o a la rodilla. La tal agua estaba tan caldeada como si hubiese estado al fuego; esta agua también teníamos que beber, visto que con otra no contábamos. Pero era cosa como para creer que se trataba de un agua corriente,[538] lo que no era así, sino que por aquel tiempo mismo había llovido tanto que la tierra estaba llena de agua, porque la tierra es una planicie llana; con el tiempo quedamos bien escarmentados de la tal agua, como oiréis más tarde.

---

536 Ver prol., cap. XI, § 61. La ed. 1889, pág. 69, nota 4, los identifica con los tapayos. De Angelis los titula *paresís*. (N. del T.)
537 *Comentarios*, cap. LIV. Ver prol., cap. XI, § 61. (N. del T.)
538 Es decir, un río. (N. del T.)

Después de esto el día 9 entre 10 y 11 del día llegamos al pueblo de los *orttheueser* (urtueses),[539] y eso que fueron ya las 12 recién llegamos a la plaza en el pueblo, allí donde estaba la casa del principal de los *ortteuesen.*

Pero casualmente por ese tiempo había una peste grande entre los *ortthuessen,* de pura hambre, porque no tenían qué comer; a causa de que los *duckhuss* (tucus)[540] o langosta[541] por segunda vez y casi por completo les había comido y destruido el maíz y el fruto de los árboles. Cuando nosotros los cristianos tal cosa comprendimos y vimos nos alarmamos mucho y nos convencimos que no podíamos quedar mucho tiempo en la tierra, porque nosotros tampoco teníamos mucho de comer. Así pues nuestro capitán le averiguó al principal de ellos acerca de los *amosenes* (amazones), y él le contó, que necesitábamos un mes entero hasta llegar a los *amossenes* (amazones), y más aun, que toda la tierra estaba llena de agua, como que al fin y al cabo así se dejaba ver.

Aquí fue que el principal de los *ortheueses* dio a nuestro capitán 4 *plenschen* (planchas) de oro y 4 argollas de plata, que se ponen en los brazos;[542] pero las *plenschen* (planchas)[543] las usan los indios en la frente como adorno, así como en esta tierra (Alemania) los grandes señores usan ricas cadenas en los cuellos. En cambio de estas cosas nuestro capitán dio a este indio principal hacha, cuchillo, rosario, tijera y otras baratijas más, de las que se fabrican en Niremberga; de buena gana les hubiésemos sacado más cosas, pero no nos atrevimos, porque nosotros los cristianos éramos muy pocos, y por lo mismo había que desconfiar; los indios eran muchos, al grado que yo jamás en todas las indias he visto pueblo más grande ni más gente junta, y eso que he andado la ceca y la meca. Esta peste de los indios, por lo que tantos morían de hambre, fue, a no dudarlo, nuestra salvación, porque de lo contrario lo probable es que los cristianos no hubiesen salido de allí con vida.

---

539 Los *urtueses* y *aburuñes* de Hernando de Ribera. Declaración del mismo en los *Comentarios,* pág. 598, apéndice R. (N. del T.)
540 Tucu: voz guaraní. (N. del T.)
541 Heyschneckhenn. (N. del T.)
542 Ver cap. XXXVI, al fin. (N. del T.)
543 De estas planchas existen algunas, una de ellas de oro, en la colección de Calchaquí, de Lafone Quevedo. (N. del T.)

Capítulo XXXVIII. Regreso de Hernando de Ribera. Sublevación de la gente

Después de esto contramarchamos a los antedichos *syeborís* y *scherues* (xarayes). Nosotros los cristianos también estábamos mal provistos de víveres, no teníamos otra cosa de comer que una pämb (palma) llamada *palmides* (palmitos) y *cardes* (cardos)[544] y otras raíces del campo que se crían bajo de tierra.

Cuando llegamos nosotros a los *scherues* estaba nuestra gente a la muerte de enferma por causa del agua, y de las necesidades que en este viaje habíamos sufrido; porque por treinta días y noches seguidas habíamos estado en el agua, y de la misma habíamos bebido. Así nos quedamos allí entre los *scherues*, donde vive el Rey, unos cuatro días; nos trataron[545] muy bien y nos sirvieron al pensamiento, y el Rey encargó a sus súbditos que nos cuidasen y nos diesen cuanto nos hacía falta.

Así en este viaje cada uno de nosotros se había ganado un valor como de 200 ducados solo en mantas[546] de algodón de indias y plata, que les habíamos comprado a ocultas, y sin que se sepa, por cuchillos, rosarios, tijeras y espejos.[547]

Después de todo esto volvimos a navegar aguas abajo a juntarnos con nuestro capitán general *Alwiso Capessa de Bacha*.[548] [Luego que llegamos a los navíos, ordenó él, *Albernunzo Capessa de Bacha*] que so pena de la vida ni uno de nosotros se moviese de los navíos, y se vino a vernos, él mismo *in personâ*, e hizo prender a nuestro capitán *Ernando Rieffira* (Hernando de Ribera), y nos quitó [a los soldados cuanto] habíamos traído de tierra adentro, y por último y para colmo de todo, quería hacer ahorcar en un árbol a nuestro capitán *Ernando Rieffere*.[549] Mas nosotros, que aun estábamos en el navío *bergentin* (bergantín) cuando supimos de la tal cosa, armamos un gran

---

544 *Cardos*, estos son los *Caraguatá*, especie de Bromelia. (N. del T.)

545 *Tragtirten*. (N. del T.)

546 *Mentl*. Ibíd., pág. 72. (N. del T.)

547 Según los *Comentarios*, cap. LXXII, H. de Ribera salió el 30 de enero de 1543 (error por 1544), y según el mismo Ribera, partió él de los Reyes el 20 de diciembre de 1543. (N. del T.)

548 Parece como si Schmídel se desahogase dándole a don Alvar Núñez el trato de «Cabeza de Vaca», que por cierto no favorece mucho al que lo porta. (N. del T.)

549 Esto no lo cuentan los Comentarios. Siendo cierto el incidente era bochornoso para el Adelantado. Es punto que hay que esclarecer. El mismo Ribera lo calla; pero esto también se cae de su peso. (N. del T.)

alboroto, juntándonos con otros buenos amigos, con que contábamos en tierra, contra nuestro capitán dicho general *Alberniso* (Alvar Núñez) *Capessa de Bacha*, es decir, para obligarlo a que soltase y dejase libre a nuestro capitán *Ernando Rieffere*, como también que nos devolviese íntegramente lo nuestro que nos había robado[550] y quitado, y que si no, otro tanto le haríamos a él.

Cuando él, *Aluiso Capessa de Bacha* se apercibió del alboroto nuestro, y se dio cuenta de nuestras malas intenciones,[551] tuvo a bien, porque ello no pasase de ahí, poner en libertad a nuestro capitán, nos devolvió también todo lo que nos había quitado y nos habló con buenas palabras, y solo así quedamos satisfechos.[552] Mas como le fue después bien se enteró él: va enseguida.[553]

Y después de todo esto, cuando ya todo había sosegado, pidió él a nuestro capitán *Ernando Rieffire* (Ribera) y a nosotros que le diésemos una relación de la tierra y que le contásemos como había sucedido que tanto nos habíamos demorado, como que enseguida le dimos una relación, con la que quedó muy contento. Que él así nos había recibido, prendiendo a nuestro capitán, y quitándonos lo nuestro, solo se debía a que nosotros no habíamos obedecido su mandato; porque él no nos había dado más orden, que la de no pasar más allá de los *scheruyes* (xarayes), y de allí cuatro días de viaje la tierra adentro; de todo lo cual debíamos traerle relación y de allí volvernos. En lugar de lo cual anduvimos dieciocho días de los *scherues* tierra adentro.[554]

---

550 *Geraubt.* (N. del T.)

551 *Zorn-ira*: rabia. (N. del T.)

552 Siendo esto cierto desde el momento estaba Alvar Núñez perdido. (N. del T.)

553 Todo este episodio que antecede falta en la relación de los *Comentarios* (cap. LXXII), lo que no quiere decir que no sea cierto. Falta que conocer las piezas del juicio contra Alvar Núñez. (N. del T.)

554 Todo esto calla Hernando de Ribera. Véase la Relación del mismo. *Comentarios*, pág. 598. Se comprende que son cosas que no podían citarse ni por Cabeza de Vaca ni por Ribera. A Schmídel, ya en Alemania, poco le iba y menos le importaba hablar claro. (N. del T.)

Capítulo XXXIX. Impopularidad de Cabeza de Vaca. Matanza de los suerucuesis

Pero ahora se le antojó al dicho nuestro capitán general, por la relación que le habíamos hecho, marchar con toda la gente a la tierra que nosotros habíamos visitado. Mas nosotros los soldados por nada quisimos consentirlo, ni menos en esta estación en que la tierra está anegada; por otro lado la mayor parte de la gente no solo estaba muy enferma y cansada, sino que tampoco tenía ya mayor respecto por el dicho capitán *Aluiso Capessa de Bacha*; algo más, era cosa bien sabida entre el común[555] de la gente o soldados, que se trataba de un hombre que jamás en la vida había tenido idea propia ni habilidad para mandar.[556]

Así permanecimos nosotros unos dos meses[557] entre los susodichos *syeberis* (suruchakuiss?). Por este tiempo una fiebre[558] lo tomó al capitán general *Aluiso Capessa de Bacha*, así que cayó gravemente enfermo; acaso no se hubiese perdido gran cosa si en esta vez hubiese fallecido; porque lo que era él bien poco valía para con nosotros. En esta tierra de los *suerachkuesys* no he visto indio alguno que alcanzase a los cuarenta o cincuenta años de edad, porque en mi vida he visto tierra más mal sana, por hallarse en una región en que el Sol se eleva más; es casi tan apestada como Santo Tomé.[559] Allá entre los *suerukhues* vi yo la constelación Ursa Major; porque nosotros habíamos echado menos a las tales estrellas en el cielo desde que pasamos la isla *Sant Augo*,[560] como se dijo en la foja 4.[561]

Pero en esto, nuestro capitán general, con ser que estaba tan enfermo, mandó a 150 hombres cristianos y a 2.000 indios *carios*, a quienes envió con 4 navíos *bergentín* (bergantines), distancia de 4 *millas* (leguas) a la isla *sueruekues* y les ordenó que matasen y tomasen prisioneros a esta gente *sueruekues*, y que cuidasen de acabar con todo el que tuviese cincuenta o

---

555 *Común.* Ibíd., pág. 73. (N. del T.)
556 Este juicio de Schmídel acerca de su «*capitán general Capessa de Bacha*» no está tan descaminado. El Adelantado sería un buen hombre, pero no era quien para quien tratándose de hombres que aun el mismo Irala difícilmente alcanzaba a dominar. (N. del T.)
557 Tres meses según los *Comenta*rios, cap. LXXIII. (N. del T.)
558 *Fieber.* Calentura palúdica, «*chuscho*» o terciana. (N. del T.)
559 Al oeste de la costa de África, ed. Inglesa. Hak. Soc. n.º LXXXI, pág. 50. (N. del T.)
560 Una de las islas de Cabo Verde. No las vería el autor, pero ahí estaban. Véase el Schmídel de Pelliza, pág. 59, nota 29. (N. del T.)
561 Cap. IV. (N. del T.)

cuarenta años de edad. De como los dichos *sueruekues* nos habían hospedado antes de esto, ya lo he contado en la foja 33,[562] mas como les correspondimos nosotros y las gracias que les dimos es lo que tengo que recordar. Dios sabe que les obramos injusticia.[563]

Y cuando llegamos al pueblo de ellos, que no sospechaban tal cosa, salieron de sus casas a encontrarnos de paz, armados con sus armas, arcos y flechas; mas como enseguida se armase un alboroto entre los *carios* y los *sueruekues*, al punto nosotros los cristianos disparamos nuestros arcabuces y volteamos a muchos; también tomamos hasta unos 2.000 prisioneros, hombres y mujeres, chicos y chicas, después quemamos sus pueblos y les quitamos cuanto tenían: en esa vez se llevó a cabo el pillaje como suele ser de práctica en tales malones.[564]

Enseguida volvimos a bajar adonde estaba nuestro capitán *Aluiso Capessa de Bacha*, quien quedó muy contento con esto que habíamos hecho. Después de lo cual, en vista de que la más de la gente nuestra se hallaba enferma, y que le tenía poca ley al capitán general, comprendió él con esto que no remediaría nada con ellos; así pues dispuso, e hizo que preparasen los navíos y juntos navegaron de allí aguas abajo del *Paraboe* y llegaron a la ciudad *Nostra Singnora de Sunsión*, donde nosotros más antes habíamos dejado a los otros cristianos.[565] Allí se enfermó nuestro capitán general de fiebre y se estuvo catorce días metido en su casa: era más por pretexto, y por darse importancia, y no tanto por enfermedad, que no se comunicaba con la gente, pero se había portado con ella de una manera muy impropia; porque un señor o capitán que pretende gobernar un país ha de dar buena salida a todos, a los más chicos como a los más grandes, y mostrarse bien inclinado a todos los hombres.

Ítem más, a tal persona le ha de convenir que él se porte y obre según y como ha de ser él acatado y respetado, ser más discreto y saber más que los otros que él manda; porque sienta mal y es bochornoso que un hombre

---

562 Cap. XXXV. El MS. dice 55. (N. del T.)

563 Otro incidente que callan los Comentarios. Si esto es un hecho, dice muy poco en favor de Alvar Núñez. (N. del T.)

564 *Kirwey.* La verdadera historia de la conquista del indio por el cristiano. En el primer siglo y en el último, el indio es la víctima y el blanco es su verdugo. ¿Cómo será la cosa ante el tribunal de Dios? (N. del T.)

565 El 8 de abril de 1544. *Comentarios* LXXIII. (N. del T.)

acreciente honores y no también saber; tampoco deberá andar pavoneándo-se por su alto puesto, despreciando a los demás, como el muy fatuo y orgu-lloso[566] soldadote *Traso* en Terencio.[567] Porque cada capitán se nombra para bien de sus lansquenetes y no se recluta la tropa para bien de su capitán.

566 *Kries-gurgel*, ed. 1889, pág. 75. (N. del T.)
567 «El eunuco» de Terencio. (N. del T.)

Capítulo XL. Prisión de Cabeza de Vaca. Su deportación a España. Elección de Martínez de Irala

Mas en este caso no se guardó respeto[568] alguno a la persona, sino que este nuestro capitán en todas las cosas quiso obedecerá su propia inspiración lleno de humos y de arrogancia.[569]

Entonces resolvió todo el *común*, nobles y plebeyos, hacer junta y asamblea; pretendían prender a este capitán general *Aluiso Capessa de Bacha* y mandárselo a la Cesárea Majestad, haciéndole saber a Su Majestad las bellas cualidades de aquél, cómo se había portado con nosotros, y cómo había entendido él que debía gobernar, con muchos otros cargos más. Enseguida, según lo convenido, se buscaron a estos 4 señores, a saber: el veedor, tesorero y escribano, puestos por la Cesárea Majestad,[570] cuyos nombres eran *Aluiso Gabrero* (Alonso Cabrera), thonn *Francisco Manthossa*, *Gartzo Hannego* (García Benegas), *Pfielogo de Gastro* (Felipe de Cáceres) y tomaron consigo 200 soldados o *lanskenetes*,[571] y después se apoderaron de la persona de *Aluiso Capessa de Bacha*, nuestro capitán general, cuando él de tal cosa nada sospechaba. Y esto sucedió el día de San Marcos (abril 25), año de 1553 (1543).[572] Tuvieron preso al dicho *Aluisso Capessa de Bacha* un año entero hasta que se dispuso un navío llamado *Carabela*, provisto de víveres y de marineros y de lo que éstos podían necesitar en la mar, en la que enseguida despacharon al tantas veces nombrado *Aluiso Capessa de Bacha* a *Spania* junto con dos señores más de los de la Cesárea Majestad.[573]

---

568 *Respett*, ed. 1889, pág. 75. (N. del T.)

569 El juicio éste es duro, y acaso demasiado; pero se ve que el hombre era débil, y desde luego, incapaz para el puesto que ocupaba. Las apreciaciones favorables al Adelantado responden a simpatías y no a prueba documental. (N. del T.)

570 Los *Comentarios* dan: el veedor, Alonso Cabrera; el contador, Felipe de Cáceres; Garci-Vanegas, teniente de tesorero; Pedro de Oñate, criado del gobernador. También se nombra a Francisco de Mendoza. (N. del T.)

571 *Lannzknecht.* (N. del T.)

572 La fecha 1553 es un *lapsus calami.* 1543 sería la cierta, faltándole un año, siguiendo la cronología del autor, que a veces calcula un año menos. Los *Comentarios* dan el 26 de noviembre de 1543 como fecha de la entrada, así que la prisión de Alvar Núñez tuvo lugar en 1544. *Comentarios*, cap. LXXIV. (N. del T.)

573 Villalta trata esta prisión de Alvar Núñez en muy pocas palabras. La fecha que da es, «fin de cuaresma del año de 544», apéndice A, § 57. (N. del T.)

Después de esto no hubo más que elegir a otro que rigiese y gobernase[574] en la tierra, hasta tanto la Cesárea Majestad misma proveyese alguno a la vacante; y enseguida tuvimos a bien, de acuerdo con el parecer y voluntad del *común*,[575] que se efigiese a *Marthín Doménigo Eyolla* de capitán,[576] en la misma capacidad con que antes había gobernado la tierra, muy particularmente porque la gente de pelea se llevaba bien con él, y los más estaban contentos con él; esto no obstante, entre ellos había algunos, que habían sido amigos del ya dicho capitán general nuestro que fue *Aluiso Capessa de Bacha*; a éstos no les hizo mucha gracia la cosa, mas no hicimos mucho caso de ello.

Por este tiempo me sentí mal y enfermo de hidropesía que yo y mis camaradas conmigo habíamos sacado de los *orthueses*,[577] allí donde por tanto tiempo anduvimos en el agua, como se dijo ya, y fue tan grande la miseria porque pasamos; en esa ocasión enfermaron 80 de los nuestros y solo unos 30 escaparon con vida de sus dolencias.

---

574 *Regiren und guberniren.* (N. del T.)

575 *Común.* (N. del T)

576 *Comentarios*, cap. LXXV. El anotador de la edición inglesa (Col. Hakluyt) y el de la edición castellana de 1881, se permiten hablar de Cabeza de Vaca como si fuese un santo, y de Irala como si no fuese más que un conspirador común. A lo que se ve, uno y otro se dejan llevar de lo que dicen Pero Hernández y el autor de los Comentarios, acaso el mismo Pero Hernández. La medida del criterio histórico con que se escribieron los Comentarios, se deduce del Capítulo éste en que se elogia a Francisco Ruiz en estos términos: —«buen teniente y buen gobernador, y por envidia y malicia le deposeyeron contra todo derecho, etc.»— Este Ruiz desobedeció la orden de Mendoza de seguirlo a España; se quiso usurpar el mando en la Asunción, siendo causa de demoras fatales para el socorro de Ayolas; y, por último, a él y sus crueldades y malos manejos debe atribuirse la tragedia de Corpus Christi. La conquista de la América por los Españoles era un salteo, y mal podía privarse al soldado que hiciera en particular lo que el rey y sus adelantados hacían en general. Si la América había de ser Española, tenía que valerse de un Martínez de Irala, y no de un Alvar Núñez Cabeza de Vaca, contra quien hay cargas graves que no se han levantado; uno de tantos, haberse dejado imponer por su gente cuando la entrada de Hernando de Ribera. (N. del T.)

577 *Comentarios*, cap. LXXVI. (N. del T.)

Capítulo XLI. Discordia entre los cristianos. Alzamiento, de los carios. Yapirús y batatáes ayudan a los españoles

Y cuando ya lo habían despachado a *Aluiso Capessa de Bacha* a *Hispaniam* nosotros mismos los cristianos entramos en tal discordia que ya no podíamos avenirnos, uno con otro nos peleábamos día y noche, de suerte que parecía como si el mismo diablo metido entre nosotros nos mandaba, y nadie se creía seguro con los demás.[578] La tal guerra entre nosotros mismo duró dos años largos por causa de *Aluiso Capessa de Bacha*; y cuando en este estado de cosas vieron los carios, nuestros amigos de marras, que nosotros los mismos cristianos andábamos desunidos, y cómo nos traicionábamos y dividíamos, no quedaron con muy buena idea de nosotros, sino que se sacaron la cuenta que todo reino que está dividido y se desune tiene que perderse. Por esto entre ellos se arreglaron y convinieron e hicieron reunión al objeto de matarnos a los cristianos y arrojarnos de la tierra. Mas Dios, el Todopoderoso, ¡loado sea siempre y eternamente!, no condescendió con estos carios hasta dejarlos que se saliesen con la suya. Porque toda la provincia[579] de los carios, y otras naciones más, los *Aigaiss* (agaces) [también] estaban alzados contra nosotros los cristianos. Mas cuando esto comprendimos tuvimos que hacer las paces entre nosotros los cristianos;[580] hicimos también alianza con otras dos naciones llamadas, la primera de los *jheperus* (yapirus),[581] y la segunda de los *batatheiss*, (guatatas);[582] entre las dos serían fuertes como de 5.000 hombres, no tienen más comida que pescado y carne; es gente buena para la pelea por tierra y por agua, pero los más por tierra. Sus armas son *tardes* (dardos) del largo de media lanza, sin ser tan gruesos, y para puntas les hacen unas como de arpón o de centella[583] de un pedernal; y bajo del cinto llevan una clava, de 4 jemes de largo con una porra en la punta. Cada indio de éstos de pelea carga 10 o 12 palillos [o sea, tantos] como quiere,

---

578 Esto lo confirma Villalta, paro en términos generales. § 59. *Comentarios*, cap. LXXVI y siguientes. (N. del T.)

579 *Lanndt*. (N. del T.)

580 Los Comentarios confirman el estado de anarquía que se produjo después de la deposición de Alvar Núñez, caps. LXXV, etc. (N. del T.)

581 *Jheperus*: Boggiani sospecha que eran los Lengua-Machicuys. Ver prol., cap. XI, §§ 62 y 63. (N. del T.)

582 *Batatheis*: Tal vez los Matará o Mataguayos. Los sonidos *Gua*, *Ba* o *Mba* y *Ma* se confunden. (N. del T.)

583 *Harpalt oder strael*. Ver ed. Al., 1889, pág. 78, nota 1. Es raro que no se le haya ocurrido al editor la palabra *harpune*. (N. del T.)

y de un buen jeme de largo, y adelante una punta, que es el diente ancho y largo de un pescado, llamado en español *polmeda* (palometa), se parece a una tenca; este diente corta como una navaja de afeitar. Pero ahora les contaré lo que con los palillos hacen o para qué les sirven.

En primer lugar, pelean con los susodichos *tardes* (dardos), y es así que si triunfan de sus enemigos, y éstos tratan de huir, entonces se dejan de los *tardes* (dardos) y corren en pos de ellos, y enseguida arrojan aquéllos las macanas a los pies de éstos, que tienen que caer al suelo; y una vez que los han volteado, poco cuidado se les da, si los tales aun están medio vivos o muertos del todo, sino que al instante les siegan la cabeza con el dicho diente de pescado; y a la tal degollatina la hacen con tal rapidez, que en un instante puede uno acabar o pasar de una vida a la otra; después meten el diente bajo del cinto o lo que sea con que se ciñen.

Pero ahora véase lo que después hace él con la cabeza del hombre y para qué le sirve. Pues es el caso, si la ocasión se ofrece, después de una escaramuza como ésta, toma él la cabeza humana y la desuella, cabello y todo, de las orejas arriba, enseguida toma este pellejo, tal como se ha dicho, lo rellena y deja que se endurezca, enseguida toma el pellejo ya duro y lo arregla sobre una pértiga y lo planta en su casa o habitación para recuerdo, tal y como un caballero, o capitán, en este país (Alemania) que tiene un pendón lo cuelga en las iglesias.

Pero con esto vuelvo yo al asunto principal, y de estas cosas trataré muy en breve; este ejército de *jeperuss* y *batateiss* se nos juntó en número de unos 1.000 hombres de pelea; y con esto nos alegramos mucho.

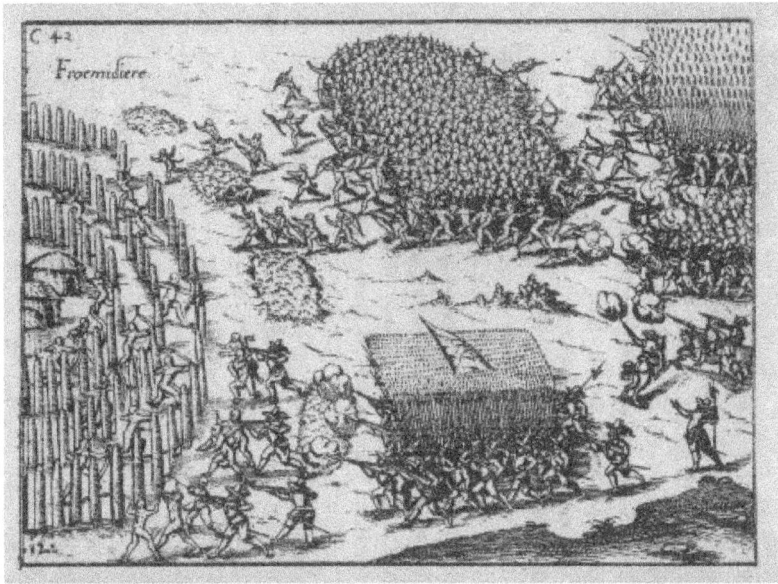

Capítulo XLII. Los cristianos, con auxilio de los yeperú y batatá, ganan los pueblos de la frontera y Carayebá

Enseguida salimos de la ciudad *Nostra Singnora de Sunssión*, con nuestro capitán general, 350 cristianos y estos 1.000 indios, con los que a cada cristiano le tocaban de a 3 indios que le sirvan, como lo había dispuesto y ordenado nuestro capitán; y después de esto llegamos a 3 *millas* (leguas) de donde nuestros enemigos estaban acampados en la pampa[584] fuertes de unos 15.000 hombres de los carios y se habían colocado muy bien; cuando nosotros nos pusimos como a una media legua de ellos no quisimos hacer nada en ese mismo día, porque estábamos muy cansados y también llovía, por eso hicimos alto en el bosque, adonde acampamos esa misma noche; y al otro día les llevamos el ataque, como a las 6, y como a las 7 nos encontramos con ellos, los carios enemigos, y nos batimos como hasta las 10, hora en que tuvieron que disparar y tomaron hacia un pueblo a 4 *millas* (leguas) de distancia que ellos habían fortificado y se llamaba *Frondiere* (Frontera);[585] su capitán indio se llamaba *Machkaria*.[586] En esta escaramuza murieron de parte de los enemigos, es decir, de los que nosotros matamos, unos 2.000 hombres, cuyas cabezas allí no más se las llevaron los *geberus* (yapirú); también de nuestra parte sucumbieron 10 hombres de los *geberus* (yapirú) y *batatheis* (batatá) como unos 40 hombres, sin contar los que habían sido heridos por los enemigos, que nosotros [despachamos] a la ciudad *Nostra Singnora de Sunssión*. Mas nosotros con nuestras fuerzas [perseguimos] a nuestros enemigos hasta su pueblo *Froendiere* (Frontera), donde se hallaba el principal *Marchkayrio* de los carios. Pero sucedía que estos mismos carios habían defendido su pueblo con 3 palizadas[587] construidas de madera, en forma de muro; estos postes eran del grueso de la cintura de un hombre o más, y desde el suelo se levantaban unas 3 brazadas y lo enterrado sería como del alto de un hombre.

Ítem más tenían de aquellos hoyos en que habían clavado 5 o 6 estacas pequeñas, afiladas como agujas, y plantadas en cada hoyo, de las que ya se

---

584 *Velt*: Pampa o Chaco. (N. del T.)

585 *Frondiere*: Frontera de los Payaguá y Guaycurú del Brasil. Ver edición alemana de 1889, pág. 79. El MS. éste ha restaurado el verdadero nombre del pueblo. Al norte de este punto ya no había carios en esa parte. (N. del T.)

586 El Mayrairú de las ediciones castellanas. (N. del T.)

587 *Palasaiten*. (N. del T.)

dijo algo en el capítulo XXI;[588] ahora este pueblo de ellos era muy fuerte, y en él había mucha chusma, para no decir nada de la gente de pelea. Aunque los asediamos durante tres días, no les pudimos hacer nada, ni sacarles ventaja alguna hasta que Dios Todopoderoso nos prestó su Divina ayuda contra ellos, con la que pudimos más que ellos.[589] Con apuro fabricamos unas grandes *rodelas* o *paveses*[590] con cueros de venado o de *annda* (anta):[591] esta es una gran bestia, como mula de cuenta, es oscura, los pies como de vaca, pero en todo lo demás se parece a un burro; son buenos para comer, y los hay en gran cantidad en la tierra; el cuero es de medio dedo de grueso. Repartimos nosotros los tales paveses. Paveses como éstos dimos a cada un indio de los *geberas* (yapirú), y también una buena hacha a cada otro indio; para cada dos indios se dispuso también un arcabucero; paveses como éstos se habían preparado en número de 400.

Enseguida volvimos a atacar el pueblo enemigo por tres puntos, entre las 2 y 3 del día; y antes que pasasen tres horas ya estaban las 3 *pallasaitenn* (palizadas) del todo destruidas y franqueadas; después de esto llegamos con toda la gente al pueblo y dimos muerte a mucha gente, hombres, mujeres y niños, pero los más de la gente se escaparon de allí, porque huyeron a otro pueblo que estaba a 20 *millas* (leguas) de este pueblo *Froendere* (Frontera) y se llamaba *Kharaieba*.[592] A este pueblo también lo habían fortificado ellos en toda regla y a más una gruesa suma[593] de gente reunida de los carios éstos. Y estaba este pueblo situado muy cerca de la ceja de un espeso bosque, al objeto de que si llegase el caso de que nosotros los cristianos ganásemos también este pueblo, pudiesen los *carios* contar con el bosque de amparo, como se oirá más tarde.

Ahora después nosotros los cristianos con nuestro capitán *Marthin Doménigo Eyolla* (Irala) y los antedichos *geberus* y *batatheis* alcanzamos a

---

588 Original, f. 17. (N. del T.)

589 Una negra traición. (N. del T.)

590 *Rodelle oder pabessen.* (N. del T.)

591 Véase la traducción castellana. El cuero de «*guanaco*» es como un papel de delgado. (N. del T.)

592 Las distancias no ayudan mucho para ubicar estos pueblos. Hace falta una investigación *in situ* con papeles del tiempo de la conquista en la mano. Ver pág. 180, nota 3. (N. del T.)

593 *Suma* en el original. (N. del T.)

nuestros enemigos los *carios*, en este pueblo *Karaieba* a eso de las 5 de la tarde, y emprendimos el sitio para atacar por tres costados del pueblo, dejamos también un pelotón (de soldados) escondidos en el bosque esa noche; a la noche también nos llegó refuerzo de la ciudad *Nostra Singnora de Sunssión*, 200 cristianos y 500 *geberus* y *bathadeis*; porque era el caso que mucha gente de la nuestra, cristianos e indios habían sido heridos delante del susodicho pueblo, así que los tuvimos que hacer volver, por eso nos venía esta gente de refresco, así que éramos nosotros 450 cristianos y 1.300 *geberus* y *bathadeis*.

Pero a esto nuestros enemigos habían fortificado y asegurado tan bien este su pueblo *Karaiba*, tal vez como jamás antes se había hecho, es decir con *palasaiten* (palizadas) y muchos fosos. Ítem más, habían ellos preparado unas cuevas[594] de maderos en forma de trampas de ratones; si éstas hubiesen salido al colmo de sus deseos, cada una de ellas nos hubiese muerto hasta 20 o 30; de las tales se habían construido muchas[595] cerca de este su pueblo. Mas Dios el Todopoderoso nada de esto permitió; ¡sea Él alabado y loado eternamente!

Delante de este su pueblo *Karayeba* estuvimos acampados cuatro días, sin poderles sacar ventaja alguna, y al cabo por traición, que nunca falta en el mundo, allá vino un indio de los enemigos *carios* durante la noche a nuestro real a ver a nuestro capitán *Marthin Doménigo Eyolla*; era aquél un principal[596] de los *carios* y a él obedecía el pueblo. Este pidió que no le quemásemos ni destruyésemos su pueblo, que él nos mostraría cómo y de qué manera era de tomarlo; así le prometió nuestro capitán que no permitiría que le hiciesen mal. Después de lo cual este *carios* nos mostró un camino escusado en el bosque por el que deberíamos nosotros llegar al pueblo, y dijo que él encendería fuego en el dicho pueblo cuando llegase el momento de meternos en él. Como que todo sucedió tal cual se había arreglado y mucha gente pereció a manos de nosotros los cristianos y fue destruida; y los que a la fuga se dieron cayeron en manos de sus enemigos los *geberus* (yapirú) que destruyeron y mataron a los más; pero a las mujeres y a los

---

594 *Plochheiseren.* La voz es la misma que la inglesa «blockhouse» tan sonada en la guerra del Transvaal. En este caso eran subterráneas. (N. del T.)

595 *Sehr viel:* «Muy muchas.» (N. del T.)

596 *Oberster.* (N. del T.)

niños no los tenían esta vez consigo, sino a 4 *millas* (leguas) de allí en un bosque muy extenso.

Pero la gente de los *carios* que logró salvarse de esta escaramuza[597] huyó a lo de otro principal de los indios que se llamaba *Thabere* (Tabaré) y su pueblo *Juberick Sabye* (Yeruquihaba),[598] que estaba a 140 *millas* (leguas) de este pueblo *Kharayeba*.[599] Allá no pudimos ni perseguirlos ni seguirlos nosotros, porque todo lo que estaba en el camino se había talado y destruido, así que nosotros no pudiésemos hallar qué comer; con todo nos quedamos allí en el pueblo Karayeba catorce días enteros, mientras sanaban los que estaban heridos y descansaban esos días.

---

597 *Scharmizel*. (N. del T.)
598 Así lo interpreta de Angelis. Ver adelante Capítulo LI. (N. del T.)
599 La distancia ésta llama la atención. En el Capítulo LI nombra un pueblo *Juegrichsaibe* a 26 leguas de la Asunción. (N. del T.)

Capítulo XLIII. Toma del pueblo Juerich Sabayé. Perdón de Thaberé

Entonces regresamos a nuestra ciudad, *Nostra Singnora de Sunssión*, con miras de navegar aguas arriba a buscar el susodicho pueblo *Juerich Sabaye* (Hieruquizaba)[600] donde vivía el *principal* de los *thabere*. Cuando nosotros ya hubimos llegado a nuestra ciudad *Nostra Singnora*, nos quedamos allí catorce días mientras nos proveíamos para el viaje de toda clase de municiones y víveres.[601] Así, pues, volvió a tomar nuestro capitán gente de refresco de los cristianos y de los indios, porque muchos estaban heridos y enfermos, y enseguida navegó aguas arriba del *Paraboe* a lo de nuestros enemigos *juerich sabaoe*[602] con 9 navíos *pergentin* (bergantines) y 200 *canaen* (canoas); y había los 400 cristianos nuestros y 1.500 indios de los *geberus*. Hay 46 *millas* (leguas) de la ciudad *Nostra Singnora de Sunssión* a los *Jeruich Saboe*[603] donde se habían refugiado nuestros enemigos los *Karaeba*.[604] El mismo día nos salió al encuentro el antedicho *principal*[605] de los *carios*, el que nos había entregado el pueblo a traición, y se trajo consigo 1.000 carios para ayudarnos contra los dichos *thaberes* (tabarés).

Luego que nuestro capitán hubo reunido toda esta gente por tierra y agua, y como a 2 *millas* (leguas) de distancia de los enemigos *juerich sabie*, al punto envió nuestro capitán *Marthin Doménigo Eyolla* (Irala) dos indios de los carios a sus enemigos en el pueblo para anunciarles, que estos cristianos estaban otra vez por allá, y les hizo decir que debían volverse a su tierra, cada cual a su mujer y a sus hijos, y que debían estar sujetos a los cristianos y volverles a servir, como lo habían hecho antes de eso; pero que si ellos no querían a todos los arrojaría de la tierra. A lo que contestó el caudillo carios, el *Thaberé* (Tabaré), que le anunciasen al capitán de los cristianos que no querían saber nada con los cristianos y que se atreviese no más a venir que ellos nos habían de dar la muerte con huesos;[606] también castigaron a nues-

---

600 Pedro de Angelis, *Colección de documentos*. (N. del T.)
601 *Monizion unnd profanndt*. (N. del T.)
602 Aquí parece que para llegar a este *Juerich Sabaoe* se navegaba aguas arriba del Paraguay. Ver cap. LI. (N. del T.)
603 Aquí parece como si fuese nombre de nación. (N. del T.)
604 Indistintamente nombre de pueblo y de parcialidad. (N. del T.)
605 Principal. (N. del T.)
606 Con huesos *mit payneren*. ¿No será posible que sea «*con las vainas*»? (N. del T.)

184

tros dos indios malamente con palos y les dijeron que se mandasen mudar presto[607] del real de ellos, porque de no los habían de matar.

Ahora pues estos dos *mansseschere* (mensajeros) se presentaron a nuestro capitán y le dieron el *manssache* (mensaje), de cómo les había ido, con esto nuestro capitán *Marthin Domenigo Eyolla* (Irala) se alzó, y nosotros con él, y marchamos contra nuestro enemigo *Thabere* y los *carios*, enseguida nos formamos y repartimos[608] la gente en 4 divisiones.

Así llegamos nosotros a un agua corriente, que en su lengua india se llama *Schueschíeu* (Xexuy);[609] es tan ancha como el Danubio aquí en este país (Baviera), y como hasta la cintura de un hombre de hondura, o más en algunas partes; pero la tal agua se aumenta mucho en su tiempo, y causa grandes perjuicios en la tierra, así que no se puede viajar por ella.

Y como nosotros teníamos que pasar[610] esta agua, estaba el enemigo con su real del otro lado de ella y por eso nos hicieron gran resistencia y daño al pasar, así que creo yo que esta vez, (el favor de Dios mediante, se entiende) a no ser los arcabuces no hubiese escapado uno de nosotros con vida del lance. Y tanto nos favoreció Dios el Todopoderoso que nosotros pasamos al otro lado del agua, mediante su Divina bendición y pisamos tierra. Cuando los enemigos la tal cosa vieron, al punto huyeron a su pueblo, que estaba a media *milla* (legua) del agua. Luego que nosotros lo vimos los perseguimos con toda nuestra gente y llegamos al pueblo al mismo tiempo que ellos y le pusimos cerco, así que nadie podía salir ni entrar, nos armamos también después sin perder un momento con nuestros *pawessen* (paveses) y hachas, tal y como antes se dijo. Así no estuvimos más tiempo acampados delante del dicho pueblo que desde la mañana hasta la noche, en que Dios el Todopoderoso nos favoreció, de suerte que los derrotamos y salimos vencedores; tomamos el pueblo y matamos mucha gente. Pero ya antes de entrar en pelea nos había encargado nuestro capitán que no matásemos ni a mujeres ni a niños, sino que los tomásemos prisioneros, como que así lo cumplimos nosotros y obedecimos su encargo. Los hombres, empero, cuantos pudimos alcanzar,

---

607 *Leger Packhenn*: Expresión muy inglesa —*pack off*— poner pies en polvorosa. (N. del T.)
608 Repardirten. (N. del T.)
609 Río conocido, afluente del Paraguay, al que entra del Este. Ver mapa de Jolis, al fin. (N. del T.)
610 *Passiren*. (N. del T.)

tuvieron todos que morir. También nuestros amigos los *geberus* se trajeron unas 1.000 cabezas de nuestros enemigos *carios*.

Ahora, después que todo esto había sucedido, llegaron por aquel tiempo aquellos *carios*, que habían salvado de allí junto con su principal *Thabere* (Tabare) y otros de sus principales[611] y pidieron, perdón a nuestro capitán, con tal que les devolviese sus mujeres e hijos, que así volverían a ser los buenos amigos de antes y que nos servirían con toda humildad. Así, pues, nuestro capitán les prometió perdón y entró a favorecerlos; y después de esto se hicieron buenos amigos, hasta que yo salí de la tierra. Año y medio[612] duró esta guerra con los *carios*, así que durante este tiempo no hubo paz con nosotros y no podíamos estar seguros a causa de ellos. Esta campaña y guerra con los *carios* acaeció el año 1546.[613]

611 Obersten. No se usaba aun la palabra «*cacique*». (N. del T.)

612 *Annderhalb jar.* (N. del T.)

613 Según Irala la fecha sería de junio 1545 a febrero 1546. Carta de 1555, Schmídel de Pelliza, pág. 126. Las fechas del texto concuerdan bastante bien con las de la carta. Schmídel no menciona la entrada de Ñuño de Chaves, del año 1546.

La carta de Irala 1555 se refiere al alzamiento y pacificación de estos *carios*, apéndice C bis. (N. del T.)

PACOS oder AMIDA. Ein Indianisch Schaff.

187

Capítulo XLIV. Entrada de Irala al Chaco Boreal por los payaguá y mbayá

Después de esto regresamos a la ciudad *Nostra Singnora de Sunssión* y permanecimos dos años largos en aquella ciudad.[614] Pero en todo este tiempo no había llegado ni navío ni correo alguno de *Hispanienn*; entonces[615] nuestro capitán *Marthin Domenigo Eyolla* (Irala) hizo consultar a la gente a ver si le parecía bien que él con alguna parte de ellos marchase tierra adentro y averiguase si había oro o plata que rescatar. A ello le contestó la gente, que marchase no más en nombre de Dios.[616]

Así por ese tiempo hizo reunir unos 350 de los españoles y les preguntó si querían marchar con él, que él les proporcionaría todo lo necesario para este viaje, es a saber, en indios, rocines[617] o ropa; y ellos se prestaron de muy buena gana a marchar con él. Después también hizo llamar a junta a los principales o caudillos de los *carios* y preguntó si ellos querían acompañarlo con fuerza de 2.000 hombres; y ellos contestaron que de muy buena gana y a su llamado marcharían con él.

Con este tan buen y tan amistoso acuerdo de ambas partes se aprestó dicho nuestro capitán general *Marthin Domenigo Eyolla* en poco más de dos meses después, y emprendió la marcha con esta gente el año 1548[618] aguas arriba del *Paraboe* con 7 navíos *bergenntín* y con 200 *canaon* (canoas). La gente que no podía caber ni en los navíos ni en las *canaen* (canoas) caminaron de a pie por tierra con los 130 caballos. Y cuando nosotros los hubimos reunido a todos por tierra y por agua cerca de un cerro alto y redondo llamado San Ferdinando,[619] donde en aquel tiempo vivían los antedichos *peyenbas*

---

614 Dos años de 1545 a 1547. (N. del T.)
615 Carta de Irala, julio 1547, apéndice C bis. (N. del T.)
616 Villalta hace referencia a esta entrada en términos generales. Ver §§ 60-62. Irala dice que salió de la Asunción en noviembre de 1547 con 250 españoles y 2.000 indios, y que su entrada fue por el puerto de San Fernando, apéndice C bis. (N. del T.)
617 *Rossenn*. (N. del T.)
618 *Anno* 1548 *jar*, así, 1548. Esta es la fecha del regreso. En noviembre renuncia el cargo Irala y es reelecto en 1549. Enseguida vuelve al puerto de San Fernando; se comprende, pues, que Schmídel ha confundido la fecha de la entrada en 1547 con la del viaje segundo en 1548-9. (N. del T.)
619 Ver cap. XXIV. (N. del T.)

(payaguá), allí envió[620] nuestro capitán los 5 navíos *bergenntín* (bergantines) y las *canaen* (canoas) de vuelta a la ciudad *Nostra Singnora de Sunssión*.

A los otros 2 navíos *pergentin* (bergantines) los dejó allí cerca de *San Fernando*, con 50 españoles, a quienes nombró él un capitán llamado *Petter Diess* (Pedro Díaz); les entregó también víveres y lo demás necesario para dos años, y tenían que esperar allí hasta que él volviese de tierra adentro, porque no le sucediese a él y a su gente como le había sucedido al buen señor *Joann Eyollas* (Ayolas) y a los compañeros con él, a quienes los *pyenbass* (payaguá) habían asesinado tan cruelmente. ¡Dios los favorezca a todos! De ello se dijo ya en la f. [22].[621]

Después de esto marchó adelante nuestro capitán con 300 cristianos y 130 caballos y 3.000 carios unos ocho días enteros sin que nosotros hallásemos nación alguna. A los nueve días dimos con una llamada *Naperus*[622] no tienen más de comer que pescado y carne, es una gente alta y fuerte, sus mujeres andan con las vergüenzas destapadas;[623] no son lindas.

Del dicho cerro *San Ferdinando* hasta aquí hay 38 *millas* (leguas);[624] allí nos quedamos esa noche y de allí proseguimos la marcha, viaje de siete días, y llegamos a una nación llamada *Maieaiess* (Mbayá),[625] es una gran muchedumbre de gente; sus súbditos[626] tienen que pescarles y cazarles y hacer lo que se les ofrece, tal y como aquí los paisanos se someten al que es noble.

Esta nación tiene mucha provisión de trigo turco (maíz), *mandeochade* (mandioca), *mandepoere, mandeos propys, padades* (batatas), *mannduiss* (maní), *bachakhue*,[627] y otras raíces más, que son aparentes para servir

---

620 *Manndirt*. (N. del T.)
621 Ver cap. XXV; f. 22 es del original. (N. del T.)
622 *Naperus*: Estos del Norte parece que son los «*Lenguas Machicuys*» de hoy, *guanás, angaités* etc., de Boggiani, etc., que hoy como en aquel tiempo tenían a los *mbayá* y *chané* hacia la parte de arriba, pero no siempre del mismo lado del río Paraguay. Ver prol. § 63. (N. del T.)
623 Otra vez «*bedeckht mit irer scham*». Ver caps. XVI, XXIII y XXXII. Tradúzcanse en todos como aquí, apéndice S. (N. del T.)
624 38 leguas: de 80 a 100 en realidad. Son 4 grados, más las vueltas y revueltas. (N. del T.)
625 *Mbayá*: Sus representantes de hoy son los caduveos de Boggiani, indios de la raza pampeano-guaycurú, prol. XI, § 64. (N. del T.)
626 Sus súbditos hoy como en tiempo de Schmídel son los guanás de Miranda —nación Chané— de la gran raza mojo-mbaure-aruaca. Ver nota anterior. (N. del T.)
627 Ver prol., cap. VI, §§ 6-18. (N. del T.)

de comida. Ítem más tienen venados,[628] ovejas de indias (guanacos),[629] avestruces,[630] *ennten* (antas),[631] gansos, y muchas otras aves. También los bosques están llenos de miel, de la que se hace vino y lo demás que les hace falta; cuanto más adentro se busca en la tierra, tanto más feraz se la encuentra. Ítem año redondo cosechan en el campo trigo turco (maíz) y las demás plantas ya citadas. Estas ovejas, de las que tienen mansas[632] y ariscas, las usan como nosotros aquí a los rocines[633] para los cargar y montar; yo mismo también una vez en el viaje anduve más de 40 *millas* (leguas) montado en una oveja de estas,[634] a saber cuando estuve enfermo de un pie; en el Perú las cargan con mercaderías como si fuesen acémilas.[635]

Estos *mayeaiess* (mbayá) son altos, gallardos y gente guerrera, cuya única ocupación es la guerra. Las mujeres son lindas y no se tapan las vergüenzas;[636] ellas no trabajan en el campo, sino que el hombre tiene que buscarse la mantención; en la casa no hacen ellas más que hilar y tejer cosas de algodón; también preparan la comida y cualquier otra cosa que se le antoja al marido de ellas, y a otros buenos aparceros más, pedirles, cuando se ofrece; y baste con lo dicho del asunto. Quien verlo quiera que allá vaya, y si de otra suerte se niega a creerlo, yendo se convencerá que la cosa es así.[637]

Cuando llegábamos a esta nación, como a una media *milla* (legua) de distancia nos salieron a encontrar en el camino, donde había una pequeña aldehuela, y dijeron ellos a nuestro capitán que debíamos nosotros reposar[638]

---

628 *Hirschen*: Ciervos. (N. del T.)
629 Ovejas de la tierra. Las mansas son las llamas y alpacas, y las ariscas, las vicuñas y los guanacos. (N. del T.)
630 *Rhea americana*. Ñandú. (N. del T.)
631 Anta, tapir o gran bestia. (N. del T.)
632 Schmídel muchas veces da noticias generales a propósito de cualquier dato de estos. A las llamas las vería en el Perú y a los guanacos entre los mbayá. (N. del T.)
633 *Ross*. (N. del T.)
634 Véase la lámina. Las llamas cargan por lo común 4 arrobas; pero se concibe que en caso de apuro hayan servido a Schmídel de rocín. (N. del T.)
635 *Samrossen*. (N. del T.)
636 Ver caps. XVI, XXIII y XXXII, y pág. 247, nota 3. (N. del T.)
637 Estas cosas que Schmídel cuenta con seguridad como de quien las vio son un hecho. La alianza de los mbayá y chanés ha perdurado hasta nuestros días, y nos sirve para probar, si fuese necesario, que el autor los visitó y que era un buen observador de lo que veía, prol., cap. XI, § 64. (N. del T.)
638 *Reposiren*. (N. del T.)

esa noche allí en el dicho pueblo, y que ellos nos traerían todo cuanto nos faltaba; pero esto lo hacían ellos con mala intención, y para asegurarse más enseguida mandaron [ellos] a nuestro capitán 4 coronas de plata, que se ponen en la cabeza; también le dieron 6 *plennschen* (planchas), de plata, de las que cada una medía 1 1/2 jemes de largo y medio jeme de ancho; las tales planchas se las atan a la frente por lujo y como adorno, como también ya se dijo antes. Ítem más mandaron ellos a nuestro capitán 3 lindas doncellas, o mujeres, que no eran viejas.

Durante el tiempo que descansamos[639] en este pueblo, después de la merienda, distribuimos nosotros la guardia, para que así estuviese la gente preparada contra los enemigos, y enseguida nos acostamos a dormir en paz. Más tarde, como a la media noche, sucedió que se le perdieron a nuestro capitán sus 3 doncellas; acaso no pudo satisfacer a todas 3, porque era un hombre de unos sesenta años; si nos las hubiese entregado a nosotros los soldados, tal vez no hubiesen disparado; *en suma*, causa de esto se armó gran alboroto en el real.

Y tan luego como amaneció, nuestro capitán hizo tocar generala y mandó[640] a saber, que cada cual se estuviese en su puesto con sus armas.

---

639 *Reposirten.* (N. del T.)
640 *Manndirt.* (N. del T.)

Capítulo XLV. Visitan a los mbayá, chané, thohannes, payhonos, mayehonas, morronnos, perronoss

Así vinieron los antedichos *mayaiess* (mbayá) en número de 20.000 hombres y pretendieron sorprendernos, mas no nos sacaron mayor ventaja, sino que en esta misma escaramuza quedaron unos 1.000 muertos de la gente de ellos; enseguida huyeron ellos de allí y nosotros los perseguimos hasta su pueblo, mas no encontramos nada allí, ni mujeres ni hijos.

Entonces mandó[641] nuestro capitán y tomó unos 150 arcabuceros y 2.500 indios *carios* y marchó en pos de los *mayaiedess* (mbayá) tres días seguidos y dos noches [a todo apurar], así que no descansábamos nosotros sino solo para comer a medio día y dormir cuatro o cinco horas cada noche.

Y al tercer día dimos con los *mayaeides* (mbayá) todos juntos, hombres, mujeres y niños en un bosque; mas no eran ellos los *maiaies* (mbayá) que buscábamos, sino sus amigos.[642] Ni cuidado que se les daba a ellos de nuestra llegada allí. Así tienen que pagar justos por pecadores;[643] porque cuando nosotros llegamos a los *mayaiess* (mbayá) estos, matamos y apresamos hombres, mujeres y niños en número como de 3 mil personas,[644] y si hubiese sido de día, así como fue de noche, no se escapa uno de ellos; porque había mucha gente junta en un cerro, en que había un bosque muy grande. Yo saqué de esta escaramuza más de 19 personas, hombres y mujeres, que no eran viejas; porque siempre me ha gustado más la gente moza que la vieja; también la parte que me tocó de las mantas de los indios y otras cosas más. Después de esto nos volvimos a nuestro real, allí nos quedamos ocho días, porque había toda clase de buen bastimento. A esta nación de los *mayaiess* (mbayá) desde *San Ferdinando*, donde dejamos los navíos, hay 70 *millas* (leguas) de camino.

---

641 *Mandirt.* (N. del T.)
642 Otra nación de la misma raza. Hoy llamada de los caduveos en la región Miranda, Brasil. (N. del T.)
643 No es esta la única vez que tal cosa sucede en el Chaco. (N. del T.)
644 *Personn.* (N. del T.)

Después de esto volvimos a marchar hasta una nación llamada *Zchennte* (Chané),[645] son vasallos[646] o súbditos de los antedichos *mayaiess* (mbayá), como en esta tierra (Baviera) los paisanos son siervos de sus señores. Nosotros encontramos en este camino muchos rastrojos sembrados con trigo turco (maíz), raíces, y otras frutas más, allí se tiene esta comida año redondo; cuando se recoge una cosecha, ya está la otra madura también, y cuando esta misma también está recogida, ya tienen una otra en berza. Con esto en todo tiempo del año están en vísperas de la mies. Entonces llegamos a un pequeño pueblo que pertenecía a los *zchenne* (chané) y cuando nos vieron todos huyeron de allí. Así nos quedamos dos días allá y hallamos en el tal pueblo (que está a 4 *millas* (leguas) de los *mayaie* (mbayá) más que de sobra de comer.

De allí marchamos nosotros dos días 6 *millas* (leguas) hasta una nación llamada de los tohannes;[647] allí no hallamos gente alguna, pero de comer bastante; están también sometidos a los *mayaies* (mbayá).

De allí marchamos nosotros seis días enteros sin encontrar gente por el camino, y al 7.º día llegamos a una nación llamada de los *payhonos*[648] donde había mucha indiada reunida. El caudillo de ellos salió a recibirnos de paz con mucha gente. Este le rogó a nuestro capitán que no entrásemos a su pueblo, sino que nos quedásemos allí afuera en el mismo lugar; mas nuestro capitán no quiso consentir en nada de eso, sino que se metió derecho en el pueblo de ellos, quieran que no; allí hubimos lo muy bastante que comer de carne, y gallinas, gansos, venados,[649] ovejas,[650] avestruces, papagayos, conejillos. Mas ahora dejo yo de lado lo de trigo turco (maíz) y otras raíces y frutas

---

645 *Chané*. Esa nación de raza tan difundida en nuestro continente. Entre los caribes está representada por la nación Aruaca; aquí son los compañeros de los mbayá, prol., cap. XI, § 46 (bis). (N. del T.)

646 *Baisailles*. (N. del T.)

647 *Thohannes*, etc. Parece que aquí se entra en la región de los chamacocos y chiquitos, más o menos por el paralelo 20.
Irala (Carta 1555) habla de la provincia de los *tamacocas* (chamacocos) y enseguida de los *corocotoquís*, prol., cap. XI, §§ 65-68. El editor de 1889 cree que los *thohannes* pueden ser los taños. El hecho de servir a los mbayá implica que eran de raza chané. (N. del T.)

648 El mapa de Jolis pone a *tunachos* y *panonos* entre los 19º y 20º. Es la región de los zamucos o chamacocos. (N. del T.)

649 *Hirschen*: Ciervos. (N. del T.)

650 Ovejas: Guanacos. (N. del T.)

[sin mencionar], de lo que hay una superabundancia en la tierra; pero agua no hay mucha, casi nada de plata y oro; así que de eso nada preguntamos tampoco, porque las otras naciones que más adelante estaban por esto mismo no huyesen. Nos quedamos tres días enteros entre estos payhonas; allí se impuso nuestro capitán por ellos de la manera de tierra que era; y de los *thohanas* hasta ellos hay 24 *millas* (leguas) de camino; y de allí salimos y llevamos un «lengua»[651] de los *payhanas*[652] que nos mostrase el camino, porque así tuviésemos agua que beber; desde que hay largos trechos en esta tierra sin agua.

Así llegamos nosotros a las 4 *millas* (leguas) a una nación llamada de los *maiehonas* (mayecuna?)[653] donde nos quedamos un día, y de estos volvimos a tomar un «lengua», que nos mostrase el camino; estos se prestaron y nos dieron lo que necesitábamos. Desde allí marchamos nosotros 8 *millas* (leguas) y llegamos a una nación llamada de los morronos; es una gran multitud de gente; nos recibieron muy bien; quedamos dos días enteros entre ellos y tomamos relación de la tierra; de estos también sacamos nosotros un «lengua», que nos enseñase el camino; enseguida marchamos 4 *millas* (leguas) desde allí hasta una pequeña nación llamada de los *perronoss*;[654] no tienen mucho que comer; son fuertes de unos 3 o 4.000 hombres de pelea; quedamos un día entre ellos.

De allí marchamos nosotros 12 *millas* (leguas) a una nación llamada de los *sunennos*,[655] es una gran multitud de gente toda junta, y se halla sobre un cerrillo alto; el pueblo de ellos está rodeado de un bosque espinudo[656] como muro; nos recibieron con sus arcos y flechas [y nos dieron *dardes* (dardos)] de comer; mas no las tuvieron mucho tiempo consigo; muy pronto tuvieron que abandonar el pueblo, pero primero lo incendiaron al mismo; con todo hallamos nosotros bastante que comer en el bosque; quedamos allí tres días y los buscamos en los bosques y en el campo.

---

651 *Sprach*. (N. del T.)
652 *Thohanas* y *payhanas*. Ver atrás nota, prol., cap. XI, § 68. (N. del T.)
653 *Maiehonas* y *morronos*. Naciones desconocidas; tal vez *morotocos*. Mapa de Jolis, prol., ibíd. Los moyganos y mogranoes del clérigo Martín González, apéndice P, §§ 29 y 31. (N. del T.)
654 *Perronos*. Ver nota anterior. (N. del T.)
655 *Sunennos*. En el mapa de Jolis hay unos zatienos. (N. del T.)
656 Tal vez del *cereus* llamado cardón. (N. del T.)

Capítulo XLVI. De los borkenes, leichonos, kharchkonos, syeberis y peyssennos

De allí marchamos en cuatro días 24 *millas* (leguas)[657] y llegamos a una nación llamada de los borkenes;[658] estos no esperaron nuestra llegada, sino que cuando ya estábamos nosotros muy cerca de su pueblo, con tiempo emprendieron la fuga, mas no lograron escapársenos; les pedimos, pues, de comer, y nos llevaron allá gallinas, gansos, ovejas, avestruces y venados, también lo demás que habíamos menester, con lo que quedamos bien satisfechos; permanecimos 4 días enteros entre ellos y tomamos razón[659] de la tierra.

De allí marchamos nosotros tres días enteros, 12 *millas* (leguas) hasta una nación que se llama de los *leichonos*.[660] Estos no tenían mayor cosa de comer, porque la langosta les había devorado el fruto. Allí no quedamos más que hasta el otro día y marchamos de allí cuatro días de viaje, 20 *millas* (leguas) hasta una nación llamada de los *kharchkonos* entre ellos también había habido langosta, mas no había hecho tanto daño como en otros lugares; [así] permanecimos nosotros solo un día entre ellos y tomamos razón[661] de la tierra, y nos dijeron ellos, que en 30 *millas* (leguas) no hallaríamos una gota de agua hasta dar con una nación llamada de los *sieberis*.[662]

Así tomamos nosotros 2 indios, que nos mostrasen el camino y llegamos en seis días a los *syeberís*. Pero muchos de los nuestros murieron de sed, y eso que llevábamos agua con nosotros sacada de los dichos *karckonos* para el viaje. También encontramos nosotros en este viaje, y en algunos lugares, una planta que sale de la tierra, tiene hojas gruesas y anchas, llámase *kardes*;[663] y eso que cuando le llueve a la planta o a sus hojas, se conserva el agua en ellas y no puede salir, y ni consumirse, tal y como si estuviese en una tinaja,[664] y cabe casi una media medida de agua adentro en estas plantas. Así llegamos nosotros a las dos de la mañana a los dichos *syeberís*,

---

657 Como se ve, jornadas algo forzadas de 6, debiendo ser de 4 leguas. (N. del T.)
658 Con los datos de Schmídel no es posible identificarlos. (N. del T.)
659 *Relazión.* (N. del T.)
660 Ver nota anterior N° 2. (N. del T.)
661 *Relazión.* (N. del T.)
662 Los sivisicosis de la traducción castellana. (N. del T.)
663 D'Orbigny, *Viaje*, París, 1835- l., s. 169- ed. Al. 1889, pág. 90. Esta llama a la plana tillandsía. (N. del T.)
664 *Geschirr.* (N. del T.)

que se preparaban a huir de allí con mujeres e hijos; mas nuestro capitán les hizo anunciar por boca de un intérprete[665] que se dejasen estar en sus casas en paz y toda seguridad, y que no había por qué nos recelasen. Estos *syeberís* también sufrían gran escasez de agua, y ni tenían otra cosa alguna que beber; hacía tres meses que no les llovía, por eso se hacían una bebida de una raíz[666] llamada *manndopoere* (mandioca),[667] a saber, se toma la dicha planta, la machucan en un mortero; este jugo se parece a una leche. Pero si hay agua, entonces se puede hacer también vino con ella. En este pueblo solo había un manantial único, y había que ponerle guardia, para que se mirase por el agua y se diese cuenta y razón de ella; [también tuvo a bien el capitán encargarme del agua en ese tiempo] para que hasta el agua se arreglase y distribuyese según la medida impuesta por el capitán en aquel momento y para este fin. Porque grande era la escasez de agua, al grado que nadie averiguaba ni de oro, ni de plata, de comer ni de otra cosa alguna, sino solo de agua. Así me gané en esta vez entre nobles y plebeyos, [y] de todos en general, la buena voluntad y favor, porque no les mezquinaba en esa ocasión; al propio tiempo tuve buen cuidado, que a mí tampoco me faltase agua. En todo el ancho y largo de esta tierra no se encuentra más agua que la que proporcionan las represas. Más, los *syeberís* hacen la guerra a otros indios por interés del agua.

Con esta nación nos quedamos cuatro días, porque nosotros no sabíamos lo que deberíamos hacer, si teníamos que marchar para atrás o para adelante; entonces tiramos a la suerte sobre los dos caminos, por saber si habíamos de marchar para atrás o para adelante; y fue que tocó la suerte de marchar adelante. A esto nuestro capitán pidió a los *syeberís* informe de la tierra y razón de toda ella; entonces contestaron ellos, que teníamos que marchar seis días hasta llegar a una nación llamada *peysennes*[668] y que en el camino encontraríamos que beber de 2 arroyuelos y de los antedichos *kardes*.

Así pues nos preparamos para la marcha y nos llevamos algunos *syeberís* para que nos mostrasen el camino. Mas cuando hubimos llegado a los tres

---

665 *Dulmescher.* (N. del T.)
666 *Wurzl.* (N. del T.)
667 Prol., cap. VI. (N. del T.)
668 Indios desconocidos. Estos y los syeberís son los cimeonos de Martín González, apéndice P. § 33. (N. del T.)

días de camino del pueblo de ellos, huyeron los dichos *syeberís* esa noche de allí, así que no los vimos más; de suerte que nosotros mismos tuvimos que dar con el camino y llegamos después de todo a los *peyssennos*, que se prepararon a la defensa y no quisieron ser nuestros amigos, pero poco fue lo que nos sacaron, antes bien, con el favor de Dios los vencimos y les conquistamos el pueblo y ellos se dieron a la fuga; no obstante nosotros hicimos algunos prisioneros en esta escaramuza, que nos contaron como habían tenido en su pueblo a 3 españoles, de los que uno, con el nombre de *Jehronimus* (Gerónimo), había sido trompa de *thonn* (don) *Piettro Manthossa*, los cuales 3 españoles había dejado *Jann Eyollas* (Ayolas) enfermos entre los *peyssennes* de lo que se trató ya en la foja [22],[669] en el tiempo que *Jann Eyollas* (Ayolas) marchó de regreso de esta nación; a estos 3 españoles los habían asesinado los *peysennos* cuatro días antes de nuestra llegada, es decir, después que se anoticiaron de nuestro arribo por los *syeberís*; por lo que más tarde recibieron buen escarmiento a manos nuestras. Así nos acampamos catorce días enteros en el pueblo de ellos, y los buscamos y hallamos todos juntos cerca de un bosque, pero no a todos; a aquellos los matamos y tomamos prisioneros; ellos nos avisaron de todas las ventajas de la tierra, sobre la que nuestro capitán sacó muchas cosas de la relación[670] de ellos, y nos dieron una buena noticia, a saber, que nos faltaban cuatro días de camino o 1[6] *millas* (leguas) de camino para llegar a una nación llamada *maigenos*.[671]

---

669 Cap. XXV. (N. del T.)
670 *Relazión.* (N. del T.)
671 Con solo el nombre no es posible la identificación. Siguiendo el orden serían los *corocotoques* de Martín González, apéndice P, § 34. Como nombre se parece al de los *moyganos*, del § 30. (N. del T.)

Capítulo XLVII. De los maygennos y karckhokíes y de las salinas

Después de esto marchamos nosotros a los *maygennos* y llegamos a su pueblo; que se dispusieron a la defensa y no quisieron ser nuestros amigos. El pueblo de ellos se hallaba sobre un cerrillo que estaba rodeado por cerco de espinas, muy tupido y ancho y tan alto que se necesitaba un hombre con un espadín[672] para que alcance a la cima. Eso que nosotros los cristianos junto con nuestros carios atacamos a este pueblo por los dos costados, ellos, los *maygennos*, nos mataron 12 cristianos junto con algunos otros de los carios nuestros que ellos voltearon en la escaramuza, antes que nosotros ganamos el pueblo; cuando ya vieron que nosotros estábamos bien adentro de su pueblo, ellos mismos lo incendiaron y a toda prisa dispararon; allí tuvieron que dejar a algunos, como es de suponer.

Después que ya todo esto se había concluido, a los tres días, los carios se mandaron mudar con tanto sigilo que nosotros no nos apercibimos de ello, y alzaron sus arcos y flechas, marcharon unas 2 o 3 *millas* (leguas) de nuestro real, alcanzaron a los fugitivos *maygennos*, pelearon estas 2 naciones una con otra allí con tal encarnizamiento que de los carios perecieron más de 300 hombres, y de los *meygennos*, sus enemigos, innumerables personas, como para no escribirlo; eran ellos tantos que llenaban una *milla* (legua) entera de camino. Entonces nuestros *carios* enviaron un correo a nuestro capitán en el pueblo y pidieron y suplicaron que fuésemos en su ayuda, que ellos estaban acampados en un bosque, que no podían moverse ni para atrás ni para adelante, y también que estaban rodeados por los *maygennos*.

Cuando nuestro capitán esto supo no perdió un momento e hizo reunir los caballos y 150 cristianos y 1.000 carios de los nuestros; el resto de la gente tenía que quedarse en el real y defenderlo, porque los *maygennos* nuestros enemigos no lo sorprendiesen durante nuestra ausencia; enseguida marchamos con los dichos caballos, 150 cristianos y 1.000 *carios* o indios en auxilio de los susodichos carios nuestros. Después que los *maygennos* nos vieron y observaron, abandonaron ellos su real y huyeron a prisa de allí; nosotros también los perseguimos, pero sin poderlos alcanzar. Mas como les fue al fin y al cabo, [eso que] marchábamos de regreso a nuestra ciudad, de donde habíamos salido, será asunto para después. Así pues llegamos a los

---

672 *Rapir*, estoque. (N. del T.)

carios y dimos con muchos muertos de ellos y de los enemigos *maygennos*, cosa que nos causó admiración; pero nuestros amigos los carios, que aun quedaban con vida, se alegraron mucho porque habíamos llegado nosotros para ayudarlos. Después marchamos juntos con ellos de regreso a nuestro real y nos quedamos allí cuatro días largos, y teníamos en este pueblo de los *maygennos*[673] abundancia de comida y todo lo necesario.

Allí nos pareció bien a todos juntos llevar a cabo nuestro proyectado viaje, ya que se nos proporcionaba la ocasión de experimentar cómo era la tierra, por eso también nos pusimos en camino y marchamos trece días largos, hay más o menos a nuestro juicio 72 *millas* (leguas) a una nación llamada *karckhokies*, y cuando estábamos en los primeros 9 días de este viaje llegamos a una tierra que tenía de largo y de ancho 6 *millas* (leguas) de camino, en que no había otra cosa que pura sal de buena calidad, tan gruesa que parece que hubiese nevado; la tal sal se conserva invierno y verano.[674]

En esta tierra de salinas permanecimos dos días de tiempo, porque no sabíamos por donde salir ni por qué camino tomar para acabar con nuestro ya emprendido viaje. Aquí nos favoreció Dios el Todopoderoso, así que tomamos el buen camino y llegamos, pasados cuatro días de viaje, a los *kharckhokies*;[675] y cuando nosotros estábamos como a 4 *millas* (leguas) del propio pueblo, mandó allá 50 cristianos y 500 carios, para que preparasen *losament* (alojamiento). Después que nosotros ya habíamos entrado en el pueblo, encontramos allí una gran nación reunida, como no habíamos visto otra igual en este viaje, por lo que nos pusimos en bastante cuidado. Pero en este apuro hicimos que uno de los nuestros volviese atrás e hicimos saber

---

673 No conduce a nada querer identificar a estos indios, que eran de los *tamacocas* y *corocotoquis* nombrados por Irala, carta de 1555, ed. cit. Son los *zamucos* de Jolis, chamacocos de Boggiani, chiquitos y otras naciones de esa región. Véase la carta de Martín González, apéndice P, § § 27 a 35. El desgraciado fin del explorador Guido Boggiani en 1901, nos ha privado de una nueva oportunidad de conocer a fondo esta región del punto de vista etnográfico. Por ahora quedamos en lo cierto, que Irala anduvo por tierras de chamacocos, chiquitos, mojos y chiriguanos, *de acá para allá*, buscando El Dorado, y haciendo algunas de las cosas que le imputa Martín González, carta indispensable para el estudio de la relación de nuestro autor. Ver prol., cap. XI, §§ 65 a 71, apéndice P. (N. del T.)

674 En el mapa del P. Jolis (Gran Chaco) al norte del paralelo 20°, y entre los meridianos 317° y 318, en tierra de *zamucos* (chamacocos), están marcadas unas salinas. (N. del T.)

675 *Kharckhokies*. Por la descripción pueden ser nación de los chiriguanos, pero más probable es que sean los corocotoques, apéndice P. § 34. (N. del T.)

al capitán el lance que nos esperaba para que viniese a socorrernos lo más pronto posible; y tan luego como nuestro capitán recibió el tal mensaje, se apareció esa misma noche con toda la gente y esa mañana entre 3 y 4 estaba ya con nosotros. Mas los *karkhokhies* ignoraban que tenían que habérselas con más gente que nosotros los de antes, y así no pensaban en otra cosa que en la derrota segura que nos esperaba. Pero después que ellos comprendieron y vieron que nuestro capitán había llegado con más gente allí, quedaron muy pesarosos, enseguida nos manifestaron su buena voluntad y pacífica intención en todo, porque otra cosa ya no podían hacer, sin exponer a sus mujeres, e hijos y a su pueblo; mientras tanto nos traían carne de venados, gansos, gallinas, ovejas (guanacos) avestruces *ennden* (antas), conejillos y más otras piezas de campo y aves, de que había gran abundancia en la tierra.

Ellos los Indios se ponen una piedra redonda y azul del tamaño de una dama en los labios. Sus defensas o armas son *dardes* (dardos), arcos y flechas, y más, paveses hechos de *annda* (anta) o sean rodelas. Pero sus mujeres tienen un canutillo asegurado a los labios en el que meten ellas una piedra verde o gris. También visten un *dipoe* (tipoy),[676] que se teje de algodón, del tamaño de una camisa, pero no tiene mangas; y son mujeres hermosas, porque no hacen otra cosa que coser y cuidar la casa; el hombre tiene que trabajar en el campo y procurar todo lo necesario.

---

676 Estos usos y costumbres son de los chiriguanos. Véase nota anterior. (N. del T.)

200

Maipenos

Capítulo XLVIII. De los machkaisíes y llegada al Perú

De allí marchamos nosotros a los dichos *machkaisies* y nos llevamos algunos de los korchkaykies para que nos mostrasen el camino; y cuando estábamos a tres días de viaje de este pueblo, de allí los dichos karchkokies nos dejaron callados, no por esto dejamos de viajar y llegamos a un agua corriente llamada *Machkaysies*, que tiene *milla* (legua) y media de ancho, y cuando llegamos allá no dábamos nosotros con un vado seguro para pasarlo; así pues, Dios, nuestro Señor, nos concedió su Divino favor, mediante el cual logramos pasar esta agua, es decir, en la forma que sigue: hicimos unas pequeñas balsas para cada 2, de palos y ramas, y nos dejamos llevar aguas abajo, esto mediante llegamos a la banda del agua; y en el pasaje este se ahogaron de la gente nuestra 4 personas de una de las balsas. ¡Dios nos favorezca [a ellos y] a nosotros! Esta agua da buen pescado, *Ítem* fieras como tigres muchas, y está a no más de 4 *millas* (leguas) de camino de los *Machkaysís*.[677]

Después que nosotros ya nos acercábamos a algo más que una *milla* (legua) larga de camino de los dichos *machkaysis*, allí nos salieron al encuentro y nos recibieron muy bien, y enseguida nos empezaron a hablar en español; nos quedamos fríos donde estábamos y acto continuo les preguntamos a quien estaban sometidos, o a quien tenían por señor; contestaron ellos a nuestro capitán y a nosotros, que eran súbditos de un caballero en España, llamado *Peter Ansuless* (Pedro Anzures).[678] Entramos, pues, nosotros en el pueblo de ellos y encontramos que los chicos, como también algunos hombres y mujeres, estaban todos comidos de un insecto, que se parece a una pulga; éstos, si llegan a meterse entre los dedos de los pies de la gente, salvando los respetos sea dicho, o cualquier otra parte del cuerpo, allí comen y penetran hasta que sale al fin un gusano allí, como los que se hallan en las avellanas; pero hay que sacarlos oportunamente, para que no se echen a perder las carnes; pero si se deja pasar demasiado tiempo, acaban por comerse los dedos enteros: mucho se podría contar sobre esto.[679] De

---

677 La nota a la edición de 1889 propone identificación con los *machicuys*, cosa imposible. Ver prol. XI. § 73, al fin. (N. del T.)

678 Fundador de La Plata, o Chuquisaca en los Charcas. (N. del T.)

679 Se trata del pique o nigua, tan general en los países cálidos de nuestra América. (N. del T.)

nuestra tantas veces citada ciudad *Nostra Singnora de Sunssión* a este pueblo *machkaysies*, por tierra hay 377 *millas* (leguas)[680] según la *altnere* (altura).[681]

Ahora, pues, unos veinte días de tiempo estuvimos acampados en este pueblo de los *mackaysíes*. Por esos días nos llegó una carta de una ciudad llamada *Lyeme* (Lima) en el Perú; allí en aquella sazón se hallaba el gobernador[682] principal por la Cesárea Majestad con el nombre de *presente* (presidente) o *lizenziate* (licenciado) de *Cascha* (La Gasca), quien por aquel entonces había hecho cortar las cabezas a *Connsulo Presero* (Gonzalo Pizarro) y a otros nobles y plebeyos que hizo decapitar junto con él, o condenar o galeras; es decir, que así lo hizo, porque el dicho *Consulo Piesiero* (Gonzalo Pizarro), ya finado, no quiso sometérsele al licenciado *de Cascha* (La Gasca), sino que se alzó con la tierra contra la Cesárea Majestad; por esto el dicho *presente de Cascha* (presidente La Gasca), en nombre de la Cesárea Majestad, con demasiado rigor le dio su merecido; porque muchas veces sucede que uno hace más que lo que el mandato de su superior le faculta a hacer, y que lo que le ha encargado su señor, como suele suceder en el mundo. Yo tengo para mí que la Cesárea Majestad le hubiese perdonado la vida al dicho *Connsulo Piesiero* (Gonzalo Pizarro), si él en persona imperial lo hubiese prendido; esto le dolía, que se le impusiese señor en lo que eran bienes suyos; porque esta tierra del Perú era a todas luces delante de Dios y del mundo, de él *Consulo Piesiro*,[683] en razón de que él junto con sus hermanos *Margose* (el Marqués) y *Ernando Piesieron* (Hernando Pizarro), habían sido los primeros de todos que descubrieron y conquistaron la tierra del tal reino. Esta tierra con razón se llama tierra rica; porque todas las riquezas que posee la Cesárea Majestad salen del Perú y de *Nove Hispaniam* (Nueva España)[684] y *Terra firma* (Tierra Firme).[685] Pero la envidia y el odio son tan grandes en el mundo que el uno al otro no se quiere el bien; así también le aconteció al

---

680 La Asunción está en 25° 20' de latitud sur y 60° longitud O. de París. Los *machkaysies* no podían estar muy lejos de los 20° latitud y 65° longitud. Se ve, pues, que anduvieron de acá para allá; porque en línea recta no podían ser ni la mitad de las 377 leguas. (N. del T.)

681 *Altnere* por *altuere*, confusión de *n* por *u*. (N. del T.)

682 Oberster Statthalter. (N. del T.)

683 ¿Qué contestarían a esto Atau-Ualipa y las demás víctimas de la conquista? (N. del T.)

684 México. (N. del T.)

685 La costa boreal de la América del Sur. (N. del T.)

pobre *Connsulo Piesiero*, que un rey había sido, y después se le había hecho cortar la cabeza. ¡Dios lo favorezca! Mucho habría que escribir sobre esto, pero el tiempo no lo permite.

Ahora esto era lo que la antedicha carta decía, que, en nombre de la Cesárea Majestad, nuestro capitán *Marthín Domenigo Eyolla* con su gente de guerra no se moviese de allí so pena de cuerpo y vida,[686] sino que esperase allí entre los *maygosís* hasta nuevas órdenes. Mas lo cierto del caso es probable que fuese, que el *gubernator* (gobernador) temía, que nosotros no hiciésemos algún alboroto contra él en la tierra juntándonos con los que se habían escapado de allí y habían huido a los chacos y a los cerros;[687] y eso es precisamente lo que también hubiese sucedido al habernos juntado, los unos con los otros; lo hubiésemos corrido de la tierra nosotros al *gubernator* (gobernador). Pero el dicho *gubernator* (gobernador) hizo un convenio con nuestro capitán y le dedicó un gran regalo, con lo que él lo tranquilizó y se aseguró la vida de aquel lance; nosotros la gente de guerra no sabíamos nada de estas componendas, que de haberlas sabido, lo habríamos atado de pies y manos a nuestro capitán y llevado al Perú.[688]

Después de lo cual nuestro capitán envió al Perú, al *gubernator* (gobernador), 4 mensajeros, y uno capitán llamado *Nufflo de Schaifess* (Ñuflo de Chaves),[689] el otro *Unngate* (Pedro de Oñate), el tercero *Michel Pude* (Miguel de Rutia), el cuarto *Abai de Korthua* (Rui García).[690] Estos 4 compañeros llegaron al Perú en mes y medio, y primero a una ciudad llamada *Poduesies* (Potosí),[691] enseguida a otra llamada *Kuesken* (Cuzco)[692] la tercera *Bille de le*

---

686 *Pey leib unnd pey leben:* so pena corporal y capital. Véase la Carta de Irala, 1555, apéndice C bis. (N. del T.)

687 Se advierte la anarquía que reinaba en el real de Irala, de la que tanto se queja éste. Carta ibíd. (N. del T.)

688 Irala se queja amargamente de la insubordinación de su gente y del mal ejemplo de los oficiales reales, pero en palabras muy medidas. Carta ibíd. (N. del T.)

689 Irala dice que él mandó a Ñuflo de Chaves. Los otros irían de parte de los sublevados. Carta citada. Ruy Díaz dice que Ñuflo de Chaves y Miguel de Rutia fueron de parte de Irala, y Rui García de los otros, ed. 1882, pág. 121. (N. del T.)

690 *Abai de Korthua.* Ver *Argentina ut supra.* (N. del T.)

691 Si es cierto que Potosí (68º 20', por 19º 30') fue la primera, ello precisaría el punto de entrada. (N. del T.)

692 Si el Cuzco fue la segunda, mal pudo ser La Plata (Sucre hoy) la tercera, si marchaban camino de Lima. (N. del T.)

Platte (Chuquisaca) y la cuarta capital llamada *Lieme* (Lima); estas 4 son las más principales ciudades y más ricas del Perú.

Allá cuando estos 4 mensajeros llegaron a la primera ciudad *Poduesis* (Potosí)[693] en el Perú, allí se quedaron los 2 llamados *Michel Puedt* (Miguel de Rutia) y *Abaie* por causa de debilidad, porque se habían enfermado en el viaje; y los otros dos *Nueffle* (Chaves) y *Ungenade* (Oñate) siguieron viaje por la posta y llegaron a *Lieme* (Lima)[694] a lo del *gubernator* (gobernador); los recibió pues muy bien y les tomó relación[695] de todo, de como se habían arreglado las cosas en la tierra del *Río de le Platta*, y mandó después que los alojasen bien y los tratasen lo mejor posible, también les regaló a cada uno 2.000 ducados. Después de esto el *gubernator* encargó a *Nueffle Schaifies* (Ñuflo de Chaves) que le escribiese a su capitán, para que se estuviese él con su gente allá entre los *marckkaysies* hasta nueva orden, pero que no les tomase nada ni hiciese mal, no siendo cosa de comer que hubiese allí; porque nosotros sabíamos muy bien que había rescates de plata entre ellos; pero como eran súbditos y vasallos de un español no nos atrevíamos a perjudicarlos.[696]

Pero este correo[697] del *gubernator* estando en viaje fue descaminado por un español, llamado *Parnau*[698] que estaba en acecho por orden de nuestro capitán; porque éste desconfiaba que estuviese por llegar otro capitán del Perú a gobernar su gente, como que también ya por ese tiempo se había nombrado uno;[699] por esta causa mandó él, nuestro capitán, al dicho *Pernau* al camino y le ordenó que si fuese cosa que se tratase de carta, la trajese él consigo a los *carios*;[700] lo que a su tiempo se cumplió.

---

693 Aquí reitera que entraron por Potosí (N. del T.)
694 Entrarían por Potosí y el Cuzco a Lima, y volverían por el Cuzco y Chuquisaca o La Plata. (N. del T.)
695 *Relazion.* (N. del T.)
696 Le valga la franqueza. (N. del T.)
697 El *chasqui* o *chasque* de los peruanos. (N. del T.)
698 Nombre desconocido. (N. del T.)
699 Diego Centeno, con jurisdicción desde 23° 33' latitud sur 14° para abajo (37° 33'), y desde de la línea del Cuzco y de los Charcas hasta la del Brasil, con facultad de poblar ciudades fuera de estos límites. Murió sin recibirse. Ver Herrera, año 1548, dec. VIII, lib. V, cap. I. (N. del T.)
700 Irala se había retirado de los demás, y andaba solo. La Providencia parece que prefería el «malo» de Irala a los «buenos» que morían o desaparecían para hacerle lugar. (N. del T.)

Capítulo XLIX. De la tierra de los marchkhaysíes. Regreso al Río de la Plata. Alzamiento de Diego de Abreu

De tal modo se había manejado y tanto había hecho nuestro capitán allí con la gente, que en razón de víveres ya no podíamos permanecer más entre los *marchkhaysíes*; porque los víveres que teníamos no alcanzaban para un mes; mas si nosotros hubiésemos sabido, que se nos iba a *proveer*[701] o nombrar un [nuevo] *gubernator*, no nos hubiésemos movido de allí, hubiésemos hallado harta comida y *remedi* (remedio) (a la cosa);[702] pero en el mundo todo es picardía.[703] Después marchamos nosotros de regreso a los *harchkokoes* (corocotoquis).[704] Debía[705] yo haberos contado también, a saber, que los dichos *machkaysis* tienen una tierra tan fértil que no se había visto otra igual hasta entonces; por ejemplo, cuando un indio sale al monte o selva, y en el primer árbol que allí encuentra abre un agujero con el hacha, de él saltan unas 5 o 6 medidas de miel tan pura como almíbar; las tales abejas son muy pequeñas y no pican. La tal miel, que [es] de la buena, se puede comer con pan o con cualquier otra comida, se hace también de ella buen vino, como en esta tierra (Baviera) hidromiel; [es] aun mejor y más sabrosa al paladar.[706]

Cuando después de esto llegamos nosotros a los antedichos *worckhobosíes*,[707] todos ellos con mujeres e hijos habían huido de allí y se ponían a buen recaudo de miedo de nosotros; pero mejor les hubiese estado quedarse en su pueblo; porque al punto les envió nuestro capitán otros indios y les hizo decir que debían volver a sus pueblos y que se dejasen de tenernos miedo, que no se les irrogaría perjuicio alguno; mas ellos no

---

701 *Probiedo.* (N. del T.)
702 A no dudarlo, pero con perjuicio. Ver Carta de Irala, apéndice C bis. (N. del T.)
703 Hasta el no dejar que la hagan con los indios de paganos, La franqueza del autor encanta. (N. del T.)
704 Donde determinó Irala «aguardar». Era «provincia de los *corocotoquis*, 52 leguas distantes destos *tamacocas*, así por mi palabra como por la de los oficiales de V. A. *contra mi voluntad*, y de hecho, trataron los oficiales de V. A. de dar vuelta a esta ciudad de la Asunción etc.» (N. del T.)
705 Esto precede de la versión castellana. (N. del T.)
706 La edición Hakluyt tiene aquí una nota inexplicable, pág. 77. La miel de los *camoatí* es una cosa, la *miel de palo* es otra, y se saca como lo describe Schmídel: los árboles de los chacos están llenos de esta miel. (N. del T.)
707 Corocotoquis. (N. del T.)

quisieron hacer caso de ello sino que por contestación nos mandaron que despejásemos el pueblo, porque de no, nos arrojarían de allí a la fuerza.

Después que nosotros nos hicimos cargo de la tal cosa, nos dispusimos a toda prisa y marchamos contra ellos, no obstante que entre nosotros la gente de pelea había algunos[708] cuyo parecer y deseo era que se mandase al capitán y se le hiciese decir, que no debía marchar contra aquellos, porque ello podría ser causa de una gran hambruna en la tierra, de suerte que si se ofreciere pasar del *Perú* al *Río delle Plata*, no encontrarían allí nada de comer;[709] mas nuestro capitán[710] y la *comunitett* (comunidad)[711] no quisieron entrar por ello, sino que siguieron el antedicho propósito y marcharon contra los dichos *wockhhobosíes* (Corocotoquis),[712] y cuando ya estábamos nosotros como a 1/2 *milla* (legua) de camino de ellos ya habían sentado sus reales al abrigo de 2 cerros y bosques a los 2 costados, porque, llegado el caso de que nosotros los venciésemos, pudiesen ellos escaparse de nosotros con más facilidad. Pero la cuenta les salió mal parada: aquellos que nosotros alcanzamos tuvieron que quedar allí o ser nuestros esclavos; así que en la tal escaramuza nos ganamos[713] hasta unos 1.000, sin contar los que matamos hombres, mujeres y niños.[714]

Después de estos nos quedamos dos meses largos en este pueblo que era tan grande como serían cualesquiera 5 o 6 de los otros. Así, pues, marchamos adelante hasta el pueblo donde habíamos dejado los 2 antedichos navíos de que se trató en la f. (48)[715] y estuvimos en el viaje año y medio, en que nosotros no hicimos más que guerrear con los demás, y en este viaje nos hicimos de hombres, mujeres y niños hasta el número de 12.000 *personas*[716] obligados a ser nuestros esclavos; también me tocaron por mi parte unas 50 personas entre hombres, mujeres y niños.

---

708 Esta relación en el fondo concuerda con las quejas de Irala en su carta ya citada. No era ya él jefe de la expedición, sino Gonzalo de Mendoza. (N. del T.)

709 *Profant.* (N. del T.)

710 Capitán: en este caso ya no era Irala. (N. del T.)

711 *Comunitett:* basta esta palabra para comprender el estado de sublevamiento en que se hallaba la expedición. (N. del T.)

712 Carta de Irala, apéndice C. bis. (N. del T.)

713 Irala lo trata de «Caso por cierto feo», ibíd. (N. del T.)

714 La de siempre. (N. del T.)

715 Cap. XLIV. (N. del T.)

716 Personn. ¡Pobres indios! (N. del T.)

Y eso que nosotros llegamos a las naos[717] nos avisó la gente que habíamos dejado en estos navíos *bergentin* (bergantines) de como, en nuestra ausencia, un capitán llamado *Diego Abriegenn* (Diego de Abrego)[718] natural de *Sievilla* en *Hispania*, por propia cuenta, y un capitán con el nombre de *thonn Fran. Manthossa* (don Francisco de Mendoza),[719] que nuestro capitán general *Domenigo Marthin Eyolla* (Irala) había nombrado para capitán de los 2 navíos y de la gente misma, habían armado un gran alboroto entre ellos, pretendiendo éste que él y no otro debería mandar y gobernar en la ciudad, durante la ausencia, mientras que el dicho *Diego de Abriego* (Diego de Abreu o Abrego) quería mandar solo; mas *thonn Francisco Manthossa*, como capitán delegado y lugarteniente de *Marthín Domenigo Eyolla* (Irala), no quería consentírselo.[720] A todo esto se armó una merienda de negros[721] entre ellos, hasta que por fin *Tiego de Abriego* quedó dueño del campo, y derrotó y le cortó la cabeza a *thonn Fran Manthossa*.

---

717 El 13 de marzo de 1549 fue elegido Irala nuevamente teniente de Gobernador en el puerto de San Fernando. Ver Probanzas a la Carta de Irala, ed. 1881, pág. 135. Ruy Díaz dice que llegaron al puerto a fines de 1549. *Argentina*, pág. 122, ed. 1882. Irala dice que llegaron a principios de marzo. (N. del T.)

718 O sea Diego de Abreu. (N. del T.)

719 La mejor fuente que tenemos para conocer estos acontecimientos es la carta del mismo Irala de fecha 1555. El 10 de noviembre 1548 se «desistió del cargo» Irala, y los oficiales nombraron a Gonzalo de Mendoza. Hacen de las suyas con los indios. En marzo del 49 al llegar a San Fernando saben que «Diego de Abrigo» le había cortado la cabeza a Francisco de Mendoza, teniente de Irala, en la Asunción. El 13 de marzo es reelegido Irala por los mismos Oficiales Reales y marcha contra Abreu. Lo que pasó se cuenta en la carta tantas veces citada.

En enero de 1553 sale Irala de la Asunción, regresa por los desasosiegos de Abreu, vuelve a salir a su expedición, y de vuelta en septiembre de 1553 halla que habían muerto a Diego de Abreu. Esto es oficial y cierto. No se comprende cómo Herrera incluye el alzamiento y muerte de este capitán bajo los años 1545 y 46. Dec. VII, lib. X, cap. 15 y dec. VIII, lib. II, cap. 17, pág. 43, ed. Madrid. Si Herrera pudo equivocarse así, hay que disculpar muchos errores de Schmídel. (N. del T.)

720 *Connsenthiren*. Ver nota anterior. (N. del T.)

721 *Pettlersdanz*. (N. del T.)

Capítulo L. Motín de Abreu. Schmidel recibe cartas de España

Entonces sin perder un instante puso a toda la tierra en alarma y quiso marchar contra nosotros aquí, y primero se fortificó en la ciudad; mientras esto llegamos nosotros con nuestro capitán *Marthín Domenigo Eyolla* (Irala), a las puertas de la ciudad, mas ni así quiso él dejarlo entrar a nuestro capitán, ni tampoco entregarle la ciudad, ni mucho menos reconocerle por señor.

Después que nuestro capitán se apercibió de la tal cosa, le pusimos nosotros cerco a la ciudad *Nostra Signora de Sunssión*; después de lo cual la gente de pelea que estaba en la ciudad, cuando vieron que la cosa era de veras de parte nuestra, salían diariamente adonde nosotros estábamos en el campo y le pedían perdón a nuestro capitán.

Cuando el dicho *Diego de Abriego* (Abrego) conoció cuál era la conducta de su gente, y que no se podía fiar de ella, por otra parte recelaba que cualquier noche de esas tomásemos la ciudad por traición, que era lo más probable que allí aconteciese, se aconsejó él con sus mejores compañeros y amigos, y averiguó cuáles eran los que estaban dispuestos a salir de la ciudad con él; así se llevó consigo cerca de 50 hombres; los demás, tan luego como salieron de la ciudad los que iban con el *Diego*, se plegaron a nuestro capitán y le entregaron la ciudad y le pidieron perdón; así se los prometió el capitán y entró en la ciudad.

Mas el dicho *Diego de Abriego* (Abreu) merodeó con los 50 cristianos en unas 30 *millas* (leguas) de camino a la redonda, así que nosotros no pudimos vencerlos; y estos dos caudillos se hicieron la guerra el uno al otro durante dos años enteros, de suerte que el uno por causa del otro no se contaba seguro; porque el *Diego de Abriego* (Abrego) no se quedaba mucho en lugar alguno; hoy allí, mañana en otra parte, y donde nos podía perjudicar no se descuidaba él, porque hasta se parecía a un salteador de caminos.[722] En *suma*,[723] si quería nuestro capitán estar en tranquilidad tenía que buscar arreglo con el Diego, y pactó un casamiento con sus 2 hijas[724] que dio él a los 2 primos del *Diego* (Abreu), llamados el uno *Aluiso Richkell* (Alonso Riquelme de Guzmán),[725] y el otro Francisco [Vergara] (Francisco Ortiz de Vergara), y

---

722 Ver la carta de Irala, apéndice C bis. (N. del T.)
723 Inn suma. (N. del T.)
724 Los casamientos fueron 4, uno de ello con Gonzalo de Mendoza. (N. del T.)
725 Padre del historiador Ruy Díaz de Guzmán. (N. del T.)

recién cuando se concertaron los tales casamientos conseguimos estar en paz entre nosotros.

Por el mismo tiempo me llegó una carta de *Hispania* por *Sevilla* y del factor de *Fuckher*, llamado *Chriestoff Reysser*, a saber, de como a la misma persona[726] le había escrito *Sebastián Neithart*, por pedido de mi finado hermano *Thoma Schmidl*, por si fuese posible que se me ayudase a regresar a mi tierra, lo cual él, el dicho *Chriestoff Reysser*, con toda diligencia de su parte había solicitado[727] y tratado de cumplir, a lo que se debió que me llegó la carta, la cual recibí yo el año 1552, el día 25 de julio, o sea el día de Santiago.[728]

726 Mann. (N. del T.)

727 Solicitiért. (N. del T.)

728 La «víspera de Santiago del dicho año de 52, llegó a esta ciudad Hernando de Salazar, etc.». Carta de Irala, 1555, apéndice C bis. Este traería las cartas a que se refiere Schmídel. No puede darse una concordancia más completa. (N. del T.)

Capítulo LI. El autor emprende viaje de vuelta. Baja por el Río de la Plata y sube por el Paraná

Después que leí yo la carta, sobre la marcha pedí licencia a nuestro capitán *Thomenigo Martín Eyolla* (Irala), mas él al principio no quiso dármela; pero más tarde tuvo él que reconocer mi largo servicio prestado, desde que yo por tantos años había servido fielmente a la Cesárea Majestad en tierra, y que por él, capitán *Eyolla* (Irala) muchas veces había puesto en peligro cuerpo y vida y que jamás lo había abandonado; de esto debió acordarse él y me dio licencia, me encomendó también carta para la Cesárea Majestad, es decir, para que en ella hiciese él saber a Su Majestad cómo se estaba en la tierra *Rio delle Platta*, y qué era lo que en ella había acontecido durante el tal tiempo. Las tales cartas las entregué yo a los consejeros de la Cesárea Majestad en Sevilla, a quienes yo también de palabra hice relación y di buena cuenta de la tierra.

Y cuando yo ya tuve todas mis cosas dispuestas para el viaje, fue que me despedí amistosamente del capitán *Marthin Domenigo Eyolla* (Irala) y de los demás buenos compañeros y amigos; me llevé también 20 indios carios, que cargasen con lo necesario para un viaje tan lejos; porque cada uno tiene que calcular lo que puede precisar para el camino.

Y 8 días antes que yo debía partir, llegó uno del *Presiel* (Brasil); trajo noticia, de cómo precisamente debió haber llegado allí un navío de *Liesebonna* (Lisboa) en *Portugal*, el cual pertenecía al muy honorable y discreto señor *Johann von Hielst* allá en *Lisabona* (Lisboa), un comprador o un factor del *Erasmus Schezen* en *Amberes*.

Y cuando yo hube averiguado cuanto tenía que decirme me puse en marcha en nombre de Dios el Todopoderoso el año 1552 a 26 de diciembre y día de San Esteban, y abandoné el *Río delle Platta*, partiendo de la ciudad *Nostra Singnora de Sunssionn* con 20 indios y 2 *cananen* (canoas), y primero llegamos a las 26 *millas* (leguas) a un pueblo llamado *Juegrichsaibe* (Yeruquihaba); [729] allá en ese pueblo se me juntaron 4 compañeros, 2 españoles y 2 portugueses, los mismos que no traían licencia del capitán. De allí marchamos juntos y

---

729 Ver cap. XLIII. Las distancias no concuerdan de los dos lugares, ni la dirección. Posible es que haya habido dos pueblos de indios del mismo nombre. Indios encomendados cambiaban de local y llevaban el nombre consigo. (N. del T.)

llegamos como a las 15 *millas* (leguas) a un pueblo grande llamado *Barey*;[730] de allí marcharnos cuatro días de viaje, 16 *millas* (leguas), hasta llegar a un pueblo llamado *Gebareche*; de éste marchamos nosotros nueve días de viaje, 54 *millas* (leguas), hasta un pueblo llamado *Barode*.[731] Allí nos quedamos seis días largos, porque buscábamos víveres[732] y *cannanen* (canoas); visto que teníamos nosotros que navegar 100 *millas* (leguas) aguas arriba del *Parnau* (Paraná);[733] y llegamos a un pueblo, llamado *Gienge*,[734] allí quedamos cuatro días. Hasta aquí en este pueblo todo obedece a la Cesárea Majestad, y es tierra de *carios*.[735]

---

730 Para poder identificar estos lugares hay que conocer la documentación local del Paraguay. Las 57 más 54 leguas las cuento yo hasta la confluencia del Paraguay y Paraná, por las muchas vueltas que da el río y algo por error de cálculo. Aun nos falta un estudio de geografía histórica del Paraguay y Brasil, con el texto del verdadero Schmídel en la mano. (N. del T.)

731 Aquí parece que tomaron el Paraná con intención de navegar 100 leguas aguas arriba. (N. del T.)

732 Profannt. (N. del T.)

733 Más o menos hasta el Iguazú. Ver nota anterior. (N. del T.)

734 Pudieran ser cainguás. (N. del T.)

735 En tierra de Portugal ya eran indios tupí. (N. del T.)

Capítulo LII. Pasan por los tupí. Su descripción. Llegan al pueblo de Juan Kaimunnelle (Ramallo)

Ahora empieza la tierra del Rey de Portugal, a saber, la de los *thopiss* (Tupí); ahí tuvimos que dejar el *Parnau* (Paraná) y las *cannanon* (canoas), y marchar por tierra a los *thopis* (Tupí), y caminamos seis semanas largas por desiertos, cerros y valles, en que [por miedo] de las fieras del campo no podíamos dormir tranquilos; y hay entre el susodicho pueblo *gienge* y los *thopis* 126 *millas* (leguas, de camino. Estas naciones *thopis* se comen a la gente, cuando es enemiga; no hacen otra cosa que andar siempre en guerra, y cuando vencen a sus enemigos, conducen ellos los prisioneros a su pueblo tal y como en la tierra aquí (Baviera) se dispone una boda; y cuando es llegado el tiempo en que quieren acabar con los prisioneros o matarlos, se preparan ellos una gran ceremonia con este fin; pero hasta tanto por lo que es el hombre prisionero, se le da cuanto se le antoja o que puede desear, como ser mujeres con quienes holgar o cosas de comer, lo que el corazón le pida, hasta que llega la hora en que tiene (de morir).[736] Su gusto y su encanto está en la guerra perpetua. *Ítem* [ellos] beben, y comen y están día y noche borrachos; también son amigos del baile, y llevan a tal extremo la vida de adulterio, que no es para contada; es una gente fiera, ambiciosa y soberbia; hacen vino del trigo turco (maíz) con el que se llenan, tal como cualquiera aquí se toma el mejor de los vinos; tienen idioma parecido [al de] los *carios*, con los que bien poca es la diferencia que hay.[737]

De allí llegamos nosotros a un pueblo llamado *karieseba*,[738] son también *thopis*, están de guerra con los cristianos, mas los anteriores son amigos de los cristianos; eso que llegamos el Domingo de Palmas a 4 *millas* (leguas) de un pueblo, nos convencimos que teníamos que guardarnos bien de los *karieseba*; y esta vez, con ser que estábamos en tanta escasez de bastimento,[739] tuvimos sin embargo que caminar un poco más en busca de comida, pero no pudimos contener a 2 de nuestros compañeros, que a pesar de nuestro buen consejo se metieron en el pueblo; les prometimos pues esperarlos, lo que allí

---

736 El cautiverio de Hans Stade de Hesse, 2.ª parte, cap. XXVIII. (N. del T.)

737 Esta observación de Schmídel nos prueba que se daba cabal cuenta de lo que eran las diferencias entre las lenguas e idiomas de las «naciones» que visitó. (N. del T.)

738 Kariesebá. Como si fuese algún pueblo de carios. (N. del T.)

739 Profandt. (N. del T.)

también se cumplió. Pero ni bien entraron ellos al pueblo fueron muertos y comidos enseguida. ¡Quiera Dios apiadarse de ellos! Amén.

Después de esto se nos presentaron estos mismos indios en número como de 50 hombres a distancia de 30 pasos; traían puesta la ropa de los cristianos y se pararon y platicaron con nosotros; pero es costumbre entre estos indios, que si alguno se para a pocos pasos de su enemigo y platica con él, nada de bueno le está urdiendo. A esto cuando lo advertimos, nos preparamos lo mejor que pudimos con nuestras armas y les preguntamos a donde habían quedado nuestros compañeros, allí dijeron ellos que estaban en su pueblo y que nosotros también deberíamos pasar allá; mas nosotros no lo quisimos hacer, porque bien les conocimos la mala intención. Enseguida nos hicieron disparos con sus arcos, pero no nos resistieron mucho tiempo, sino que dispararon a su pueblo y al punto trajeron de allí hasta unos 6.000 contra nosotros; pero nosotros en tal apuro no teníamos más amparo que un bosque grande y cuatro arcabuces[740] junto con 20 (60) indios de los *carios*, que nos habíamos traído de la ciudad *Nostra Singnora de Sunssión*; así, pues, nos sostuvimos allí unos 4 días con sus noches, en que nos hacíamos continuas descargas, y en la cuarta noche con todo sigilo abandonamos el bosque y marchamos de allí, porque no teníamos mucho que comer, y los enemigos también empezaban a llevarnos ventaja; como dice el refrán: porque son muchos los perros muere la liebre.

De allí marchamos nosotros seis días seguidos por bosques desamparados, como que en mis días (y eso que he andado la seca y la meca) no he visto iguales, ni he viajado por camino más enmarañado; tampoco teníamos que comer, y por eso había que remediarnos con miel y raicecillas que encontrábamos; también se apoderó de nosotros desconfianza de que el enemigo nos alcanzase, si nos permitíamos aunque no fuese más que el tiempo para cazar alguna salvajina del campo.

Así llegamos a una nación llamada *biessaie* (mbiaçá),[741] allí paramos cuatro días largos e hicimos bastimento, mas no nos atrevimos a entrar en el pueblo, siendo nosotros los pocos que éramos. Cerca de esta nación está un agua (río) llamado *Urquaie* (Uruguay);[742] allí vimos víboras o serpientes, llamadas

740 Pixenn. (N. del T.)
741 Provincia de Santa Catalina. (N. del T.)
742 Urquaie. Así está. (N. del T.)

en su lengua de indios *schue éyba thuescha*;[743] es de 14 pasos de largo y 2 brazadas de grueso en el medio; hacen mucho daño, por ejemplo, cuando se baña la gente, o bebe una fiera de la misma agua o se pone a nadar sobre el agua, así se le arrima una serpiente de éstas debajo del agua, nada hasta donde está el hombre, o la fiera, y lo envuelve en la cola, zambulle enseguida bajo del agua y se lo come; porque siempre se mantiene con la cabeza a flor de agua y observa a ver si se presenta algo que sea hombre o bestia, que pueda matar y envolver.[744]

De allí marchamos nosotros adelante un mes largo y seguido, 100 *millas* (leguas) de camino, y llegamos a un pueblo grande llamado *Scherebethuebá*,[745] allí nos quedamos tres días y estábamos muy rendidos; no nos había sobrado de comer, porque nuestro principal alimento era miel, con lo que estábamos todos sin fuerzas; así, pues, cualquiera puede con lo dicho hacerse cargo de los peligros y de la pobre y mala vida que fue la nuestra en tan dilatado viaje, muy particularmente en lo tocante a la comida, bebida y dormidas; la cama que cada uno traía consigo, pesaba 4 o 5 libras, (y) era de algodón;[746] se hacen en forma de red, se atan a 2 árboles, y allí se echa encima cada uno; esto se hace en el bosque bajo del azulado cielo; porque si no son muchos los que juntos marchan por tierra en *Indiam* (Indias), es más seguro sacarla bien en el bosque que en las casas o pueblos de los indios.

Ahora marchamos nosotros a un pueblo que pertenece a los cristianos, en que el principal se llama *Johann Kaimunnelle* (Juan Ramallo)[747] y por suerte nuestra no estaba en casa, porque este pueblo me pareció una cueva de ladrones; fue que el dicho principal estaba en casa de otro cristiano en *Vincendo* (San Vicente)[748] y estos desde ya antes estaban por entrar en un arreglo entre sí; estos 800 cristianos, pues, en los 2 pueblos dependen del rey de Portugal, y del dicho *Kaimunnelle* (Ramallo), quien según él mismo lo asegura hace ya cuarenta años largos que ha vivido, mandado, peleado y

---

743 No hallo interpretación satisfactoria de estas 3 palabras. (N. del T.)
744 Ver cap. XVII. (N. del T.)
745 Yerubatibá en la provincia del Janeiro. Ver ed. Al. 1889, pág. 107, nota 3. (N. del T.)
746 Hamaca. (N. del T.)
747 Juan Ramallo, fundador de Piratininga o San Patito. Trad. ing., Hakluyt Society, pág. 84, nota. (N. del T.)
748 San Vicente, Provincia de San Paulo, Brasil. Pueblo fundado por Martín Affonso de Souza en 1531. (N. del T.)

conquistado en tierra de indias, razón por la que quiere seguir mandando en la misma con preferencia a cualquier otro, cosa que el otro tal no se la consiente, y por lo tanto se hacen entrambos la guerra; y este más nombrado *Kaimunnelle* (Ramallo) puede en un día reunir 50.000 indios, mientras que el rey no reúne 2.000; tanto es el poder y el prestigio de que él goza en la tierra.

Pero sucedió que el hijo del tantas veces nombrado *Kaimunnelle* (Ramallo) había estado allí cuando llegamos nosotros al susodicho pueblo, quien nos recibió bien, aunque nosotros teníamos que desconfiar más de él que de los indios; mas como aquí nos fue bien, demos siempre gracias a Dios el Creador por Cristo Jesús, su único Hijo, que hasta aquí tanto nos ha favorecido y de todos modos nos ha amparado.

Capítulo LIII. Llegada a San Vicente. Viaje a España. Maravillas del mar

Ahora marchamos algo más adelante a una pequeña ciudad llamada *San Vicendo* (San Vicente),[749] 20 *millas* (leguas) de camino; allá llegamos el año 1553 *anno Domini*, el 13 de junio, en día de San Antonio y dimos con un navío portugués, que estaba allí cargado con azúcar, palo de Brasil y algodón, y pertenecía al honorable Schezen; su factor está en *Lisabonna* (Lisboa), se llama *Johann vonn Huessen*, quien a más tiene otro factor allí en *Vincendo* (San Vicente), llamado *Petter Rosel*.

Ítem los antedichos señores *Schezenn* y *Johan von Halsen* tienen allá en la tierra muchos pueblos y villorrios azucareros, en que se hace azúcar año redondo. Así, pues, me recibió el susodicho *Petter Rossel* muy amistosamente y me trató muy en grande; él también me recomendó a la tripulación con que tenía que navegar, y les pidió que se quisiesen poner a mis órdenes, lo que después cumplió con exactitud el capitán este, y [yo] confieso que es así; así nos quedamos aún once días en la ciudad *Vincendo* (San Vicente), para prepararnos y proveernos de todo lo necesario que puede a uno hacerle falta en alta mar. Ítem echamos seis meses largos, de la ciudad *Nostra Singnora de Sunssión* hasta la ciudad *San Vincenndo* en *Presiell* (Brasil) y hay 476 *millas* (leguas) de camino.

Después nos hicimos a la vela, enseguida de habernos despachado de lo que había que hacer, y salimos de la ciudad *San Vincenndo* el año 1553, *anno Domini*, el 24 de junio, día de San Juan; así mismo estuvimos nosotros catorce días largos en el piélago o mar, sin alcanzar un viento favorable, antes al contrario tormentas y tiempo horrible sin tregua, así que no podíamos atinar adonde estábamos; a todo esto se nos tronchó el mástil del navío, que empezó a hacer mucha agua, así que tuvimos que acercarnos a tierra y llegamos a un puerto o bahía llamada ciudad *Spiritu Sanntto* (Victoria), está en *Presil* (Brasil) en *Inndia* (Indias),[750] pertenece al rey de Portugal, hay cristianos en la ciudad, con sus mujeres e hijos hacen azúcar, tienen algodón y palo de Brasil[751] y de otras clases que por allí se encuentran.

---

749 Al sur de Santos fundado en 1531 por Martín Affonzo de Souza. (N. del T.)
750 Por los 20°. (N. del T.)
751 Para teñir, etc. (N. del T.)

En estos lugares del mar entre *San Vicenndo* y *Spiritu Sannto* es donde más se encuentra la ballena o cetáceo;[752] hacen mucho daño, por ejemplo, cuando se quiere navegar de un puerto al otro en pequeños navíos, que al fin son algo mayores que los navíos grandes de aquí en esta tierra (Baviera), allí se presentan estas ballenas en mesnada y arman batalla entre sí, y si en esto se encuentran con el navío, allí lo hacen zozobrar con gente y todo. Estas ballenas vomitan o arrojan agua constantemente por la boca, y una que otra vez tanta cuanta cabe en un buen tonel de Francia; y el tal golpe de agua lo produce ella cada y cuando mete la cabeza bajo del agua y la vuelve a sacar: esto hace ella día y noche y quien por primera vez lo ve se hace de cuenta que tiene un peñasco a la par. Mucho habría que escribir del pez este.

Ítem hay también cantidad de otros peces raros y maravillas del mar, de las que todo lo que se puede decir y contar, por más detallado que fuese, sería poco. Hay otro pez muy grande, se llama en español *sumere*,[753] esto es en alemán *schnub-huet vischs* (pez sombrerero de paja); es este un pez del que todo lo que se diga y escriba es poco; tal es de grande, de fuerte y de poderoso el tal pez; en algunas partes perjudica mucho a los navíos; porque siendo que no corra viento, y que por ello están los navíos encalmados sin poder marchar ni para atrás ni para adelante; cuando el pez embiste a navío con un golpe tan recio, que todo él tiembla y se estremece, entonces al punto hay que arrojarle del navío una o dos grandes pipas; y así el dicho pez se apodera de las barricas, deja al navío y juega con ellas.

Ítem más otro pez muy grande, llamado *pesche spaide* (pez espada), esto es en alemán *vischsmesser* o *schwertmesser*, hace gran daño a los demás peces, y cuando aquellos se pelean entre sí, es la cosa como cuando en tierra se juntan 2 caballos bellacos y se acometen uno al otro: lo cual es divertido ver en la mar; mas cuando los peces pelean entre sí, por lo general sobreviene mal tiempo en la mar. Ítem más hay otro pez grande y malo, que supera a todos en aquello de pelear o batirse; se llama en español *serre pesche* (pez sierra), en alemán *sägvischs*.[754] Hay otros peces más cuyos

---

752 Walfisches. (N. del T.)

753 Sumere: sin duda por «sombrero». El autor aquí nos repite los cuentos que le meterían los marineros, famosos por sus exageraciones e invenciones acerca de las maravillas que contiene el mar. (N. del T.)

754 Véase el cap. IV. (N. del T.)

nombres no los sé. Ítem peces voladores y otros peces grandes llamados *doninnen* (toninas).

Capítulo LIV. Llegada a Lisboa y Sevilla. Pasa a Cádiz. Escapada de un naufragio

Así pues navegamos cuatro meses largos seguidos en la mar, sin que viésemos tierra alguna, y conducíamos mercaderías del dicho puerto *Spíritu Sancto.* Después llegamos a una isla llamada *Iesle de Terzero* (Isla Terceira),[755] allí volvimos a tomar víveres, pan, carne y agua y lo demás que nos faltaba y nos quedamos allí dos días enteros; pertenece al rey de Portugal.

De allí navegamos a *Lisebonna* (Lisboa) a los catorce días, año 1553, *anno domini,* septiembre 30; el día de *Sannt Jerónimo* arribamos allí y nos quedamos catorce días largos en la ciudad de *Lisebonna.* Allí se me murieron 2 indios que traía yo conmigo de la tierra (el Paraguay). De allí viajé *per postam* (por la posta) a Sevilla en seis días —son 72 *millas* (leguas)—; y me quedé unas cuatro semanas largas hasta que estuviesen listos los navíos; después salí de Sevilla por agua y llegué en dos días a la ciudad de *San Lucas* (San Lúcar de Barrameda) donde me quedé hasta el otro día. De allí viajé yo un día de camino por tierra y llegué a una ciudad llamada *Portta S. Marie* (Puerto de Santa María), de donde anduve 8 *millas* (leguas) de camino por agua y llegué a la ciudad *Calles* (Cádiz),[756] allí a la sazón estaban los navíos holandeses, que debían partir para los Países Bajos; los mismos que eran unos 25, todos navíos grandes, que se llaman *hulckhenn* (urcas).

Entre estos 25 navíos había uno nuevo, grande y muy lindo, que solo había hecho un viaje de *Andorff* (Amberes) a *Hispaniam;* así pues me aconsejaron los comerciantes que debía yo embarcarme en este navío nuevo; y el patrón[757] se llamaba *Heinrich Ses;* era un hombre honorable y capaz, con él traté[758] yo y arreglé mi pasaje, también la comida y las demás cosas que faltaban para este viaje, por todo esto cerré yo trato con él. Esa misma noche acabé yo de aprestarme de todo, e hice llevar mi botín, vino, pan y cosas por el estilo, también los papagayos que había yo traído de *India* (Indias), todo al navío; y por último convine con el patrón[759] que para complacerme me haría

---

755 En las Azores. (N. del T.)
756 Modo antiguo de pronunciar el nombre según Monlau, *Diccionario Etim.,* ed. Al. de 1889, pág. 112, nota. (N. del T.)
757 El schieffer. (N. del T.)
758 Pactirte. (N. del T.)
759 Schieffer, el «skipper», como dirían los ingleses. (N. del T.)

anunciar la hora de partir, lo que el patrón me prometió, y que no se iría sin mí, sino que con toda seguridad me haría avisar. Ahora sucedió que el dicho patrón[760] esa misma noche tomó algo de más, así que (por suerte mía) se olvidó y me dejó en la posada, sucedió que dos horas antes de amanecer, el timonel, que era quien manejaba el navío, hizo que se levase el ancla, y allí se hizo a la vela. Y cuando yo de mañana fui a buscar el navío, ya estaba este una milla (legua) larga de camino distante de tierra; enseguida tuve que buscarme otro navío y cerrar trato con otro capitán, al que tuve que darle lo mismo que al anterior; así partimos al punto de allí con los otros 24 navíos y tuvimos viento favorable los primeros tres días, mas después nos vino un viento fuerte y contrario,[761] de suerte que no podíamos seguir navegando; estuvimos, pues, cinco días largos siempre en gran peligro esperando bonanza; pero cuanto más nos demorábamos más brava se ponía la mar, hasta que ya no nos fue posible esperar más mar afuera, sino que tuvimos que regresar para atrás por el camino que habíamos traído.

Ahora es costumbre en práctica de la mar, que los marineros y patrones[762] hagan un capitán general entre ellos, que en español se llama *almerando* (almirante); este manda a todos los navíos, y lo que él quiere eso se ha de hacer, eso se ha de cumplir, en alta mar; y ellos, los marineros y patrones, tienen que jurarle que ninguno de ellos se ha de querer separar de los demás; porque la Cesárea Majestad había ordenado y mandado que menos de 20 navíos no deberían emprender viaje de España a los Países Bajos, por causa del Rey de Francia, mientras duraba la guerra entre ellos. Fuera de esta hay otra costumbre más en alta mar, que un navío no ha de navegar a más de una *milla* (legua) de distancia del otro, y cuando se pone o entra el sol, también los navíos tienen de juntarse y los patrones han de saludar al *miranndo* (almirante) con 3 o 4 tiros, y todos los días dos veces; también por la otra parte el *miranndi* (almirante) ha de colgar del navío suyo 2 linternas hechas de hierro, que se llaman *farall* (faroles)[763] [y] las ha de dejar prendidas toda la noche, así los demás han de seguir al navío, en que está la luz, y no se han de separar por nada.

---

760 Schieffer, porque era capitán del buque mercante. (N. del T.)
761 Conntrary: La propia palabra española, porque alemana no es. (N. del T.)
762 Schieffer. (N. del T.)
763 Farall en el SM. (N. del T.)

Ítem más el *mirando* (almirante) les avisa cada noche a los navegantes el rumbo que piensa tomar, porque si llega el caso de sobrevenir un temporal en alta mar puedan ellos saber el rumbo o viento que ha seguido [el] *mirannd* (almirante), y así no se aparten los unos de los otros.

Y eso que tuvimos que regresar y volvernos atrás, como se dijo, allí estaba el navío del susodicho *Ha[i]nrich Schezen*, en que tenía yo todo mi botín, el mismo me había dejado en *Calless* (Cádiz), el postrero de los demás navíos, y cuando ya nos aproximamos como a una *milla* (legua) de camino de la ciudad de *Calless* (Cádiz) allí se nos hizo oscuro y anocheció; así que el *almirandos* (almirante) tuvo que mostrar un farol, mediante el cual se le arrimasen los navíos. Y cuando ya hubimos llegado a la ciudad *Calless* (Cádiz), cada patrón largó su ancla al agua y el *mirando* (almirante) también retiró su farol. Mientras esto se hizo una lumbre en tierra sin dañada intención, mas le fue funesta para la suerte de *Hainrich Schezen* y su navío; ahora la lumbre procedía de cerca de un molino, como a un tiro de arcabuz de la ciudad de *Calless* (Cádiz), y así el antedicho *Hainrich Schez* se encaminó derecho a ella, porque se le puso que era el farol del *miranndo* (almirante),[764] y cuando él con su navío estaban ya muy cerca de la luz, dio con toda fuerza sobre un peñasco, que estaba allí dentro del agua, y su navío se hizo cien mil pedazos y se fueron a pique gente y carga, en menos de un medio cuarto de hora, y no quedó un palo sobre otro; también de 22 almas[765] solo se salvaron el patrón y el timonel, que escaparon sobre un madero grueso; también se perdieron 6 baúles con oro y plata perteneciente a la Cesárea Majestad y gran cantidad de mercancía más de propiedad de los comerciantes. Por lo cual doy yo a Dios mi Redentor y Salvador por Cristo Jesús alabanzas, honor, loas y gracias por 7, siempre, porque esta vez más tan misericordiosamente me dirigió, defendió y amparó por cuanto yo en la primera vez no alcancé el navío.

---

764 Estaría un poco alumbrado, como cuando se olvidó y dejó en tierra a Schmídel. (N. del T.)

765 Personen. (N. del T.)

Capítulo LV. Vuelve a embarcarse el autor en Cádiz. Llegan a Inglaterra y de allí a Amberes

Después de esto paramos dos días quietos en *Khalliss* (Cádiz), y el día de San Andrés volvimos a emprender viaje para *Anntorff* (Amberes), tuvimos en este viaje tan mal tiempo y tan terribles vendavales, que los mismos patrones decían que en veinte años, o sea en todo el tiempo que habían navegado por los mares, no habían visto ni oído decir de tormenta tan horrible ni que dure tanto tiempo.

Así ahora arribamos a Inglaterra, a un puerto llamado *Viedt* (Isla de Wight),[766] no nos quedaba en nuestros navíos una sola *welle* (vela), esto es, una lona que se extiende en el palo, ni tampoco velamen,[767] ni aparejo, ni la menor cosa a bordo de los navíos; y si el tal viaje hubiese durado un poco más, no se hubiese salvado uno de estos 24 navíos; solo Dios el Señor nos sacó bien por otro lado.

Ahora para colmo de todo lo demás, siendo ya el día de año nuevo del año 1554, el día de los 3 Santos Reyes, 8 navíos se perdieron desgraciadamente con vidas y haciendas, cosa que daba pena de ver; porque lo cierto es que no salvó uno solo de allí.

Esto aconteció entre Francia e Inglaterra. Dios el Todopoderoso quiera favorecerlos y a nosotros con su misericordia, por Cristo su único Hijo. Amen.

Así nos quedamos 4 días en el dicho puerto *Viedt* (Wight) en Inglaterra y de allí navegamos a *Probannt* (Brabante), y a los cuatro días arribamos a *Arnmu*[id]*a* que es una ciudad en *Sehelandt*[768] adonde están surtos los navíos grandes; está a 74 *millas* (leguas) de camino de *Viede* (Wight), y de allí navegamos a *Anntdorff* (Amberes), que está a 24 *millas* de camino. Y llegamos allí el 26 de enero, año 1554.

Sí. ¡Alabado y loado sea Dios por siempre porque tan misericordiosamente me deparó tan próspero viaje! Amen.

Epílogo
Del traductor don Samuel A. Lafone Quevedo

---

766 Isla de Wight, al sur del puerto de Southampton. (N. del T.)
767 Sail por segel. Muchas palabras escribe Schmídel a la inglesa. (N. del T.)
768 Arnemniden, ed. Al. 1889, pág. 115, nota 3. (N. del T.)

Se ha llegado al fin de la tarea. Se ha tratado de conservar algo del colorido y sabor acriollado del original, sin cargar demasiado la mano en los idiotismos del dialecto de la época y del autor, y se ha dejado para otros, que puedan hacer investigaciones *in situ*, la tarea de identificar naciones y lugares en Bolivia, Paraguay y Brasil. El lector nos dirá hasta qué punto el éxito ha correspondido a la buena intención. Una cosa habrá que conceder, que ni se ha aceptado la relación de *Utz Schmídl* sin beneficio de inventario, ni se le ha sacado como el más mentiroso de todos los viajeros que nos pueden servir para la historia del descubrimiento y de la conquista del Río de la Plata. Sea por la razón que se fuere, ha embrollado los nombres de los protagonistas en este famoso drama, al grado de hacerse el blanco de tiros certeros asestados por los que conocen la documentación de la época al dedillo; pero con esto y todo, si nos faltase nuestro *Ulrico Fabro*, ello dejaría un vacío irreparable entre las crónicas de su época.

Hoy ofrecemos al estudiante de la materia un Schmídel que podrá utilizarse con todos los resguardos del caso, y se facilita la tarea para el que quiera mejorar la edición.

Tengo que agradecer al Doctor Manuel Domínguez, del Paraguay, muchas y valiosísimas advertencias y correcciones, y sin el giro que él dio a este estudio, acaso no hubiese salido yo del camino trillado por los historiadores del siglo XIX.

Y si agradezco a un amigo su eficaz cooperación, tengo que lamentar el malogrado fin de otro amigo, el artista explorador Guido Boggiani, con quien contaba para comentar con pleno conocimiento de causa la entrada de Irala al país de los chamacocos. Otra vez más el Chaco Boreal ha sido la tumba sin nombre de otro mártir de la ciencia. La tierra le sea leve, y no nos olvidemos nunca de ese hombre humanitario que no veía en el indio una salvajina más a quien privar de su libertad, de su hogar y de su vida.

Si el trabajo no ha resultado más pulido y más perfecto, concédaseme siquiera que el original está escrito en estilo casero, que era tanto lo que había, que enderezar, que algo debía quedar para otros. Hoy Buenos Aires poseerá el Schmídel de las ediciones y MSS. originales y no el Schmídel de las glosas y traducciones. Como tal y como primicias de nuestra junta de Historia y Numismática Americana lo ofrezco a los estudiantes del siglo XX.

Apéndices

Apéndice A
Carta de Francisco de Villalta

[Importante documento inédito utilizado por Herrera en su *Historia*. (Ver dec. V, lib. 9, cap. X y lib. X, cap. XV. Madero también lo cita sin publicarlo.) Hasta aquí puede llamarse único, por lo que respecta a la última expedición de Ayolas. La copia de que me he servido la debo a la amabilidad del señor Enrique Peña.]
Biblioteca de la Real Academia de la Historia
Colección de Muñoz.
Tomo 80, folio 331 a 341. 1536-1556.
RÍO DE LA PLATA
Simancas. Ordenanzas. Escrituras

Del Río de la Plata
1. Muy Illustrísimo Señor: Por otras que V. S. e escrito e dado cuenta de lo succedido hasta la data dellas pero i por que no me acuerdo haver dicho ni informado de los travajos que en esta Tierra se han pasado despues que en esta Tierra se conquistó y gano por esta sabra V. S. que partió Don Pedro de Mendoza Gobernador desta Probincia por el año de 35 i llegó a la Isla de San Gabriel entrante año de 536.

2. Llegado a la Isla que arriba digo el Gobernador mandó poblar el pueblo de Vuenos Aires ques de la otra vanda del Rio que dicen el Paraña esta tierra se llama Cabo Blanco es tierra despoblada, porque en más de 60 leguas no ai Indios que sean amigos sino son unos que llaman en otras Indias Carabes estos comen carne Humana son enemigos de Cristianos i lo han sido todos de la parte.

3. Despues de haber poblado el Gobernador el pueblo de Buenos Aires con 1800 hombres que traia en armada mandó se diese de racion 6 onzas de Viscocho a la gente con las quales i con Cardos que de los canpos traian se sustentaban i pasaban como la Racion que les daban fuese tan poca y

los trabajos Centinelas y Guardias y malos tratamientos juntamente con el Inbierno que sobre benia comenzó la gente a la flaqueza i morir.

4. Visto por el Gobernador la necesidad que la Gente padecia, aunque no por istenso por estar malo en cama, mandó a Don Diego de Mendoza su hermano fuese a vuscar Indios para que truxesen Bastimento y probision el qual topo con cierta Gente que se llaman Quirandres, los quales es Gente que handa a noche i meson, ia algunos ellos abian dado vista al pueblo i entrado en él, i como estos sean Gente mobida ibase i aloxabase de los confines del Pueblo.

5. Topado con ellos Don Diego de Mendoza ovo cierta diferencia entre los Cristianos y los Quirandies sobre los hacer volber en tal manera que obieron de venir a las manos, y como los Cristianos estubiesen flacos, i los Indios fuesen pláticos en su tierra, dieronse tan vuena maña que mataron a Don Diego de Mendoza i a Pedro de Venabides su sobrino i a otros bien Quantos, y los demás fueron huiendo aunque heran de Acaballo, i sino fuera por la infanteria que atrás benia que los socorrió, todos quedaran en el Campo por ser como heran los Indios tan ligeros i tan diestros en atar los caballos con bolas que traian.

6. Buelta la Gente desta Ida a buscar estos Indios que he dicho mandó el Gobernador a un Caballero deudo suyo fuese con ciertos Navios a descubrir ciertas Islas en las quales le habian dado noticia avía Indios en esta Armada fui io, idos i partidos los Nabios, y Gente el camino fué tan largo de causa de andar buscando las Islas de Rio en Río, i la comida tan poca, que no se nos daba de Racion más de 3 honzas de Viscocho, de cuia causa murió la tercia parte de la Gente que en los Nabios iba que serian hasta 200 hombres todos los que en los Nabios iban, por cuia necesidad nos fué forzado dar buelta i sino fuera por unas Rosas de indios que allamos, las quales ia estaban cojidas i algunos allaban algun maiz i con él se sustentaban, antes que llegaramos al Pueblo de Vuenos Aires todos acabaramos, dejo (digo) los soldados, porque los Capitanes i allegados a ellos estos nunca pasaron necesidad.

7. Llegados al Pueblo los Bergantines i poca Gente que beniamos hallamos que hera tanta la necesidad i hambre que pasaban que hera espanto, pues unos tenian a su Compañero muerto 3 i 4 días i tomaban la racion por poderse pasar la vida con ella, otros de berse tan Ambrientos les aconteció

comer carne humana, i así se bido que asta 2 ombres que hicieron justicia se comieron de la cintura para abaxo.

8. Vista la necesidad que tenian y la Gente que habiamos venido de causa que todos no se acabasen mandó el Gobernador a Juan de Aiolas con 3 nabios fuese a buscar Indios a Santispiritus, ó de las Hullas (Islas), con los quales llebó 90 Cristianos en cada uno.

9. En este camino fué tanta la necesidad que pasamos por no llebar mas de una Pipa de Harina en cada Nabio que certifico a V. S. que murieron casi 100 hombres de pura hambre, por que no les daban sino 6 onzas de Viscochos y algunos cardos ierbas que algunos de los campos traian.

10. En este camino se pasaron ecesivos trabajos y hambres por ser como hera en la mitad del Inbierno i ir la Gente flaca bogando y toando por el Rio sin tener otro refresco más del que he dicho a V. S. i algunas Culebras, lagartos, Ratones y otras Sabandijas que a dicha por los campos se topaban.

11. Con estos trabajos i afanes llegamos a una laguna en la qual allamos i salieron con Nosotros en canoas unos Indios los quales se llaman *Tambús* en este camino estabamos i tardamos 50 dias en los quales certifico a V. S. que no se probó ninguno de toda la Gente probar una gota de Agua ni beber sino fueron los Capitanes que estos como dicho tengo lo pasaban mui bien.

12. Llegados los Indios a nosotros estaba la gente tan flaca y tan debilitada que apenas se podia tener en los pies, por lo qual fué mandado que todos estobiesen en sus Ranchos asentados con sus Armas en las manos i los alcabuceros las mechas encendidas, porque los Indios no biesen la necesidad y flaqueza de la Gente, los quales traxeron algun Pescado i Maiz con lo qual comenzó la pobre Gente alegrarse, i así fuimos a sus casas aunque con arto trabajo, porque certifico a V. S. que hera tanto i tanta flaqueza tenían que apenas la gente se podia valer ni llegar del Rio a sus casas aunque estaban mui cerca de la Plaia.

13. Llegados a las casas de los Timbúes i Carcarás que juntos estaban Juan de Aiolas, que por jeneral avia ido, hizo con los Indios que le diesen la mitad de una casa que tenia en la qual cupieron todos, porque estabamos tales que en poco espacio podiamos muy bien caber; puestos allí Timbúes i Carcarás nos probeian no tan solamente a nosotros pero proveieron a Juan

de Aiolas de mucha comida con la qual decendió el pueblo de Vuenos Aires por Don Pedro de Mendoza que halla abia quedado.

14. Hido Juan de Aiolas por Don Pedro de Mendoza como he dicho a V. S. los Capitanes y personas que mandaban heran tan pláticos que luego mandaron que toda la Gente saliese de casa de los Indios i fuesemos a hacer un asiento i pueblo desviado de los Indios do luego se hizo con belas y algunas Esteras de Junco Marino que los Indios hacen; en este asiento i pueblo se pasó artos trabajos i necesidades porque de causa destar algo desviados de los Indios i vivir por Rescate muchas veces no hiban a pescar, porque desto viven, i como no mataban pescado no lo comiamos. Otras veces de ser mal hablados nos lo daban.

15. Con estos trabajos y otros maiores pasamos 40 dias en los quales Juan de Aiolas quedo de dar buelta de pueblo de Vuenos Aires a do estabamos i sino biniese que entrasemos la Tierra adentro do quisiesemos. Estando en esto vino a nosotros un Cristiano el qual hera y havia quedado que en aquella Tierra de la Armada de Sebastian Gaboto Piloto Maior de S. M.

16. Llegado el Cristiano, el qual se decia Gerónimo Romero, fué hablado i preguntado por el Capitan i algunos soldados de las poblaciones y tierra adentro el qual dió mui larga i copiosa relacion así de vista como de oidas de Indios de la riqueza della, la qual ha parescido ser verdad por lo que acá nos han dicho de la riqueza que se ha llevado a estos Reinos de Chile.

17. Con esta relacion y noticia que teniamos de la tierra adentro fué determinado, visto que el término que Juan de Aiolas a grandado hera pasado, dias abia y estaba algo conbalecida la gente, de entrar en demanda de la noticia i tierra tan fértil como por noticia de Gerónimo se tenia y abia dado.

18. Puestos casi en camino llegó Don Pedro de Mendoza con azás trabajos y hambres que en el viaje avía tenido, que fueron tantos que certifico a V. S. que hechó a la mar en término de 60 leguas más de 200 hombres los quales todos abian muerto de pura hambre.

19. Llegado Don Pedro y gente fue forzado Remedialla en tal manera que fué forzoso no tan solamente pescar los Indios para nuestra sustentacion pero aun Cristianos y todo porque con todo apenas nos podiamos baler y visto que los Cristianos tornavan ia el modo i vivir de la tierra por los Capitanes acordaron de aconsejar a Don Pedro hiciese otro pueblo más

abajo de do estaba este, que podrá haver 4 leguas más abajo, en una tierra caba i empantanada que certifico a V. S., i de Mosquitos apenas dexaban reposar a nadie dexaban.

20. Como el pueblo estubiese lejos del asiento de los Indios i los Indios aian sido y fuesen mal domados i pereçosos muchas veces no traian la probisión pa la gente que hera necesario de cuia causa se pasaba aquella sazon tanto trabajo que vino a dar de dos a dos dias un pescado que hapenas podia tener una libra el qual estaba tan molido que quando se pensaba que teníamos algo se nos habia tornado todo en agua.

21. Con estas i con Cardos, ierbas que de los Campos traian, i aun algunas Sabandijas que la probe gente buscaba se Remediaba y pasaba a vida aunque trabajosamente.

22. Puestos en estos trabajos y necesidades los Capitanes, que conformes nunca estaban, determinaron de difirir en la entrada porque unos querian ir a descubrir por dó Gerónimo Romero abia dicho i otros a descubrir este Rio del Paraguay dó al presente estamos.

23. Puestos en esta confusión Don Pedro de Mendoza que todavía su enfermedad le fatigaba determinó de desandarse al Pueblo de Vuenos Aires para irse en España llebando consigo los Enfermos i gente más flaca que en el Pueblo de [Buena E]espe [ranza][769] estaba, dejando allí mando al thesorero Albarado, porque antes quél partiese Juan de Aiolas, que su lugar theniente que hera, se havía partido antes[770] Nabios e ciento e sesenta hombres en ellos en demanda de su Rio del Para Guay.

24. Que Ido Juan de Aiolas i Don Pedro de Mendoza como ya he contado a V. S. quedó el thesorero Alvarado mando en Vuena Esperanza i para haver de quedar obo de ser de tal manera que Don Pedro de Mendoza me obo de mandar quedase con él en el dicho pueblo do pasamos tantas necesidades que por esta no lo se contar hasta tanto que obimos de mudar el Pueblo otra vez al asiento i tierra de los Timbúes.

25. El viaje i camino que Juan de Iolas llebó certifico a V. S. que se pasaron muchas necesidades porque el camino fué largo i sin guía teniendo poca comida de causa que la tierra por do pasaban hera poco poblada i los Indios

---

769 Lo que está incluido falta en el original por rotura. (N. del E.)
770 «En tres» o «con tres». (N. del E.)

huian en ver gente nueba i que nunca habian visto, y de causa de ser como sartehadores i sus nabios mui pequeños i libianos y los nuestros grandes i pesados no nos podía unos *(sic)* ansi a probeder dellos.

26. Con estos trabajos i algunos malos tiempos que tubieron porque a esta sazón heran tan abominables i malos los tiempos que en esta tierra hacia que visiblemente parecia que en los aires hablaban los Demonios, i con estos trabajos subieron hasta casi el Para Guay do perdió un nabio de los 3 que llebaba con un temporal el qual fué tan recio que hapenas pudieron escapar los demas nabios, sino fuera Dios serbido que tomaron un Rio ó laguna do los dos se repararon hasta otro dia que abonanció el tiempo i recojió la gente del nabio que se le perdió.

27. Perdido el nabio y recojida la gente en los otros como he dicho a V. S. no podian navegar seguros de causa que se tenian la gente marítima de las turbunadas y furacanes que avia y visto esto por Juan de Aiolas hechó la gente de la Carabela perdida en una Isla hasta poder tomar tierra firme la qual allo a una jornada.

28. Hallada la tierra i legado a ella dejó la gente de su Nabio en tierra firme i dió buelta a tomar la otra que en la Isla havia quedado, y dió buelta a dó la demás estaba en tierra firme, y puestos todos juntos se determinó que unos fuesen por tierra y otros a por el Rio en el qual viaje segun me certificaron algunos que en él se hallaron fue tal y an trabajoso i peligroso qual nunca hombres pasaron, i así llegaron hasta la boca del Paraguai que podria haber camino de 30 a 40 leguas.

29. Llegados a la boca del Paraguay fué menester atrabesar el Rio a la banda del Sol Poniente i allí dejaron parte de la gente como ia a V. S. he recontado i dieron buelta por la demás para la traer de la otra do estaba.

30. Juntos toda la gente fueron caminando como he dicho unos por tierra pasando muchas lagunas i cienegas en cantidad i los del Rio atoando i Remando en tal manera que heran los trabajos que se pasaban insoportables, porque la necesidad i falta de comida los apretava en tal manera que casi apenas me parece que si mucho se tardara de topar Indios ninguno de todos los que fueron en el dicho viaje podian escapar.

31. Llegado a los Indios que se dlcen Cinamecaes los quales viben de Pesquería les dieron en cantidad pescado con que se probeieron todos los

que con Juan de Aiolas iban i ansi mesmo obieron destos Indios algunas Canoas en las quales llevaron la Gente que por tierra benia de causa de no caber en los Bergantines i así fueron caminando con hartos trabajos hasta que llegaron a esta Tierra do al presente estamos, ques tierra de los Indios Caribes[771] que en otras Indias se llaman Caribes.

32. Estos Indios Caribes salieron a los Cristianos de paz y les dieron mucha comida de maiz i batatas y algunas abas por sus Rescates por ques gente labradora i acostumbran a labrar i criar i desto vibe esta gente.

33. Con esta comida questos Indios dieron a Juan de Aiolas i a los que con el Iban caminaron por este Río arriba hasta los Paiajuaes, ques camino de 100 leguas, los quales los recibieron de paz i hicieron algun buen tratamiento.

34. Llegado a estos Indios i tierra determinó Juan de Aiolas de entrar la tierra adentro en demanda i descubrimiento de la noticia de metal que se tenía con hasta ciento i treinta cristianos i algunos indios Paiajuaes quel Prencipal dellos le Dió.

35. Llegado Juan de Aiolas dejó mandando al Capitan Domingo Martinez de Irala en los Bergantines i con 30 hombres mandó que de allí no se partiese i le esperase sino fuese que los Indios amigos que le dejaba se le lebantasen i le dexasen de probeher i que en tal caso pudiese des[cender] a los Indios Caribes a probeerse de bastimento i luego tornarse a lo esperar do lo dexó, por quel abía de acudir allí.

36. Entrado Juan de Aiolas la tierra adentro i Don Pedro de Mendoza a llegado al Puerto de Vuenos Aires visto que la venida de Juan de Aiolas se tardaba determinó de inbiar en su seguimiento al Capitan Juan de Salazar despachó con 2 Nabios e 60 ó 80 hombres en ellos los quales con muy grandes trabajos llegaron al Puerto do abia quedado el Capitan Vargara[772] con los Nabios i Gente que Juan de Aiolas le habia dexado, e Don Pedro partió 1537 para esa probincia dejando mando en el Puerto de Vuenos Aires a Francisco Ramírez[773] Galan el qual mandó i mandaba ansí el dicho Puerto como en la gente questaba en Buena Esperanza do io a la sazon estaba.

37. Llegado el Capitan Salazar como tengo recontado e dicho arriba e junto con el Capitan Vagara de quien supo i se informó de la entrada de

771 Carios. (N. del E.)
772 Vergara i. e. Irala. (N. del E.)
773 Ruiz. (N. del E.)

Juan de Aiolas i bista e sabida su entrada determinaron de entrar en su seguimiento estando a pique para hacer su biaje queriéndose aprobechar de los Indios que Juan de Aiolas abia quedado en el Capitan Vergara por amigos allaron que estaban de no buen propósito de serbir a los Cristianos e lebantados cansi mesmo aquella sazon estaban las aguas mui llenas e desta causa se dejo de hacer la jornada e su gozo que tenian concertado he obieron de se decender a esta tierra de los Indios Carios que en otras tierras llaman Caribes.

38. Llegados a esta tierra determinaron de hacer una casa fuerte do todos se metieron e luego determinaron de buscar comida entre los Indios los quales no la querian dar sino hera por puro Rescate ni hacer ninguna cosa de Serbicio a los Cristianos de cuia causa con muy gran trabajo e necesidad traiendo los palos acuestas los Cristianos hacian la casa que dicho tengo.

39. Luego que obo alguna comida etubo Reparado e hecho do dejase 20 Christianos determinó de ir la buelta de Vuenos Aires a dar quenta a Francisco Ruiz de lo que en la tierra abía allado e dejaba el qual llegó a Buen Esperanza con harto trabajo e necesidad de comida e allí se reparó de pescado seco por que otra cosa al presente no habia ni los Cristianos tenian más que le dar el qual se supo todas las cosas arriba contadas.

40. Obrada está Comida se descendió al Pueblo de Buenos Aires el qual dió a Francisco Ruiz que allí mandaba como dicho tengo quenta i Razon de todo lo sucedido y sabida por Francisco Ruiz con mui gran brevedad determinó de subir arriba en socorro e vusca de Juan de Aiolas con 6 Nabios e 200 hombres de todos que en estos entraran los que en Buena Esperanza estabamos.

41. En este biaje e Camino se pasaron mui grandes necesidades porque no se daba mas de a 6 onzas de Racion a cada uno e llegados a esta Tierra e casa de la Asuncion abia tanta necesidad en la Tierra de Comida entre los naturales e Cristianos que apenas se hallaba i era tanta que de hambre se morian los naturales por los caminos de cuia causa fue forzoso andalla a buscar por la Tierra adentro en algunas partes que la habia e con estos trabajos andubimos quitando la comida i quitándola por fuerza e peleando con los naturales de la Tierra adentro porque no nos querian darla por ninguna cosa.

42. Como la necesidad fuese tanta en la Tierra en aquel tiempo que apenas los naturales se podian sustentar que no se acabase toda la gente de perder determinó Francisco Ruiz de bolberse a los Timbús i asi lo hizo dejando algun bastimento a la gente que quedó en la casa en este camino nos daban 4 onzas de maiz tan solamente por la gran necesidad de comida que llebabamos.

43. Llegados a los Timbúes i hecho al asiento e Pueblo por algunas cosas que le mobieron a Francisco Ruiz contra los Indios ó naturales mando matasen a cierta cantidad dellos i ansi los cercaron secretamente estando en sus casas e mataron que mucha cantidad de Indios; muertos estos Indios Fran. co Ruiz se descendió al Puerto de Vuenos Aires dexando 100 hombres en el Pueblo i palizada questaba en los Tinbues.

44. Bisto por los Timbúes los pocos Cristianos que alli quedamos doliéndose de la gente que les habian muerto i queriendo bengar la muerte de sus Parientes determinaron de hacer gran junta de gente e pidiendo socorro al que allí mandaba para contra otros Indios contrarios no recelándose de lo que les podian benir les dió 50 hombres a los quales como salieron al Campo mataron e muertos vinieron con mui gran alarido a querernos acabar i así estubimos algunos dias cercados defendiéndonos e peleando con ellos en la qual Refriega murieron de nuestra banda el Capitan e irieron a todos los más i dellos murieron muchos i muchos eridos.

45. Desta manera que tengo contado estabamos quando llegaron 2 Bergantines quel Capitan Francisco Ruiz del Puerto de Vuenos Aires enbiaba a ver la gente que habia dejado en los Timbúes, llegados e bisto el desmanque que habia sucedido nos obimos de embarcar en los nabios, do como llegamos aliamos un nabio que habia arribado al puerto de Buenos Aires con tormenta que ia el estrecho para pasar a los Reinos del Perú i no pudo, e dé a pocos dias que obo entrado llegó Alonso Cabrera Vehedor de Su Magestad el qual luego como llegó comensó a tener pasiones i Rebueltas con Francisco Ruiz que en el Pueblo estaba mandando i fueron tales que obieron de mandar ambos a 2 porque sobresto heran las pendencias cuando obieron de partir del Puerto pa sobir a hesta Ciudad de la Asuncion que ia dicho tengo en la cual estaba el Capitan Salasar; y salió con 250 hombres ansí de los de Alonso

Cabrera como de los que Pan Caldo que hera la nao que he contado que entró antes que Alonso Cabrera viniese e de los que acá estaban.

46. Llegados a esta Ciudad a pocos dias que llegaron ansi Alonso de Cabrera como los demás oficiales de Su Magestad derrocaron e descoapusieron a Francisco Ruiz del mando que tenia y efigeron e nombraron al Capitan Vergara por un Capitulo de una instruccion que Juan de Aiolas teniente general le dexó al tiempo que entró la tierra adentro.

47. Derrocado Francisco Ruiz e puesto en el mando el Capitan Vergara determinó de hacer entrada i hizola por más abaxo de do Juan de Aiolas entro en la qual entrada se hallaron tantas aguas y Pantanos que de ber quan crecidos estaban y no se poder la tierra badear porque apenas se hallaba tierra enxuta pa dormir ni hacer Candela obieron de dar buelta i nos bolbinos tardando en el camino 27 dias la qual buelta fué de causa de la tierra estar empantanada i de la poca comida que teniamos; llegamos al Rio fué acordado que pasasemos de la otra banda y llegados a la tierra se oieron voces i vieron venir nadando una persona la qual fué socorrida i puesta ante el Capitan Vergara comenzó de ablar en nuestra lengua ciertas cosas por las quales dió a entender como hera de la tierra adentro i habia venido con Juan de Ayolas al tiempo que de su tierra vino i que los Paiaguás lo habian muerto por no hallar los Vergantines do mandó estubiesen.

48. Con estas nuebas i enformacion nos decendimos 20 leguas mas abajo do hallamos un Indio interprete i lengua de los Paiaguás, el qual pregunto e ablo a 4 indios Paiaguás que traiamos presos los quales obimos tomado al tiempo que subimos por este Rio apretados los Paiaguás de la lengua i puesto delante el Indio chané confesaron la muerto de Juan de Aiolas i Cristianos que con el abian venido, que serian hasta 120 hombres y la causa de su muerte fué no hallar nabios en el Puerto.

49. Con esta Informacion nos decendimos a esta Ciudad i puerto do luego mandó el Capitan Vergara fuesen a Rescatar comida 3 bergantines en los quales no embió sino a los que más flacos estaban i malos, los quales de los trabajos que habian pasado i como el Inbierno venia i estaban desarropados al tiempo que los embió a Rescatar murieron casi 50 hombres de todos los unos i los otros.

50. Bueltos los nabios i gente de Restacar enbió 2 nabios que fuesen adelante del al Puerto de Buenos Aires i poblado quedaba al tiempo que Francisco Ruiz del partió i despues fue el Capitan Vergara e lo deshiso i truxo toda la gente que en el estaba e los subió a esta Ciudad de la Asuncion dexando el pueblo de Vuenos Aires despoblado.

51. Sobido a esta Ciudad determinó de hacer entrada por el rio arriba i estando a pique para la hacer llegó a esta Ciudad Albar Nuñez Cabeza de Vaca con Provisiones de Su Magestad por las quales lo hacía Gobernador en caso que Juan de Aioias fuese muerto, que fué por el año de 542.

52. Llegado que llegó el Gobernador Cabeza de Vaca fué recebido, como Su Magestad lo mandaba i los conquistadores que en esta tierra estaban los adbergaron en sus casas i dieron de comer i los fueron a Recibir i traer a esta Ciudad cierta gente quel Gobernador abia enbiado en 2 balsas el Paraná abaxo i sino fueran socorridos ninguno biniera.

53. Y luego de a pocos dias que llegó embió a descubrir este Rio 3 Bergantines i 200 hombres de los unos y de los otros i fueron asta el Pueblo de los Reies i de allí dieron buelta en la Relacion que se halló.

54. Bueltos los nabios i gente determinó de hacer entrada i quasi la hizo llevando 300 hombres i 20 Caballos i Indios amigos en harta cantidad i partió desta Ciudad de la Assuncion el dia de Nuestra Señora de Setiembre del año de 43 partió desta Ciudad i llegado al Puerto de los Reies entró la tierra adentro para Calalla i descubrilla i dé a pocos dias que obo caminado obo de dar buelta de causa de la poca comida que habia sacado del Puerto i allar la Tierra despoblada.

55. Vueltos otra vez al Puerto determinó de embiar a descubrir más adelante i ansí fueron hasta una Nacion que se dizen los Xaries e de allí truxeron comida i mui gran noticia de la Tierra adentro.

56. En este medio tiempo questa gente abia ido a descubrir adoleció el Gobernador e mucha parte de la gente i visto su Enfermedad dado caso que aunque malo queria hir a los Xaries se obo de bolber a esta Ciudad de causa de un Requerimiento que los Oficiales de Su Magestad le hicieron.

57. Llegado a esta Ciudad que fue por en fin de Quaresma del año 544 a pocos dias de que obo llegado estando malo en su cama los Oficiales de Su Magestad le prendieron segun ia V. S. tenia mui entera noticia de todo esto.

58. Preso el Gobernador determinaron de le embiar a Su Magestad como lo llebaron ansí a el como al Capitan Salasar su teniente que por haber estado en estas partes ante Su Magestad a V. S. no me alargaré en quanto a esto a decir más.

59. Idos de la tierra como dicho tengo sucedieron muchas pasiones entre los oficiales de Su Magestad i el que aora manda, las quales queriendo ser V. S. abisado e informado lo podrá saber de Pedro Vergara i Diego Rodriguez i de otros que allá ban i de Diego Tellez dEscobar.

60. Pasadas estas pasiones vinieron a ser amigos i conformarse i conformados fueron de parezcer de hacer entrada la qual hicieron por el Puerto de San Fernando i por allí calaron i descubrieron hasta los confines del Perú como ia es a V. S. notorio.

61. Puestos en los confines del Perú por ciertas Diferencias que allí tubieron obieron de dar buelta y ansi bolbieron traiendo hartos Indios naturales de aquella tierra i Probincia a esta Ciudad.

62. De las Pasiones i despues obieron i an pasado no escribo a V. S. porque alla ban presonas que daran larga quenta las quales pasiones fueron entre Diego de Abreg i el que aora manda.

63. Despues desto determinó de ir otra vez hacer otra entrada a la qual llebaba 100 Cristianos de pié e de Caballo i aió hasta los Maiaes i allí se obo de bolber de causa de la tierra hallar despoblada, en este biage perdió mucha copia de Indios Naturales de la Tierra de Hambre y Frío.

64. Bueltos a esta Ciudad y Reformados tornaron a querer hacer entrada i estando [...] pa salir [...] tanto este frio que empantanó mucha Gente de la tierra por do abia de caminar, i bisto que el Inbierno sobrebenia i las aguas no abajaban determinaron de dejar el biaje i a pocos dias vinieron nuebas como su Alteza hacia Gobernador y Capitan General desta probincia al Capitan Domingo Martinez de Irala benidas estas nuebas desde ha poco tiempo vino a esta Ciudad Bartolomé Justiniano el qual traia las probisiones que Su Alteza por ellas lo mandaba.

65. Obedecido y puesto en el mando, mando fuesen a empadronar la tierra para la Repartir lo qual hizo por una carta que de esos Reinos vino la qual quieren dezir haber escritos [...] por la qual le abisaban que si la Tierra no estaba Repartida la Repartiese.

66. Venidos los Empadronadores i todo junto la Repartió entre muchas personas que no se hallaron a la ganar, quitándola aquellos que la conquistaron i derramaron su sangre por ganalla porque certifico a V. S. que al que más destos dió daria hasta 50 Indios porque a otros daría a 30, i a 20, i a 15, hestos heran los que el Gobernador no [...] ni a por amigos i aliados, porque estos a 100 i a 200 y dende arriba no dice los que dió a los oficiales de Su Magestad i puso en su Cabeza i otros que dió a franceses i a ingleses y estrangeros y portugueses i a otros que del Perú binieron que se hallaron con Gregorio[774] Pisarro segun es fama i así mesmo a otros que nuevamente an benido.

67. Desta manera se a repartido en esta Probincia la tierra como a V. S. he contado lo qual me paresce que fué mas para acabarlos del todo los naturales ques para Reformallos porque están tan esquilmados i tan probes ansi los naturales como los Señores dellos que me parece que si no pasasen los repartimientos de 400 a 500 Indios por conquistador no podrían reacerse segun la gran Falta de Indios que en la tierra ai

68. Querer abisar a V. S. de la Justicia i como se hace abia menester aberlo estudiado para entenderlo pero diré a V. S. quel Gobernador puso por su teniente i Alcalde maior a un Caballero ierno suyo el qual se dise el Capitan Gonzalo de Mendoza i su Alguasil maior es otro Yerno suio el qual tiene 5 Alguaciles menores que traen baras e otro Alcalde Yerno suio el qual se nombró con otro por una provision que su Alteza mandó para que se eligiesen 2 Alcaldes ordinarios el uno de estos es Yerno del Gobernador como dicho tengo. Vera V. S. si ai harta Justicia para tan poca gente como en este Pueblo ai porque al Presente no ai otro en esta Probincia no digo tanto esto por las baras que ai quanto por la Justicia que se administra de lo qual V. S. se puede informar de los que alla ban.

69. Decir a V. S. del Regimiento y como se rige esta Ciudad es antes tenernos en poco que no lo acemos de vuena Policia del Pueblo pero diré que Su Magestad mandó que en esta tierra aia tan solamente 12 regidores i al presente no ai mas que 6 i destos son los dos oficiales de Su Magestad i los 4 amigos i allegados del Gobernador por manera que lo que hel quiere eso se hace en cabildo i no otra cosa.

---

774 Gonzalo. (N. del E.)

70. Seis Regimientos saltan hasta ahora de la tasa que Su Magestad tiene mandado suplico a V. S. si en algunas personas se obiere de probeher acatando los trabajos que en esta tierra los Conquistadores Viejos han pasado tenga V. S. por bien que en ellos i no en otros se provea por que entrellos ai Caballeros Hijos de Algo que haran y cumpliran al Servicio de su Magestad i al bien de la República.

71. Despues de todo esto llegó a esta Ciudad por quaresma desde presente año el Obispo Don Frai Pedro de la Torre y llegado fué recibido como cosa que todos deseabamos, i dé a pocos dias de su llegada se leieron ciertas probisiones queMartin de Vre truxo.

72. Destos que an benido en la Armada que Su Alteza a esta Probincia enbió an dicho como traian probision para el Gobernador i oficiales de Su Magestad no tobiesen Indios en encomienda esta no se a bisto por que los que más Indios tienen son ellos i sus amigos i allegados como ia a V. S. tengo dicho.

73. Al tiempo que Don Pedro de Mendoza a esta Probincia bino por istruciones que Su Magestad dio ansi a el como a sus oficiales les mando cobrasen los Diesmos como se cobran en la Isla Española, Cuba y Gamaica y que llebasen la declaracion de la Casa de la Contratacion de Sebilla, i ellos por lo que les podria benir entra ella ó no no la an querido traer puesto que a seis partes cuido i aora emos visto como Martin de Vre pidió en nombre de algunos desta Probincia que le dieron poder su Alteza les hiciese alguna gracia en lo que tocaba a los diesmos como se ha hecho en otras partes, lo qual fué por no sacar a sus oficiales desta causa a estado este Pueblo mui desasosegado por que les piden los diesmos conforme a España haciendo sus comidas y labores con mugeres Naturales desta tierra, i ansi mesmo por la merced que Su Magestad les tiene hecha y concedida antes que en esta tierra entrasen suplico a V. S. sea serbido de mandar que esta istrucion y declaracion se traiga y sobrella probision y sobre carta para que se Guarde segun i como Su Magestad lo tiene mandado porque reabitan los Conquistadores mui gran Merced i cobran ánimo para poder labrar las tierras en lo qual esta Probincia de cada dia será más ennoblecida i las rentas de Su Magestad aumentadas.

74. En lo que toca a las minas del Metal del Oro i Plata no digo ninguna cosa, porque el Obispo más largamente abisará a Su Magestad i a V. S. de lo que ai en la tierra.

75. En esta tierra se hacen muchos agrabios a los Conquistadores Biejos que en esta tierra fueron los primeros que entraron, en no ostante los trabajos que an pasado de nuebo tomanlos a percibir para viajes i los hacen ir a ellos por fuerza i contra su voluntad i dado caso que aia alguna suelta es dando un ombre que a su costa baia en lo qual me parecia que Dios ni Su Magestad es dello serbido, suplico a V. S. que pues Nuestro Señor le puso la paz tan preminente para amparar los suditos y basallos de Su Magestad i deshacerlas fuerzas i agrabios que sus suditos i naturales reciben sea serbido deprober y mandar sobresto en tal manera que ninguno de los que mandaren, Gobernador ó otra persona por su Magestad, no los pueda hacer ir a ninguno de los Conquistadores viejos acatando los trabajos tan ececibos que an pasado por que en esto Dios i Su Magestad seran dello serbidos.

76. Sabrá V. S. que de las entradas que se han hecho se ha abido noticia de la Sierra i Cordillera de los confines del Perú. Ase sabido que ai alguna Cosa en aquella tierra i por ser Indios velicosos no ai nadie que ose hir entre ellos, por comer como comen carne humana e ser indomitos i porque entre estos ques de su nacion mentado, i sé ia las costumbres dellos por el largo tiempo que en esta tierra estado, i por tener Hijos e Indias su Generacion, me atrebo a suplicar a V. S. tenga por vien de mandar la Tierra para ir a poblalla llebando desta tierra i Probincia 100 hombres de los que quisieren ir i algunas lenguas i para esto por V. S. me será mandado con probision que ninguna persona ansi el Gobernador como otro ó otros que en esta tierra i provincia mandaron no me lo puedan impedir a mi ni a ellos con grabes penas, por que en ello aliende de ser las Rentas de Su Magestad acrecentadas los vecinos i naturales de los Reinos de Perú Recibirán mui gran merced en tener seguros sus Repartimentos i Gentes. De la Guerra questos Indios les hacen.

77. S. a V. S. e hescrito por 2 beces acerca de los malos tratamientos [...] han hecho y hacen a los Indios desta tierra i por parescerme que [...] las abra i a abido no me alargo en esta a contallo i porque de lo que van será Informado.

78. Por otras que a V. S. e escrito he suplicado a V. S. me hiciese merced de la Alcaldía de minas para Antonio Martin es caso ques uno de los Conquistadores biejos i a pasado en esta Tierra muchos trabajos; suplico a V. S. la reciba en me hacer merced por que todo es para serbir a V. S. Nuestro Señor la mui Ilustrísima Persona de V. S. guarde i en vida acrecente como por sus serbidores e criados es deseado desta Ciudad de la Asuncion a 22 días del mes de Junio de 1556 años.

Mui Illustrísimo Señor

El Serbidor i criado que sus Ilustrísimas manos vesa.

FRANCISCO DE VILLALTA.

Apéndice B

Memoria de Pero Hernandez
SECRETARIO DEL ADELANTADO
ALVAR NUÑEZ CABEZA DE VACA

28 de enero de 1545

[Documento importantísimo para la mejor interpretación del viaje de Schmídel en el Río de la Plata 1535 a 1554. El autor tuvo por principal objeto ensalzar los méritos de Alvar Núñez Cabeza de Vaca y deprimir a Domingo de Irala. En mucha parte no es más que la crónica escandalosa de la época. No obstante lo que dice Pero Hernández en el § 113, puede asegurarse que lo inspiró algo más que «Zelo de Cristiano e lealtad al servicio» de la Sacra Cesárea Católica Majestad. Buen cuidado tuvo él de callar todo el episodio de la matanza de indios en Corpus Christi y subsiguiente desastre en los timbú, en que, según Schmídel, tanta parte tuvieron él, (Hernández), Ruiz Galán, Juan Pavón y un sacerdote. Tan ruidoso acontecimiento no pudo ser callado por el escribano en su relación, y su mismo silencio confirma nuestra sospecha, de que la acusación de Schmídel es justa, y que por no confesarse causa efficiens dio por no existente uno de los hechos más trascendentales de la entrada de don Pedro de Mendoza. Con ello y todo queda la *Memoria de Pero Hernández* uno de los mejores comprobantes para la Historia de la Conquista del Río de la Planta.

Mariano A. Pelliza incluyó esta pieza justificativa en su edición de Schmídel publicada el año 1881 por Casavalle, pero sin duda el Ms. Que le sirvió de original era incompleto. La transcripción que ahora publicamos procede del MS. Que el general Mitre conserva en su colección de documentos y nos facilitó al objeto de enriquecer esta nueva edición de nuestro autor. Muchas de las lagunas del MS. del doctor Lamas, utilizado por Pelliza, desaparecen en el testimonio que nos ha servido de base.]

S. C. C. M.

No he avisado antes a V. M. porque no he tenido oportunidad, mayormente teniendo tanta obligacion, lo uno por ser vasallo e criado de V. M., lo otro por ser su Escribano en esta provincia del Rio de la Plata, a V. M. supulico, quando desocupado de cosas mayores se hallare, mande leer este abiso, del cual resulta que Dios Nuestro Señor será onrrado e V. M. servido.

2. La perdicion de Don Pedro de Mendoza fué por venir descuidado e mal probeido de las cosas necesarias e que mas convenia e por no querer tomar consejo de los que tenian esperiencia de la tierra que abian venido en tiempo de Sebastián Gaboto, en esto y en la mayor parte de lo que adelante dijere a V. M. hablo como testigo de vista.

Dende há siete meses que Don Pedro obo llegado e esta provincia enbió a Juan de Ayolas por su teniente de capitan general con ciento e sesenta onbres, en tres nabios a descubrir esta tierra, y en cabo de otros tres meses enbió en su demanda en seguimiento del capitan Juan de Salazar con dos bergantines e sesenta onbres, el cual partió del puerto de Buenos Ayres a quince dias el mes de Enero del año de quinientos e treinta e siete años; esperole Don Pedro quatromeses e por la enfermedad que le agrabava determinó volverse a estos reinos e dejó el puerto mal provéido de bastimientos porque no los abia, e dejó por su Teniente general al dicho Juan de Ayolas e fasta que este viniese ó enviase al capitan Franco Ruiz Galan.

4. En su compañia de Don Pedro fueron Gonzalo de Alvarado, tesorero, e Juan de Cáceres, contador, y dejaron por su teniente en los oficios a un

Garcia Benegas, vecino de Cordoba, e a Felipe de Cáceres; el capitan que Don Pedro dejó, fortaleció su Real e con buena diligencia hizo Iglesia e sembró mucho maiz, e por que la gente era poca, mandó a estos que quedaron por tenientes de oficiales, le alludasen a los trabajos, los cuales se escusaron diciendoque eran oficiales de V. M. e ansi se estuvieron en sus casas sin cuidado de lo que se debia facer.

5. Pasado seis meses despues de la partida de Don Pedro, bino el capitan Juan de Salazar Despinosa, e dijo como habia hallado que Juan de Ayolas se habia entrado por la tierra adentro e habia dejado los nabios en el puerto que dicen de la Candelaria, que es en el Rio de Paraguay, donde biben unos Indios que se llaman Payaguás, biben del pescado e caza; dejó por capitan de los nabios con treinta onbres a un Domingo de Irala Vizcaino y entró a doce de Febrero del año de quinientos e treinta e siete años, e que por le faltar entrado se abia abajado por este Rio del Paraguay abajo y en su ribera abia asentado un pueblo en concordia de los naturales de generacion Carios, gente labradora e que cria gallinas e patos en muy gran cantidad, donde dejaba treinta cristianos, dende el Rio de Paraná hasta llegar a este puerto hay trescientas leguas.

6. Por el mes de Abril del año pasado de mil e quinientos e treinta e ocho años, bino al puerto de Buenos Ayres una nao cargada de mercaderias e muchos vinos, e algunos bastimentos, con lo cual se reformó la gente que allí residia: esta nao yba al estrecho y no pudo pasar y entró en el rio: venia por piloto Leon Pancaldo saones de estas mercaderias cobraron los Tenientes de Thesorero e contador derechos de almojarifazgo en sedas, paños, liensos, y estando la Iglesia muy pobre, no quisieron proveerla de cosa alguna, todo lo gastaron en sus casas.

7. Por el mes de Octubre deste año de treinta y ocho años, vino con una nao e cierta gente al puerto de Buenos Ayres Alonso Cabrera, veedor; y tubo muchas pasiones e contenciones con el capitan Francisco Ruiz, hasta entanto que le dió parte de la gobernacion e ambos juzgaban e determinaban los pleitos cibiles e criminales e por atraer así a la gente, traia una cedula firmada de la real mano, para que pudiese facer gente en Canaria, y enseñaba la cabeza e firma a muchas personas e deciale debajo de esta firma está lo que

en su tiempo vereis e desta manera todos le seguian creyendo que habia de ser gobernador.

8. Con siete vergantines e dosientos ombres, partieron Alonso Cabrera e Francisco Ruiz para el Rio del Paraguay, donde residia el capitan Juan de Salazár para dar socorro a Juan de Ayolas e llegados al puerto hallaron allí a Domingo de Irala, viscaino, capitan de los dos vergantines que Juan de Ayolas le dejó, que se habia abajado del puerto con el cual se consertó Alonso Cabrera, e por virtud de una instruccion que Juan de Ayolas le dejó al tiempo de su entrada, dió ovidiencia de teniente de gobernador e desapoderó a Francisco Ruiz; sobre esa razon, obo pasiones e escandalos entre ellos.

9. Luego como fué recibido Domingo de Irala con parecer de Alonso Cabrera e Garcia Venegas fué a las casas e pueblo de una generacion de indios que se llaman Agaces, llevando en su compañia a los indios Carios, e dió de noche en ellos, e mató muchos de ellos, e los Carios comieron muchos de ellos en servicio (presencia)[775] del capitan e oficiales.

10. Por el mes de Noviembre del año de treinta y nueve años, se partió Domingo de Irala con nueve nabios e trescientos ombres a dar socorro a Juan de Ayolas, e por las muchas aguas no pudieron pasar e se volvieron. Ante de la entrada prendió en el Rio seis Indios de los Payaguás, los dos dellos fueron conocidos, que eran de los que fueron enviados en compañia de Juan de Ayolas para llevarle el carruage cuando fué a facer la entrada. Vuelto Domingo de Irala de la entrada estando en los vergantines se vino a nado de poder de los Payaguás un Indio mancebo de fasta diez e seis años el cual venido ante Domingo de Irala, dijo que era de la generacion de los Chaneses de la tierra adentro, e que Juan de Ayolas e los otros cristianos abian llegado a su tierra e alli le abian dado mucho oro, e plata e Indios e Indias, de su generacion, que se lo trujesen, e que este Indio abia sido uno de los que con él volvieron e llegados al Paraguay los Indios Payaguás de bajo de amistad, abiendo estado esperando los vergantines un mes, los abian muerto a todos a palos, e les tomaron el metal, e solo este Indio dijo haber quedado vivo porque se escondió en el bosque. Los Indios que prendió de los dichos Payaguás, luego se le tomó su conficion e dijeron lo mismo, e ansí se compro-

---

775 Dice la edición de Pelliza. (N. del E.)

vó la muerte del dicho Juan de Ayolas e cristianos, por les robar el oro e plata que traian a causa de no allar en el puerto los dichos vergantines que dejó.

11. Los Indios Payaguás que el dicho Domingo de Irala abia tomado e tenia presos de la generacion de los Payaguás, los dió, e repartió entre los indios Carios, los cuales en su presencia e de Alonso Cabrera e Garcia Venegas mataron e despedasaron para comerselos en sus casas no se lo estorvando.

12. Luego el dicho Domingo de Irala mandó abrir el testamento de Juan de Ayolas e de don Carlos de Guevara factor de V. M. e sus bienes se gastaron e distribuyeron en pagar sus deudas e cumplir las otras mandas: publicamente era culpado Domingo de Irala que por nigligencia suya e por otras ocasiones que dió, mataron a Juan de Ayolas e cristianos, especialmente que habiendole dado el principal de los mataraes ocho canoas que anduviesen con el con hasta ochenta Indios e sus mugeres e hijos, para le dar de comer, dió lugar e consentimiento a los Indios Payaguás que los matasen a todos a cuya causa los Indios Payaguás tuvieron atrevimiento de se lebantar contra él e no darle de comer como lo hacian de la entrada que fizo se le murieron sesenta e cinco ombres de los trabajos e por malos tratamientos que Juan de Ortega su capitan les hizo.

13. A veinte e ocho dias del mes de Julio del año pasado de mil e quinientos e cuarenta años, embió Domingo de Irala a Juan de Ortega con dos vergantines e cierta gente al puerto de Buenos Ayres para que tomase la posecion e se hiciese obedecer en su nombre, e ansi lo hizo e allando muerto a Leon Pancaldo, mercader, depositó las mercaderias en un Pero Diaz del Valle vecino de Tarifa el cual dió por su fiador a un Martin Canos, atambór e a otro siendo de tanto valor que pasaban de diez mil ducados y estando en el dicho puerto el dicho Juan de Ortega quiso abiar el pueblo e pasarlo a otra parte e no se lo consintieron los pobladores.

14. Estando Juan de Ortega en este puerto gobernando por Domingo de Irala, hizo a la gente malos tratamientos de cuya causa se fueron huyendo en un batel honze cristianos, y por celos de una India suya dió despaldarazos a un Rodrigo Gomez, e lo injurió de palabras e Juan de Burgos por ser su amigo dió despaldarazos a un Clérigo de misa e no lo mandó castigar, antes lo hizo alguacil del pueblo.

15. Por el mes de Marzo del año de quinientos e cuarenta e un años Domingo de Irala se partió con dos vergantines al puerto de Buenos Ayres, donde estaba Juan de Ortega, e porque se publicó antes que partiese que lo yba a despoblar, fué Requerido ante Escribano que no lo hiciese por el gran daño e pérdida que dello resultaria, maltrató de palabra al que le requeria; llegado al puerto Alonso Cabrera beedor, que fué en su compañia, comensó luego a dar órden como fuese despoblado el puerto, diciendo que no se podia sustentar, e que nunca aviamos de ser por V. M. socorridos, e anduvo induciendo e invocando las personas mas principales e hicieron favor al capitan Dubrin e las mercaderias e hacienda que estaban depositadas en Pero Diaz del Valle las repartieron entre si e sus amigos, e luego despoblaron el puerto estando tan reformado de bastimentos e ganados e bien fortalecido, e para ello quemaron la nao que estaba en tierra por fortalesa, e la Iglesia, e casas de madera sin embargo del clamor de querellas de los pobladores; los Indios comarcanos les dijeron que no despoblasen el puerto porque venian presto muchos cristianos en cuatro navios que estaban en el Brasil.

16. Despoblado el puerto de Buenos Ayres, Domingo de Irala hizo alguacil mayor de esta provincia a Juan de Ortega, e Alcalde mayor a Pero Diaz del Valle, e hizo regidores él e Alonso Cabrera e Garcia Venegas, Pero Diaz, ó ya libraba ó determinaba los pleitos e cabsas haciendo agravios a la gente e malos tratamientos, llevandoles derechos esesivos, sacandoles prendas por ellos, e por que tuvo celos de un Gonzalo Rodriguez por una India suya fué una noche a las casas de su morada donde en carnes llamandole de bellaco, traydor, le hechó mano de las barbas e pelandoselas lo trujo a la carcel e lo echó de cabeza en el cepo, e porque otro su compañero le trujo su ropa lo echó en el cepo donde los tuvo aquella noche.

17. Cuando Domingo de Irala fué a despoblar a Buenos Ayres, dejó por su teniente en el Paraguay a Garcia Venegas teniente de Thesorero, el cual hizo muchos agravios a la gente e a los naturales, mandandolos matar e quitar sus mugeres, especialmente mandó a Pedro de Mendoza Indio, que ahorcase dos Indios los cuales ahorcó junto al pueblo y a otro Indio casa de Lorenzo Moquirára, principal, le tomó su muger, e la dió a Andrés Hernandez el romo vecino de Cordoba, y el dicho Indio hizo a rrogar a las lenguas que rogasen del dicho Garcia Venegas que le diesen su muger e que le daria una hija suya

que trujo consigo de hasta doce años, lo qual decia llorando e el dicho Garcia Venegas no quiso, antes porque el Indio anduvo importunando sobrello e quejandose a Francisco de Andrada clérigo, fué publico que lo mandó matar a palos a Lorenzo Moquirara que era suegro de Garcia Venegas e el Indio nunca mas pareció.

18. Domingo de Irala vendió a Tristan de Ballartas antes que despoblase a Buenos Ayres una India libre Cario por una capa de grana e un sayo de terziopelo, e otorgole carta venta ante Baldes, escribano difunto, sus parientes de la India recibieron grande enojo por ello, en la cual el dicho Tristan de Ballartas tiene dos ó tres fijos, otro sí vendió un Indio e una India de la generacion de los Agases, por una capa de grana e una colcha, a un fraile de la orden de la Merced; e otro sí ha vendido e dado consentimiento que se vendiesen muy gran número de Indias libres, siendo cristianas, basallos de V. M. a trueque de capas e otras ropas.

19. Otro si porque un Francisco de Ontiveros e Francisco de Zamora se quejaron que un Indio de los naturales habia pasado por su roza e que hacia por ella camino mandó el dicho Domingo de Irala, traer ante sí el Indio, e traido, lo entregó maniatado a los susodichos e les dijo: tomadlo y en vuestra rosa cortalde los brazos; los cuales le dieron grandes heridas; creyose que lo dejaron muerto, porque nunca mas pareció, y estos mismos se le quejaron que una India les abia hurtado ciertos bastimentos, e les dijo: pues tomar esa India y cabalgadla tantas veces hasta que seais pagado.

20. Otro si, el dicho Domingo de Irala por celos que tuvo de Diego portugues lo colgó de su natura, de lo cual quedó muy malo e lastimado.

21. E otro si, Juan Perez lengua cortó lo suyo a un Indio cristiano de Moquirara por celos que tuvo dél.

22. Otro si, Antonio Pineda cerrajero mató a traicion a Valle su compañero vecino de Madrid por celos de una India suya, e nunca fué por ello castigado.

23. El dicho Domingo de Irala en el tiempo que gobernó disimuló muy feos e graves delitos e no los castigó especialmente un Francisco Palomino, rompió a una muchacha que tenia en su casa de hedad de seis ó siete años, hija de su manceba estando en el campo, e la madre la trujo al pueblo corriendo sangre e llorando, platicando lo que abia fecho el dicho Palomino,

y toda la mayor parte de la gente bieron lo susodicho e no fue castigado por ser pariente de Alonso Cabrera e Garcia Venegas.

24. Otro si, un Lopez de los Rios, vecino de Córdova, siendo una noche centinela en un vergantin deserrajó e abrió una caja de ropa que alli estaba de un Jacomé Luis piloto e la robó e jugó todo lo que en ella estaba, e el dicho Jacomé Luis se fué a querellar al dicho Domingo de Irala e no le admitió la querella, e Garcia Venegas le amenasó sobre ello e por temor no cobró su hazienda ni fué castigado el delito, e dende a cierto tiempo le dieron al dicho Garcia Venegas porque en ningun tiempo demandase al dicho Lopez de los Rios una India libre e cristiana.

25. Otro si, el dicho Domingo de Irala tenia muchas mugeres de la dicha generacion, hermanas e primas hermanas e otras parientas, teniendo acaso carnal con ellas, celandolas como si fueran sus mugeres ligítimas, por cuya cabsa hizo malos tratamientos a muchas personas y especialmente a Francisco Perez que fué una noche a su casa disfrasado y lo molió a palos, e ansí mesmo a Juan de Santiago e a Gonsalo Chave, Indio de la tierraadentro que trujo Juan de Ayolas cuando volvió, e ansí mandó pregonar que ninguno fuese osado de hecharse con India agena so graves penas.

26. Porque Gregorio... en una farsa, le reprehendió el dicho vicio a él e Alonso Cabrera e Garcia Venegas estando haciendo centinela junto a su casa, le mandó dar de palos e se los dieron Estevan de Vallejos e Pero Mendez.

27. El principal de los Agaces que se dice Abacote le dió una hija suya con la cual se echó carnalmente porque ansí fué muy notorio e dende a pocos días vinieron mas de ochenta Indios Agaces con un tambor adelante de las casas de la morada del dicho Domingo de Irala, en su presencia e de todo el pueblo hicieron gran regocijo e dijeron las lenguas que hacian las fiestas del virgo que habia sacado Domingo de Irala a la hija de Abacote.

28. Otro sí, una India cristiana mató con yerbas a Nuño Cabrera su amo, vecino de Cazalla e Pero Diaz su alcalde la prendió e procedió; la India confesó el delito, e a ruego de Sancho de Salinas, primo del muerto, fizieron soltadisa la India, e se fué sin castigo. En tiempo que governó Domingo de Irala mataron dos ombres, e nunca castigó a Pero Bocanegra que mató el uno dellos, ni a Juan Ruiz que mató el otro. Una Iglesia que hizo de madera en el Rio del Paraguay Francisco Ruiz Galan, Domingo de Irala la vendió a

los oficiales Cabrera e Garcia Venegas por cierto precio e otorgole carta de venta de ella.

29. Los pregones e ordenansas que mandó guardar en sus amigos e paniaguados e de los oficiales, no se esecutaban salvo en los pobres e en los que tenia por enemigos.

30. Domingo de Irala tubo muchas pasiones con personas particulares por celos de Indias con quien se echaba especialmente un Francisco Gimenes, porque se hechó con una India suya, lo desafió e sacó al campo; otro sí se echó con una esclava de Juan Perez lengua, por lo cual echó mano a la espada contra el dicho Juan Perez, tomó a la esclava y en su presencia, la colgó de los pies en un árbol la cabesa abajo dende la mañana asta la noche, y por ser tan amigo deste vicio desamparaba el puerto donde lo dejó a esperar su venida Juan de Ayolas e veniase a tierra de los Carios ochenta leguas el Rio abajo a un puerto que se dice Tapara donde tenia una fija de un principal de allí, e estava allí quince ó veinte dias, e los que con él andaban le llamaban al puerto, el puerto de la hodienda; otra cabsa muy grande dió para que los Payaguás se alzacen e no le diesen de comer e despues mataron los cristianos. Al tiempo que Juan de Ayolas asentó pases con el principal, le dió una hija suya, la cual dejó en guarda de Domingo de Irala hasta que él volviese, e ídose se hechó con ella e se estaba toda el día con ella en la cámara del Vergantin de que se alborotaron mucho los Payaguás e se la quitaron.

31. Alonso Cabrera e Garcia Venegas cobraron dos veces deudas de vidas a S. M. de los bienes de Hernando Barrio Nuevo vecino de Granada y de Agustin de Madrid difuntos daban a ejecutar de su propia autoridad.

32. Pusieron impusiciones nuevas sobre la gente, cobrando quinto del pescado, manteca, pellejos, cueros, maiz, gallinas, miel y otras cosas, que compraban de los Indios para se mantener e alimentar sobre lo qual les hicieron ejecuciones e molestias.

33. Por el mes de Noviembre del año de quinientos e cuarenta e un año, Domingo de Irala mandó poner una vandera e pregonar que todos les que quisiesen entrar por la tierra adentro se fuesen a escrebir, e mandó aderezar los vergantines para partir por el mes de Marso e Abril, luego siguiente.

34. Por el mes de Febrero del año de mil e quinientos e quarenta e dos años, recibió una carta Domingo de Irala de Albár Nuñez Cabeza de Vaca,

por la qual decia que venia por tierra con cierta gente e caballos a socorrer esta provincia por mandato de V. M.

35. A honze dias del mes de Marso luego siguiente a las nueve de la mañana entró Albár Nuñez Cabeza de Vaca en esta ciudad de la Asuncion, donde fué recibido e obedecido por los capitanes e oficiales de V. M. e por toda la gente por Gobernador e Capitan General en nombre de V. M.

36. Luego que fué obedecido el dicho Albár Nuñez Cabeza de Vaca, comenzó a entender en las cosas que conbenian para la buena Gobernacion, e por se haber despoblado el puerto de Buenos Ayres, recibió congoja y embió luego a socorrer con navios gentes e bastimentos la gente que en su nao habia enviado a confianza del dicho puerto, e mandó que lo tornasen a fundár e asentar nuevamente por que no se perdiesen los nabios e gente que al socorro de esta provincia viniesen.

37. A toda la gente que el Gobernador halló en esta provincia ansi capitanes como otros oficiales e personas hizo buenos tratamientos e dejó a cada uno en el oficio e cargo que le halló encargandoles sirbiesen a V. M. lealmente.

38. Al tiempo que el Gobernador vino a esta provincia halló la gente en malos usos y costumbres e dende luego comenzó a quitar las costumbres e vicios malos quitandoles las parientas, e ansi se quitaron e apartaron muy muchas Indias a muchas personas de lo qual se agraviaron mucho.

39. Otro sí, mandó juntar todos los Indios principales de esta tierra y estando presentes los Oficiales de V. M. e los Religiosos e clérigos con interpretes ábiles e suficientes, les mandó e apercibió se apartasen de comer carne humana, abisandoles e haciendoles las protestaciones necesarias segun se contiene en los actos que sobre ellos pasaron ante mí como escribano.

40. Otro sí, mandó leer e notificar a los Religiosos e clerigos ciertos capítulos que están en una carta e Real mandamiento de V. M. que habla con los dichos clerigos Religiosos para que tengan en encomienda a los dichos Indios para que no consientan que sean maltratados e les requirió e apercibió cumpliesen lo que V. M. por ellos les manda e mandoles dar un traslado de los dichos capítulos.

41. Por el mes de Mayo del año pasado de mil e quinientos e cuarenta e tres años un Bernardo de Castañeda fué a un lugar de Indios e entró en la

casa de uno de ellos a media noche e por fuerza delante del propio Indio anduvo a los brazos con su muger para hecharse con ella, el indio se vino a quejarse el alcalde procedió e lo condenó en cien azotes los cuales se le dieron.

42. La probanza que Domingo de Irala hizo de la muerte de Juan de Ayolas, el Gobernador la mandó parecer ante sí e no pudo ser abida ni se halló entre las escrituras de un Antonio de Ayala escribano ante quien abia pasado difunto, por lo qual mandó tomarla a facer, e se hizo ante mí como escribano.

43. Luego el Gobernador comenzó a buscar lumbre e caminó para ir conquistar esta provincia e embió por dos partes ciertos cristianos e Indios que descubriesen por tierra e por el Rio embió a Domingo de Irala con tres vergantines e noventa ombres, los que fueron por tierra se volvieron dende a dos meses sin poder descubrir camino, Domingo de Irala subió doscientas e cincuenta leguas por el rio arriba hasta llegar a tierra poblada, donde dieron aviso e trujo relacion del camino e poblaciones de la tierra adentro e volvió a dar cuenta al Gobernador de su descubrimiento.

44. Los pobladores e conquistadores que en esta provincia residian antes quel Gobernador a ella viniese se le querellaron de los Oficiales de V. M. acerca de la cobranza del quinto del pescado e otros mantenimientos e pellejos e cueros que abian de los Indios e cobranza de debdas e otros agravios para que lo impidiese y no diese lugar a ello lo qual el Gobernador les mandó que no cobrasen hasta en tanto que V. M. fuese abisado e que si mandase que se cobrase que todo lo que hasta en aquel punto obiesen dejado de cobrar lo asentasen a su cuenta para lo pagar de sus salarios y en lo que tocaba a la cobranza de las debdas cesasen hasta que obiese oro e plata en la provincia, lo qual no quisieron hacer antes se pusieron en dar ellos mandamientos por su abtoridad para facer ezenciones en los pobladores e conquistadores y el Gobernador les fué a la mano e no se lo consintió e ansi por esto como por les impedir la cobranza del quinto le hisieron muchos requirimientos desacatados donde el Gobernador respondió e no dió lugar a la cobranza del quinto y en lo que toca a las ejecuciones que las pidiesen ante él e por virtud de sus mandamientos se executaria e cobrarla.

45. El Gobernador prosedió de oficio contra la India que mató a su amo con yerbas e la mandó prender e fué presa e por virtud de su confision éde lo contenido en el primero proceso que fué acomulado con el segundo fué sentenciada a pena de muerte e fué hecha cuartos.

46. Pasados los requerimientos de los Oficiales sobre la cobranza de los quintos a veinte e cuatro dias del mes de Mayo de mil e quinientos e cuarenta e tres años mandó juntar los Religiosos e clerigos e a los oficiales de V. M. e les mandó leer la Relacion que Domingo de Irala habia traido de la tierra adentro e del camino que halló para conquistar e obo con ellos acuerdo e les pidió parecer, los cuales dieron sus pareceres que debia entrar con brevedad a conquistar la tierra segun por los dichos pareceres que presentaron ante mi parecer.

47. Para hacer la entrada e descubrimiento de esta provincia el Gobernador mandó hacer con toda diligencia diez vergantines e ansi mesmo mandó traer tablazon e ligazon para facer una carabela en que pudiese enviar a dar aviso a V. M. luego como volviese de la conquista de todo lo que sucediese.

48. A pedimento de los naturales Indios vasallos de V. M. e con el parecer de los Religiosos fué a hacer guerra a una generacion de Indios que se llaman Guaycarias[776] e los desbarató e se trujeron muchos dellos cabtivos, y el Gobernador soltó un prisionero para que fuese a llamar su principal porque queria hacer paces con él e ansi fué e le vino el principal e asentó pazes con él e le volvió libremente los prisioneros todos que se abian traido conque fué contento e fueron amigos.

49. A todos los Indios naturales basallos de V. M. el Gobernador les hizo e mandó hacer buenos tratamientos dandoles dadibas pagandoles e ansi mandó que todos les pagasen sus trabajos e persuadió e eforzó a los Religiosos clerigos tuviesen especial cuidado en su doctrina e enseñamiento.

50. Al tiempo que el Gobernador llegó a la costa del Brasil, halló allí dos Frailes Franciscanos que se dicee fray Bernardo de Armenta e fray Alonso, los cuales trujo en su compañia a esta Provincia e parece que en el camino se le desmandaron e desordenaron con los Indios e el Gobernador les fué a la mano, de cuya cabsa los dichos frayles vinieron mal con el Gobernador, e

---

776 Guaycurú. (N. del E.)

decian que les habia fecho agravios en el camino, estos frayles son ombres de mal vivir porque tienen mas de treinta mancebas.[777]

51. Como los oficiales de V. M. vieron que el Gobernador no les daba lugar a que fisiesen agravios e mandase como antes quel viniese lo asian se confederaron con los dichos fray Bernardo de Armenta e fray Alonso para hacer todo mal e daño al Gobernador e para ello ansi mesmo se juntó con ellos Domingo de Irala vizcaino debajo de juramento quel dicho Fray Bernardo les tomó en un libro misal para que callada e encubiertamente sin lo descubrir a ninguna persona los dichos frayles con ciertos cristianos amigos suyos se fueron a la costa del Brasil por tierra de donde el Gobernador los abia traido diciendo quan perjudicial era y en deservicio de Dios e de V. M. que Albar Nuñez Cabesa de Vaca fuese Gobernador, e quan necesario era que lo fuese el dicho Domingo de Irala e que el dicho Fray Bernardo lo escribiese a V. M. porque siendo la persona que era se le daria crédito a sus cartas e que para ello embiase a fray Alonso su compañero a España e que ellos lo embiarian a pedir por obispo desta provincia, como oficiales de V. M. lo cual pusieron en efecto e combocaron a ciertos Indios de la costa del Brasil para que fuesen con ellos, que heran muy necesarios en esta provincia, e llevando cinco cristianos en su compañia e mas cantidad de treinta Indias cristianas, fijas e parientas de Indios principales desta tierra sin licencia de sus padres escondidamente se partieron al tiempo e sazon que todos en conformidad le habian dado sus pareceres para que fuese a facer la entrada e descubrimiento desta tierra e teniendo todos los nabios bastimentos e municiones todo a punto para partir y el propio dia de su partida el Gobernador lo supo e mandó ir en su seguimiento, e fueron vueltos de la ida destos frayles, resultó grandes escandalos así entre los cristianos como entre las naturales por les llevar sus hijas, de lo cual mostraron muy gran sentimiento y el Gobernador les sosego e les dijo que no consentiria se las llevasen e que estuviesen seguros.

52. El Gobernador mandó proceder contra los dichos oficiales e mandó a Pedro Estopiña Cabeza de Vaca a quien cometió la causa, no procediese contra Domingo de Irala por apartar alteracion e desociego e con buenos tratamientos tomarlo al servicio de V. M. Contra los oficiales se procedió e

---

777 ¿? (N. del E.)

fueron presos e encarcelados e suspendidos de los oficios, e remitidos a V. M. segun que por los dichos procesos parecerá.

53. Por el mes de Setiembre del dicho año de cuarenta e tres años el Gobernador partió con diez vergantines con muchos bastimentos, municiones, diez caballos e cuatrocientos ombres, mil Indios e cien canoas que se ofrecieron de su voluntad para ir a conquistar esta provincia por el puerto de los Reyes, y en su lugar en nombre de V. M. nombró por su Teniente a Juan de Salazar de Espinosa el qual quedó en el puerto del Paraguay con doscientos ombres el qual mandó con toda diligencia hiciese la carabela para que cuando volviese la allase fecha para avisar a V. M. de todo lo subsedido.

54. Llegado el Gobernador al puerto de los Reyes en concordia de los naturales la tierra, como tierra que nuevamente descubria en nombre de V. M. tomó la posesion e hizo buenos tratamientos e dió dadivas a los naturales e mandó que no les fuesen fechos malos tratamientos, e nombró por su Maese de campo al dicho Domingo de Irala al cual encargó el buen tratamiento de los Indios asi los que con el venian como los del dicho puerto e que mirase lo que convenia al servicio de V. M.

55. A veinte e seis dias de Noviembre del dicho año el Gobernador partió del dicho puerto a descubrir e conquistar la tierra con trescientos ombres e ochocientos Indios e diez caballos, llevando consigo por guia un Indio de aquella tierra que dijo en cinco jornadas llegarian a las primeras poblaciones de la tierra adentro en el puerto dejó en guarda de los Vergantines noventa ombres con un capitan.

56. A las nueve jornadas quel Gobernador obo entrado por la tierra sin fallar poblado alguno, falló una casa donde vivian fasta catorce Indios con sus mugeres de la generacion de los Carios los cuales informaron e dijeron que dende alli fasta Tapúa donde comienzan las poblaciones abia diez e seis jornadas, lo qual visto por el Gobernador mandó juntar los oficiales de V. M. e capitanes e obo con ellos acuerdo si debia pasar adelante e con su parecer se retiró e dende alli embió a Don Francisco Ribera con otros cristianos que fueron seis e la guia que alli tomó para que pasase adelante a descubrir aquel camino hasta llegar a la primera poblacion, en el entretanto que iba al puerto de los Reyes a fornеserse de bastimentos para tornar a entrar descubierto el camino.

57. En el puerto de los Reyes alló el Gobernador atemorizada la gente porque los naturales asian llamamiento para venirlos a matar, especialmente los Indios de la Isla que se dicen Xaquetes e los Guajarapos e los de un pueblo pequeño del dicho puerto, el Gobernador procuró de los sosegar pero todavia le mataron cinco cristianos e se los comieron, po lo qual el Gobernador procedió contra ellos e con el parecer de los clérigos los pronunció por esclavos y que se les hiciese la guerra, e los que fuesen tomados fuesen esclavos segun que mas largamente con el proceso e sentencia se contiene a que me refiero donde mataron e fueron cabtivos cierta cantidad de los que residian en la Isla.

58. A veinte dias del mes de Diciembre deste año, embió el Gobernador un Hernando de Ribera con un vergantin e cincuenta e dos hombres a descubrir el Rio que llaman Igatu, que pasa por el puerto de los Reyes por que los naturales le informaron que por el bivian e estaban grandes pueblos de Indios con grandes mantenimientos e metal.

59. A dose dias del mes de Enero del año pasado de quinientos e cuarenta e cuatro años bino al puerto de los Reyes Francisco de Rivera con los seis cristianos con quien fué a descubrir, los cuales llegaron todos heridos, Francisco de Ribera informó al Gobernador que abia ido caminando por tierra de buenas arboledas e aguas e de mucha caza puercos, venados, e frutas, miel y en cabo de veinte dias llegó a las poblaciones de Tapua Guaca donde en un lugar de unos indios que se llaman Tarapecoas vido oro e plata e grandes bastimentos e questando en sus casas sintió que los querian matar e salieron todos juntos para volverse por donde abian venido e salieron a ellos hasta docientos Indios e los flecharon e si no se metieran en el bosque que los mataran a todos e que abia quince dias que abian partido e que dende alli hasta este puerto le parece que habrá setenta leguas poco mas ó menos e que a la ida tardaron mucho en descubrir el dicho camino, porque el camino yba muy cercado de monte e lo fueron abriendo e que un Indio orejon que les dió de beber como llegaron al pueblo de los Tarapecoas le dijo que era paisano e questaria de alli su tierra dos jornadas e le nombró otras generaciones de Indios conocidas donde dijo que poseian metal.

60. Con estas nuevas e descubrimiento, el Gobernador quisiera luego partirse a proseguir la conquista pero no lo pudo hacer porque Francisco de

Ribera le dijo que una laguna questaba a diez leguas de allí por donde forzosamente abia de pasar estaba muy crecida que tenia ocupadas mas de dos leguas de tierra y hera necesario esperar que abajase; los naturales dijeron que hasta en fin del mes de Febrero no abajaria porque todos los años cresia e abajaba por el dicho tiempo.

61. Hernando de Ribera que fué a descubrir con el vergantin el rio de Igatu, escribió al Gobernador aciendole saber como habia llegado a unos pueblos de Indios que se dicen Xaralles e que por la Relacion que de ellos abia abido, se abia determinado entrar por la tierra adentro e ansi lo abia fecho con cuarenta hombres e abia dejado el vergantin. El Gobernador embió a mandarle con gran diligencia que luego se volviese e que no pasace adelante porque no le matasen e porque no le abia enviado a descubrir portierra.

62. A treinta dias del mes de Enero vino Hernando de Ribera al puerto de los Reyes con el Vergantin e gente que llevó, al tiempo que vino falló al Gobernador mal dispuesto e la mayor parte de la gente e de los Indios naturales, el Gobernador le reprendió el atrevimiento que abia tenido en no proseguir la navegacion e descubrimiento del rio Igatu e entrarse por la tierra adentro, no dió Relacion de su descubrimiento.

63. Estando el Gobernador en este puerto de los Reyes esperando que las aguas abajasen para poder caminar a hacer su entrada e conquista toda la gente se adoleció de calentura en tal manera que se hallaban diez ombres sanos que guardasen el Real.

64. Por los agravios que aquí se hacian a los naturales de que se venian a quejar cada dia que los cristianos les hazian muchos daños en sus casas, tomandoles por fuerza sus haziendas, mandó pregonar so ciertas penas que ninguno fuese a sus casas, e que porque sin embargo desto todavia iban, puso guarda en los caminos y en sus casas para que no los consintiesen hacer agravios e lo denunciasen, e mandó pregonar ansi mismo que no se vendiesen ni contratasen las Indias libres ni las trocasen por esclavos ni esclavas.

65. Por inducimiento de los interpretes e Capitanes los Indios naturales desde puerto de los Reyes, comenzaron a darles sus hijas e al Gobernador le trajeron algunas e como el Gobernador fué avisado mandó que no se sacasen de sus casas porque no se alborotasen e recibiesen alteracion de verlas tratar

mal por esta razon e porque no dejarlos andar e embiar por los lugares de los Indios los oficiales e capitanes tornaron mucho odio contra el Gobernador e comenzaron a inducir e predicar entre la gente que no era bien hacer entrada a fin de impedir e estorbar al Gobernador que no sacase oro e plata, viendo que la tierra era buena e abia tanto oro e plata comunicaron entre si e dijeron si el Gobernador entra a de traer oro e plata e perpetuará su gobernacion e despues no seremos parte en la tierra contra el lo qual platicaron e dijeron con muchas personas para matarlo e aqui lo quisieron matar e pegarle fuego a la casa lo qual dejaron de hacer por que a esta sazon adoleció Domingo de Irala e Juan de Ortega el contador Felipe de Caceres: a noticia del Gobernador vino este motin a cabsa de su enfermedad no hizo castigo, pero dicernió un mandamiento en que mandaba que ninguno fuese osado de contradecir la entrada segun parece por el dicho mandamiento al que me refiero e comensó a hacer proceso contra Domingo de Irala, como principal amotinador e al primer testigo que se tomó yo que era el Escribano adolecí de calenturas e no se pudo ir adelante e ansi mesmo el Gobernador adoleció.

66. A diez e ocho dias del mes de Marzo deste año de cuarenta e cuatro ya que las aguas eran bajas para poder caminar, el contador Felipe de Caceres procuró impedir e estorbar la dicha entrada e conquista e que el Gobernador se Retirase e volviese e no esperase quél e la gente se reformase alli porque no viniese en efeto e para ello requirio al Gobernador se abajase al Paraguay de donde abia salido, lo cual el Gobernador hizo contra su voluntad [...] nada e demas de esto él flaco e enfermo e ansí le fué forzado volverse por que fué abisado que sino se volvia le abian de matar, e recibió mucha pena de no poder castigar tan gran daño e deservicio de Dios e de V. M. ympedirle la entrada estando ya descubiertos los caminos e poblaciones de la tierra e sabia e beia lo que en ella abia e que los Indios traian oro e plata en orejeras, planchas e barvotes, aqui obo el Gobernador en este puerto de los Reyes media hacha de plata e algunas cuentas de oro e plata, los Indios todos desian que los de la tierra adentro tenian mucho del dicho metal en basijas de que se servian: a veinte e tres deste dicho mes se partió el Gobernador con los nabios e gente muy flaco de la dicha enfermedad.

67. Llegado el Gobernador con sus nabios e gente al Paraguay y enfermo de sus calenturas halló puesto en astillero el navio que dejó mandado hacer

para enviar e esos Reinos a dar cuenta a V. M. e mandó se acabase con diligencia.

68. Domingo de Irala tuvo manera de dañar las voluntades de la gente contra el Gobernador e ganarlas en su favor, e para ello tuvo grande aparejo porque el Gobernador le tuvo siempre en mucho e le hizo Maese de campo y la manera que tuvo fué esta, llamava a los hombres, e debajo de juramento que no descubriesen nada les decia, el Gobernador, dice que os ha de horcar porque sois un vellaco ladron e quel se avia hallado presente, e le abia dicho que estaba mal informado e que era ombre de honrra por tanto que no le descubriesen, e luego a estos mesmos los emviava de su casa dádivas con que los atrajo a su voluntad, e desta forma daño a muchos las voluntades, alguno ovo que le dijeron al Gobernador por que los queria mal, e el Gobernador como estaba inocente de tal caso decia que no abia tal cosa e les preguntó quien se lo avia dicho e no lo quiso decir aunque trabajó en ello por saber pero como estaban juramentados, e Domingo de Irala favorecido no lo quisieron descubrir el Gobernador no sabia la traicion queste urdia.

69. Dende a quince dias que el Gobernador ovo llegado al Paraguay, estando flaco, enfermo, una noche del dia de San Marcos los oficiales de V. M. con favor e ayuda de Domingo de Irala con todos los vizcainos e cordobeses que por ello fueron llamados, con las ballestas armadas e los arcabuses las mechas encendidas e con otras armas e con grande alboroto e escandalo entraron en las casas de su morada haciendo muestras e acometimiento de lo matar, se abrazaron con él en la cama donde estaba enfermo diciendole, libertad, libertad, y lo sacaron por fuerza e contra su voluntad de su casa e cama donde le hallaron con un criado que se dice Pedro Doñate Vizcaino el cual fué el mismo que lo espió cuando estuviese solo, e trató la traicion, e lo llevaron con muchas voces diciendo libertad, libertad, a las casas de la morada de los dichos Garcia Venegas e Alonso Cabrera, diciendole palabras feas, representandole como los abia tenido presos tratandolos mal e ansimesmo un Don Francisco de Mendoza e Alonso de Angulo vecino de Córdoba e Fernan Arias de Mansilla vecino de Granada e Galiano de Neyra barbero e Juan Xuares tejedor e Francisco Romero zapatero e Jaime Rasquin valenciano le dijeron: agora vereis Cabeza de Vaca como tratavades los caballeros, metieronlo en una camara e hecharonle unos grillos, pusieronle gente armada

que lo guardasen de los mesmos comuneros, al tiempo que lo sacaron de su casa los oficiales dijeron a muchas personas que vinieron e acudieron al alboroto. Señores este ombre avemos preso por libertaros porque os queria tomar las haciendas a todos y teneros por esclavos e luego Bartolomé Gonzalez escribano e Hernando de Sosa les dijeron: Señores, todos a una voz decir libertad, libertad e ansi todos a voces como gente de pueblo decian libertad libertad. Luego Domingo de Irala envió a decir a los dichos oficiales que enviasen a prender al Alcalde mayor e alguaciles los quales enviaron a muchos de los comuneros, e hallando al dicho Alcalde mayor Juan Xuares Tejedor les hecho manos de las barbas e otros le dieron de puñadas e bofetones [e lo llevaron arrastrando][778] diciendole de vellacon traidor e le quitaron la vara a pasandole por las puertas de la casa de Gonzalo Mendoza de Baeza donde él a la sazon se halló, el dicho Alcalde mayor le dijo, señor Gonzalo de Mendoza, mira qual me llevan estos ombres, favorece la justicia de S. M. y quitame de su poder; y el dicho Gonzalo de Mendoza respondió anda, anda, llevadle, llevadle que bien va, el qual llevaron ante los dichos oficiales y el dicho Juan Xuarez dijo: señores, que mandan vuestras mercedes que hagamos de este ladron traidor, e dijeron que lo llevasen a la carcel, y el dicho Alcalde mayor dijo al veedor Alonso Cabrera, que por amor de Dios que por que estaba malo, no lo mandase echar en la carcel, e el dicho veedor le dijo, anda, anda, tened vos por bien destar donde yo estuve, llevarle e ansi lo llevaron a la carcel donde estaba preso un Luis de Vaillo, sentenciado a muerte porque avia muerto a un Morales, vecino de Sevilla, e dando voces libertad, libertad soltaron al dicho Vayllo e a otros questavan presos, echaron de cabeza en el cepo al dicho Alcalde mayor tratandolo muy mal de palabras injuriosas dandole con las manos.

70. Martin de Orue viscaino escribano e Bartomé Gonzalez, escribano, fueron luego a las casas de Francisco de Peralta alguacil e llegaron a él, e el dicho Martin de Orue, le hecho mano de la vara, e le dijo dejad esta vara que no la aveis vos de traer, e el dicho alguacil dijo a los que estaban presentes, señores sedme tetigo como me quitan la vara de S. M. e luego lo llevaron a la carcel a el e a Sebastian de Fuente el Rey alguacil e los pusieron en el cepo con el Alcalde mayor.

---

778 No está esto en el MS. Mitre. (N. del E.)

71. Fueron luego a casa de mi el escribano con grande alboroto e escandalo Andres Fernandez el Romo, vecino de Cordova, e Francisco de Vergara vizcaino e Bartolomé Gonzalez, escrivano, e otros muchos con las espadas desnudas, me las pusieron a los pechos en la cama donde estaba enfermo diciendo libertad, libertad viva el Rey, e pasada la grita me dijeron que Domingo de Irala embiava por las escrituras e procesos que el Governador avia fecho contra él e los oficiales, que les dijese donde estaban e se las diese, yo les dije que no estaban en mi poder questaban en una caja en casa del Gobernador los cuales se fueron luego a la misma ora pasó el atambór e pregonando con el Martín de Orue que le decia lo que pregonaba mandan los Señores Oficiales de S. M. que ninguna persona sea osado de salir de su casa hasta la mañana, so pena de traidor y en acabando el pregon, se daban una grita los comuneros diciendo libertad, libertad e iban acompañando el atambór Garcia Venegas armado con sus amigos, y desta manera fueron por todo el pueblo faciendo a la gente que no saliesen de sus casas.

72. La manera que estos Oficiales e Domingo de Irala para prender al Gobernador tovieron, fué que cada uno por su parte llamaron sus amigos que se amotinaron e debajo de juramento les dijeron que si prendian al Gobernador serian Señores de la tierra e que de otra manera, el Gobernador les queria quitar sus haciendas e tenellos átodos como esclavos que ellos como oficiales de V. M. lo podian prender y tenian poder para ello, e le leyeron los capítulos de las instrucciones dandoles para ello falsos entendimientos, con lo qual y con otras cabtelas, poniendolos mal con el Gobernador vinieron en su voluntad a otras personas de quien no tenian tanta confianza les dijeron que el Gobernador les queria tratar mal e tomarles sus faciendas, e quellos como oficiales querian ir a requerir no lo hiziese, pero que por que el Gobernador estaba mal con ellos e se temian que por le ir a requerir les mandaria prender, era necesario que fuesen con ellos pues se ponian a tanto peligro por lo que les cumplia a otros embiaron a llamar a sus casas con sus criados e los encerraron en cámaras sin decirles para que efecto, e unos a otros se preguntaban, para que venimos aqui, ques esto, e ninguno supo la cabsa, de lo cual despues se han tenido por engañados e al tiempo que sacaron al Gobernador de su casa los mandaron salir diciendoles, id a favorecer los Señores Oficiales que traen preso al Gobernador por que os queria tomar

vuestras faciendas e teneros por esclavos: en casa de Lope Duarte vizcaino avia gente encerrada por ser amigo de Domingo de Irala.

73. Otro dia pasado lo suso dicho mandaron pregonar que todos fuesen delante de las casas de Domingo de Irala donde delante de mucha gente de los comuneros, Bartolomé Gonzalez escribano, leyó un billete (libelo?) difamatorio contra el Gobernador, llamandole tirano traidor e otras muchas injurias, e que queria robar e quitar a la gente sus haciendas, de cuya cabsa los comuneros se tomaron a alborotar e quisieron ir a matar al Gobernador a la prision donde estaba.

74. Luego los dichos oficiales eligieron por teniente de Gobernador e Capitan Gral desta provincia al dicho Domingo de Irala, y todos los comuneros alborotadores le obedecieron, y el dicho Domingo de Irala fizo su alcalde mayor a Pero Diaz del Valle, e alguaciles a Bartolomé de la Amarilla e Sancho de Salinas comuneros.

75. Luego Domingo de Irala me tornó a embiar a pedir con Francisco de Coimbra su mayordomo los procesos que contra él e los oficiales abia fecho el Gobernador ó la llave de la caja donde estaban e yo le dije que la llave de la caja donde estaban la tenia el Gobernador, e la llave principal de la caja la tenia Francisco Galan, a quien yo abia dejado a guarda al tiempo que fuí a la entrada, e otro día el dicho Francisco Galan, me dijo como le abia tomado llave de la dicha caja donde estaban los dichos procesos.

76. Luego tomaron e secuestraron los bienes del Gobernador e los comenzaron a distribuir e repartir entre si e los otros comuneros donde pareció el interes de la codicia e no de la justicia.

77. En la prision del Gobernador es muy público e notorio que dieron su parecer e favor Fray Bernardo de Armenta e Fray Alonso Lebron su compañero por temor que le tenian por los delitos por ellos cometidos, en ansi mismo un Juan Gabriel de Lescano vecino de Villadolid e Francisco de Andrade portugues e Martin Gonzalez Fonseca vecino de Canaria clérigos porque los corregia e acia vivir onestamente e creyendo despues vivir a su placer e dijeron que estaria bien prenderlo e ansi mesmo dió su parescer Fray Luis de Herresuelo de la Orden de San Gerónimo hombres de mal vivir. Preso el Gobernador, el dicho Domingo de Irala e oficiales de V. M. e todos los comuneros fueron e embiaron por los lugares e casas de los naturales

vasallos de V. M., e les tomaron sus faciendas e les facian venir a Palos a trabajar e servirse de ellos e les tomaron sus mujeres e hijos por fuerza e contra su voluntad, vendiendolas trocandolas por ropas e rescates de manera que los Indios se alteraron e estuvo a punto de perderse todo.

78. Luego comenzó la gente a tener grandes alborotos e escándalos pesandoles de la prision del Gobernador, viendo la perdición tan grande de la tierra así de los naturales como de los cristianos que se iban e desamparaban la tierra todos los comuneros en publico e en secreto juraban que si se pusiesen en sacar y dar libertad al Gobernador que lo habian de matar e dar de puñaladas antes que lo sacasen porque no les cortase la cabeza e para ello pusieron en su guarda al teniente de tesorero Garcia Venegas e Alonso de Valenzuela e Andres Fernandez vecino de Cordoba los quales publicamente desian que le abian de dar de puñaladas e cortarle la cabeza e arrojarsela a los que lo viniesen a sacar: bien quisieran los leales servidores de V. M. darle libertad, vista la perdicion tan grande, lo qual fizieron saber al Gobernador lo mas secreto que pudieron, les escrivia donde rogaba a todos que se estuviesen quedos e no se moviesen porque menos inconveniente era venir preso ante V. M. donde se le aria justicia, que procurar la perdicion de la tierra e que se sosegasen por que lo tenian [...] los alborotos e escandalos que su prision donde mandavan a decir que le abian de dar de puñaladas.

79. A los leales vasallos de V. M. les comenzaron a hacer muy grandes vejaciones e agravios e malos tratamientos, quitandoles sus hasiendas dandolas a los comuneros, e prendiendolos e echandolos en las carceles, llamandolos traidores haciendoles muy grandes amenazas, diciendoles que por que eran de la parte del Gobernador procurando con engaños e con estos malos tratamientos metér en su desatino por lo qual biendo que sin causa los prendian algunos ivan a favorecer a la Iglesia e a estos mandaban que [no]⁷⁷⁹ les dieran de comer e lo mandaron a los que se lo embiaron por tomallos por hambre para que no osasen hablar ni facer cosa alguna en favor del Gobernador.

80. Todas las noches andavan treinta e cuarenta de los comuneros armados defendiendo que ninguno saliese de su casa, amenazando que habian de matar al que fuese de la parte del Gobernador si lo encontraban de noche e

---

779 El «no» falta en este MS. (N. del E.)

poníanles grandes penas mandandoles que no se hablasen unos con otros en público ni en secreto, quitandoles a todos sus armas e barrieron e fortalecieron toda la calle donde estaba preso el Gobernador, e allí estaban todos los comuneros de dia e de noche con sus armas guardandolo con grandes temores e alborotos que recibian solamente de ver fablar a un ombre con otro.

81. Preso el Gobernador, visto por los oficiales el yerro e desatino que abian fecho donde parecia e abian mostrado aberlo fecho por aberlos tenido a ellos presos e por que no los embiase ante V. M. presos con los procesos de su culpa acordaron e dijeron, pues lo abemos preso porque no quedemos por traidores e nos corten las cabezas hagamos procesos contra él, e comenzaron a fablar con los comuneros dandoles abiso de lo que abian de decir contra el Gobernador, e con dadivas e promesas sobornaron otras muchas personas y en esto gastaron la facienda del Gobernador y el hierro que tenia para sustentar e proveer la conquista e de que se habia de acabar de hacer la carabela para embiar a dar aviso a V. M. [la obra]⁷⁸⁰ de la cual cesó luego e no curaron de mandarla acabar e pasaron siete meses que no tocaron en ella e mandaron desfacer.

82. En las depusisiones de testigos que se tomaban contra el Gobernador por ser el Alcalde comunero en lo que era en su favor no lo asentaban ni escribian diciendo no os preguntan eso induciendoles dijesen lo que a ellos les estaba bien faciendoselo firmar a muchos de ellos por fuerza e porque saliendo estos oficiales alborotadores e sus criados a robar por la tierra e viniendo a noticia del Gobernador saliese a reprendellos e maltratallos les dijo: pareceos ques cosa justa que cada uno de vosotros quiera ser rey en la tierra pues quiero que sepais que no hay otro Rey ni le a de aber ni otro Señor sino S. M. e yo en su nombre con razones indirectas facia Pero Diaz del Valle alcalde que dijesen que el Gobernador abia dicho que era Rey e sobre esto facian provanzas sobornando a los testigos que lo dijesen.

83. Siendo preso el Gobernador despacharon a los frayles Franciscos Fray Bernardo e Fray Alonso a la costa del Brasil al cual cometieron que escribiese a V. M. contra el Gobernador porque siendo religioso e la persona que era se le daria crédito a sus cartas e comprovaria sin provanzas para ello les

---

780 Falta en este MS. (N. del E.)

dieron cinco cristianos y llevaron más de 50 Indias hijas de Indios de esta tierra las cuales llevaron por fuerza contra la voluntad suya e de sus padres e parientes aprisionadas con cuerdas atadas las manos e de noche con grillos porque no se les fuesen sus padres e madres quedaron llorando el destierro de sus hijas.

84. Antes que el dicho Fray Bernardo se partiese, vendió Indias libres por esclavos [con hombres][781] que avia preso al Gobernador que no se lo podia impedir ni es... e se... ran Domingo de Irala e oficiales.

85. Despues de la prision del Gobernador a avido muchos hombres que han cometido delitos dando heridas e matando ombres e quebrantando casas de hombres casados e los ha desimulado Domingo de Irala e su alcalde e no los a castigado ni preso pudiendolos prender, solamente a perseguido e molestado a los que eran servidores de V. M. porque les pesaba de la prisión del Gobernador, e sacó de la Iglesia a un Ambrosio e Eusebio por que se iva a la costa del Brasil a vuscar remedio para avisar a V. M. de la traicion e levantamiento de esta tierra e porque un Fray Juan de Zalazar e Francisco Gonzalez Paniagua clérigo se lo quisieron resistir requiriendole no quebrantase las iglesias los trató mal de palabra Domingo de Irala, e le echó mano a las barbas e les dijo reniego de la leche que mamé sino me lo aveis de pagar, lo qual hizo con mucho alboroto una noche a media noche con arcabuzes e ballestas e gente armada de los comuneros que los acompañaban, a fin de tener la tierra tiranizada.

86. A un clérigo de misa que se dice Luis de Miranda por decir que era mal fecho prender al Gobernador le prendió Domingo de Irala e lo puso en una cárcel en una casa donde tenia preso al Alcalde mayor del Gobernador e alli los a tenido tiempo de ocho meses con malos tratamientos.

87. Otro si, mandó dar cien asotes a un Cristoval Brabo porque queria dar libertad al Gobernador el pregon decia esta es la justicia que manda facer el señor Domingo de Irala a este ombre por traidor e aleve a S. M. e con engaños por tener ocasion de prender gente de los leales le dijeron que lo soltarian libre si encartaba a los que el Contador e el Alcalde e fecha la declaracion lo azotaron e prendieron a otras muchas personas sin tener culpa mas de la quellos argulleron.

---

781 Falta en el MS. (N. del E.)

88. Los dichos oficiales echavan echadizos de los traidores comuneros que afrentasen e matasen a los que dijesen mal de la prision del Gobernador y con almagrales señalaban las espaldas e les desian traidores almagrádos e por que un Pedro de Castro hombre casado dijo quera mal preso el Gobernador el contador le embió a llamar e lo desonrró e le dijo que juraba a Dios que lo abia de mandar empozar e luego otro dia saliendo de la Iglesia-echó mano para él Andres de Montalvo e le tiró de cuchilladas diciendo que siendo un vellaco tenía atrevimiento de decir ninguna cosa contra los Sres. Oficiales, el dicho Pedro de Castro se defendió e Domingo de Irala le mandó prender e procedió contra él e por ruego de personas lo soltó dende a cinco dias el dicho Montalvo se fué a casa de los oficiales donde estaba hasiendo guarda al Gobernador por manera que a los libres que no tenian culpa condegnavan e molestavan con prisiones e los delincuentes asolvian.

89. Otro si, dende pocos dias que el Gobernador fué preso entró Bartolomé Gonzalez escribano a hacer ciertos abtos con él, e ante muchos testigos le requirió e mandó asentase e diese fée como en nombre de V. M. otorgaba su poder al capitan Juan de Salazar para que fuese teniente de Gobernador desta provincia, e el dicho Bartolomé Gonzalez no lo quiso hacer e el dicho Domingo de Irala antel propio Bartolomé Gonzalez escribano e los testigos que estuvieron presentes les mandó debajo de juramento e les mandó so graves penas e amenazandolos no dijesen ni descubriesen lo susodicho a ninguna persona.

90. A un Garcia de Jaen e Juan de Sotelo e Francisco Delgadillo e Antonio Higuera e Gonzalo Portillo e Melchor Nuñez, e Alonso del Castillo e Antón del Castillo e Francisco de Loudoño e Pedro de Esquivel e a otros muchos en amenazando e echando manos a las espadas diciendo que los abian de matar si hablavan en favor del Gobernador.

91. Un Gregorio de Acosta Portugues en la pared de su casa hizo unas letras cabadas con un cuchillo que decian por tu ley e por tu Rey e por ver casa morirás, e pasando por alli Juan Xuare e Lope Dagarte vizcaino e otros comuneros los leyeron e hicieron gran pesquisa sobre[782] quien [las abia] escripto diciendo que juraban a Dios que hera muy mal fecho porque en un tiempo como aquel no se abian de escribir semejantes cosas, e algun traidor

782 Faltan estas palabras en el MS: (N. del E.)

vellaco el que las abia escrito e merecia ser castigado e el dicho Gregorio de Acosta se encubrió porque no lo matasen e los susodichos lo fueron a decir a Domingo de Irala e luego volvieron e con un clavo deshicieron las letras dandoles muchos rasgos de manera que no se pudieron más leer.

92. Un Pedro de Melina Regidor viendo la perdicion tan grande por la prision del Gobernador como se divulgase que lo queria sacar desta provincia, vino a facer un requirimiento a los oficiales requiriendoles lo soltasen pues ya estaban bien pagados e satisfechos del con la larga e aspera prision en que le avian tenido e tenian porque la tierra no se perdiese e despoblase donde no que antes que lo sacasen de esta tierra le diesen lugar que nombrase una persona que con su poder en nombre de V. M. gobernase esta provincia, Martin de Orue escribano no quiso leerlo: los oficiales amenazaron a Pedro de Molina diciendole que se fuese con palabras afrentosas, muchos comuneros quisieron poner en él las manos diciendo que abia sido grande atrevimiento venir a requerir a los Señores Oficiales e que lo ahorcasen que bien lo merecia porque otros no se atreviesen e desta manera embiaron afrentosamente al dicho Pedro de Molina e lo an tenido e tiene preso.

93. Otro sí, acordaron que Martin de Orue vaya en esos Reinos a acusar al Gobernador e a escusarse así e a los otros comuneros de las traiciones e robos de la tierra, temiendo que V. M. no los mandase castigar cuando contasen sus delitos e con cabtelas e vias indirectas ficieron otorgar un poder a muchas personas al dicho Martin de Orue diciendo que en su nombre pediria mercedes e libertades para esta Provincia, e con esta cabtela a nombre de todos acusar al Gobernador, el qual poder les ficieron otorgar, por fuerza, serian los que le otorgaron hasta cien hombres poco mas ó menos.

94. Preso el Gobernador Domingo de Irala e los oficiales an dado licencias a los Indios principales naturales de esta tierra, siendo cristianos que comiesen carne humana, matando en su casa Indios enemigos suyos. Gonzalo de Mendoza, pidió licencia para Tinbuay su suegro e mató un agaz e vinieron a comello mas de dos mil Indios.

95. Otro sí, estando en misa Domingo de Irala un dia de fiesta, en presencia suya e de todo el pueblo un criado suyo que se dice Juan Vizcaino comenzó a meter las manos entre las tetas a las Indias, y un Baltasar de Sevilla se lo reprehendió por lo cual le dijo malas palabras y el dicho Baltasar de Sevilla le

dió un bofeton delante del dicho Domingo de Irala por ello no procedió por justicia antes lo amenazó jurando a Dios que se lo avia de pagar porque lo abia afrentado e dende a ocho dias vino a misa muy acompañado e saliendo acabada la misa el dicho Juan Vizcaino dió de palos a la puerta de la Iglesia delante de su amo el dicho Baltasar de Sevilla e lo derribó en el suelo descalabrado sobre lo qual no se hizo ningun castigo pudiendolo prender antes tenia como antes en su casa al dicho Juan Vizcaino.

96. Cada dia por las calles amenazavan[783] por los cantones fijadas cedulas que decian quien a su Rey no fuera leal ni le valdrán Castilla ni Portugal, sobre saber quien lo facia llamandolo de traidores e que los abia de castigar, tuvo presos Domingo de Irala a Anton Martin del Castillo e Melchor Nuñez e hizo proceso contra ellos.

97. Otro si, el dicho Domingo de Irala despues de preso el Gobernador todas las mugeres que tenia parientas las sacó de su casa e las embió a su heredad dos leguas del pueblo por la reprension que le hizo el bachiller Martinez clerigo, y muchos dias se iva a estar con ellas e ansi lo hizo el dia de Cuerpus Cristis e otros dias de fiesta.

98. Un Zoilo de Solorzano comunero se enamoró de una India criada del maestro Miguel Herrero e preso el Gobernador fué a su casa e se la tomó por fuerza e la puso en casa de Domingo de Irala e dello se le fué a quejar Maestro Miguel e mandó que recibiese otra India por ella y el dicho Solorzano tiene por su manceba la dicha india e dijo a [...] am. es [un] [...] este es buen tiempo donde los buenos son bien tratados.

99. Otro si Garcia Venegas Teniente de Tesorero se enamoró de una India de Pedro Gallego e rogó al dicho Domingo de Irala que se la hiziese haber e dió por ella dos Indias libres por intercesion del dicho Domingo de Irala e la ha tenido e tiene por su manceba e tiene hijos en ella.

100. Otro si Pero Benites de Lugo con celos que tuvo de un Indio cristiano que se echava con su manceba le dió de cuchilladas e no se procedió contra él ni quiso curar al Indio e un Leonardo Aleman le llevó a su casa e lo curó e embió a rogar al dicho Pero Benites que pagase la cura e no quiso e fué a Domingo de Irala que se la mandase pagar e respondió que era caballero e

---

783 Debe ser «amanecían». (N. del E.)

no se lo podia mandar e el cirujano pidió la cura al dicho Leonardo ante su Alcalde e mandole que se la pagase e la pagó.

101. Muchos de los alborotadores comuneros despues de preso el Gobernador an vendido Indias libres por esclavas e esclavos e por dineros a pagar en esos reinos, especialmente Domingo de Irala, Pedro Dorantes, Gonzalo de Acosta, Gonzalo Moraño, Gonzalo de Mendoza e Rodrigo Garcia, e el contador Felipe de Caceres e dió un esclavo a Francisco Alvarez Gaitan porque le diese una India que tenia fermosa e un tocino e otras cosas porque le pareció bien, la qual tiene por su manceba.

102. Otro sí Francisco Alvarez vecino de Talavera comunero, ahorcó una India suya e la echó muerta en la Ribera del Rio junto a su casa de Domingo de Irala, e no lo castigó por ello antes quitó una India a su servidor vasallo de V. M. e se la dió al dicho Francisco Alvarez.

103. Otro sí, Domingo de Irala e oficiales ordenaron un capítulo para que todos los comuneros e los otros que pudieren engañarlo estuviesen en sus casas contra el Gobernador diciendo mucho mal del, e a los que escribian por su parte y a un Aguilera regidor, dieron cargo que hiciesen escribir e le escribiesen aqueste capítulo difamatorio contra el Gobernador en todas las cartas que viniesen a sus manos para estos Reinos e ansí ordenaron e escribieron muchas [...] esto me dijo Damian Dorias[784] vecino de Sevilla diciendo que a él se lo avian encargado e abia escrito muchas cartas e que se lo pagaron los oficiales en unos calzones de algodon que le dieron.

104. Preso el Gobernador D. Francisco de Mendoza tomó por fuerza a un Maese Diego una ballesta que tenia muy buena e yendose a quejar dello le dijo Domingo de Irala que era caballero, y que no podia ser compelido por justicia e se quedó con la vallesta.

105. Otro sí, el dicho Don Francisco tomó un esclavo a Francisco Sanchez aserrador so color que por él le mandaria facer una casa e nunca se la quiso hacer, fuese a quejar dello a Domingo de Irala e a su Alcalde e dijeronle que era caballero e no tenia la justicia que facer con el, e se quedó con el esclavo.

106. Otro sí pidió maese Diego una vallesta e otros bienes que dejó a guardar a Anton Martin Escaso quando fué al descubrimiento con el Gobernador e no quiso dar e pidiolo ante Pero Diaz Alcalde e dijole que

---

784 No está claro. (N. del E.)

tuviese empacho de pedir tal cosa porque era ombre onrrado Escaso e que pues de su voluntad no se lo daba que no le debia nada e no pudo alcanzar la justicia por ser comunero Escaso.

107. Rodrigo de Osuna pidió ante Domingo de Irala e su Alcalde a Luis Osorio comunero dos camisas que le debia e dijeronle que era caballero e no le podia apremiar por manera que se quedó sin su fazienda, todo lo que los comuneros pedian ante Domingo de Irala e su Alcalde justo e injusto se hacia como lo querian e pedian e los leales va [sallos no][785] podian alcanzar justicia antes les decian traidores los del bando de [...] ez [...].[786]

108. Un Francisco de Sepulveda mató una hija suya e fué preso e molestado sobrello hasta que les prometió de no ser contra ellos e luego lo soltaron libre [...]. Por parte de Francisco Lopez se pidió ejecucion en los bienes del Governador ante Pero Diaz Alcalde el cual dicernió su mandamiento de ejecucion contra los bienes.

109. Domingo de Irala e los oficiales han pedido al Gobernador segun yo he sido avisado que dé poder al dicho Domingo de Irala para que gobierne e no lo ha querido facer e ansi como escribano me pidieron ordenase e escribiese el poder e escribiese al Gobernador que lo firmase porque era cosa que le cumplia e por que no lo quise facer me an fecho muy malos tratamientos e me tuvieron preso por decir que avia sido mal fecho prender al Gobernador.

110. Otro sí el dicho Domingo de Irala e su Alcalde tomaron todas mis escrituras, procesos e registros e el proceso quel Gobernador abia fecho contra él, e sin cuenta ni razon alguna las entregaron a Juan Hernandez[787] comunero e ansi mesmo an visto los procesos que estavan cerrados contra los oficiales de V. M. e los an leido e visto.

111. Otro sí, Domingo de Irala preso el Gobernador se pronunció por sentencia de su Alcalde por heredero de los bienes de [...] Llance aleman e no ha querido fasta agora pagar las debidas e dejó pobre a un hijo natural del difunto valdrian los bienes mil ducados.

112. Porque con larga relacion de los agravios e injusticias que an fecho e de presente hacen podria ser que V. M. recibiese algun desabrimiento

---

785 Falta en el texto del MS: (N. del E.)
786 Así en el MS. (N. del E.)
787 Sanchez en la edición de Pelliza. (N. del E.)

acuerdo de escasear muy gran parte dello e aun por la falta que de presente tengo de papel, e ansi V. M. suplirá el defecto si alguna parte borrada se fallare.

113. Y V. M. crea que no me mueve pasion alguna a escribir lo que escribo salvo zelo de cristiano e lealtad al servicio de V. M. la qual prospere e enzalze nuestro Señor por largos tiempos como V. M. desea e sus vasallos e criados deseamos porque la Santa Fé Católica sea ensalzada en sus prósperos e felices dias y este nuevo mundo que está por descubrir sea reducido a la Santa Fé católica. Del puerto de la Asuncion ques en el rio del Paraguay a veinte e ocho dias del mes de Enero de mil e quinientos e cuarenta e cinco años -va escrita esta relacion diez fojas de pliego entero con esta en que se concluye -S. C. C. M. -El umilde criado e vasallo de V. M. que sus Reales pies y mano besa.

PERO HERNANDEZ.

-Hay una rúbrica.

[El original existe en el Archivo de Indias de Sevilla. El Cónsul argentino en la misma —Tovia—. Hay un sello del Consulado.]

En la edición de Pelliza se agrega lo siguiente:

Simancas   Descubrimientos
Perú
Descubrimientos, descripciones y poblaciones pertenecientes a este Reyno.

Años	Est. N.º 1
1544 a 1640	Caj. " 1
2.º y último	Leg. " 2

Apéndice C
Información de los méritos y servicios del capitán Gonzalo de Mendoza

Febrero 15 de 1545

[Importantísimo documento que sirve para esclarecer los hechos de la conquista del Río de la Plata desde el año 1535 y 6 hasta el 45 en que se levantó esta *Información*.[788] El interrogatorio y las declaraciones de los testigos, el capitán Juan de Salazar de Espinosa y don Francisco de Mendoza, se publicaron en la *Colección de documentos* de don Blas de Garay, tomo I, n.º XXIII (Asunción 1899), pero faltan, el escrito que presenta Hernando de Mendoza, hermano de Gonzalo, y las declaraciones de los testigos Simón Jaques, Andrés de Arcamedia, Bartolomé de Moya, Ruy García, Hernando Laguardia, Martín Bénçon, Richarte Límon, Sebastián de León, Hernando de Prado y otros más.[789] Por lo general las contestaciones se repiten al cansancio, pero hay dos de ellas que tocan muy de cerca la clasificación etnográfica y lingüística que de los timbú y otros indios dio Schmídel en sus capítulos XVI y XVII. Estos datos se contienen en las contestaciones a la pregunta 12, y son tan claros terminantes que no será ya posible reclamar a estos indios como de la raza guaraní. El documento en su forma completa recién llegó de España hace pocas semanas, después de estar ya impresos los capítulos correspondientes del prólogo y texto; pero estas declaraciones solo confirman lo que se había establecido ya con la relación de Schmídel, etc., que los indios de Buena Esperanza, Caracará[790] y Timbú, no eran de la generación de los guaraní.

El señor Enrique Peña es quien ha facilitado este precioso y en parte desconocido documento, que hizo venir de Sevilla, juntamente con la carta de Villalta e información de Ruiz Galán (1538) al objeto de ilustrar el texto de Schmídel. Madero citó y utilizó estos papeles, pero no los publicó, sin duda por hallarlos algo voluminosos; Garay se limitó al interrogatorio y dos testigos; desde luego el documento tal como se reproduce en esta vez puede

---

788 Muy particularmente en cuanto a la fecha de la fundación de la primitiva ciudad de Buenos Aires; porque si el 3 de marzo de 1536 se despachó la nao Santa Catalina por víveres a la isla del misino nombre, mal pudo ser marzo la fecha de la tal fundación. Ver Madero, pág. 144. (N. del E.)

789 Esta lista no condice del todo con la nómina de los testigos que declararon según el MS. (N. del E.)

790 Solo de los Caracará podía haber cabido duda. (N. del E.)

llamarse inédito, como que lo es en varias partes, y como tal era indispensable para la mejor comprensión del relato de nuestro autor.]

ARCHIVO GENERAL DE INDIAS, SEVILLA.

PERÚ

Informaciones de méritos y servicios de descubridores, conquistadores y pobladores del Perú

1531 a 1542.

Patronato. Est. 1.º, Caja 4.ª, Leg. 4/9

S. C. C. Magd

Hernando de Mendoza vecino de la cibdad de Baça en nombre del Capitan Gonzalo de Mendoza su hermano dize quel dicho capitan Gonzalo de Mendoza paso a la provincia del rrio de la Plata con el governador don Pedro de Mendoza difunto abra mas de diez años con deseo de servir a dios nuestro señor y a Vuestra magd. en aquellas partes lo qual ha fecho en todo lo que se ha ofrescido y lo ara de aqui adelante en lo que mas se ofrezca como mas largamente constara y parescera por una informacion y provanza que ante V. magd. esta presentada de la qual de nuevo si es necesario torno a presentar y hare presentacion della por la qual parescera lo mucho que ha servido y perdido de su hazienda con tantos trabajos de su persona y lo que en todo este tiempo ha fecho y aprovechado a los suditos y vasallos de V. Magd. españoles que en aquella provinçia Residen con su yndustria y travaxo de su persona, la qual dicha provanza esta en poder del Relator del Vuestro Consejo. Por tanto a V. Magd. en el dicho nonbre suplica sea servido de la mandar ver e informarse de todo lo susodicho y allando ser ansi lo susodicho le aga merced de uno de los oficios y cargos que se ovieren de proveer para aquella provincia y en ello Recibira bien y merced. Hernando de Mendoza (una rúbrica).

En la cibdad et puerto de nuestra señora de la asuncion que es en el rrio del paraguay dela provincia del rrio de la plata. En quinze dias del mes de Febrero año del nascimiento de nuestro salbador jesuxpto de mill e quinientos e quarenta e cinco años. Antel noble señor pero diaz del valle alcalde mayor en muy esta dicha provincia en nonbre de su magd. y en presencia de my el scrivano e testigos de yuso sertos parescio el capitan gonçalo de mendoça e presento un pedimento y al pie del ciertas preguntas por scrito su tenor delo qual uno en pos de otro es este que se sigue.

Muy noble Señor:

El capitan gonçalo de mendoça vecino de la cibdad de baeça conquistador en esta provincia del Río dela plata parezco ante vuestra merced y digo que a mi me conviene hacer cierta provança para informar a su magd. delos servicios que en esta provincia le hecho porque pido a vuestra merced mande tomar y Recevir los testigos que acerca dello le presentaren y les mande preguntar por las preguntas y articulos siguientes etc.

1. primeramente si conoscen al dicho capitan gonçalo de mendoça y si conoscieron a pedro de mendoça governador que fue desta provincia difunto que aya gloria etc.
2. yten si saben que al tiempo quel dicho don pedro de mendoça governador partio delos Reynos despaña a conquistar esta provincia trujo en su compañia al dicho capitan gonçalo de mendoça y haria y hizo del mucha cuenta y confiança por ser caballero hijo dealgo declaren los testigos lo que açerca desto saben etc.
3. yten si saben que luego quel dicho don pedro de mendoça fue allegado a esta provincia en el puerto que dizen de buenos ayres donde primeramente fundo y asento su Real y pueblo tuvo los navios surtos de su armada tuvo muy gran nescesidad y falta de bastimentos y por la mucha nescesidad y hambre que la gente padescia acordo dembia a la costa del Brasil un navio para lo fornecer y cargar de bastimentos y proveer la dicha armada. declaren los testigos lo que cerca desto saben.

4. yten si saben etc. quel dicho don pedro de mendoça para enviar el navio a la dicha costa del brasil eligio y nombro por capitan del al dicho capitan gonçalo de mendoça por ser el negoçio y caso de tan gran calidad e confiança y porque al dicho tiempo no convenia ni era neçesario enbiar persona de quien se confiase por la mucha hambre que la gente tenia y padescia saben los testigos quel dicho capitan gonçalo de mendoça aceto el negocio por parescerle que en allo hazia servicio a dios y a su magd. declaren los testigos lo que cerca desto saben etc.

5. yten si saben etc. que a tres dias del mes de março del año proximo pasado de mill e quinientos y treynta y seys años el dicho capitan gonçalo de mendoça se partio del puerto de buenos aires en la nao nombrada santa Catalina con çierta gente a la cargar de bastimentos a la dicha costa del brasil y partio tanbien forneçido y proveido de Rescates y de las otras cosas necesarias que convenia que por su parte fue pedido y avisado al dicho don pedro de mendoça para que selo mandasen proveer declaren los testigos lo que acerca desto saben etc.

6. yten si saben etc. quel dicho capitan gonçalo de mendoça puso muy gran diligencia en la dicha su navegacion y viaje por llegar brevemente a la dicha costa del brasil atanta la muy gran necesidad que la gente quedaba y el dicho don pedro de mendoça a la qual llegado surgio y estuvo en los puertos de la dicha costa por los quales con muy gran diligencia mando rescatar muy gran cantidad de bastimentos y otras cosas necesarias a la dicha armada fasta en tanto que por Respecto de los buenos tratamientos que hizo alos Yndios naturales dela dicha tierra e por les pagar largamente los dichos bastimentos cargo y fornescio la dicha nao declaren los testigos lo que acerca desto saben etc.

7. yten sy sabe etc. que en la dicha costa del brasil al tiempo que alla llego el dicho capitan gonçalo de mendoça hallo en la dicha tierra ciertos xptianos que en ella vivian y Residian con sus mugeres y hijos hombres aviles y suficientes en la dicha contratacion y comunicacion de los yndios y paresciendole que harian servicio a su magd. e aprovechamiento a esta conquista porque savia y estaba cierto aver muy gran falta de personas ynterpretes para contratar con los yndios y para entender sus maneras y costumbres porquel dicho don pedro de mendoça no los avia traydo delos Reynos despaña siendo la

273

cosa la mas principal y necesaria que avia de traer a esta provincia sin los quales no se pudia conquistar asegurar y descubrir la dicha tierra como es publico y notorio procuro con muy gran diligençia y cuydado con buenas palabras y tratamientos dadivas promesas que los xpianos se viniesen en su compañia a esta dicha provincia a serbir en ella a su magd. declaren los testigos lo que cerca desto saben etc.

8. Yten si saben etc. que mediante los Ruegos buenas palabras dadivas e tratamientos que hizo el capitan gonçalo de mendoça alos dichos xpianos se determinaron vinieron en su compañia a esta provincia los quales truxeron sus mujeres y hijos y muchos esclavos y esclavas en muy gran cantidad de bastimentos con todo lo qual e la dicha nao cargada se partio de la dicha costa del brasil y se llego a surgir al dicho pueblo de buenos aires a dezisiete dias del mes de octubre de mill y quinientos y treynta y seys años declaren los testigos lo que cerca desto saben.

9. Yten si saben etc. que al tiempo quel dicho capitan gonçalo de men-doça allego en la dicha nao con bastimentos al dicho puerto de buenos aires avia muy grandisima necesidad y hambre hentre la dicha jente que alli Residia e avia muerto mucha cantidad de jente por falta delos dichos bastimentos y el dicho don pedro de mendoça allego al dicho tiempo del puerto de buena esperança donde se avia retirado por no se poder sustentar con determinada voluntad y proposito de se ausentar dela dicha provincia e dexalla desamparada costreñido dela necesidad e peligro en que estaba el y toda la jente porque no se podia sustentar e avian de morir de hambre forçosamente lo qual asi creen y tienen por muy cierto los testigos porque lo vieron y se hallaron presentes a todo lo en esta pregunta contenido declaren los testigos lo que saben etc.

10. Yten si saben etc. que luego el dicho don pedro de mendoça fue alle-gado al dicho puerto de buenos aires con la dicha determinacion hallando la dicha nao e bastimento e alos dichos xpianos hombres desperiencia para la dicha conquista Recibio muy gran placer por ello y prometio al dicho capitan gonçalo de mendoça de avisar a su magestad de un servicio tan señalado por el qual avia salvado y Recuperado las vidas de todos los quen la dicha provincia Residian, para que la tierra no fuese despoblada y desamparada saben los testigos quel dicho capitan gonçalo de mendoça luego como llego

al dicho puerto de buenos aires conla dicha nao antes quel dicho don pedro de mendoça al dicho puerto abaxase con muy gran diligencia quiso poner en astillero tres vergantines para el servicio y descubrimiento dela dicha conquista sin los quales no sepodia calar ni descubrir la dicha tierra ni vivir la dicha jente y el dicho don pedro de mendoça hallo que se hazia con muy gran diligencia al tiempo que bajo al dicho puerto digan los testigos lo que saben.

11. Yten si saben etc. que visto por el dicho don pedro de mendoça tan buen aparejo de navios y bastimentos y personas suficientes para poder proseguir la dicha conquista y poner Remedio en todos los daños procedidos e para poder visitar e socorrer la jente que Residia en los Puertos e que avia enviado con el capitan Juan de ayolas por el Rio aRiba a descubrir envio al capitan Juan de Salazar despinosa y al dicho capitan gonzalo de mendoça avisitar los dichos puertos y a que fuesen en demanda y siguimiento del dicho juan de ayolas declaren los testigos lo que acerca desto saben y si saben que partieron del dicho puerto de buenos ayres lunes quinze dias del mes de henero del año pasado de mil y quinientos y treynta y siete años etc.

12. Yten si saben etc. quel dicho capitan juan de salazar despinosa y el dicho capitan gonçalo de mendoça, subieron por el dicho Rio aRiba en los dichos navios y allegaron al puerto de buena esperança donde estaba el Real delos xpianos al qual visitaron proveyeron e dexaron en el uno de los tres navios que asi se hizieron e delos xpianos quel dicho capitan gonçalo de mendoça traxo de la dicha costa del brasil para que alli Residiesen ayudar y sustentar e asegurar la dicha tierra por la pacificacion de los yndios que alli vivian lo qual fue cosa muy util y necesaria y provechosa y se hizo servicio a su magestad por estar la dicha jente en el dicho puerto Residia falta de bastimentos y de tales personas para se lo hazer traer y proveer y asegurar la dicha tierra declaren lo que acerca desto saben etc.

13. Yten si saben etc. que proveydo lo suso dicho en el dicho puerto de buena esperança se partieron con los dos navios y gente en demanda y siguimiento del dicho capitan Juan de ayolas por el dicho Rio aRiba en la qual navegacion padescieron muchos, y muy grandes travajos hambres y otros peligros a causa de ser los tiempos muy contrarios y ser la navegacion muy larga y trabajosa de muy grandes corrientes que al puro Remo en fuerça de braços hovieron de pasar y navegar la qual es cuatrocientas leguas

de navegacion en las quales tardaron seis meses en allegar al puerto de candelaria por donde el dicho capitan juan de ayolas avia fecho su entrada saben los testigos que por ser la dicha navegación tan larga y travajosa uvo muy grande falta de bastimentos para dar a la jente delos vergantines e que sino fuera por el socorro quel dicho capitan gonçalo de mendoça hizo en dar muchos bastimentos quel traya propios suyos a la jente quel traya en su navio graciosamente sin interes alguno la dicha jente corriera muy gran Riesgo e fuera ymposible acabar de navegar y subir el Rio aRiba digan lo que saben e vieron e les parescedelo contenido en la pregunta etc.

14. Yten si saben etc. que a cabo de seis meses que hovieron navegado por el dicho Rio como dicho se encontraron con el capitan Domingo de Yrala y con los navios y jente que traya a su cargo en que avia subido el dicho juan de ayolas del qual fueron ynformados dela entrada que avia hecho por la tierra adentro e habida su Relacion se abaxaron por el dicho Rio abajo contodos quatro navios por adereçar los navios del dicho capitan domingo de Yrala que estavan tales que no se podian sufrir sobre el agua e para provelle de bastimentos que no los tenian e pasaba gran necesidad declaren los testigos lo que acercadesto saben etc.

15. Yten sy saben etc. que haviendo adereçado los dichos navios el dicho capitan domingo de yrala en un puerto destos yndios (Caríos?) y el dicho capitan gonçalo de mendoça le dio delos bastimentos quel tenia al dicho capitan domingo de yrala para que pudiese sustentar la jente que consigo traia entretanto que se proveya e ansy mesmo se le dio a Juan Perez la lengua quel dicho capitan gonçalo de mendoça avia traydo de la costa del brasil para que anduviese con el proveyendole de bastimentos y avisandole delas cosas que le convenian como hombre esperimentado en la lengua delos yndios carios y costumbres y ansi se partieron del por este Rio abajo e llegados a este puerto de nuestra señora de la asuncion se acordo y determino de hazer y asentar en el puerto y pueblo porque parecio al dicho capitan juan de salazar despinosa e al dicho capitan gonçalo de mendoça que era cosa que convenia al seirvicio de Dios y de su magestad que para el bien desta conquista declare lo que saben etc.

16. Yten si saben etc. que con muy gran diligencia se fundo y asento en concordia destos yndios carios una casa fuerte la qual acabada el dicho

capitan juan de salazar despinosa se partio para el puerto de buenos ayres y quedo enla dicha casa e puerto el capitan gonçalo de mendoça con fasta treynta hombres e porque fue necesario quel dicho capitan juan de salazar despinosa para su viaje llevase todo el bastimento que con los yndios se pudo aver e porque era año de muy gran esterilidad el dicho capitan gonçalo de mendoça e la gente que con el quedo fue neçesario quedar casi sin ningun bastimento como quedaron e si saben que el dicho capitan gonçalo de mendoça con el bastimentoque le avia quedado suyo sostuvo la jente fasta en tanto quel dio orden como se pudiesen sustentar lo qual fue con muy gran peligro e dificultad por la mucha falta de bastimentos que havia en la dicha tierra e ansi se sustento en toda la dicha tierra e los yndios naturales della en paz e concordia mediante los buenos tratamientos que les hazia declaren lo que saben etc.

17. Yten si saben etc. que acabo de cinco u seis meses poco mas menos quel dicho capitan gonçalo de mendoça ubo quedado en el dicho puerto vinieron a el el dicho capitan juan de salazar despinosa y el capitan francisco Ruiz hallaron la tierra pacifica y sosegada digan lo que saben etc.

18. Yten si saben etc. que el dicho capitan francisco Ruiz y el dicho capitan gonçalo de mendoça se abaxaron al puerto de buenos ayres e porque en el dicho puerto havia nescesidad de bastimentos paresciendo al dicho capitan francisco Ruiz que convenia al bien dela dicha conquista enviar por bastimentos a la costa del brasil Rogo al dicho capitan gonçalo de mendoça como hombre de confiança y que hera conoscido y tenia esperiencia en la dicha costa del brasil fuese en un galeon quel tenia adereçado en el dicho puerto para lo fornecer y cargar en la dicha costa lo qual el dicho capitan gonçalo de mendoça se ofrecio de hazer por servir a su magd. y aprovechar la dicha conquista e ansi partio del dicho puerto de buenos ayres a cuatro dias del mes de junio de mill y quinientos y treynta y ocho años llevando en su poder muchas Ropas y preseas de su persona Rescates y otras cosas asi delo que havia traydo delos Reynos despaña como delo que avia comprado e avido de mercaderes en esta Provincia que valdria justamente tres myll castellanos y dende aRiba declaren los testigos lo que acerca desto saben y les paresce etc.

19. Yten si saben etc. quel dicho capitan gonçalo de mendoça llego a la dicha costa e puertos del brasil donde hallo surta la nao marañona de que venia por capitan dela dicha nao Alonso cabrera veedor de su mag.d el qual estaba en muy gran confusion e desconfiado de poder entrar por la boca del Rio del parana porquel avia acometido por dos o tres vezes para venir a esta provincia e no pudo entrar con la dicha nao saben los testigos que el dicho capitan gonçalo de mendoça favorescia al dicho alonso cabrera en le hazer traer bastimentos para cargar la dicha nao y aviendo cargado y fornecido el dicho capitan gonçalo de mendoça asy mesmo el dicho su galeon se concerto con el dicho alonso cabrera que ambos partiesen dela dicha costa y puertos del brasil para venir a esta provincia en compañia y en conserba declaren los testigos lo que acerca de desto saben etc.

20. Yten si saben que viniendo navegando el dicho capitan gonçalo de mendoça a esta provincia con el dicho galeon cargado de muchos bastimentos y çeçinas de puercos y otras cosas necesarias a la dicha conquista en conserba dela dicha nao viniendo cerca dela voca del Rio del Parana el dia de todos santos en la noche del dicho año de myll y quinientos y treynta y ocho años con una muy recia tormenta se perdio y dio a la costa el dicho galeon y la jente que en el venia se estuvo con muy grandisimo travajo y peligro solamente se ahogaron quatro hombres y un frayle de san francisco y el dicho capitan gonçalo de mendoça recojio la gente y procuro de sacar el batel del dicho galeon y algun bastimento delo que la mar echava para mantener la jente e salvarla e de una de las belas que la mar echo fuera hizo de vestir a la jente questaba desnuda e hizo bela para el dicho batel lo qual fue un caso de muy gran bentura poder aver bastimentos y bela para el dicho batel y salvarse y no ahogarse la dicha jente por aver sucedido en una costa tan mala y tan braba donde se han perdido otros navios que no se ha escapado cosa ninguna ni jente detodo lo que en ellos yba declaren los testigos lo que cerca desto saben etc.

21. Yten si saben etc. quen el dicho batel el dicho capitan gonçalo de mendoça hizo meter y enbarcar toda la jente y bastimentos que ansi se recogio del dicho galeon y el por tierra porque no cabian todos en el dicho batel con los hombres mas dispuestos y ligeros sin ningunas armas ecepto con algunos arcos y frechas de yndios se fue caminando y el dicho batel

costeando a vista los unos delos otros con muy grandisimo travajo hasta que entraron y allegaron a la ysla de san grabiel donde hallaron surta la nao marañona y de alli atravesaron en el batel el Rio del parana para benir al dicho puerto de buenos ayres en el qual toda la gente y el dicho capitan gonçalo de mendoça salieron solamente con sendas camisas de la vela del dicho galeon porque saben los testigos que se perdieron todas las armas Ropas preseas ansy del dicho capitan gonçalo de mendoça como de toda la jente declaren lo que cerca desto saben.

22. Yten si saben etc. que subiendo alonso cabrera y dada la ovediencia al capitan domingo de yrala fue necesario para hazer la entrada bastimentos e que por estar la tierra levantada de manera que desde cierto tiempo que los yndios carios avian muerto a pinto y hernan perez y a mexia xpianos no se avia podido traellos e que por ser el dicho capitan gonçalo de mendoça bien quisto delos dichos yndios y por ser persona avil para entrar y contratar con ellos el capitan domingo de yrala le pidio fuese a pacificarla dicha tierra e a traer bastimentos necesarios para la dicha armada y el dicho capitan gonçalo de mendoça por parescerle servicio de dios y de su mag.d y cosa que tanto convenia lo hizo y fue dos viajes con tres navios los truxo cargados dexo la tierra tan pacifica que la mayor parte delos yndios se apercivieron para ir con el dicho capitan domingo de yrala e fueron y sirvieron bien alos xpianos digan los testigos lo que cerca desto saben etc.

23. Yten si saben etc. que haviendo determinado el dicho capitan domingo de yrala de partirse deste puerto dela Asuncion a buscar y dar socorro al capitan Juan de Ayolas dexo en este puerto dela Asuncion en su lugar para que governase y administrase e tuviese en paz y justicia a la jente que alli quedava al dicho capitan gonçalo de mendoça el qual acepto el cargo por ser servicio de su mag.d declare lo que saben etc.

24. Yten si saben etc. quel tiempo quel capitan gonçalo de mendoça estuvo en este dicho puerto governando la dicha jente hizo y cumplio todas aquellas cosas que convenian en servicio de dios y de su mag.d tubo la tierra y naturales della en paz y concordia y ansi al tiempo quel dicho capitan domingo de yrala volvio dela dicha entrada y socorro hallo la dicha tierra enpaz los yndios naturales sosegados y contentos digan lo que saben etc.

25. Yten si saben etc. que la tierra e partes donde el dicho galeon quel dicho gonçalo de mendoça perdio e dio a la costa es parte muy Remota y apartada del dicho puerto de buenos ayres que si saben y an oydo dezir averse perdido en la dicha costa muchos xpianos y no aver vuelto ningunos al dicho puerto de buenos ayres por parescer de hambres, e muertos de yndios e por ser como son los dichos yndios de aquella costa en muy gran cantidad y que el dicho gonçalo de mendoça y los que con el escaparon vinieron y pasaron por todas las dichas generaciones mediante su buena diligencia con los unos contratando dandoles buenas palabras y delos otros apartandose como mejor dellos podia aunque con mucho travajo e peligro en que al fin con el ayuda de Dios aportaron al dicho puerto desnudos y sin armas digan lo que saben etc.

26. Yten si saben etc. que llegado alvar nuñez cabeça de vaca mando al dicho capitan gonçalo de mendoça por la ynformacion que tuvo de su avilidad y buen zelo y cuydado fuese deste puerto de nuestra señora dela Asuncion al puerto de buenos ayres a socorrer con bastimentos y traer a pedro baca su primo hermano y a la mitad de la jente que havia venido con el despaña saben los testigos que el dicho capitan gonçalo de mendoça fue de muy buena voluntad con ser el viaje tan travajoso que eran cuatro cientas leguas y mas de camino y que por darse tan buena priesa y diligençia allego a tiempo que los dichos xpianos murieran a manos delos yndios a el no allegar con el socorro porque los yndios dela tierra los tenia espiados e con ser los que con el dicho capitan gonçalo de mendoça yban dozientos hombres les pegaron fuego al pueblo y les mataron un hombre y les hirieron otros digan los testigos lo que saben.

27. Yten si saben etc. que subiendo el dicho capitan gonçalo de mendoça con toda la jente viniendo nabegando por el Rio del Parana aRiba cayo una barranca en medio de donde estaban surtos los navios y anego uno e en el se perdio una caja donde el dicho capitan gonçalo de mendoça traya parte de su hazienda e que se le perdio en ella cosas de mucho valor e Remediado el dicho nabio aunque con mucha dificultad por ser en tierra de enemigos acabo de cinco dias aviendo tenido otras vezes escaramuzas con los dichos yndios e muerto dellos e tambien los dichos yndios herido xpianos prosiguio

su viaje e llego dentro de dos meses poco mas o menos donde el dicho alvar nuñez estava digan lo que saben etc.

28. Yten si saben etc. que todo lo suso dicho es publica voz y fama etc.

Porque pido a vuestra merced que havida y Rescebida la dicha provança ad perpetuan Rey memorian ynterponiendo en ella vuestra merced su autoridad e decreto judicial escripta en limpio firmada e signada sellada y firmada y cerrada en publica forma en manera que haga fe me la mande dar y entregar para que la pueda llevar u enbiar presentar a su magestad o ante los señores de su muy alto Consejo de Yndias para que sepa y le conste como yo he fecho y cumplido las cosas que convenian a su Real servicio para lo qual necesario el muy noble oficio de vuestra merced ymploro y pido justicia -gonçalo de mendoça etc.

[Siguen las diligencias y declaraciones de (1) don Francisco de Mendoza, (2) Juan de Salazar de Espinosa, (3) Martin Beçon, (4) Hernando de la Guardia, (5) Antonio Tomás, (6) Andrés de Arçamendia, (7) Diego de Acosta, (9) Juan Ruyz, (10) Richarte Limón, vecino de Plimun (Plymouth) en Inglaterra, (11) Juan de Rute, vecino de Londres, quien a la pregunta 12 contesto como sigue]:

12. A la dozena pregunta dixo que la sabe como en ella se contiene preguntado como la sabe dixo que por queste testigo fué con los dichos capitanes Juan de Salazar e Gonzalo de Mendoza e vio que en el dicho puerto de Buena Esperança les dexaron a la jente del uno de los tres vergantines que llevavan e bastimentos e a un maestre Pedro que especialmente se acuerda que era lengua guaraní y hombre yngenioso del qual no podia dexar de aprovechar todo lo que la tierra ofreciese pero no embargante que allí no eran guaranis los yndios tenian entre ellos e yntérpretes de la dicha lengua[791] que sabe quen todo se hizo servicio a su magd etc.

[Sigue (12) Nicolás Colina quien confirma la declaración de arriba en estas palabras]:

---

791 La bastardilla es mía. (N. del E.)

12. A la dozena pregunta dixo queste testigo vio quel dicho capitan Juan de Salaçar despinosa e Gonzalo de Mendoça allegaron al dicho puerto de Buena Esperanza do visitaron la jente que alli estaba e les dexaron uno de los dichos vergantines e de los xptianos quel dicho capitan Gonçalo de Mendoça avia traydo de la dicha costa del Brasil especialmente se acuerda que quedo alli un maestre Pedro que era lengua de los guaranies y hombre de buen yngenio para que mediante el los ayudase y entendiese en todo lo que fuese menester a la dicha jente y pacificacion de la tierra e yndios della porque aunque los yndios que alli trataban eran tenbues y carcaraes y difieren en la lengua de los guaranies todavia diz que avía entre ellos ynterpretes guaranies quel dicho maestre pedro podia entender[792] e que le parescia a este testigo que todo lo que se hizo en el dicho puerto de Buena Esperança fue y se hizo servicio a su magd e bien a la conquista e jente que alli quedo e que no sabe otra cosa desta pregunta etc. etc. etc.

[Aquí está claro que los caracará y timbú no eran de raza guaraní ni hablaban su lengua, pero que indios de los guaraní vivían entre ellos y que había quien sirviese de intérprete valiéndose de la tal lengua que era la que hablaba el «maestre Pedro» traído para ello del Brasil.]

Apéndice C bis
(INCLUIDO EN EL APÉNDICE F)

Apéndice D

Carta de doña Isabel de Guevara

[*Cartas de Indias*, Ministerio de Fomento, Madrid, 1877, n.º CIV, págs. 619-621.[793] Documento interesante porque describe los trabajos y penurias de los primeros cuatro años de la conquista, y puede contener la prueba del sitio de Buenos Aires por los indios el 24 de junio de 1536.]

---

792 Ver nota anterior. (N. del E.)
793 Publicado también por Pelliza en su edición de Schmídel, 1881. (N. del E.)

Carta de doña Isabel de Guevara a la princesa gobernadora doña Juana, exponiendo los trabajos hechos en el descubrimiento y conquista del Río de la Plata por las mugeres para ayudar a los hombres, y pidiendo repartimiento para su marido

Asunción, 2 de julio de 1556.

Muy alta y muy poderosa Señora:

A esta probinçia del Rio de la Plata, con el primer gouernador della, don Pedro de Mendoça, avemos venido çiertas mugeres, entre las quales a querido mi ventura que fuese yo la vna; y como la armada llegase al puerto de Buenos Ayres, con mill e quinientos hombres, y les faltase el bastimento, fué tamaña la hambre, que, a cabo de tres meses, murieran los mill; esta hambre fué tamaña, que ni de la Xerusalen se le puede ygualar, ni con otra nenguna se puede conparar. Vinieron los hombres en tanta flaqueza, que todos los travajos cargavan de las pobres mugeres; ansi en lavarles las ropas, como en curarles, hazerles de comer lo poco que tenían, alimpiarlos, hazer sentinela, rondar los fuegos, armar las vallestas, quando algunas vezes los yndios les venien a dar guerra, hasta cometer a poner fuego en los versos, y a levantar los soldados, los questavan para hello, dar arma por el campo a bozes, sargenteando y poniendo en orden los soldados; porque, en este tiempo, como las mugeres nos sustentamos con poca comida, no aviamos caydo en tanta flaqueza como los hombres. Bien creerá V. A. que fué tanta la soliçitud que tuvieron, que, sino fuera por ellas, todos fueran acabados; y si no fuera por la honrra de los hombres, muchas mas cosas escriviera con verdad y los diera a hellos por testigos. Esta relaçion bien creo que la escrivirán a V. A. mas largamente, y por eso sesaré.

Pasada esta tan peligrosa turbunada, determinaron subir el rrio arriba, asi, flacos como estavan y en entrada de ynvierno, en dos vergantines, los pocos que quedaron viuos, y las fatigadas mugeres los curavan y los miravan y les guisauan la comida, trayendo la leña a cuestas de fuera del navio, y animandolos con palabras varoniles, que no se dexasen morir, que presto darian en tierra de comida, metiendolos a cuestas en los vergantines, con tanto amor como si fueran sus propios hijos, y como llegamos a vna generaçion de yndios que se llaman tinbues, señores de mucho pescado, de nuevo los serviamos en buscarles diversos modos de guisados, porque no le diese en rostro el pescado, a cabsa que lo comian sin pan y estavan muy flacos.

Despues, determinaron subir el Parana arriba, en demanda de bastimento, en el qual viaje, pasaron tanto trabajo las desdichadas mugeres, que milagrosamente quiso Dios que biviesen por ver que hen ellas estava la vida dellos; porque todos los serviçios del navio los tomavan hellas tan a pechos, que se tenia por afrentada la que menos hazia que otra, serviendo de marear la vela y gouernar el navio y sondar de proa y tomar el remo al soldado que no podia bogar y esgotar el navio, y poniendo por delante a los soldados que no desanimasen, que para los hombres heran los trabajos: verdad es que a estas cosas hellas no heran apremiadas, ni las hacian de obligaçion ni las obligaua, si solamente la caridad.

Ansi llegaron a esta çiudad de la Asunçion, que avnque agora está muy fertil de bastimentos, entonçes estaua dellos muy neçesitada, que fué nesesario que las mugeres boluiesen de nuevo a sus trabajos, haziendo rosas con sus propias manos, rosando y carpiendo y senbrando y recogendo el bastimento sin ayuda de nadie, hasta tanto que los soldados guareçieron de sus flaquezas y començaron a señorear la tierra y alquerir yndios y yndias de su serviçio, hasta ponerse en el estado en que agora está la tierra.

E querido escrevir esto y traer a la memoria de V. A., para hazerle saber la yngratitud que comigo se ha vsado en esta tierra, porque el presente se repartió por la mayor parte de los que ay en ella, ansi de los antiguos como de los modernos, sin que de mi y de mis trabajos se tuviese nenguna memoria, y me dexaron de fuera, sin me dar yndio ni nengun genero de serviçio. Mucho me quisiera hallar libre, para me yr a presentar delante de V. A., con los serviçios que a S. M.. e hecho y los agravios que agora se me hazen; mas no está en mi mano, por questoy casada con vn cauallero de Sevilla, que se llama Pedro d´Esquiuel, que, por servir a S. M., a sido cabsa que mis trabajos quedasen tan oluidados y se me renovasen de nuevo, porque tres vezes le saqué el cuchillo de la garganta, como alla V. A. sabrá. A que suplico mande me sea dado mi repartimiento perpétuo, y en gratificaçin de mis serviçios mande que sea proveydo mi marido de algun cargo, conforme a la calidad de su persoua; pues él, de su parte, por sus serviçios lo merese. Nuestro Señor acreçiente su Real vida y estado por mui largos años. Desta çibdad de la Asunçion y de julio 2, 1556 años.

Serbidora de V. A. que sus Reales manos besa.

DOÑA ISABEL DE GUEVARA.

Sobre: *A la muy alta y muy poderosa señora la Princesa doña Joana, Gouernadora de los reynos d'España, etc. En su Consejo de Indias.*

Apéndice E
Carta de Domingo de Irala

Abril de 1541.

[Reproducida de la *Revista del Instituto Paraguayo*, año III, agosto de 1901, n.º 30. El doctor Estanislao Zeballos la publicó en el *Boletín del Instituto Geográfico Argentino*, tomo XIX, pág. 261. En este documento se fija la fecha de la dejación de la primera ciudad de Buenos Aires y abandono de su puerto.]

La relacion que dexo Dominco Minez de Yrala en Buenos Ayres al tpo q. la despoblo (1541)
Archivo General de Indias, 92 5. 2/10, Pieza 10.ª

or quanto yo domingo martinez de yrala thenie de goven° por el muy magco señor Joan de ayolas governador y capitan General desta provincia del rrio de la plata por suma he determynado de llevar la gente que estavan en el puerto de buenos ayres para la juntar con la questa arriba enel paraguay conformandome enesto con lo que por pte de Alonso cabrera veedor de fundizones en esta provincia me fue Reqrido/ e asy mesmo con los pareceres de la gente más principal que presente se fallo eneste puerto de buenos Ayres asy de la que comigo de arriba vyno como de la que aq'estaba por las causas y rrazons q. para ello me dieron asy de ser más seguro para la conservacion de la gente desta provincia e serv° de sum e governador della queste junta como por escusar los daños en la gente q. en el dicho puerto de buenos ayres Resydia cotinuamente rrecibia de los yndios de las comarcas y ellos ally no hazer más fruto destar para dar rrazon a la gente que despaña vinyese de la parte y lugar donde podrian hallarse al governador y gente desta provincia por questo se podria hazer y dar aviso a la gente q. asy despaña vinyere como a los que de otras partes aqui aportaren, delivere de dexar señales y espturas por donde se puedan avisar para nos seguyr e hallar lo qual podran fazer guardando la Inston sigte.

Pmamente han de saber q. en el paraguay en veynte e cinco grados y un tercio esta fundado y poblado un pueblo en questaran con los que de aqui vamos al presente quatrocientos hombres al menos de paz como vasallos dsum los yndios guaranys sy quiercaryos q. biben treynta leguas alrrededor de aquel puerto los quales ps. ven a los xpianos asy con sus p. sonas como con sus mugeres en todas las cosas del servycio necesaryas y an dando para el servycio de los xpianos setecientas mugeres para q. les syrvan en sus casas y en las rroças por el travajo de las quales y porque Dios ha sido servycio dello pncipalmente se tiene tanto abundancia de mas servycio q. no solo ay para la gente q. ally rreside mas para mas de otros tres mill ombres encima. Siempre que se quiere hazer alguna guerra van en nuestra companya mill yndios en sus canoas, e sy por tierra los queremos llevar llevamos los mas que queremos con el ayuda de dios y con el servycio destos yndios avemos destruydo muchas generaciones de otros yndios que no han sido amigos specialmente a las agazes/ de los quales avemos avydo cantydad de plata y mucho oro que nos parece vaxo/ avemos corrido mas adentro por la tierra azia el hueste ó es norueste donde allamos tanta gente que me parece que los questamos somos poca parte para los acometer asi por ser ellos muchos como por la falta que tenemos de adrezos e munyciones/ con gualquier ayuda ó socorro que nos venga entendemos mediante la ayuda de nuestro señor gozar de tantas grandes cosas de que sum pueda ser muy bien servido y los xpianos sus vasallos muy aprovechados/ los nombres de los yndios q. enesta tierra abitan son muchos dellos/ dire los mas pncipales q. mas cerca tenemos. los pmeros se llaman mayas ques muy grand generacion y muy valyentes y pequeños de cuerpo. despues dellos son chanes y despues los carcaras/estos son los mas rricos e gente mas poderosa y que tiene mas policia y los pueblos cercados segund tenemos noticia. otros muchos ay en tanta cantydad q. seria prolixidad dezillos, todos son labradores y gente que syembra.

todos los yndios que por este rrio arriba ay q. biben en la Ribera del no son gente que siembran ny de ninguna policia son de guardarse mucho dellos especialmente al tpo del rescate porq estando avisados y los vergantines apartados de tierra algund tanto podran rrescatar con ellos y seran proveydos de pescado y de manteca e pellejos e carne ques lo q'llos tienen y pueden dar anse de guardar en todo de los guaranys de las yslas e quyrandys que son mortales enemigos nuestros.

los que quisyeren buscarnos sy fueren dos vergantynes o uno podran yr yendo siempre por el rrio grande syn meterse por esteros ny contratar con nadye ecebto con los macarotaes y a de ser con muy grand rrecabdo sy tres vergantynes y dende arriba fueren podran entrar por el estero de los tymbus que empieza desde santi spiritus y rrescataran con ellos con mucho rrecabdo como dicho es, specialmente con los anundas questa arryba en el cabo del estero y con los quiloazes questan por algo nuestros amygos syen-do los vergantynes eneste numero y dende arryba podran rescatar con los mepenes y con todas las otras generaciones del rrio arryba hallaran con buen Recaudo/ anse de guardar donde hallaren varrancas no los flechen los yndios especialmente enel estero de los tynbus porq alli lo an hecho otras vezes los quyrandis y an de llevar siempre en los vergantynes sus varandillas de rropa o pellejos puestas specialmente por este estero e cada que rrescataren con yndios e an de thener sus armas prestas.

asados de los tynbus an de seguir el rrio grande çerca de la trra ques a la rribera deste rrio a la parte despaña hasta donde por la marca q. traeran en la carta del marear fallaran la voca del paraguay/ la señal q. ternan para conoscella es q. siguiendo esta costa como tengo dicho despues de aver pasado unas varranqueras de piedras e unas puntas de piedra donde ay algunas grandes corryentes q. son despues della hallaran una ysla por entre la qual y la trra firme de la parte despaña se an de metr, e sy hallaren q. la ysla tiene piedras desde ally pasando della an de atravesar al norte y daran en la voca del paraguay/ desde la voca del paraguay Arriba no ay donde herrar hasta el pueblo de los xpianos el qual esta sesenta leguas de ally en la voca del paraguay hasta el ypety ques un rryo turbyo q. entra enel biben los conamaguas e son yndios q. no nos an hecho dapño. puede Rescatar con ellos con grand Recaudo. dende arryba son los agazes q. an quedado y methereses e guenies e otras gentes q' no estan nuestros amigos an de yr con muy grand avyso specialmente quando sirgaren o quando se llegaren por cerca de varrancas pª q. no los hagan mal.

Los mejores lugares e puertos q. ay donde poner las naos e para queste mas segura la gente q. qdare en ellas son el puerto de san gabriel o en un rryo questa tres legoas mas arriba en aquella costa donde se acaban las varrancas en una punta gruesa q. se dize el rrio de san joan, tiene en baja mar un yslote en la voca tiene una buena trra para sembrar especialmente un monte questa entrando enel a la man derecha, asy mesmo la ysla de martyn gra tiene a la vanda de les norueste buen sirgidor y de mucho fondo de esto podran ver lo q. mejor les paresciera para seguridad de las naos y de la gente, sy hizieren pueblo anlo de çercar de palizada por maña que no puedan quemallo de noche los enemigos e no los coman los tygres que ay muchos.

Han de sembrar desde principio de setiembre hasta en fin del sy fuere mayz e sy fuere trigo o ortalizas pueden sembrallas enel mes de mayo y Junyo e jullyo, la trra que tiene monte es mejor para mayzes.

los tiempos mas dispuestos para yr Arriba e q. contynan mas los vientos estan desde mediado março hasta mediado mayo. travajen de partyr en tiempo q. puedan llegar alla hasta mediado Jullio porque les servyra mas la vela que en otro tiempo segund lo q. avemos visto.

y viniere poca gente q. no se atrevan a desviarse para dexar proveydo lo de las naos e yr arriba en una de las partes ya dichas hagan su asiento entiendan en sembrar para tener en abondançia las cosas neçesarias esperen ally por q. mediante nuestro señor para todo el mes de abryl del año de quarenta y tres verna ally navyo para que pueda yr a españa quando no hallare rrecaudo de navyos que puedan yr y quien los guye y lleve arriba q. para entonçes entendemos mediante nuestro señor de los thener fecho e aprestado de velas y xarçias lo mejor q. podremos de lo q. ay en la trra porque para este fin se lleva toda la gente Arriba.

rrogamos y pidimos por merced a qualquier xpiano q. esta carta nuestra viere q. sy no se hallare en tiempo de poder hazer ninguna de las cosas q. arriba dezimos con q. nos socorrer y se determynare volver para spaña o para otra parte de las yndias que vuelva a poner esta como lo hallare para q. sy otro despues del vinyere nos pueda seguir y lleve consygo el traslado para q. por el pueda hazer rrelación a s. m./ o a los señores de la contratacion de las yndias de la cibdad de sevylla para que sabydo como estamos nos mande socorrer sy fuere servydo por q. por falta de navyo nos sea envyado con q. traer socorro de las cosas necesarias a esta trra.

este puerto es el mejor q. ay eneste rryo para naos y gente adonde qual-quiera que vinyere podra dexar la gente y mas que le pareqiere avisandose syempre de se guardar de tygres por q. ay muchos.

En las yslas de sant gabriel en una dellas fallaran una casa de tabla donde quedan quynientas fanegas de mayz e frijoles de s. m. son las cient fanegas y noventa de mayz y diez de frijoles de s. m. estas podran dar a los oficiales del rrey sy vinyere e sino ellas y todo lo demas se podra gastar en la provysion de la gente.

Asy mesmo sy por caso no truxere tablazon para hazer Vergantynes corra esta costa del rryo arriba e hallara madera de sabze e asy mesmo en la mysma costa hazia san gabriel y la ligazon podra cortar en las yslas y esto con mucho Recaudo porq. los yndios desta parte hasta agora no se an dado por ene-migos ny amygos pues q. no se a contratado con ellos questa es charruas y beguas e maones e toparas y asymesmo corren la costa chanas y guaranys que son enemigos a los quales y a los quyrandis q. arriba digo les podra fazer todo el dagño q. pudiere por amystad o enmystad rrescatando con ellos o no rrescatando porq. asy hazen ellos.

quedan en una ysla de las de sant gabriel un puerco y una puerca para casta no las maten y sy ovieren muchos tomen los q. ovieren menester y dexen siempre para casta y asymesmo de camyno hechen en la ysla de martin garcia un puerco y una puerca y en las demas q. les pareciere para q. hagan casta.

requirimiento del veedor cabrera a yrala q. se vaya de buenos ayres a la asumpcion dize q. es bien y ponelo por obra.

En el puerto de ntra señora de santa maria de buenos ayres que es en la provincia del Rio de la plata en diez dias del mes de abril año del nacimiento de nuestro señor hiesupto de mill e q. nsº y quarenta y un años en presencia de my juº valdez de palenzuela scrivano de sus magds e su notario publico en la su corte y en todos los sus Reynos e señorios y de los testigos de yuso escriptos el señor Alº cabrera veedor de fundiciones enesta provincia por sus magds Riquyrio al muy manyfico señor domingo mynes de yrala thenye de governador desta provincia por sus magdes con un Requirimyento por escripto firmado cuyo thenor es este que se sigue siendo presentes por testigos fernando de prado alferez e juº Romero e pero diaz del valle estantes en el dicho puerto.

scrivano que presente estays dadme por testymonio signado con vuestro signo en manera q. haga fee en como yo alº cabrera veedor de fundiciones enesta provincia del Rio de la plata por sus magds por my e por los otros oficiales de su magd que al presente estan ausentes/ en como pido e Requyero al muy manyco señor domingo de yrala thenye de governador desta provincia por sus magds que por quanto a este tpo sazon estan en estado los negocios desta trra en q. consiste las vydas y buena paçificaçion e poblacion della y es a punto e tpo que convyene aver muy maduro consejo para la forma q. se debe thener en nos governar de oy en adelante porque avyendo venydo los xpianos que enesta provincia an estado en tanta dimynuçion por tantas muertes e perdidas como hasta aquy sobre ellos an acaesçido porque de quantos a ella an venydo hasta oy no Remaneçen y quedan bivos mas de trezientos y cinquenta ombres y por otra parte los enemygos an creçido e crecen en grande numero e visto que de cada dia nos apocamos siempre muestran crecerles el anymo y osadia para nos acabar por que convyene que con maduro consejo se entienda en el Remedio y Reparo destas cosas y que lo que en nosotros falta de ser muchos en numero se cumpla y provea con nos congregar y estar juntos para que mejor nos podamos aprovechar dellos que nos defender e por que yo en cumplimyento de lo que su magd me encarga y manda açerca de la buena poblacion y paçificaçion desta trra visto que enesta coyuntura es tpº y saçon por dar medio en las cosas suso dichas munchas vezes açerca del Remedio dello lo e platicado e consultado con el dicho señor thenyte de governador el qual no pareçe averse querido llegar a mi parecer porque a dado nomyna, de la gente que de thermyno del pueblo aquy e porque yo quyero que para lo que suçediere este claro y manifiesto lo que en este caso yo he dicho e digo que es publico y notorio que los yndios carios conquien enel paraguay bybymos son munchos engrande numero y ansy mysmo gente muy belicosa astuta deseosa de matar en especial a los xpianos como se a parecido enel tpo pasado por munchas vezes asy con atanbane y su hijo guaray y despues su acany y los q. con el se juntaron e quysieron hazer ansy mesmo losde jujuy e los que son comercanos al puerto de la concepcion al tpo quel señor thenyt de governador estaba la tierra adentro se convocaban y juntavan para matar los xpianos que ally quedaron y arisy estas jentes no conoçen ny veen que por ser muchos no nos podran acabar esta claro trataran y procuraran lo que tantas vezes an començado en nos matar y quando no nos matasen dandoles ocasion que por ser pocos se nos atrevan perdremos el servycio e ayuda que dellos tenemos y apartarse an de nosotros a nos hazer la guerra que quando della otro peligro no se syguyese syno perder su servycio e ayuda sera parte para nos destruyr y acabar por no tener como no thenemos otros yndios amygos sy a ellos no e ansy mysmo para los conservar y thener syguros en nuestra amystad nos convyene y es muy necesario hazer guerra a los yndios que son sus enemygos y nuestros lo qual no se podra hazer de manera que lo podamos acabar con la Reputacion que nos convyene porque syendo nosotros pocos por nos divydir e apartar por dexar gente eneste puerto no seremos parte para hazer ny cometer nyngun egocio grande donde claro se los manyfestara thener temor el qual les dara atrevymiento e causa para nos thener en poco o como no les demos guerra contra aquellos a quyen ellos tyenen por enemygos y desean destruyr ynmediatamente volveran las armas y guerra contra nosotros por pensar que como gente poco poderosa nos podran acabar y echar de la trra ansymesmo su magd sabe como por parte de los dichos yndios aseydo Requerydo muchas vezes que vamos a la guerra contra los yndios que dizen ser señores del metal ofreciendose yr en su compañia y se les ha Respondido dandoles esperanzas que a plazos muy breves se conçedera a su deseo e yremos ellos e su md juntos diziendoles que nuestra venyda a esta trra no es otra cosa syno a hazer la dicha jornada y sy ellos vyesen que tardase mucho tpº y no se hiziese seria cierto el levantamyento contra nosotros y pues para hazer la dicha jornada asy como convyene es necesario número de gente que su md no deve dar lugar a que se divydan y aparten los xpianos que enesta trra Resydimos porque quando aquy haya dexado los que tiene señalados y los que sera forçado queden en el pueblo e costa de la asuncion y en los vergantynes donde partyere esta claro y notorio que no solo no terna gente para poder conquistar a los enemygos mas ny aun para se poder guardar de los que llevara por amygos. por las quales Razones me parece su md no deve dexar en este puerto la gente que tiene señalada ny otra nynguna antes la llevar toda consygo para se emplear con ella en las cosas suso dichas que tan necesarias son para cumplir con el servycio de nuestro señor y de su md y al byen e conservaçion e acreçentamyento de los xpianos que en esta trra estamos pues de la quedada aquy la gente que quiere dexar no se sygue otro fin ny efeto syno que esten para dar Razon de nosotros a los que de españa podran venyr lo qual se podra hazer dejando señales y cartas asy eneste puerto como en otros donde las naos podran venyr para que por ellos vean y sepan asy el estado de nuestros negocios como lo que en los suyos les conviene hazer. otrosy digo que en caso quel dicho señor thenye de governador no se quiera conformar con my parecer en lo hazer y cumpla como dicho tengo no debe ny es bien que dexe en este puerto menos de ochenta ombres para que puedan sembrar y cojer lo que q. sembraren para su manthenymiento e se proveer de leña y las cosas neçesarias a sus vidas porq. sin menos numero es cierto q. todos moriran o por que los yndios destas comarcas los mataran como muchas vezes lo han hecho e se travajan de lo hazer o quando no pudiesen por estar cercados de palizada es cierto que les aRancaran y cojeran y destruyran las sementeras de cuya causa abran de morir de hambre. otrosy su md en caso que dexe gente debe dexar gente que tengan vestidos que les puedan durar dos ó tres años para q. sy hasta este tpo naos no vinyeren de españa por falta de Ropa no mueran de frio por ser esta trra como es muy fria y la mayor parte de la gente esta tan desnuda que no tiene con que cubrir sus carnes y los que estan desnudos podran mejor vivir lo que les durare la vida en el paraguay que no aquy por ser como es trra caliente todo lo qual pido e Requyero al dicho señor thenyente de governador haga e cumpla asy como lo tengo dicho porque es cosa cumplidera al servycio de su magd y al bien de la Republica de los xpianos que enesta provincia estamos e necesaria a la buena poblacion e pacificacion desta trra e sy ansy lo hiziere hara lo que debe e lo contrario es notoria perdida e daño proteto contra su persona y anyma lo que protestar me conviene y que sean a su culpa y cargo las perdidas y muertes e daño que por no lo hazer ansy se Recrecieren e de como lo pido e Requiero pido a vos el presente scrivano me lo deys por testymonyo e a los presentes Ruego dello sean testigos.

Otros y pido que sy caso que no deve se determynare a dexar e dexare gente eneste puerto que juntamente con el alarde que les acostumbra tomar de las armas les tome alarde de la ropa todo lo qual haga por ante escrivano para que me lo de por testymonio para que su mat sepa y pueda ser ynformado como se cumple y entiende en las cosas de su servycio y ansymismo me mande dar el traslado de la nomyna de los mantenymyentos y munyciones que les dexa porque quedan en parte que quando no quedasen byen proveydos destas cosas es cierto no las pueden aver e sy por falta dellas peresiesen se les puede dar la pena que por no les aver proveydo devidamente deve aver e pidolo por testymonio. Al° cabrera &

e ansy presentado el dicho Requerimyento e leydo por my al dicho señor thenye de governador en su persona el dicho señor al° cabrera dixo que Requerya e Requyryo con dicho Requyrymyento al dicho señor thenye de governador segun e como enel se contyene y pidiolo por testimonyo el dicho señor thenye de governador dixo que lo oya e quel Respondera. testigos los dichos &

En el puerto de nuestra señora de buenos ayres ques en la provincia del Rio de la plata en diez e seys dias del mes de abril de myll quynyentos e quarenta e un años estando en la plaça publica del dicho puerto estando presentes munchas personas en presencia de my ju° valdez de palenzuela scrivano de su mad. y de los testigos de yuso escriptos el muy magco señor domyngo martynez de yrala thenye de governador desta provincia por sus mags. para en Respuesta de un Requyrimyento que le fue hecho por el señor al° cabrera veedor de su magd presento un escripto formado de Respuesta el thenor del qual es este que se sigue testigo el capitan carlos dubryn e Fernando de prado alferez e diego de tovalina e antonio de ayala thesorero de su madgd e alonso agudo e otra mucha gente el qual fue publicamente leydo e visto por todos los que le quisieron ver ó leer &.

Respondiendo al parecer e Requyrimyento del dicho veedor digo que para mejor me determinar en lo que en tal caso debia hazer e mas cumplidero fuese al servycio de dios nuestro señor y de su magd y bien de los xpianos que enesta provincia estamos y para la mejor poblacion e pacificacion desta trra lo he platicado y consultado con muchas personas asy clerigos e frayles e capitanes e alferez como con otras personas principales y más ancianas que eneste puerto a esta sazon se hallaron todos los quales me an dicho y aconsejado haga lo que el dicho veedor me pide y Requyere como mas largamente pareçera por sus dichos y pareçeres que en my poder estan firmados de sus nombres por tanto digo que avyendo presupuesto conforme a los dichos pareceres ser mas cumplidero que este puerto se despueble y la gente toda se junte que se haga y cumpla asy y mando que se diga e publique que todas las personas que en el estan al presente se adereçen e apresten para partyr e yr en my compañya para el puerto de nuestra señora de la asunçion ques enel Ryo del Paraguay donde esta la restante de la gente para diez dias del mes de mayo al qual tiempo entiendo de estar presto con ayuda de nuestro señor y que en lo que toca a las señales quel dicho veedor dize que se pongan para que los que vinyeren o puedan venyr de españa sepan donde estamos questoy presto de las poner por tanto que sy le pareciere que demas de las que eneste puerto quedaran es neçesario que queden en otras partes diga e declare los lugares y partes donde a el le pareciere ser mas conveniente quel esta presto de las poner e dexar de manera que mediante nuestro señor vengan a manos e noticia de los xpianos que a esta trra vinyeren e que esto daba e dio por su Respuesta no consyntiendo en sus protestaciones. domyngo de yrala.

Ansy presentado e leydo por my el dicho escrivano el dicho escripto e Respuesta el dicho señor thenye de governador dixo que esto dava e dio por su Respuesta al Requyrymyento fecho por el dicho señor alº cabrera e que mandava e mando a my el dicho escrivano no de el dicho Requyrimyento syn esta Respuesta salvo todo junto testigos los susodichos.

E yo Joan valdes de palenzuela escrivano suso dicho q. presente fuy a todo lo que dicho es juntamente con los dichos testigos e de pedimyento del dicho al° cabrera veedor el dicho Requyrimyento ley e notyfique al dicho señor thenye de governador e de mandamyento del dicho señor thinye de governador ansy mesmo la dicha Respuesta ley publycamente e la junte con el dicho Requyrimyento e abtos en my Registro e del lo saque en lympio segun que ante my paso enestas dos fojas de papel con esta en que va my signo todas Rubricadas de my firma y por ende fize aqui my signo en testymonio de verdad - hay un signo - Ju° Valdes de palenzuela - rúbrica.

Apéndice F
Carta de Domingo de Irala

1555
[Documento indispensable para comprobar la relación que da Schmídel de estos mismos sucesos; pero debe cotejarse con lo que se contiene en la carta del clérigo Marín González (Apéndice P). Estas dos cartas y lo que escribió nuestro autor acerca de esta entrada y demás asuntos que en ellas se tratan nos dan cuenta bastante exacta de todo lo que pasó desde la prisión de Cabeza de Vaca hasta el año 1555. Están la relación del actor de los hechos y los testimonios de un amigo y de un enemigo ¿Qué más puedo pedir?]

Carta de Domingo Martines de Irala al Consejo de Indias, refiriendo sus entradas y descubrimientos por el río Paraguay hasta el Perú y lo ocurrido en aquellas expediciones y en los asientos del Río de la Plata. Ciudad de la Asumpción, 24 de julio de 1555
Cartas de Indias, Madrid, 1877, n.° XCVII, págs. 571 a 578.[794]

Muy Poderosos Señores:
Por Abril de 45, con Aluar Nuñez Caueza de Baca, hize relaçion a V. A. de las cosas sucedidas hasta aquel día; despues del qual siempre he viuido con cuydado y mucha pena, por no auer thenido certeza del viaje ni menos de la prouision de V. A.; nunca me faltaron trauajos, desasociegos, molestias y otros casos, que por euitar prolixidad no daré cuenta, hasta tanto que por

---

794 Publicada también por Pelliza en su ed. de Schmídel, 1881. (N. del E.)

vía del Perú tuue auiso que mis despachos llegaron en saluamento; con esperanza y breue espediçion de V. M. me he mantenido por los mejores medios que para buena adminystraçion, paz y gobierno he podido. De tienpo tan largo, para que V. A. mejor prouea y entienda las cosas de su seruiçio; y yo haga lo que a él deuo particularmente, tocaré en cosas pasadas y daré cuenta de las que espero hazer en serviçio de V. A.

Por Junio de 45, conforme a lo que a V. A. escriui, previniéndome de las cosas necesarias y en todo haziendo lo que, por las ynstruçiones que de V. A. thengo, me es mandado, quise poner en efecto entrada y descubrimiento, seguiendo el Rio del Paraguay por los Xarayes que están en altura de diez e seis grados la via del Norte. Permitió Nuestro Señor que los yndios Caries, amigos y comarcanos, treynta legoas en derredor, en esta coyuntura se leuantasen; tuue neçesidad de la paçificaçion suya y atraymiento al gremio de V. A., a lo qual no bastó amonestaçion sin que tuuiese necesidad de apremiarlos por de fuerça, y así se gastó algun tienpo, por aver muchos dellos desamparado la tierra y leuantado otras. Nuestro Señor, que en todo prouee, se siruió de que mi trauajo no fuese en bano, y así, sin perder christiano alguno se paçificó y se reduxo al serviçio de V. A., perdonando a unos y castigando a otros, por causa de lo qual çesó la entrada por entonçes.

Por Hebrero de 46, aviendo el crédito neçesario de la tierra, propuse de seguir mi boluntad primera en seruicio de V. A. estando en el orden neçesa- rio: pareçió a los ofiçiales de V. A., contradezirme la entrada, en verdad, sin razon legítima; por la mejor via que pude les exorté y de parte de V. A. requerí un seruiçio y protesté el desseruiçio que a V. A. se hazia, y el daño de los particulares. Entendiendo su pertinançia y el mal orden que para estorbar la entrada se thenia, theniendo por mejor, me dí hazer me desen- tendido en ella, por evitar muertes, castigos, que de otra manera me conve- nia hacer en seruicio de V. A.: mandé que en el ynterin que estas cosas se determinauan, para mejor alunbramiento del viaje y conquista, el capitan Ñuflo de Chaues, natural de la ciudad de Trugillo, fuese en descubrimiento del camino de la generaçion que se dizen Mayas, porque se thenia notiçia ser este mejor camino; y asy, por Octubre de 46, entró con çinquenta espa- ñoles y tres mill yndios por el puerto de San Fernando; encaminólo Nuestro Señor bien, porque avnque los Mayas no se confiaron, tómose lengoa de la tierra e allose abastada de comida, que es lo que más deseauamos; para nuestro paso boluió, por dizienbre del mismo año, sin perder christiano. Despues de lo qual, en Julio de 47, con mi boluntad y todos conformes, se acordó de entrar por este camino de los Mayas con dozientos y çinquenta españoles y entre ellos veynte e siete de cauallo; que al presente avia, y dos mil yndios amigos; e procuré dexar con acuerdo de todos esta tierra en paz, buena guardia y administraçion, nonbrando, por el orden que mejor me pareçió, capitan y justiçia, como mas largamente V. A. verá por el testimonio que de todo enbio para que a V. A. conste la manera por donde me guio en su Real seruiçio; y asy, en fin de noviembre del dicho año, salí desta ciudad en prosecuçion desta entrada. Llegando al puerto de San Fernando, dexando allí puerto seguro, seguimos nuestro viaje por tierras de diferentes generaçiones, hasta llegar a la provinçia de los Tamacoças con muy larga notiçia de prosperidad y muchas minas de plata en las sierras de los Carcaxas, que es la notiçia antigua que siempre tuuimos; y porque en esta provinçia se nos declaró muy particularmente ser las charcas y estar ganado y ocupado por los conquistadores del Perú, determiné avisar por aquella via a V. A. de todo lo suçedido; y así, con acuerdo de todos, enbié al capitan Ñuflo de Chaues, con mis cartas y auisos, a las justiçias del Perú, para que V. A. fuese auisado y yo socorrido de algunas cosas que heran menester para el seruiçio de Dios Nuestro Señor y de V. A., y tanbien por sauer si por aquella via hallaria alguna prouision ó despachos de V. A. para el gouierno y mejor administraçion de la tierra. Partido en buena ora, y determinando de le agoardar en la prouinçia de los Corocotoquis, çinquenta y dos legoas distantes de estos Tamacoças, así por mi palabra como por la de los ofiçiales de V. A. contra mi boluntad, y de hecho, trataron los ofiçiales de V. A. de dar la buelta a esta çiudad de la Asunçion, animando, persuadiendo y exortando. a ello a todo el comun y yndios, diziendo que no les queria aprouechar, pues no hazia guerra a los Corocotoquis para que les diesen lo que thenian; caso por çierto feo, porque la notiçia que adelante theniamos la via del norte, hera muy grande, y muy pública entre los naturales de la tierra y yndios *Carios* de la sierra conforme, diziendo aver grandes riquezas de oro, gran señor y poblaçiones: esta notiçia es la que se platica y aprende en el Perú, Santa Marta, Cartagena y Veneçuela, el fin de la qual no se ha allado por no aver dado en el camino verdadero, que tengo por çierto ser este. Y puesto que los ofiçiales en el serviçio de V. A. no tuuieran esta cuenta, fuera justo la tuuieran en el buen exemplo para los particulares, que se deuen a los que en nombre de V. A. gouiernan y administran; casos, escandalos son poco amor y poco themor: podrá ser que los fauores que pretenden en sus ynstruçiones fuesen causa de sus largas: Nuestro Señor lo prouea y plega de encaminar a V. A. en las cosas de nuestro gouierno, como mejor Dios y V. A. se siruan. Sienpre he trauajado de sobrelevarlos por el mejor medio que he podido, y conoçiendo yr tan derota estas cosas, por asegurar otras mayores, acordé de hecho dexar la administraçion y gouierno desta tierra por mi boluntad, protestando el seruiçio de V. A. exortando yr requeriendo lo que cerca dél convenia que ellos y todos hiziesen; y así, en diez de nouienbre de 48, me desistí del cargo, y los ofiçiales, por sola su autoridad, nombraron a Gonçalo de Mendoça, commo constará mas largamente por los testimonios que dello enbio. Pusieron en efecto la buelta, haziendo guerra a los que no la mereçian, y yo avia procurar conseruar sin aver dellos otros ynterese más que el seruiçio de sus personas; que me dolió en el ánima. Asi dimos la buelta hasta el puerto de San Fernando, a do llegamos prinçipio de Março de 49. Tuuose allí notiçia de muchos desasosiegos, alborotos comunidades y desserviçios de V. A., por razon que un Diego de Abrigo, vezino de Sevilla, propuso en esta çiudad casos yndevidos y contra don Françisco de Mendoça, a quien yo dexé la administraçion de la justiçia; alló aparejo en algunas personas, de tal manera, que con poco themor del seruiçio de Dios Nuestro Señor y de V. A., cortó la caueça al dicho don Françisco. Entendiendo el dicho Diego de Abrigo nuestra buelta, procuró tiranizar la tierra y con mano armada defender nuestra entrada alçandose con la tierra y su jurisdiçion. Sauido por todas las personas que en el puerto de San Fernando estáuarnos lo suçedido y el caso presente, ofiçiales de V. A., caualleros y regidores y gente de guerra acordaron de nombrar persona que los administrase y tuuiese en justiçia, y fué así que yo fuy requerido, por todos generalmente, que me encargase del dicho cargo de gouernaçion y administraçion de justiçia, poniendome delante al seruiçio de Dios Nuestro Señor y de V. A. atento lo qual, y vista la neçesidad grande que avia, yo açeté el dicho cargo, commo más largamente constará por el testimonio que dello enbio, y así partí del dicho puerto con toda la gente y llegué a esta çiudad de la Asunçion, y entré en ella sin contradiçion de persona alguna, donde fué aprobada la eleçion susodicha en mi y de nuevo por los del pueblo elegido. Proçedi contra el dicho Diego de Abrigo, commo más largamente verá V. A. por la ynformaçion que contra él se hizo; el huyó, y avnque he hecho diligençias no le he podido aver: neçesidad tube de castigar algunos para buen exemplo y escarmiento, y así lo hize. Despues acá se a servido Nuestro Señor que toda la tierra se a mantenido en justiçia y razon, paz y concordia, y asy está este pueblo, muy en seruiçio de V. A. y bien poblado de gente española y naturales de la tierra, y muy fertyl de mantenimientos, esperando sienpre el socorro que por V. A. se nos avia de enbiar, para mejor salir de la tierra y descubrirla. En esta esperança, despues de aver enbiado a Buenos Aires algunas vezes en descubrimiento y socorro de la prouision de V. A., vino a esta çiudad Christoual de Sayauedra, natural de Seuilla, con çinco compañeros, el qual entró por tierra desdela ysla de Santa Catalina, por el camino de Aluar Nuñez Caueça de Baca, y llegó a esta çiudad, dia de Nuestra Señora de agosto de çinquenta y vn años, y me hizo reelaçion cómmo por V. A. era proueido por gouernador desta tierra Diego de Sanabria, hijo de Joan de Sanabria, y que en la ysla de Santa Catalina quedauan dos nauios con alguna gente, madre y hermanos del dicho Diego de Sanabria. Olgué de la prouision de V. A., por con mas descanso poder yr a seruir a V. A. Deseando su venida, theniendo por çierto que ya avria llegado Diego de Sanabria, dexando la entrada que en aquella coyuntura estaua adreçando y casy a punto, enbié vergantines y socorro de muchos bastmientos y gente plática en la tierra con el capitan Nuflo de Chaues, para el mejor saluamento traerlos. Partió este socorro desta çiudad en setiembre del icho año: no fué Nuestro Señor seruido de allaren nueva alguna dellos; dexose en la ysla de Sa Gabriel, en çiertos pañoles, e prouey que hiziesen mucho mantenimiento de carne y grano y auiso neçesario. Bueltos a esta çiudad, reçeui pena en ver la poca priesa que al viaje de la mar se dauan: pareçiome despues tornar a enbiar segundo socorro, y se puso en efecto por el mes de hebrero de çinquenta y dos, y menos se halló auer llegado la dicha gente de la mar; no enbargante lo qual, se les dexó en la dicha ysla todo buen proueymiento. Estando con pena de su dethenimiento, bíspera de Santiago del dicho año de çinquenta y dos, llegó a esta çiudad Hernando de Salazar, hijo del dotor Johan de Salazar, vezino de Granada, con treynta compañeros por tierra. Entró por el rio de Itabuca hasta el Hubay, y por él abaxó hasta llegar al Parana, y desde ay por tierra hasta aquí, el cual me hizo relaçion de cómmo los nauios que entraron en el puerto de Santa Catalina se perdieron, el vno por auerse avierto y el otro a la entrada de la barra dél: enbiaua con él socorro que a esta tierra trayan: todo era muy poco segun nuestras necesidades. Visto el poco remedio y socorro que yo les podia dar, por la falta de nauio que pudiese salir a la mar, acordé de enbiar le por tierra auiso sufiçiente para que, hasta que Nuestro Señor proueyese, alli se sustentasen. Perdida esperança de breue socorro, procuré de salir con el mejor orden y gente que pude en descubrimiento de la tierra, y en diez e ocho de benero de çinquenta e tres salí deste puerto con çiento e treynta onbres de a cauallo y dos mill yndios, dexando esta tierra en paz y concordia, y en su administraçion, con mi poder, a Felipe de Caçeres; y estando treynta leguas el rio arriua, tuue auiso de çierto desasosiego que Diego de Abrigo daua en esta tierra, de tal manera que estaua en punto de perderse; entendido lo qual baxé con veynte onbres a esta çiudad y reformé el estado de la tierra, castigando a algunos de los que con él se alçaron, y lleuando otros conmigo, de los que pude aver, y dexando a otros presos; de tal manera, que sin çoçobra ninguna pude conseguir mi viaje, y llegué por la derrota pasada, hasta el pueblo de los Mayas, el qual allé sin gente alguna, todo despoblado, sin esperança de manthenimiento, y las aguadas desechas, y los caminos çiegos; acordé de enbiar al capitan Nuflo de Chaues descubriendo, cod veynte de a cauallo, quatro jornadas adelante, hasta vn pueblo que solia ser de gente labradora llamado Layenos,[795] donde se tomaron algunas lengoas por los bosques, porquel pueblo estaua despoblado, de los quales tuue auiso estar adelante toda la tierra destruyda de otros yndios caçadores que se llaman[796] Naparus. Visto esto y nuestras comidas acauarse, auido el consejo que mejor pareçió ser, determiné de no auenturar gente ni perder ninguno; y así dí la buelta al rio, y de allí encaminando la gente por el orden que mejor me pareçió, a esta çiudad, me aparté con treynta de a cauallo en descubrimiento de una prouinçia de que thenia antes notiçia, que se llama Itatin, gente que nunca

795 Probablemente de raza Layand ó Chané. (N. del E.)
796 Lengua Machicuy. (N. del E.)

avia venido al seruiçio de V. A., a la qual prouinçia llegué en saluamiento, exortando y animando a los de la provinçia al seruiçio de V. A., y sin muerte ni escandalo de ninguno della, la reduxe y tomé la posesion de la tierra en nombre de V. A.; y fué Dios seruido que descubrí camino más çierto y seguro para nuestro viaje, segun la relaçion conforme que de los yndios más viejos de la tierra tomé; y con esto, dexando la tierra paçífica, en fin de setienbre del mismo año llegué a esta çiudad, en donde fuy bien reçiuido y allé que avian muerto al Diego de Abrigo por mandado del contador, que paresçe que como vido que hera yo fuera de la tierra, no se pudo valer con él de otra manera. Y el año siguiente de çinquenta y quatro, procuré poner en punto mi jornada por esta prouinçia de ytatin, y theniendo las cosas neçesarias para el viaje embié, a diez e siete de otubre, al capitan Nuflo de Chaues con treynta de a cauallo adelante para salir fuego yo. Estando en este punto, llegaron çiertas cartas y auisos de San Viçente, en que fui avisado commo V. A. avia despachado y enbiaua a esta tierra la prouision de la gouernaçion della; entendido lo qual, por que sin mí, con la presteza que yo deseo al seruiçio de V. A., no pudieran ser socorridos, acordé de alargar la jornada por mejor enterarme en la çerteza del despacho de V. A.; y así, a dos de junio de çinquenta e çinco reçeuí de Bartolomé Justiniano, por vía de San Viçente, auiso de commo llegó allí con la prouision que V. A. me hizo original, y me enbió vn treslado sinple della. Beso pies, y manos de V. A. por la merçed que se me ha echo, porque avnque despues que estó en esta tierra mi deseo y boluntad tiene mereçido a V. A. el fruto desta tierra, hasta agora a sido trauajos e ynportunaçiones a V. A. Dios me dé tiempo que mis obras puedan representar mi deseo. Bartolome Justiniano no la a traido por razon quel gouernador de San Viçente le a detenido; cosa es que pudiera escusar, porque demas de ser su paso sin perjuizio de la tierra, en contemplaçion de sus neçesidades, desta han reçiuido buenas obras. lo enbio al capitan Nuflo de Chaues por estas prouisiones, y a rogarles que dexen pasar a Justiniano y a otras cosas neçesarias para el seruisio de V. A. Llegadas aqui en todo se cumplirán commo V. A. manda y leales basallos deuen cunplir.

Permite el gouernador de San Viçente que los yndios Carios, que de aquí salen con algunos christianos foragidos, se vendan y contraten y ponen los de su hierro y señal, cosa çierto en que Dios Nuestro Señor y V. A. grandemente se desiruen; y avnque hasta aquí por cartas les he rogado, exortado y requerido no lo hagan, no a auido hemienda, antes lleuan su costunbre adelante. Thengo por çierto, que la misma cuenta tendrán con los despachos y requerimientos que sobre esto enbio; por tanto V. A., por el orden que más sea seruido, lo remedie.

En las cosas particulares desta tierra no thengo que dezir más, sino que los naturales della biuen en paz y concordia, muy sosegados, sin pensamiento, a lo que pareçe, de otras alteraçiones, y cada día se van más ynstruyendo en la fee catholica, y los pobladores desta tierra muy paçificos y entienden en sustentarse lo más sin periuizio que pueden, sin cosa alguna de los escandalos pasados. A Nuestro Señor sean dadas graçias por todo, y él se syrva con todos. Nuestro Señor vida y muy poderoso estado de V. A. acreciente con mayores reynos e señorios. Fecha en la çiudad de la Asumpçion a 24 de jullio de 1555.

Muy poderosos señores, vesa pies y manos de V. A.

DOMINGO DE IRALA.

Sobre: *A los muy altos e muy poderosos señores los señores del Consejo de las Yndias de la Sacra Cesárea Catholica Magestad del Emperador e Rey nuestro señor, etc.*

Expediente de Irala relativo a la carta precedente
CABEZA DE ESTA ELECCIÓN

En el puerto de San Fernando, que es en el rio del Paraguay, provincia del Rio de la Plata, miércoles trece del mes de marzo, año del nacimiento de nuestro Salvador Jesú Cristo de mil e quinientos e cuarenta e nueve años; este dicho dia en presencia de mi el escribano público e testigos de yuso declarados, estando ayuntados los conquistadores de esta provincia de yuso declarados; parecieron a mi presentes, Felipe de Cáceres, contador, e Pedro Dorantes, factor, e Anton Cabrera teniente de veedor, e Andrés Fernandez, residente en el oficio de tesorero, oficiales de S. M. en esta dicha provincia, y presentaron a mi el dicho escribano un escrito de proposicion y requerimiento, y parece firmado de sus nombres, e me pidieron e requirieron lo leyese para inteligencia e bien de los dichos conquistadores que presentes estaban, su tenor del cual es el que se sigue:

Felipe de Cáceres, contador, Pedro Dorantes, factor, Anton Cabrera, teniente de veedor, Andres Fernandez, el romo, teniente residente en oficio de tesorero, oficiales de S. M. en esta provincia del Rio de la Plata, decimos: que, como es público y notorio a todos los conquistadores y vecinos de esta Provincia, despues que Alvar Nuñez Cabeza de Vaca fué preso, por todos los conquistadores e por los oficiales de S. M. que a la sazon estaban y residian en la ciudad de la Asuncion, fué elegido y nombrado en nombre de S. M. hasta tanto que otra cosa S. M. se sirva proveer, por teniente de gobernador y capitan general desta dicha provincia al señor capitan Domingo Martinez de Irala, por ser cosa que tanto convenia al servicio de Dios y de S. M. y bien universal de todos los dichos conquistadores, y se hicieron sobre ellos las diligencias y solemnidades que convenian; y por él fué aceptado el dicho oficio y cargo, e fecho el juramento y solemnidad que en tal caso se requieren; e por los dichos oficiales de S. M. fué recibido al uso y egercicio del dicho oficio y cargo, conforme a lo que S.M. manda; todo esto sin contradiccion de persona alguna, como mas largamente se vé y pasó ante Martin de Orue, Bartolomé Gonzalez y Juan de Valderas, escribanos públicos, a que nos referimos. Y el dicho señor teniente de gobernador, puso y nombró por alcalde mayor de esta dicha provincia a Pedro Diaz del Valle, y alguaciles y otros oficiales para la ejecucion y administracion de la justicia; e pasados ciertos años y tiempo en que se estuvo esperando el mandado y socorro de S. M., visto que no venia y que esta provincia convenia descubrirse y conquistarse, el dicho señor teniente de gobernador, con acuerdo y parecer de nos los dichos oficiales aderezó y puso a punto una armada con hasta doscientos y ochenta hombres y caballos y otras cosas, y por el mes de enero del año proximo pasado de mil quinientos y cuarenta y ocho, partimos con el dicho señor teniente de gobernador, de este puerto de ¿San Fernando? en que al presente estamos, por el camino de los Mayaes, en demanda de las minas y tierra de los *Carcaraes*, y llegamos, prosiguiendo nuestra jornada, a la tierra y provincia de los *Tamacocas*, desde el dicho señor teniente de gobernador y todos fuimos certificados que las dichas tierras e ... estaba ganado y ocupado por los conquistadores del Perú, por lo cual convino dar vuelta a la dicha ciudad de la Asuncion, donde salimos; y estando en la provincia de los *Orocotoquis* dicho señor teniente de gobernador, por causas que le movieron, de hecho y determinadamente se desistió y apartó del uso y egercicio del dicho oficio y cargo de teniente de gobernador y capitan general, y nos requirió le oviésemos por desistido y apartado. E visto su determinacion, y que la administracion y gobernacion de los conquistadores quedaba desierta, nombramos al capitan Gonzalo de Mendoza, para que nos tuviese en razon y justicia hasta llegar a la dicha ciudad de la Asuncion, e no mas ni allende. E asi habemos venido hasta este dicho puerto, donde hallamos al dicho alcalde mayor Pedro Diaz del Valle y gente que con él quedó aguardándoles, donde habemos sido informados, ciertos y sabidores que en dicha ciudad de la Asuncion habia grandes disensiones e revueltas, que se han hecho muchas cosas en deservicio de Dios y de S. M. y daño y perdicion de esta conquista; y en especial han muerto y degollado a don Francisco de Mendoza, que con poder del dicho señor teniente de gobernador y acuerdo y parecer nuestro quedó por justicia mayor y capitan de la dicha ciudad e gente que en ella quedó para su guarda, y que se habia, nombrado capitanes y justicias como les ha parecido, y por fuerza e moñosamente han habido e tomado en su poder los navios que quedaron en este dicho puerto, a cargo del alcalde mayor, que oprimidos de necesidad de bastimentos para sustentar este dicho puerto, los enviaron a proveerse de ello a la dicha ciudad de la Asuncion, e finalmente han procurado por todas las vias que han podido de disipar, destituir y acabar este dicho, ¿puerto?, para que cuando viniésemos de la dicha entrada nos perdiésemos e se perdiesen... sin que oviese quien se los impidiese... de punicion y castigo, y que tanto conviene, remediarse, y segun las dichas cosas antes dichas y otras muchas que aquí se dejan de poner por evitar proligidad y dejallas dichas en su tiempo y lugar, si fuesemos a la dicha ciudad, sin que fuese persona con poder y fuerza para en nombre de S. M. y conforme a justicia remediarlo, está claro y conocido que todos totalmente nos perderiamos unos a otros, de que Dios nuestro señor y S. M. serian tan deservidos, y todos los conquistadores en gran peligro de la condenacion de sus ánimas, e perdiéndose sus vidas e haciendas; y la doctrina y conversion de los naturales de la tierra se acabaria, habiendo, como hay, gran número recien bautizados y traidos al gremio de la santa madre iglesia, y porque a nosotros, como oficiales de S. M. y a quien tiene entregado su real servicio y el bien, poblacion y pacificacion de la tierra y conquistadores de ella, compete intentar, procurar y pedir y requerir todo aquello que a lo suso dicho toca y conviene, habiéndonos juntado, consultado y platicado en esta razon lo que para remedio de todo se requiere, nos ha parecido y parece que al servicio de Dios y de S. M. y bien universal, paz y concordia de todos los dichos conquistadores, conviene no salir de este dicho puerto en que estamos, a do está la mayor parte de los conquistadores de esta provincia, sin que, en nombre de S. M. se elija, nombre y señale persona que gobierne y administre la justicia en esta dicha provincia, hasta tanto que S. M. haya proveido lo que fuere servido, e informado de todo lo sucedido, provea; y porque el dicho señor teniente de gobernador ha gobernado en esta provincia con poder de S. M. y despues en su real nombre por la dicha eleccion y nombramiento de los dichos conquistadores y oficiales de S. M. e su desistimiento y aplazamiento de derecho no hubo lugar, ni lo debió ni pudo hacer, e, si por nos los oficiales reales se consintió ó disimuló, fué forzoso, pero sin determinacion, y por otras muchas causas que a la sazon hubo de que en su tiempo y lugar daremos cuenta a S. M. y, en caso que lugar hubiere, dejando lo pasado aparte, y mirando lo que decimos conviene remediarse y proveerse, asi mismo nos ha parecido y parece que el dicho señor teniente de gobernador debe ser la persona que ha de ser elegido y nombrado, y que por él debe ser acordado, y por todos los dichos conquistadores pedido y requerido como cosa que tanto conviene por las causas suso dichas e otras que decir se podrian, que a todos son notorias; para el efecto de lo cual pedimos y requerimos, en nombre de S. M. a todos los dichos conquistadores que en este puerto residen, se junten e hallen próximos a ver e oir este nuestro prosupuesto requerimiento e parecer; e si a todos los dichos conquistadores les pareciere e vieren que conviene, luego, incontinente visto, se nombre sin dilacion ni tardanza, y si la oviese correremos mui gran riesgo de hambres y otros inconvenientes y peligros, elijan y nombren al dicho señor capitan Domingo Martinez de Irala, por tal teniente de gobernador y capitan general en toda esta dicha provincia y conquista, y por tal le ovedezcan, tengan y acaten, y cumplan sus mandamientos hasta tanto que, como dicho es, S. M. otra cosa provea. E si vieren e les pareciere que no conviene ser elegido e nombrado e que hay otra persona mas habil y suficiente e a quien compete tener y usar el dicho oficio y cargo, la elijan y nombren, para que fecha la dicha eleccion e nombramiento, e las diligencias que en tal caso se requieren, nosotros los dichos oficiales de S. M. le recibamos al uso y ejercicio del dicho oficio y cargo, como S. M. lo manda, lo cual todos pedimos y requerimos en nombre de S. M. a los dichos conquistadores, una, dos y tres veces, e mas, cuantas en este caso se requieren, con protestacion que hacemos que, si asi no lo hicieren y cumplieren; sea a su culpa y cargo todos los males y daños, muertes, perdidas y escandalos y otros inconvenientes que por no se hacer como hemos pedido y requerido, tenemos se recrecieren y pudieren recrecer e no a la nuestra, e del pedimos a vos Bartolomé Gonzalez, escribano público que presente estais, nos lo deis por testimonio en pública forma, para con ello en todo tiempo dar cuenta a S. M. y a los señores de su Real Consejo de Indias, y a los presente rogamos y pedimos que de ello sean testigos, y lo firmamos de nuestros nombres - *Felipe de Cáceres* - *Pedro Dorantes* - *Anton Cabrera* - *Andres Fernandez.*

El cual dicho escrito de prosupuesto, peticion y requerimiento, los dichos señores oficiales de S. M. presentaron, y por mi fué leido de verbo, ad verbum, presentes los conquistadores que al presente se hallaron en este dicho puerto de San Fernando, conviene a saber: el capitan Gonzalo de Mendoza, y el capitan Garcia Rodriguez, y el Padre Francisca de Andrade, y el Padre Martin Gonzalez, y el Padre Rodrigo de Terrera, y Pedro Mendez, y Juan Martinez, y Francisco Martin Moreno, y Francisco Muñoz, y Pedro de Génova, y Francisco de Almaraz, y Francisco de..., y Baltasar de Herrera, e el m.e Juan de Escobar, y Hernan Sanchez, e Bernardo Ginoves, e Ruy Gomez Maldonado, e Juan Ramos, e Pedro de Gualdas, e Benito Sanchez, e Vicente Lombardero, e Gaspar Gonzalez Portugues, e Juan Gomez de Sevilla, e Cristoval de Oliva, e Gaspar Gutierrez, e Luis de Le..., e García de Villamayor, e Luis Hurtado, e Juan Domingos, e Francisco de Gaete, e Cristoval de Niza, e... de Vera, e Garcia Dotor, e Juan Fernandez, e Francisco Lucero y Luis Osario, e Bartolomé de Noya, e Lópe de los Rios, e Francisco de Ledesma, e Gerónimo de Argüello, e Pedro de Zayás, e Francisco Palomino, e Fe... Fernandez, e Juan Redondo, e Pedro de Mesa, e Anton Rubio, e Juan de Latorre, Francisco de Postigo e Francisco de Arze, e Pedro de Espinar, e

Luis Mendez, e Juan Lopez de Ugarte, e Jácome Cocinero, e... Correa, e
Lope Ramos, y Diego de Collantes, e Luis de Espinosa, e Nicolás Veron,
e Antonio Rodriguez, e Salmeron de Heredia, e Alonso Saro, e Francisco
Notario, e Zoylo de Solórzano, e Hernan..., e Juan Gonzalez Ferrares, e
Pedro de Aguilera, e Diego de Torres, e Diego Lopez, e Juan Ruiz de Ales,
y Pedro de... e Tomas Griego, e Pedro Motanes, e M.e Francisco de Osuna;
e Diego de Tobalina, e Gregorio Martin, e Domingo Muñoz, e Gerónimo
Garato Valenciano, e Francisco Jimenez, y Gregorio Zemorano, e Francisco
Jimenez, e... Navarrete, e Estevan de Vallejo, e Martin de Segovia, e Juan de
Castro, e Juan Gonzalez... e Diego de Toranzos, y Hernando de Sosa, y Pedro
Sanchez Polo, y Sebastian de Leon, y Fernando Navarro, e Juan de Basualdo,
e Pedro Gallego, e Francisco Lopez de la Mota, y Pedro Coronel, e Francisco
Carreño, y Bartolomé de... e Miguel de Pedernera, e Juan Paro, e Juan de
Bedoya, e Lorenzo Fabiano, e Julian..., e Pedro de Orue, e Juan de Benialvo,
e Antonio Fernandez, e Fernando Diaz; e Juan Gaytano, e Alonso Diaz, e
Bartolomé de..., e Francisco Martin, piloto, e Garcia Ollero, e Gaspar Mendez,
e Alonso de..., e Antonio de Evora, e Juan de Soto, e Agustin de Veintemil,
e Alonso de San Miguel, e Fernando de Brizo, e Diego Sanchez, e Juan de
Bargas, e Juan..., e Pedro de Aguilera e Diego de Latorre, e Anton Conejero,
e Martin de Lagarraga, e Alejo de Mendoza, e Diego Martinez Lijero, e
Pedro Fernandez, Baltasar Marrufo, e Sebastian Cornejo, e Pedro de Abrego,
e Pedro Tandiño, e Francisco de Rosales, e Polo Griego, e Jácome Colo, e
Manuel Marcos, e el Alferez Pedro ¿Pregones?, e Jayme Rasquin, e Juan de
Santiago, e Rodrigo de los Rios, e Pedro Sanchez Capilla, e Pedro..., e Juan
Suarez, e..., e Juan Rodriguez, albanir, e Anton Garcia, e Anton de Pozama, e
Alonso Lopez, e Martin de Santander, regidor, e Martin Suarez, e Francisco
Rodriguez, e Anton Neto, e Pedro Gomez de Mesa, e Juan Rodriguez de
Escobar, e Diego de Villalpardo, e Pedro de Aristeo, e Diego Rodriguez, e
Diego de Carabajal, e Martin Perez, e Juan Ortega, e Juan de Estigarrivia, y el
alferez Pedro de Molina, e Juan Cobo, e Juan de Valderas, escribano públi-
co, e... Vizcaino, e Diego de Padilla, e Melchor Nuñez, e Juan de Medina, e
Alvaro Gil, e Francisco Romero, e Fernan Rodriguez; e Francisco Figueredo,
e Francisco Prieto, y Hernan Lopez, e Francisco de Madeyra, y Juan Suarez,
e... de Palos, e Martin Agamis, e Pedro de Bocanegra, e Simon Jaques,

e Domingo Zimbron de Palo, ¿regidor?, e Juan de Pedecoro, Leonardo ¿Combos?, e Diego Ortiz, e Jorge Fernandez, e Francisco Rabano, e Richarte Linon, e Diego de la Palma, e Juan de Espinosa, e Bartolomé Gras, e Antonio Martinez Cosio, e Anton Martinez, y Blas Nuñez, e Francisco de Coymbra, e Gonzalo de Ayala, e Juan Jimenez, e Juan de Porras, e Pedro de San Pedro de Belastegui, e Antonio de Rac, y el capitan Juan de Camargo, y Diego de Lavarreta, e Tristan de ¿Cracobinos? e... Quintana, e Pedro de Aguirre, e Luis Ramirez, e... Juan Riquel, e Jorge..., e... Martin, e Domingo Sanchez, e Pedro Martin, e Francisco de Gombarroto, e Sebastian de Sabagun, e *(está roto el papel)* y Pedro ¿Carrillo?, e Francisco de Brusianos, e Andrés de Figueroa, e Juan Delgado, y Pedro Isidro, y Juan Rodriguez Portugués, e Miguel Navarro, y Luis Alegre, y Diego Vecino, y Silvestre de Sandoval, y Gaspar Leon, e Manuel Camelo, e Cristoval Pinto, e Juan ¿Carrudo?, e Martin ¿Garces?, e Pedro de Olinda, e Alonso Encinas, e maestre Francisco Guerrero: e Vicente Rolon, e Roque Gomez, y Herndo Colon hijo de Ronda, y ¿Melchor? Racero, y Pedro Garcia del Alamo, e Cornieles de Ramua, e Diego de Molina.

E así presentado, leido e firmado el dicho escrito de proposicion y requeri-miento, en presencia de los dichos conquistadores, como dicho es, por mi el dicho escribano en alta viva y comprensible voz, fué dicho y manifestado a los dichos conquistadores, si habian oido y entendido lo que los dichos señores oficiales de S. M. decían, pedian y requerian y daban por su parecer, e que si elegian y nombraban, en nombre de S. M. por teniente de gobernador y capitan general en esta provincia y conquista del Rio de la Plata al dicho señor capitan Domingo Martinez de Irala, hasta tanto que S. M. otra cosa provea. A lo cual respondieron y dijeron, que han oido y entendido todo lo suso dicho, e que así, en nombre de S. M. le elegian y nombraban por tal teniente de gobernador y capitan general en esta dicha provincia y conquista, y como a tal e querian ovedecer y acatar y cumplir sus mandamientos, hasta tanto que, como dicho es, S. M. otra cosa provea, porque asi convenia y conviene al servicio de Dios y de S. M. y al bien universal de todos los dichos conquista-dores, e a la paz y concordia de todos; y por ellos acabado de decir lo suso dicho, por mi el dicho escribano les fué dicho e interrogado tres y mas veces, cada uno, por sí habia alguna persona que lo contradijese y no lo tuviese por bien, y a todas las dichas veces respondieron, que no había quien lo contradijese, ni contradijeron, y que así, lo habian y hubieron por bueno, siendo presentes por testigos a todo lo suso dicho, los dichos capitan Juan de Camargo y Diego de Lavarrieta, escribanos de S. M. e alferez Simon Jaques; y los dichos conquistadores que supieron firmar, lo firmaron de sus nombres en este registro, y por los que firmar no supieron, a su ruego y pedimento, firmaron por ellos y como testigos, los dichos capitan Juan de Camargo y Diego de Lavarrieta, escribanos de S. M. e el alferez Simon Jaques - *Gonzalo de Mendoza - Juan de Camargo - Garci Rodriguez - Simon Jaques - ... - Francisco de Almaraz - Diego de Torres - Francisco de Madrid - Diego Lopez - Pero Gomez de Mesa - Sebastian ... - Lope de los Rios - Francisco Palomino - Juan Fernandez - Pedro Sanchez Polo -* (Está roto el papel) *- Juan de Castro - Pero Sanchez - Gonzalo de Peralta - Pedro de Mesa - Juan Fernandez - Pedro de Orue - San Pedro de Belastegui - Pedro de Monroy - Baltasar ¿Marin? - Juan Redondo - Alonso de Encinas - Baltasar de Herrera - Antonio Sanchez - Luis Osorio - Juanes de Saldivar - Juan Lopez de Ugarte - Pedro Valdes Caba - Estevan Vallejo - Martin de Leys - Francisco Notario - Pedro de Castro - Antonio de Vera - ... - Hernando Alonso di Ronda - Pedro de Ayres - Alonso de Valenzuela - Francisco de Vargas - Diego Rodriguez - Diego de Villalpando - Juan de Bedoya - Anton Ruberto Arroyo - Diego Laverrieta - Diego de Latorre - Juan* (roto el papel) *- Julian de Porras - Gaspar Mendez - Domingo de Peralta - Lope Ramos - Pedro Bocanegra - Juan de Vera - Nicolas Veron - Luis Marquez - Juan Sotelo - Francisco de Coymbra Diego de Toranzos Juan Juarez - Ignacio Da* (roto el papel) *- A ruego de Juan de Medina ... - Diego de Carabajal - Pedro de Aguilera - Pedro D* (roto el papel) *... Quintana? - Melchor Nuñes - Gerónimo de Argüello - Francisco de Ledesma - Pedro de Aguilera - Francisco Lopez e la Mota - Hernan Sanchez -*

- Juan de Hortega - Hernando de Sosa - Franio Gmbdruta - Diego de Tobalino - Juan de Ramuniero - Juan Salmeron de Heredia - Santiago Rodriguez - Pedro Sanchez Capilla - Jácome

Golo - Francisco de Rosales - Juan Jimenez - Tristan de Irazabal - Francisco de Pastrana - ... - Juan de Escobar - Zoylo de Solórzano - Sebastian Cornejo - Luis Ramirez - Rodrigo Gomez - Martin de Santander - Pedro Isidro - Francisco Prieto - Martin Suarez - Francisco de Arce - Juan Delgado - Silvestre de Sandoval - Ruy Gomiz Maldonado - ... - Gaspar Gutierrez - Jayme Rasquin - Gonzalo de Ayala - Alvar Gil - Francisco Muñoz - ... - Pedro de Espina - Gonzalo Martin - ... - Pedro de Molina - Luis de Leon - Cristoval Pinto - Francisco de Gaete - Garcia de Villamayor - Juan de Valderas escribano público - Martin Perez - Julian ... - Luis de ... - Juan de Estigarrivia - Fernando Diaz - Anton Conejero - Juan de Carranza - Francisco Jaines - Hernan ... (roto el papel) - Horduña - Hernando de Eliciano - Anton Martin Escaso - Bartolomé Garcia - Juan Ruiz - Pedro Mendez - Ignacio Dominguez.

A ruego y pedimento de todos los que no supieron firmar y por testigo - *Diego de Laverrieta*, escribano.

A ruego y pedimento de todos los que no supieron firmar y por testigo - *Simon Yaques.*

A ruego y pedimento de todos los que no supieron firmar y por testigo - *Camargo.*

Despues de lo suso dicho, en el dicho puerto de San Fernando, dia y mes y año suso dichos, estando juntos los dichos señores oficiales de S. M. y capitan Domingo Martinez de Irala, y en presencia de mi el dicho escribano y testigos de yuso escritos, los dichos señores oficiales de S. M. dijeron al dicho señor capitan Domingo Martinez de Irala que, pues por los dichos conquistadores habia sido hecha esta dicha eleccion y nombramiento, en la manera que de suso se contiene, en nombre de S. M. le pedian y requerian, una dos y tres veces, y mas, cuantas en este caso convenia e conviene, que, desde luego, sin escusa ni dilacion alguna, acepte y reciba en si el dicho oficio y cargo de teniente de gobernador y capitan general en esta dicha provincia, y conquista del Rio de la Plata, para lo usar y egercer en todos los casos y cosas al dicho oficio y cargo anexos y concernientes, en nombre de S. M. hasta que provea y mande lo que fuere servido, con protestacion que digeron que hacian e hicieron que, si por lo aceptar, usar y egercer, algun mal y daño viniere y se recreciere a esta dicha conquista e pobladores e conquistadores de ella, sea a su cargo y culpa y no a la suya de ellos, ni de los dichos conquistadores, e que así lo pedian y pidieron por testimonio a mi el dicho escribano, siendo presentes por testigos a todo lo suso dicho, Pedro Diaz del Valle, e Pedro de Monroy, e Juan Rodriguez Bancalero, e Sebastian de Sahagun e otras muchas personas que presentes se hallaron - *Felipe de Cáceres - Pedro Dorantes - Andrés Fernandez.*

E luego el dicho señor capitan Domingo Martinez de Irala dijo: que, visto que los dichos conquistadores le han elegido y nombrado, e que los dichos señores oficiales de S. M., en su real nombre; le piden y requieren lo acepte y reciba, que, por servir a Dios Nuestro Señor y a S. M. y por la conservacion, paz y concordia de los dichos conquistadores, tenia y tiene por bien de acep-tar, y por la presente dijo que recibia e aceptaba el dicho oficio y cargo de teniente de gobernador y capitan general en esta dicha provincia e conquista, para usar y egercer en nombre de S. M. hasta tanto que otra cosa provea, como dicho es, e lo firmo de su nombre; testigos los suso dichos. - *Domingo de Irala.*[797]

Apéndice G. Carta de obligación

[Documento interesante del 15 de junio y año 1538 en que se establecen: los precios a que se vendían el lienzo, paño etc., el nombre de *puerto de Nuestra Señora de Buen Ayre*, y la presencia en este puerto de Ruiz-Galán.]

Carta de obligación de Hernán Baez y otros a favor de León Pancaldo, por valor de 470 1/2 pesos de oro
Del *Archivo Nacional de la Asunción*, año I, agosto, 1900, n.º 1, doc. XII

Sepan quantos esta carta de obligacion bieren como nos Hernan Baez,[798] maestro de hacer navios, e Simon Luis e Bastian Afonso, carpinteros, e Hernan Perez e Bartolomé Frutos, marinero, e Diego de Collantes, e Antonio Pineda, cerrajero, e Xpobal de Yexas e Luis Marquez, e Ruy Díaz, e Hernando Descobar, e Inº. Rodriguez, e Inº. portugués, herrero, e Sebastian Lopez, e maese Antonio, herrero, todos quince de mancomun e a boz de uno e cada

---

797 Las demás piezas se hallan en el Schmídel de Pelliza (1881), págs. 147-157. (N. del E.)
798 Las mayúsculas no están en el original. (N. del E.)

uno de nos por sí e por el Todo renunciando como espresamente renunciamos las leyes de la mancomunidad a beneficio de la division segun y como en ellas se contiene otorgamos e conoscemos que debemos e nos obligamos de dar e pagar llanamente e sin pleito a vos Leon Pancaldo Saones,[799] piloto, que estais presente o a quien vr° poder obiere o por vrª absencia a Viban Centurion e Franco. Poçobinelo ambos a dos juntamente e no al uno sin el otro o a quien el poder de ambos tuviere conbiene a saber quatrocientos e setenta pesos y medio de oro de justa e perfecta ley de a quatrocientos e cincuenta mrs. cada uno los quales son por razon de las mercaderias que nos los susodichos de bos rescibimos que son las siguientes ciento e cinquenta baras de lienço en dozientos pesos e diez e ocho baras e tres quartas de paño pardo en ciento e doze pesos e medio oro a razon de seis pesos de oro la bara e quince crieras de badana a quatro pesos de oro cada vna que son sesenta pesos e quinze gorras de grana a seis pesos cada una que son nobenta pesos e una libra de hilo blanco e negro en ocho pesos que son los dichos quatrocientos e setenta pesos e medio de oro de las quales dichas mercaderías cada vno de nos los susodichos rescibió tanta parte como el otro e el otro como el otro de que nos otorgamos por contentos e entregados a toda nuestra voluntad por quanto todo ello es en nuestro poder sobre que renunciamos qualesquier leyes que en razon de la entrega e prueba de ella hablan los quales dichos quatrocientos e setenta pesos e medio de oro, nos los suso dichos todos quinze so la dicha mancomunidad nos obligamos de dar e pagar en esta provincia del Rio de la Plata o dozientas leguas de costa de mar del Sur cuya governacion de presente es del señor Don Pedro de Mendoça del primer repartimiento que en esta dicha provincia o costa se nos hiziere e cupiere de oro o plata de las entradas que en ella obieren fecho e hiziere en ella de que se aya avido e aya oro o plata e para lo ansi cumplir e pagar obligamos el oro o plata que nos cupiere de repartimiento para execucion de lo suso dicho damos poder a qualesquier justicias de sus magds. de qualesquier partes que sean para que por todo rigor e mas breve remedio de derecho nos castiguen e apremien a lo asi cumplir e pagar como si esta escritura fuese sentencia definitiva de juez competente contra nosotros pronunciada e pasada en cosa juzgada e renunciamos qualesquier leyes

---

799 De Savona. (N. del E.)

e derechos que sean en nuestro favor especialmente renunciamos la ley que dize que general renunciacion non vala en testimonio de lo qual otorgamos la presente ante el escrn°. público e testigos de yuso escritos en cuyo registro los que sabemos escrivir lo firmamos de nros. nombres e los que no sabemos escribir rogamos al señor Capitan Franc. Ruiz Galan theniente de governador desta prov.ª lo firme por nosotros de su nombre que es fecha y otorgada en el puerto de Nrª. Señora de Buen Ayre que es en la dicha provincia a quinze dias del mes de Junio año del nascimiento de Nr°. Salvador ihn Xpo de mifi e quinientos e treinta e ocho años siendo testigos el dicho señor theniente de governador e Alonso de Angulo e Simon Jaques estantes en este puerto, Bartolomé Frutos Sebastin Lopez Luis Marquez) Ruy Diaz Hernando Doscobar (Xpobal de Yexas. - A ruego de los que no sabian escrevir firmo yo Franco. Ruys por tgo) E yo Melchor Ramirez escn°. de sus Cesareas mgds. en todos los sus reynos e señorios presente fui en vno con los dichos testigos al otorgamiento desta carta e por ende fize aquí mio signo a tal (signo) en testimonio de verdad -. Melchor Ramirez escrivano pc.°

Apéndice H
Obligación

[Documento que sirve para probar, que Gregorio de Leyes, quien con Pedro de Isla prestó juramento de obediencia a Ruiz Galan en *Corpus Christi* en diciembre de 1538[800] estaba ya en la Asunción en octubre de 1539, y que el dicho Pedro de Isla murió en *Corpus Christi* a manos de esos Indios *«un año poco más o menos»* antes del 9 de octubre del año 1539.]

Obligación de Diego de la Isla a favor de Gregorio de Leyes
Del *Archivo Nacional de la Asunción*, año I, octubre, 1900, n.° II, doc. XXXVIII

Octubre 9 de 1539.
En el puerto de nuestra Señora de la Asuncion Conquista del Rio de la Plata a nuebe dias del mes de Octubre de mill e quinientos e treinta y nueve

---

800 Ver apéndice J. (N. del E.)

años en presencia de mi Juan Valdez de Palenzuela escri⁰ de sus mag.ds y
testigos ynfrascriptos paresció presente Diego de la Ysla becino de Malaga
e dixo que por cuanto estando en el puerto de Corpus Christi que es en esta
Conquista puede aber un año poco mas ó menos que los Indios de aquella
comarca mataron a ciertos cristianos entre ellos a Pedro de la Ysla su hermano el qual dexo ciertos bienes aunque pocos los quales bienes quedaron
en poder del dicho Diego de la Ysla e que agora Gregorio de Leyes tenedor
de bienes de defuntos en esta Conquista queria pedir los dichos bienes al
dicho Diego de la Ysla e que para se quitar diferencias benian concertados
que el dicho Diego de la Ysla se obligase e diese fianças que cada e quando
que al dicho Gregorio de Leyes le biniere algun daño por no litigar e pedir
los dichos bienes que se hechara a paz e a salbo e pagaran todas las costas
daños principal que sobre ello viniere por ende el dicho Diego de la Ysla
como principal e Hernando Alonso de Ronda como su fiador de mancomun
y cada uno por el todo renunciando las leyes de mancomunidad e se obligaron por sus personas e bienes e portes que agora tienen e tubieren ansi
en los Reynos de España como en esta Conquista para que cada e quando
que al dicho Gregorio de Leyes le fuese pedido o ynstados alguno culpa
o remision por no aber litigado e pedido por justicia los dichos bienes que
pagaran las costas e dañose calunias que el dicho Gregorio de Leyes se le le
recrescieren e mas todos los bienes del dicho defunto conforme un ynbentario que paso ante Gomez Maldonado firmado de su nombre en defecto de
escrivano el qual ynbentario estaba en poder de Gregorio de Leyes para lo
qual se obligaron segun dicho es e renunciaron las leyes de que se puedan
aprobechar e lo rescibieron por seni.ª el dicho Fernando Alonso lo firmo de
su nombre e el dicho Diego de la Ysla por que dixo que no sabia escrivir a su
ruego firmo Gaspar de Ortigosa testigos el dicho Gaspar de Ortigosa becino
de Cordoba e Franco de Coimbra becino de Manbella e Juan de Venialbo
becino de Valladolid estantes en la Conquista - Hernando Alonso por tgo
Gaspar de Ortigosa.

Apéndice I
Varias referencias

A. Las citas del *Archivo Nacional de la Asunción* se refieren a la materia de la nota 4 págs. 41 y 49 en que como siempre van reunidos los nombres de Ruiz Galán y Juan Pavón.

D. El documento citado por Domínguez se halla en el tomo 58, número 12 del *Archivo de la Asunción*; es una causa seguida por Ortigosa.

Apéndice J
Juramento de obediencia

[Documentos que acreditan la presencia de Ruiz Galán y otros en Corpus Christi el 28 de diciembre de 1538, como también que Gonzalo Alvarado y Carlos Dubrin quedaron mandando en Buena Esperanza y Corpus Christi. Reproducido de la *Colección* Blas Garay, n.º IV.]

Juramento de obediencia al capitan Francisco Ruiz Galan theniente de governador e capitan general por don Pedro de Mendoza (1538)
Archivo General de Indias ecc. Patronato, 74-4-25.

Yo Pero Hernandez scrivano de su magd. doy fe a los señores que la presente vieren en como en el puerto de Corpus Xpti veynte e ocho dias del mes de Diziembre año del nascimiento de nuestro Salvador Xpto de myll e quinientos e treynta e ocho años, el magnífico señor capitan Francisco Ruyz Galan, theniente de governador e capitan general por el ylustre e magnífico señor don Pedro de Mendoza[801] adelantado governador e capitan general en esta provincia por su magd. en presencia de mi, Pero Hernandez, escrivano de su magestad, mandó hazer e hizo un abto e solenydad de juramento su thenor del qual dise en esta guisa:

Juramento- E despues de lo suso dicho en el dicho puerto de Corpus Xpti veynte e ocho días del dicho mes de diziembre del dicho año de myll e quinientos e treynta e ocho años, en presencia de mí, Pero Hernandez, scrivano de su magestad, el señor theniente de governador e capitan general para mayor pacificacion, e porque ansy conviene al servycio de su magestad e

---

801 Las mayúsculas no están en el original, las pongo para ayudar al lector. (N. del E.)

bien de este exército, mando a todas las personas de qualquier estado e condicion que sean, que estan y Resyden en este dicho puerto hagan la solenidad e juramento que de suso por su merced será declarado, e para lo ansy hacer y efetuar mandó traher ante sy un libro misal que al presente tenya abierto en sus manos Graviel de Lezcano, clérigo cura de este dicho puerto, por la parte donde están scriptos los sanctos evangelios, donde el dicho señor capitan, theniente de governador tomó e Rescivió juramento en forma devida de derecho de Garci Venegas[802] thesorero de su magestad, capitan de su señoría, e del contador Felipe de Cáceres, e de don Francisco de Mendoça, capitan de la gente de cavallo de esta provincia, e del capitan don Carlos Dubrin, e de Juan de Morales, su alferez, e de Alonso de Cubides, sargento, e de Alonso de Alameda, e Nuflo Noguera, portugués, e Melchor Pardo, e de Bartholomé González, e de Leonardo Gravión, e de Alonso de la Cuerda, e de Pedro de Mesa, e de Francisco Rrengifo, e de Luys Marques, e de Diego de Villalpando, e de Anton de Ribas, e Tristan de Vallartes, e de Diego de Collantes, e Anton de Vallartes, e de Balthasar de Segovia, e de Diego Martinez d'Espinosa, e de Antonio de Sabzedo, e de Pedro de Caças, e de Francisco de fletes, e de Francisco de Hermosilla, e de Bartolomé de Cuellar, e de Carlos de Borgoña, portugués, e del alferez Juan de Ortega, e de Andrés Hernández, el rronco, e de Hernan Carrillo, e de Diego de Hocas, e de Francisco de Villalta,[803] e de Gerónimo Ochoa, e de Bartolomé de Santander, e de Martin Perez, e de Juan Martin, e de Juan de Hortiga, e Juan Velazquez e Christobal de Rroxas e de Francisco de la Trenydad e de Alonso de Valençuela, e de Diego de Argame, e de Galiano Domeyra, e de Juan de Tarifa, caporal, e de Juan Ruyz, e Pedro Palomo, e de Martin de Lorenzana, e de Hernando de Sosa, sargento, e de Diego de Tovalina, caporal, e de Pedro Vallejo, e de Pedro de Montefrio, e de Martin Sanchez, e de Bartholomé de Rueda, e de Lope de los Rios, e de Francisco Coronado, e de Francisco de Rrosales, e de Jerónimo de Vega, e de Juan Pavon de Vadajoz, theniente de alguacil mayor, e de Antonio de Mendoza, e del capitan Pero Benytez de Lugo, e de Pedro Ginovés, e de Pedro de Santarén e del sargento Alvaro Suarez, e de Pedro de Santa Cruz, e de Xptoval de Medina, e de

---

802 Estos nombres todos están con minúscula. (N. del E.)
803 El autor de la carta. Ver apéndice A. (N. del E.)

Estevan de Vallejo, e de Juan Izquia, e de Sancho de Ubago, e de Francisco Perez, e de Francisco de Coymbra, e de Juan Mexia, e de Diego Bocanegra, e de Juan Suarez, e de Martino de Cabrera, e de Bartholomé de Moya, e de Bartholomé de Vega, e de Juan Dominguez, e de Juan de Burgos, e de Alonso Hortiz de Valderrama, e de Hernando Alonso, e Xptoval Nieto, e de Francisco d'Escobar, e de Fernando d'Escobar, e de Anton Martín, del Castyllo, e de Juan Garcia, e de Francisco de Guadalupe, e de Francisco de Torreblanca, e de Juan de Aja, e de Diego del Valle, e Agustin de Madrid, e Diego Martin, e de Diego Delgado, e de Francisco Lopez de Sepúlveda, e de Anon Ximenez, e de Garcia de Jaen, e de Antonio de Ayala, e de Gaspar de Baltanas, e de Hernando de Leyes, e de Antonio Vazquez, e de Martin Borgoñon, e de Gregorio de Leyes, e de Hernandarias Mansilla, e de Gonçalo de Guzman, e de Juan Salmeron, e de Juan Redondo, e Miguel Mançanero, e de Melchor Baçan, e de Antonio de Pineda, e de Francisco de la Cerda, e de Hernando de Valbuena, e de Luis d'Espinosa, y de Pedro Marquez, e de Francisco Gonçalez, e Pero Mendez, e de Francisco Alvarez Gaytan, e de Pedro de Santo, e Francisco de Paredes, e de Pedro de Isla, e de Pedro de Génova, e de Hernan Sanchez, e de Joan de Santander, clérigo, e del Bachiller Martin de Armençia, e de Alvaro de Palacios, e de Rodrigo Gomez, e del dicho Juan Graviel de Lezcano, e de Francisco de Andrada, clérigo, e de Sebastián de Leon, e de Alonso Cantero, el del theniente Francisco Galan e del padre fray Juan de Salaçar, e de maestre Miguel e Diego de Leyes, e de Gonçalo de Arévalo e del Capitan Salazar d'Espinosa comendador de la borden de Santiago, poniendo la mano en el pecho sobre una cruz colorada que en ellos traya, sigun uso y costumbre de los comendadores de la dicha horden, todas las quales dichas personas juraron por Dios e Santa Maria, e por los Sanctos Evangelios, e por la señal de la Cruz, do corporalmente sobre el dicho libro mysal tocaron sus manos derechas, que como buenos fieles e cathólicos Xpiaños temiendo a Dios e guardando sus conciencias ellos e cada uno dellos myrarian e guardarian el servycio de su magd. e del señor adelantado don Pedro de Mendoza, governador e capitan general desta conquista e portas le juravan e juraron conforme a las provisiones que de su magd. tienen, e procurarian la utilidad e provecho e bien general e conserva-ción de aquello que son obligados, e lo que deven a toda lealtad, e como tales han e tienen, e habrán e ternán en todas las partes desta conquista al señor capitan Francisco Ruyz Galán por su theniente de Governador e capitan general asy en este puerto e en el puerto de nuestra señora de la Asumpcion, ques en el Rio del Paraguay, como en otras qualesquier partes do el Real desta armada estovyere e Resydiere, e ansy dél como de la persona que su merced nombrare e pusyere por thenyente de governador e capitan general desta provincia en nombre del dicho señor adelantado don Pedro de Mendoça guardarán e ovedecerán, ternán e complirán ellos e cada uno dellos los vandos e mandamyentos sigun e por la horden e so las penas que les fueren puestas, e que ternán e guardarán los limytes que les fueren seña-lados e puestos por donde han de andar e Resydir, e que agora ny en tiem-po alguno, asy en este puerto y en el dicho puerto de Nuestra Señora de la Asumpcion y en otras partes algunas durante el tiempo que no viniere expreso mandato de su magestad ó de los señores de su Consejo de las Indias, ó del señor adelantado don Pedro de Mendoça, ó del señor capitan Juan de Ayolas, en su nombre no dirán pedirán ny demandarán ny persua-dirán direta ny yndiretamente en público ny en secreto cada uno ny todos juntamente en manera alguna que la gente de esta armada, ny parte della vaya a entrar ny entre por la tierra adentro, ny por otras partes e lugares, antes sy supieren e fueren avisados que alguna persona ó personas lo dixe-ren o yntentaren, lo dirán e avisarán al dicho señor capitan theniente de governador, ó a la persona que les dexare ó nombrare por theniente de governador, e en todo lo a ellos posible lo contradirán e estorvarán por manera que la dicha armada se conserve, lo qual todo guardarán e complirán so cargo del dicho juramento, lo qual si asy lo hiziesen e cumpliesen que Dios Todopoderoso les ayudase en este mundo a los cuerpos y en el otro a las anymas, e faziendo lo contrario demas de ser en ellos, e en cada uno dellos executadas las penas en derecho establecidas, e de caer en caso de menos valer, e de traycion e aleve, e de aver perdido todos sus bienes e las partes que en esta provincia les pereciere para la cámara de su magestad pro-cediendo contra ellos como contra personas que no guardan, Rompen, o quebrantan los mandamyentos de sus rreyes e señores naturales, Dios se lo demande mal e duramente como a malos xpiaños que a saviendas se perju-ran jurando su santo nombre en vano, e siéndoles echada la confusion del dicho juramento por mí el dicho scrivano dixeron - sy juro e amén - e prometieron de lo ansí fazer e cumplir, e los dichos, capitan Salazar d'Espinosa, veedor de su magestad, e Garcia Venegas, thesorero de su magd., e Felipe de Caçeres, contador de su magd., e don Carlos Dubrin, capitan, e el capitan Pero Benitez de Lugo, e Antonio de Mendoça, e Juan Pavon de Badajoz, e el alferez Juan de Morales e el alferez Juan de Ortega, e Fernando de Sosa, e Alvaro Suarez de Caravajal, sargentos, e Andrés Fernandez el rromo, e Hernan Carrillo e Alonso de Valençuela, e Diego de Hoçes, e Juan de Santander, e Francisco de Andradas, e Juan Graviel de Lezcano, e el bachiller Martin de Armencia, clérigos, e Diego de Villalpando, e Diego de Tovalina, e Juan de Tarifa, e Galiano de Meyra, e Alonso de la Cuerda, caporal, e Juan de Burgos, e Tristan de Vallartes, lo firmaron de sus nombres en este rregistro - *Alonso de la Cuerda - Juan de Salazar - Felipe de Cáceres - Garcia Venegas - don Francisco de Mendoça - Carlos Dubrin - Juan Pavon - Andrés Fernández el rromo - Juan de Morales - Juan de Santander - Antonio de Mendoça - Pero Benitez de Lugo - Galiano de Meyra - Juan de Burgos - Hernan Carrillo - Tristan de Vallartes - el bachiller Martin de Armencia - Francisco de Andrada - Alonso de Valençuela - Alonso de Cabides - Juan Graviel de Lezano (sic) - Diego de Villalpando - Melchor Baçan - Hernando de Sosa - Diego de Hoçes - e Francisco de Portedes - Juan Suarez - fray García de Salazar - Antonio de Ayala.*

E despues de lo susodicho, en el dicho puerto de Corpus Xpti a veynte e nueve días del dicho mes de Diciembre de myll e quinientos e treynta e ocho años, el dicho señor theniente de governador en presencia de mí el dicho scrivano mandó hazer la solenidad de juramento de suso contenido a Hernando de Ribera e Andrés de Arcamendia, vizcayno, e Francisco Rodriguez, e Vicente Perez, e Diego de Acosta, e Pedro Ginovés, e Fernando Perez; e Domingo e Pedro e Vicente de Acosta e Anton, estantes en este puerto; e para ello mandó traher ante sy el dicho libro mysal, el qual estando abierto en manos del dicho Graviel de Lezcano, cura, por la parte donde están scriptos *(falta un trozo del original y concluye así)* ... (hay un signo) en testimonio de verdad - *Fernando Fernández,* scrivano - hay una rúbrica.

Sepan quantos esta carta vieren como yo don pedro de mendoça adelantado, governador e capitan general en esta provincia del Rio de la plata con dozientas leguas de costa de mar del sur por su magd. digo que por quanto mediante la voluntad de dios nuestro señor e determynado de yr a los Reynos despaña por cabsas complideras al servicio de su magestad e al bien e poblacion e pacificacion desta tierra e en mi lugar en nombre de su magestad dexo en esta dicha provincia por mi lugar theniente de governador e capitan general a Juan de Ayolas por virtud de la provision Real que para ello tengo de su magestad, su thenor de la qual dicha provision dize en esta guisa etc.

Don Carlos por la divina clemencia, Emperador semper augusto, Rey de alemania, doña (Juana) su madre, y el mismo don Carlos por la gracia de dios Reyes de castylla, de leon, de aragon, de las dos secilias de hierusalen, de navarra, de granada, de toledo, de valencia, de galicia, de mallorca, de sevylla, de cerdeña, de cordova, de corcega, de murçia, de Jaen, de los algarves de algecira de Gibraltar, de las yndias, yslas e tierra firme del mar oceano, Condes de Ruysellon e de cerdanya marqueses de oristan e de goçiano, archiduques de austria, duques de borgoña e de brabante, condes de Flandes e de Tirol etc. Por quanto don pedro de mendoça criado de my el Rey, e gentil hombre de mi casa, con la mucha voluntad que aveis tenido de nos servir e del acrecentamiento de nuestra corona Real de Castylla os aveys ofrecido de yr a conquistar e poblar las tierras e provincias que ay en el Rio de Solis, que llaman de la plata donde estuvo sebastian gaboto e por ally calar e pasar la tierra hasta llegar a la mar del sur, sobre lo qual mandamos tomar con vos cierto asiento e capitulacion, y en el ay un capitulo del thenor siguiente: yten entendiendo ser complidero al servicio de dios y mio y por honrrar vuestra persona, y por vos hazer merced prometernos de vos hazer nuestro governador e capitan general de las dichas tierras e provincias, e tierras e pueblos del dicho Rio de la plata, y en las dichas dozientas leguas de costa de mar del sur, que comiença desde donde acaban los limites que como dicho es tenemos dado su governacion al dicho mariscal don diego de almagro por todos los dias de vuestra vida con salario de dos myll ducados de oro en cada un año e dos myll ducados de ayuda de costa, que son por todos quatro myll ducados delos quales goçeis desde el dia que os hizieredes a la vela en estos Reynos para hager la dicha poblacion y conquista, los dichos quatro myll ducados de salario e ayuda de costa, vos han de ser pagados de las Rentas e provechos a nos pertenecientes en la dicha tierra que overdes durante el tiempo de vuestra governacion e no de otra manera alguna, por ende guardando la dicha capitulacion e capitulo que de suso va encorporado, por la presente es nuestra merced e voluntad que agora e de aqui adelante para en toda vuestra vida seays nuestro governador e capitan general de las dichas tierras e provincias e pueblos que oviere e se poblaren en el dicho Rio de la plata, e en las dichas dozientas leguas de costa de mar del sur, e que hayais e tengays la nuestra Justicia çevil e criminal en las dichas ciudades, villa e lugares que en las dichas tierras e provincias ay pobladas e se poblaren de aqui adelante con los oficios de Justiçia que en ellos oviere, e por esta nuestra carta mandamos a los conçejos, Justicia, Regidores, caballeros, escuderos, oficiales e homes buenos de todas las cibdades villas e lugares que en las dichas tierras e provincias e pueblos ovieren e se poblaren, e a los nuestros oficiales e otras personas que en ellos Residieren e a cada uno dellos, que luego que con ella fueren Requeridos sin otra larga ny tardança alguna sin nos mas Requerir ni consultar ny esperar ny atender otra nuestra carta ny mandamiento, segunda ny tercera jusion, tomen e Recivan de vos el dicho don pedro de mendoça, e de vuestros lugar thenientes los quales poday (sic) poner e los quitar e admover cada que quisierdes e por bien tuvierdes el juramento e solenydad que en el tal caso se Requiere e deveys hazer el qual anzy fecho vos ayan e Recivan e tengan por nuestro governador e capitan general e Justicia de las dichas tierras e provincias e pueblos por todos los dias de vuestra vida como dicho és, e vos dexen e consientan libremente usar y exercer los dichos oficios e complir y executar la dicha nuestra justicia en ellos, por vos, e por los dichos vuestros lugares; thenyentes que en los dichos oficios de governador e capitan general e alguacilazgo e otros oficios a la dicha governacion anexos e concernientes podays poner e pongays, los quales podays quitar e admover cada e quando vierdes que a nuestro servyçio e a la execucion de nuestra Justicia cumplan, e poner e subrrogar otros en su lugar e oyr e librar e determinar todos los pleytos e cabsas asy çeviles como criminales que en las dichas tierras e provincias e pueblos, asi entre la gente que lo fuere a poblar como entre los naturales que della oviere e nacieren, e podays llevar e lleveys, vos e los dichos vuestros alcaldes e lugares thenientes los derechos a los dichos oficios anexos e pertenecientes e hazer qualesquier pesquisas de los casos de derecho premisos e todas las otras cosas a los dichos oficios anexos e concernientes, e que vos e vuestros thenientes entendays en lo que a nuestro servicio e execucion de nuestra justicia, e poblacion e governacion de las dichas tierras e provincias e pueblos convengan, e para usar y exercer los dichos oficios e cumplir y executar la nuestra justicia, todos se conformen con vos con sus personas e gentes e vos den e fagan dar todo el favor e ayuda que les pidierdes e menester ovierdes e en todo vos acaten e ovedezcan e cumplan vuestros mandamientos e de vuestros lugares thenientes, e que en ello ny en parte dello embargo ny contrario alguno vos no pongan ny consientanponer, ca nos por la presente vos Recevimos e avemos por Reçevido e a los dichos oficios e al uso y exerçio dellos, e vos damos poder e facultad para lo usar y exercer e complir y executar la nuestra Justicia en las dichas tierras e provincias e en las tierras e provincias dellas e sus terminos, por vos e por vuestros lugarthenientes como dicho es, caso que por ellos ó alguno dellos a ellos no seays Recevido, e por esta nuestra carta mandamos a qualquier persona o personas que tienen ó tuvieren las varas de nuestra Justicia en los pueblos de la dicha tierra e provincias que luego que por vos el dicho don pedro de mendoça fueren Requeridos vos la den e entreguen e no usen mas dellas sin nuestra licencia y especial mandado so las penas en que caen e yncurren las personas privadas que usan de oficios publicos e Reales para que no tienen poder e facultad, ca nos por la presente los suspendemos e avemos por suspendidos, e otro si en las penas pertenecientes a nuestra camara e fisco en que vos e vuestros alcaldes e lugarthenientes condenardes a la dicha nuestra camara e fisco las executeys e hagays executar e dar e entregar al nuestro thesorero de la dicha tierra e otro sy es nuestra merced que sy vos el dicho don pedro de mendoça entendierdes ser complidero a nuestro servicio e a la execucion de la nuestra justicia que qualesquier personas de las que agora estan ó estuvieren en las dichas tierras e provincias salgan e no entren ny esten en ellas e se vengan a presentar ante nos que vos les podays mandar de nuestra parte e les hagays salir conforme a la prematica que sobre esto habla dando a la persona que asy desterrades la cabsa porque lo desterrays e sy vos pareciere que conviene que sea secreto darsela eys cerrada e sellada e vos por otra parte enviarnos eys otra tal por manera que

seamos ynformados de ello, pero aveys de estar advertido que quando ovierdes de desterrar a alguno no sea sin muy gran cabsa. otrosy es nuestra
merced que las penas pertenecientes a nuestra camara e fisco en que vos e
vuestros alcaldes e lugares thenientes condenardes para la dicha nuestra
camera e fisco las executeys e hagays executar e dar e entregar al nuestro
thesorero de la dicha tierra, para lo qual que dicho es y para usar y exercer
los dichos oficios de governador e capitan general de las dichas tierras e
provincias e cumplir y executar la nuestra justicia en ellas vos damos poder
cumplido por esta nuestra carta con todas sus incidencias e dependencias
emergencias anexidades e conexidades e que hayays e lleveys de salario en
cada un año con los dichos oficios de salario ordinario dos myll ducados e de
ayuda de costa otros dos myll que sean por todos quatro myll ducados que
montan un quento e quinientos myll maravedis en cada un año contados
desde el dia que os hizierdes a la vela para seguir vuestro viaje en el puerto
de sanlucar de barrameda en adelante todo el tiempo que tuvierdes los
dichos oficios los quales mandamos a los nuestros oficiales de la dicha tierra
que vos den de las Rentas e provechos que en qualquier manera tuvieremos
en ella durante el tiempo que tuvierdes la dicha governacion, e no las aviendo
en el dicho tiempo no seamos obligados a pagar cosa dello, e que tomen
vuestra carta de pago con el qual e con el treslado signado de scrivano publico mandamos que le sean Recevidos e pasados en quenta siendo tomada la
Razon desta nuestra carta por los nuestros oficiales que Residen en la cibdad
de sevylla en la casa de la contratacion de las yndyas e los unos ny los otros
no fagades ny fagan endeal por alguna manera so pena de la nuestra merced
e de diez myll maravedis para la nuestra camera dada en la villa de valladolid
a diez e nuevedias del mes de Jullio, año del nascimiento de nuestro salvador
xpto de myll e quinientos e treinta e quatro años, yo el Rey yo francisco de
los cobos comendador mayor de leon secretario de su çesarea e catholicas
magdes. la fizo escrevir por su mandado fras g. cardinalis saguntinus el dotor
beltran licenciado suares de caravajal = el dotor bernal = licenciado mercado
de peñalosa, Registrada blas de saavedra por chanciller blas de saavedra etc.
E para saver lo que ay en esta tierra he enviado al dicho Juan de ayolas
por my lugar theniente de governador e capitan general para que lo sepa,
con vergantines e gente de armada con todo aparejo, e dexo en esta tierra a

vos el capitan francisco Ruyz galan para que en viniendo o enviando el dicho Juan de ayolas my lugar theniente con la nueva del oro o plata e otras cosas que truxieren vays en seguimiento de mi persona para que yo pueda hazer dello Relacion a su magestad que para efecto dello os dexo un navio con todo adereço e porque entre tanto es necesario que quede en esta tierra con las naos e gente que en ella queda en mi lugar y en nombre de su magestad un lugar theniente de governador e capitan general para que tenga cargo de la administracion e governacion de todo ello hasta tanto que el dicho Juan de ayolas mi lugartheniente de governador e capitan general venga como dicho es ó provea e mande otra cosa cerca de la dicha governacion de las naos e gente deste puerto e de las otras cosas que estan en la governacion desta provincia. Por tanto por la presente por virtud de la dicha provision de su magestad de suso encorporada, otorgo e conozco por esta presente carta que en mi lugar y en nombre de su magestad nombro e señalo e ynstituyo e pongo en este puerto de nuestra señora sancta maria de buen ayre e de la gente e naos que en el quedan a vos el capitan Francisco Ruyz galan e ansi mesmo de toda la gente que esta e queda en el Real que dexo puesto e asentado en el puerto de nuestra senora (sic) de buena esperanza o corpus xpti de que estan por capitanes el thesorero gonçalo alvarado e carlos dubrin, con todo lo demas que allí esta que yo tenia e deve estar devaxo de mi administracion e governacion, e os doy e concedo tan entera e complida facultad como su magestad por la dicha su provision Real me da e concede para que como tal mi theniente de governador e capitan general podays en todos aquellos casos e cosas así de justicia cevil e criminal como en todo lo demas tocante a la administracion e governacion de este dicho puerto e naos, e del Real e puerto de buena esperanza e corpus xpti e gente que en ellos esta hazer e hagays todo aquello que yo haria e hazer podria guardando en todo el servicio de su magestad todo el tiempo que aqui estuvierdes hasta tanto quel dicho Juan de ayolas mi lugartheniente de governador e capitan general Venga como dicho es ó provea en ello otra cosa, para que vos podays seguir mi persona como en esta carta se contiene e mando a todos e qualesquier capitanes e otras qualesquier personas por tal mi theniente de governador e capitan general, os hayan e tengan e cumplan e obedezcan vuestros man-damientos como los mios propios so las penas que les pusierdes las quales

324

podays executar en las personas e bienes cada que en ellas yncurriesen, e si por caso el dicho Juan de ayolas no viniera con la dicha nueva y (ny?) enviare otra persona vos doy poder para que podays en vuestro lugar y en nombre de su magestad poner e dexar en estos dichos puertos una persona qual vos quisierdes la qual quede en estos dichos puertos por mi lugartheniente de governador el qual tenga cargo de la dicha administracion e governacion e haga aquellas cosas e casos que yo haria e hazer podría que cumplen al bien e pro comun el qual haya tan complido poder como yo de su magestad lo tengo hasta tanto que provea otra cosa el dicho Juan de ayolas en fee de lo qual os di el presente poder e facultad, firmado de mi nombre ques fecho en este puerto de nuestra señora sancta maria de buen ayre ques en la pro-vincia del Rio de la Plata a veinte dias del mes de abril año del nascimiento de nuestro salvador xpto de myll e quinientos e treynta e syete años. testigos que fueron presentes a lo que dicho es Juan de ortega e juan de benavides, e miguel sebastian, criados del señor governador, e firmelo de mi nombre en el Registro desta carta, don pedro de mendoça; e yo pero fernandez scriva-no de su magestad que al otorgamiento desta carta en uno con los dichos testigos presente fuy, e doy fee que conozco al dicho señor adelantado don pedro de mendoça que en mi Registro firmo su nombre, e sigund que ante mi paso lo fize escrivir y escrevi. en fee de lo qual fize aqui este myo signo atal - (hay un signo) en testimonio de verdad - pero fernandez scrivano publico - (hay una rúbrica).

(Va certificacion de que Pero Fernandez es tal escribano público.)

Apéndice K. Carta de poder

[Del *Archivo Nacional de la Asunción.* Director Manuel Domínguez, año 1.º, octubre, 1900, n.º II, doc. XXIII, pág. 49.]

Carta de poder otorgada por el capitán Francisco Ruiz Galán a favor del bachiller don Pedro Galán, Pedro Moreno y su mujer d.ª Beatriz de San Martín a bordo de la nao Trinidad

Abril 8 de 1539. (Papel suelto.)

Sepan quantos esta carta de poder vieren como yo el capitan franco. Ruy galan theniente de governador en este puerto de *nra señora de buen ayre*,[804] ques en la provincia del Rio de la Plata por el poder que dello me fué otorgado del III. señor don pedro de mendoça, vezino que soy de la civdad de granada, otorgo e conozco por esta presente carta que doy mi poder cumplido, libre e llenero e bastante segund que mejor e mas cumplidamente lo puedo e devo dar e otorgar e en derecho mas puede e debe valer avos pedro galan, mi señor tio, vezino de la dicha ciudad de granada e a vos beatriz de San martin mi mujer, e a vos pedro moreno vezino de la dicha civdad de granada que son avsentes bien así como si fuéseles presentes todos tres juntamente e a cada uno de vos por sí ynsolidum especialmente para que por mi nombre e como yo mismo e para mi podays rrescibir, demandar e aver e cobrar en juicio o fuera dél todos e qualquier marvedís e otras cosas que me fuezen devidos por cualesquiera personas que me los deban e ayan a dar e pagar en cualesquiera civdad e lugares de los reynos e señorios de su magestad por contratos por albafaes, conocimientos, sentencias pasadas en cosa juzgada e por todo lo que rressibierdes e cobrardes, podays dar e otorgar todos e cualesquier carta de pago e de quito, las quales e cada vna dellas valan e sean bastante como si yo las dieze e otorgase, e a la data e otorgamiento dellas fuese presente, e otro sí vos doy el dicho mi poder para que podays parescer e parescays ante su magtd e ante los señores del su muy alto consejo de las yndias e ante los señores de la casa de la contratacion de las yndias que residen en la civdad de sevilla e ante qualesquier justicias e juezes de su magd que de mis pleytos e cavsas puedan e devan oir e conoscer ante los quales e ante cada uno e qualquier dellos podays dar e presentar qualesquier peticiones e demandas rrequerimientos e hazer e fagays todos los avtos e diligencias a mi derecho concernientes, presentar e presenteys qualesquier contrabtos executorios e pedir qualesquier execuciones, ventas e rremates de bienes, e ver lo que de contrario fuere fecho, abtuado, pedido e demandado rresponder, a ello concluir e cerrar rrazones, presentar qualesquier testigos, provanças e escrituras e otras qualesquier manera de pruebas, ver, presentar, jurar e conocer los testigos, provanças e escripturas por las partes contrarias presentados, e los tachar e contradecir en echos e en personas, e abandonarlos por mi parte presentados, poner las tachas e abonos, pedir e oyr qualesquier sentencia ó sentencias así ynter-

---

804 La bastardilla no está en el original. (N. del E.)

locutorias como definitivas, consentir e apelar de las dichas sentencias por allí e do con derecho deva dél, e las seguir e acabar e fenecer; jurar en mi anima qualesquier juramento de calunia e desisorio so artículo de verdades, e para que así antes como despues de los pleytos constados podades sostituir e sostituyades un punto, ó dos, ó más, quales e quantos quisieredes e por bien tuvieredes, rrebocarlos cada que quisieredes e quan cumplido e bastante poder como yo he e tengo para todo lo que dicho es e para cada una cosa e parte dello e tratar e tan cumplido, y ese mismo lo decedo e traspaso e rrenuncio en vos y a vos los dichos el bachiller pedro galan, mi señor tío, e pedro moreno, y en vos la dicha beatriz de san martin mi muger, y en los dichos vros sostitutos con todas las yncidencias e dependencias, anexidades e conexidades, e con libre e general administracion; obligo mi persona e bienes de aver por firme e valedexo todo quanto por vos y en mi nombre dixerdes, abtuardes e procurardes, rrescibierdes e cobrardes, cartas de pago que otorgardes segun e por la forma e manera que en esta carta e poder se contiene so la qual dicha obligacion vos rrelievo en forma de derecho de toda carga, fiança e cavsion so aquella clávsula de *judicion siste judicatun solvi* con todas sus clávsulas en derecho acostumbrados que basten para este poder ser bastante: en testimonio de lo qual otorgué la presente carta de poder ante pedro fez[805] escrivano de su magd estando dentro de la nao nombrada trinidad que está varada en este dicho puerto de buenos ayres ocho dias del mes de abril año del nacimiento de nro salvador jhn xpo de mill e quinientos e treinta e nueve años testigos que fueron presentes a lo que dicho es juan Pabon de badajoz, theniente de alguazil mayor e álvaro suarez de caravajal e martin Vençon e ferndo. alonso, estantes en este puerto e el dicho franco. Ruyz lo firmó de su nombre en el rregistro desta carta. *Franco Ruiz.*

Apéndice L
Carta de obligación

[Del *Archivo Nacional de la Asunción*, año I, octubre, 1900, n.º II, doc. XXV. Comprueba la presencia de Gregorio de Leyes y de Juan Pavón en la Asunción el 11 de julio 1539.]

---

805 Pedro Hernández. (N. del E.)

Carta de obligacion otorgada por Pedro Formizeda a favor de Gregorio Leyes

Julio 11 de 1539. Vol. 167, n.º 4, letra L.

En el puerto de nuestra Señora de la Asuncion,[806] conquista del Rio de la Plata en honze dias del mes dejulio de 1539 años, en presencia de mí Juan Valdez de Palenzuela escno por sus magestades y de los testigos de yuso escriptos Pedro formizedo, Vezino de Antequera como principal devdor y pagador, e Juan Pabon, theniente de alguacil mayor en esta conquista, y maestre Blasio como fiadores todos tres juntamente de mancomun e cada uno por sí por el todo se obligaron por sus personas e bienes muebles e raizes, oro, plata e esclavos, quanto oy dia han e tienen e tobieren de aquí adelante ansí en los reynos de españa como en esta conquista, por dar e pagar a Gregorio de Leyes, tenedor de los bienes de defuntos de esta conquista, o a quien su poder obiere, diez rreales de plata en españa dentro de año y medio primeros siguientes o sesenta reales de plata de buena moneda en el primero rrepartimiento de las suertes e partes que a cada uno dellos cupiere en esta conquista por razon de una cuera de Cordovan acuchillada traida y dos camisas rotas y una talega bieja y unos pedaçuelos de paño biejos y otros rrotos que el dicho Gregorio de Leyes compró e escribieron de que se dan por contratos y entregados y renunciaron las leyes que fablan sobre rrason de los engaños para lo qual se obligaron en forma e renunciaron su propio fuero y las leyes de que se podian aprovechar e dieron poder a las justicias de sus majdes ansi de los reinos de españa como desta conquista ante quien esta carta biere y della ó parte della fuere pedido cumplimiento de justicia y execucion para que la executen en las dichas sus personas e bienes e de qualquier dellos do quier que fueren fallados y los bendan e rematen o hagan entero pago al dicho tenedor de bienes ansí del principal como de las costas e lo recibyeron ansi por senla pasada en cosa juzgada sin remedio de apelacion, e renunciaron la ley del derecho en que dice que general renunciacion de leyes que ome faga non bala, e otorgaron carta de obligacion en forma, e el dicho Juan Pabon lo firmó de su nombre, y el dicho Pedro formizedo y maestre Blasio porque dixeron que no sabyan escribir

---

806 No procedía, pues, el nombre del 15 de agosto de 1539. (N. del E.)

rogaron a Bartolomé de fuia que lo firmase por ellos a la qual presentes por testigos el dicho, barme de fuia e leonardo zardo e maestre miguel herrero estantes en la dicha conquista. - Juan Pabon. - Bartolome de fuiazo.[807]

Apéndice M
Título de vehedor

[Del *Archivo Nacional de la Asunción*. Director Manuel Domínguez, año I, 1.º de agosto de 1900, n.º 1, doc. VI, pág. 17. De este documento se desprende que Mendoza aun estaba en Buena Esperanza el 20 de octubre del año 1536.]

Título de vehedor para el capitan Jn.º D S Despinosa
Vol. 63, n.º 1.

Nos el gouernador e oficiales de su magestad quenesta provincia del rrio dela plata rresydimos dezimos que por cuanto gutierre laso de la Vega Vehedor de su magestad en esta dha prouincia es fallecido e pasado desta presente vida, y para bsar y exercer el dho oficio de vehedor conbiene y es necesaryo que, entretanto que su magestad probehe de dho cargo aquien fuere seruido, cuya persona de rrecibido y confianza que le bse y exerça por ende por la presente, asistiendo la subfiçiençia e abilidad de bos el capitan Jn.º desalasar despinosa e los serviçios que abeys fecho a su magtd.; y los que esperamos que fareys de aquy adelante, y en alguna emienda e rremuneracion dellos, es ntra boluntad que agora e deaquí adelante hasta entanto que su magtd. probehe del dho cargo a la persona que fuere seruido como dho es, seays behedor de su magtd. enesta dha prouincia, y como tal behedor podays bsar y bseys y exerçais el dho oficio en todos los casos y cosas ael anexas e concernientes faziendo primeramente el juramento e solenydad que en tal caso se rrequiere e debeys fazer, el qual asi fecho bos abemos y rrecibimos y tenemos por tal behedor de su magtd, y mandamos que bos guarden e sean guardadas todas las honrras, gracias, mercedes, franquezas e libertades ecsenciones, preheminencias, prerrogativas e ynmunydades, e todas las otras cosas que por razon de ser behedor de su magestad enesta

---

807 Sin duda: Fuia = tgo. (N. del E.)

dha prouincia debeys aber e gozar e bos deben ser guardadas de todo bien e cumplidamente en guysa que bos no mengüe en cosa alguna e que enello ni en parte dello enbargo ni contrario alguno bos no pongan ni consientan poner; ca nos en nombre de su magtd. hasta entanto que probehe del dho cargo aquien fuere seruido os nombramos etenemos por al behedor de su magtad enlugar del dho gutierre laso delabega ya difunto, y mandamos que ayays ellebeys de salario conel dho cargo ciento e treynta mill marauds. en cada bn año, el qual comiença acorrer desde el día que esta carta fuere asentada en los libros de su magtad que nos, los dhos oficiales tenemos y ansí mismo mandamos que ante todas cosas bos el dho capitan Salazar deys fianzas llanas eabonadas en cantidad de dosmill ducados: Que en todo guardareys e cumplireys lo que tocare al servicio de su magtad y la ynstruc-cion que dió al dho gutierre laso la qual conesta bos mandamos entregar, delo qual dymos la presente firmando de ntros nombres e rrefrendada del ynfrascripto Secret.º que fue fecha en el puerto de ntra *Señora de Buena Esperanza* abeynte días del mes de otubre de myll e quinientos e treynta e seis años - don pedro de mendoça albarado - *Juan de Caceres*.

Anotóse este título de behedor desuso contenido a nueve días de nobiembre de myll e quinyentos e treynta e siete años.

Apéndices N y O[808]

Instrucción

[*Colección de documentos relativos a la Historia de América y del Paraguay*. Obra publicada por don Blas Garay, en la Asunción, el año 1899. Tomo I, pág. 18, n.º III.]

Instrucción de don Pedro de Mendoza governador del Rio de la Plata para el capitán Francisco Ruyz Galan (1537)

Archivo General de Indias, sec. Patronato, 1, I, 1/28, n.º 61.

«lo quel capitan Francisco Ruiz a de hazer partido de aquí etc.

---

808 Ver apéndice J. (N. del E.)

Esperar la nueba de Ayolas, y llegada la nueba, ora venga él, ó no venga syno que enbie, con qualquier nueva que trayga ó enbie parta luego tras mí a España, y no detenerse ni poco ni mucho y si Juan de Ayolas no viniere, enbialle los poderes que yo le dexo, y haser quel capitan Salasar llebe toda la gente que cupiere en los vergantines de aquy y de allá arriba,[809] y se la llebe toda a donde estubiere el dicho Juan de Ayolas, y los poderes vayan con la persona más segura que a él le pareciere: ydo yo a de hazer cata en el bastimento que tubiere la gente y no dar racion alos que tubieren qué comer ni a las mugeres que no labaren ni sirvieren etc.

Despues de salido en mi seguimiento se yrá derecho a las yslas terceras donde con el ayuda de Dios me hallará, y si por caso yo no estubiere allí, syno que sea pasado, vaya derecho a Sevilla donde me hallará, y sy tardare algunos dias no curéde de yr a las terceras syno tubiere necesidad de tomar alguna cosa.

Venido Moran procuraréis de aber la esclaba que os tengo dicho, e syno pudiesedes con él que os la dé, trabaja de sacalle algun esclavo.

Diréis a Ribera que yo le dexo ay su esclaba que su esclavo se me fué, que no llevó nada suyo, y que no hago yo la gente yr al Brasyl a comprar esclavos antes doy delos mios; fecho en *Nuestra Señora de Buenos Ayres* Veynte de Abril de quinientos y treynta y siete años etc.

Apéndice P
Carta

[Se relaciona con los hechos de la entrada de Irala al Perú. *Cartas de Indias*, CIII, págs. 604, etc. Fue publicada por Pelliza en su edición de nuestro autor, y también por el doctor Blas Garay en su *Colección de documentos*.]

Carta de Martín Gonzalez, clérigo, al emperador don Cárlos, dando noticia de las espediciones hechas y de los atropellos cometidos despues de la prision del gobernador Alvar Nuñez Cabeza de Vaca
Asuncion 25 de junio de 1556.

---

809 En Buena Esperanza de los timbú. (N. del E.)

Sacra Cesarea Catolica Real Magestad.

1. Como los capellanes que en esta tierra estamos seamos obligados a avisar a V. M. espeçialmente, y con más obligaçion yo, por aver dotrinado y bautizado estas ovejas de V. M., y viendo los daños y continos trabajos que an pasado y doliendome dellos, acordé, no tan solamente avisar a V. M. por esta mi epistola de lo sucedido en esta tierra despues acá de la prision de Albar Nuñez Cabeza de Vaca, gobernador que fué desta provincia por V. M.; pero, ávn por estos mal limados versos publicar y dezir los ynormes daños y continos trabajos questa prove jente, suditos de V. M. y naturales de la tierra, an pasado y pasan; y suplico a V. M. reçiba de mi, su capellan, este pequeño servicio, juntamente con la voluntad y zelo que tengo del serviçio de Nuestro Señor y de V. M., y de que nuestra Santa Fee catolica sea anpliada y ensanchada.

2. Ya tiene notiçia y será ynformado de la prision de Cabeça de Vaca, el qual, no tan solamente los ofiçiales de V. M. prendieron, pero ávn tanbien fué en su prision el capitan Vergara, que ahora por poderes de V. M. en esta tierra por governador manda; porque, çertifico a V. M. que, si él no diera calor, favor y ayuda para ello, no heran ellos bastantes a le aerrojar, porque, aunque malo que a la sazon estava, por el largo tiempo que avia mandado, toda la jente que en la tierra estaba o la mayor parte tenia de su mano, por lo qual ovo ocasion de hazer y perpetar lo que hizo en deservicio de V. M. y en destruymiento y perdimiento desta tierra y de los naturales della.

3. Y para mejor obrar y efetuar y conseguir lo que començado tenian, y para poder salir con ello, echaron y mandaron echar un vando, por el qual pregonavan libertad y daban antender que el governador de V. M. pretendia cabtivallos a todos, y que ellos por la libertad avian fecho lo que avian hecho, lo qual çertifico a V. M. que fué despues acá, no digo cabtividad, como ellos dezian, pero total destruiçion de todos, sino heran sus amigos y valedores, porque estos estavan contentos y heran señores.

4. Preso el governador, y sus justiçias presas y peladas las barbas con grande vituperio, lo qual V. M. será más y mejor ynformado, queriendo dellos ser servido de los que allá van, lo qual fué, segun a paresçido, para poder ellos mandar, bolviendo el dicho capitan Vergara al mando que tenía y esquilmar y destruir esta tierra como lo an todos hecho.

5. Y para efetuar y conseguir lo que querian, advocaron y truxeron a sí con engaño a mucha jente, lo qual fué de cabsa destar, como estavan, vnos malos, otros en conpañia de otros questavan dañados y puestos en la voluntad del capitan Vergara y ofiçiales de V. M., y en fin, todos proves, que hera lo peor y más dañoso, que, como la jente hera nueva en la tierra y no se pudiese valer en ella sin el favor de los que acá estavan, de fuerça, o por grado, o de neçesidad avian de conseguir cada uno a la parte do estava afirmado.

6. Y no tan solamente la neçesidad que la junta tenia, pero dezian y publicavan contra el governador de V. M. que queria usurpar esta tierra a V. M., para lo qual dava color que avia quitado la bandera Real de un navio y avia mandado poner otra suya, y otras cosas que, por ser prolixidad y en sí tener poco fundamento, no las diré, porque me paresçe, a lo que siento y alcanço, por lo que he visto por vista de ojos, su falsedad y cabtela y averselo levantado para poder traher a si la prove jente que engañaron para hazer y efetuar y vengar sus pasiones.

7. Preso el governador, determinaron de destruyr la tierra por contentar a sus amigos y valedores, y para tenellos obligados para todas las neçesidades que les viniesen sobre este caso, daban tantas liçençias para que por la tierra anduviesen estos que los favoresçian, y ellos eran tales, que certifico a V. M. que, como fuego, quemavan y abrasavan toda la tierra por do yvan, en quitalles sus mugeres, hijas, hermanas y parientas, dado caso, que estuviesen paridas y las criaturas a los pechos; las dexaban y echavan en los suelos, y se llevavan y trayan las madres; y dado que algunos no las querian dar, por fuerça y contra su boluntad, amenazados y algunos puestos al punto de la muerte, por no pasalla, las davan, aunque padezian grandes trabajos y soladas sin ellas, porque, del miedo que tenian, por los bosques las trayan escondidas, y de ally las trayan y sacavan; y si algunos perezosos o tardios eran a conplir lo que les mandavan, executavan en ellos su enojo, dandolos cuchilladas y palos y haciendoles otros malos tratamientos, quilandoles sus casas y todo quanto en ellas tenían. Pues, siendo estos naturales tan maltratados, ansi de los que mandavan como de los amigos y valedores dellos, determinaron de matar algunos cristianos, y ansi, mataron dos o tres cristianos de los que entrellos andavan rancheando, lo qual hizieron, por verse tan lastimados como estaban, porque de noche ni de dia estaban sosegados, sino puestos

en gran custodia y cuydado, lo vno, por guardar sus hijas y mugeres que, de cabsa de andar por la tierra cristianos, ellas nunca entraban en poblado ni en casa ni hazian lo que heran obligadas a hazer en el reparo de sus comidas y de sus hijos. Levantada la tierra por la muerte de los cristianos, queriendo hir a ellos, por mejor efetuar su proposito, pasaron convocaçion y llamaron los cristianos dos generaçiones de yndios enemigos destos carives, los quales es jente muy ligera y se dizen Guatatas y Apiraes. Juntos estos yndios con los cristianos, viendo los naturales que convocavan y llamaban enemigos suyos contra ellos, determinaron de levantarse toda la tierra, en tal manera, que pocos o no ninguno quedó que de hecho ó de secreto no se levantase.

8. Levantada la tierra, salieron a ellos dozientos cristianos con dos mil yndios destos que arriba e dicho, y en muchos requentros que con los naturales ovieron, mataron muy gran cantidad de los naturales, y en señal de vengança, les quitavan las cabeças, las quales los yndios que los cristianos llebaban, se llevaban a su tierra, lo qual no hizieran ni osaran acometerles, sino fuera con el fabor que de los cristianos tenian.

9. Con estas gerras, visto los yndios naturales los grandes daños que los cristianos y jente que con ellos yba les hazian, en les quemar sus casas, talalles y destruylles sus comidas, y que, si más la guerra por la tierra andubiese, no podían escapar, muchos dellos la perdieron yendose, y otros vinieron a pedir pazes, las quales se les dieron; y desta manera todo, siempre esta probe jente a estado y está pacífica, avnque desollados de cabsa de los grandes daños y perdidas, ansi de hijos y hijas, mugeres que les an faltado; ansi de hanbre por habelles talado los bastimientos, como por haberselas quitado, como dicho tengo.

10. Bueltos a sus casas, comenzaron a edificarlas, porque estaban todas quemadas, y antender en sus haziendas y comidas, que de cabsa de la gerra y del temor de los yndios que los cristianos con ellos llevaban, avia dias que de los bosques no osavan salir, do pasavan neçesidades y trabajos ellos y sus hijos, con la poca comida que tenian, que tan solamente hera cardos y algunas salbajinas que por los bosques tomavan: y desta manera estubieron hartos dias, por la qual neçesidad faltaron muchas criaturas pequeñas y grandes.

11. No contentos con estos daños questos naturales avian pasado, aun no bien estavan en sus casas y asientos, quando los amigos y valedores, ansi del capitan Vergara como de los ofiçiales y capitanes, otra vez por la tierra andabany algunas lenguas entrellos enbiadas por el capitan, a las quales mandava truxesen yndias, no tan solamente para si, pero ávn tanbien para los quél quería; y desta manera, tornaron otra vez peor que de primero a los perseguir y destruyr, en tal manera, que muchos yndios quedavan cargados de hijos; y vistose tan trabajados, de puro pesar, se morían, no tan solamente él, pero los hijos que, de muy niños, cayan en los fuegos, y como no tuviesen madres, allí se tostavan y quemaban, por no aver quien los sacase; a otros, por no tener quien les dé comer, davanse a comer tierra, y asi acababan; otros, de muy niños y estar a los pechos de las madres al tienpo que se las llevavan y ellos quedaban en aquellos suelos, algunas viejas tomaban algunos dellos y trisnavanse las tetas hasta tanto que sacaban leche, y ansi los criaban encanigados y mal abenturados, y de cabsa que no se hartaban, desta manera acababan sus dias.

12. Destas yndias questas lenguas trayan, sabrá V. M. que se partian con el capitan Vergara, porque sino le davan la mitad o heran sus amigos y baledores, no quedaban con ninguna, porque esta orden se tenia para los que heran de contraria opinion. Y dado caso que las quitaba, ninguna dellas daban a los yndios, avnque por ellas venian, porque siempre no faltaba alguna manera conqué se quedaba en su poder o en el de sus amigos y valedores.

13. Visto los yndios que no se las tornaban, daban buelta a sus tierras llorando, y de que allegaban a sus casas, las madres, tias y parientas, de que sabían que en poder de los cristianos quedaban, hera tanto el llanto del dia y de noche, que de pura pasion y de no comer, se acababan de morir, ansi los onbres como las mujeres.

14. Y a las yndias puestas en los cristianos heran tan apremiadas muchas dellas, que, de verse ansi vnas huian a sus tierras, y traydas, las açotaban y maltrataban; otras, de verse fatigadas y con el deseo de sus hijos y maridos, y visto que no podian yr a ellos, se ahorcaban; ya que esto no hazian, hartaban- se de tierra, porque antes querian matarse, que no sufrir la bida que muchos les daban; no ostante esto, pero otras tenianlas tan encerradas, que ávn el Sol apenas las podía ver, y alguna cosa, veyan los cristianos con quien ellas

estaban que les paresçiese no bien, dado caso que ansi como les pareçia no hera, de puros celos, las mataban o quemaban; y desta manera, andaba la disoluçion en esta tierra.

15. Querer dezir y anunziar por esta las yndias que se an traydo a esta çibdad, despues de la prision del gobernador Cabeza de Vaca, seria nuncha acabar; pero paresçeme que serán casi çinquenta mil yndias, antes más que menos; y aora al presente estarán entre los cristianos quinze mil, y todas las demas son muertas, las quales mueren de malos tratamientos y de mal onradas, y puestos que ya quellos son cabsa de sus muertes, las traen a sepultar a las yglesias o çimenterios, esto no hazen, antes las entierran y mandan enterrar por los canpos a la vsança de los yndios.

16. Querer dezir por esta los malos tratamientos que se les hazen, paresçeme que nunca acabaria, pero diré que ay algunos que a la prove gente haze todo el dia cabar en sus haziendas y labores, andando sobre ellas para senbrar mucho para poder vender; y esto seria bueno, si las proves comiesen y de noche descansasen, pero es al contrario, que no comen, sino es alguna mala ventura que traen de las haziendas, y de noche toda la más della les pasa en hilar para vestir al señor que las tiene y tener para vender.

17. No contentos con estos trabajos y continuas fatigas como tenian, ansi en sus haziendas como en hazer casas de tapias para vender e otros trabajos, al presente tienen otro mayor que les a sobrevenido, en moler cañas duçes para hazer miel, la qual, no tan solamente veben y comen, pero avn venden, e esta an tomado al presente por grangeria.

18. Querer contar e anumerar las yndias que al presente cada vno tiene, es ynposible, pero paresçeme que ay cristianos que tienen a ochenta e a cien yndias, entre las quales no puede ser sin que aya madres y hijas, hermanas e primas; lo qual, al paresçer, es visto que a de ser de gran conçiençia el que no tuviere entrada o salida con alguna dellas, porque la ocasion y aparejo que ay al presente es tan grande, que, como digo, sera beato el que no tronpeçare en esto; y desto çertifica a V. M. que los yndios an tomado tan mal enxenplo, qual más no puede ser, porque todo lo que se haze en secreto con ellas, es publico entre ellos, y luego vienen a me lo dezir.

19. No ostante esto, lo que más pavor, S. M., me a puesto, es ver, como he visto, lo libre vendello por cabtibo, y es ansi, que a suçedido vender

yndias libres naturales desta tierra por caballos, perros y otras cosas, y ansy se vsa dellas, como en esos reynos la moneda; y no tan solamente esto, se a visto jugar vna yndia, digo vna avnque muchas son, pero esta, en pena de su malefiçio, tuvo el candil y lunbre mientras la jugaban, e despues de jugada, la desnudaron, e sin vestido, la enviaron con el que la ganó, porque dezia no aver jugado el vestido que traya. Esto se hazia algunas vezes en presençia del que mandava, e por él conçertar, le aconteçió a él hazer el tal conçierto, porque no se desconçertasen; y no por esto las dexavan de dar y daban en dote y casamiento quando casavan sus hijas, y ansi mesmo pagavan debdas que debian a algunas personas con las dichas yndias al tienpo de su muerte, y ansimesmo se dexan a sus hijos, de que se mueren.

20. Estas y otras cosas an pasado en esta tierra hasta aora; y aliende desto, diré a V. M. que, como el governador fué preso, algunos fueron de opinion contraria de los ofiçiales de V. M., por lo qual, los an traydo perseguidos y abilitados y afiançados hasta los llamar leales por vía de vituperio.

21. Despues de salido el governador Cabeça de Vaca, se obo çierta nueva cómo por los Tinbues venian cristianos, los quales hera la jente que con Francisco de Mendoça salió del Perú; sabido por el capitan Vergara y ofiçiales, quisieron salir de la tierra, sobre la qual salida se ovo entre el capitan Vergara y algunos de los ofiçiales çierta revuelta y enbaraço, de cuya cabsa los leales se llegaron al contador, el qual defendía que no saliesen de la tierra hasta tanto que se supiese qué jente hera; e desta suerte se vino a poner en tales terminos la cosa, que se pensó todo se acabara. Puesto en estos terminos, vista la perdiçion que se podía resultar, obieron de dar corte en los negoçios en tal manera, quel contador ovo de deçender a saber de la dicha jente, e con él fueron aquellos que dizen leales.

22. Vueltos y visto que los cristianos heran los que con Mendoça avian venido, fue determinado de yr con gente, y ansi fueron hasta dozientos e çinquenta onbres; en este viaje me hallé, por poder mejor avisar a V. M. de lo que en la tierra se pasase.

23. Yendo por nuestro camino el río arriba, a las nuoventa leguas, dexamos los navios y un pueblo en el qual quedaron çinquenta onbres, y despues desto, entramos la tierra adentro, y quarenta leguas del dicho pueblo que dexamos, hallamos una jeneraçion de yndios, que se dizen mayas. Aqui estos

huyeron a los principios, por el gran temor que, de otras vezes que cristianos avian visto, tenían: e despues enbiaron çiertos mensajeros, con los quales no se hizo lo que razon hera de se hazer, y visto que los cristianos no querian venir e lo que pedían, ovieron de quemar sus casas e alçarse todos, y asi se desviaron, no haziendo mal a ningun cristiano.

24. Levantados y desviados de sus asientos y casas estos yndios mayaes, como arriba he contado, visto que se avian retirado, les mandó el capitan Vergara se les hiziese gerra; y asi se les hizo, llevando consigo yndios carioes, naturales desta tierra, que con nosotros avyan ydo, que podrían ser hasta dos o tres mil onbres de guerra.

25. Estos yndios carios que fueron a la gerra, dieron en muchos pueblos de mayas e de otras generaçiones questaban juntos con ellos, y dado, mataron e prendieron tantos, que no lo sé dezir por carta; pero diré que fué gran lástima ver las criaturas muertas y los viejos e viejas sino fueron los mancebos e mozas que trayan para dar a sus amos en presente; y no tan solamente fué la persecuçion en los pueblos y casas, pero áun por los montes los andaban buscando e persiguiendo.

26. Fecha esta guerra, pasó adelante, llevando destos yndios mayas muchos prisioneros e guias, e fue a dar a vn río pequeño. Llegados al rio, las guias que llevava perdieron el camino, la cabsa fué de aver muchos días que por alli no avian pasado. Perdido el camino, y visto que los yndios no lo açertavan, mandó quemar vna de las guias, e otras dos mataron; e de aquí dimos buelta a otro camino, por el qual dimos en vnos pueblos de chanes, po los quales yvan haziendo muy grandes destruyçiones e muertes.

27. No contento con esto, mandó a vn capitan, el qual se dize Nuflo de Chaves, que con gente fuese sobre vn pueblo que adelante estava, el qual fué e dió sobre el pueblo por la mañana e mató, de niños e viejos e viejas y onbres, mucha cantidad de jente, sin otros que prendyeron.

28. Fecha esta guerra, fuymos adelante destruyendo y matando todos los que topavan, lo qual, dado caso que los cristianos no lo hazian, los yndios, que para su serviçio llevavan, lo hazian, y ellos lo consentían y tenían por bueno; de cabsa, de los yndios por do yvan, les trayan presos, e para prendellos, hazian muy grandes daños, ansi en quitalles todo lo que tenían, commo en quemalles sus casas e arrancalles sus bastimentos.

338

29. Y desta manera fuimos hasta los Moyganos, sin que ninguna gente nos aguardase en sus pueblos, porque los que querian aguardar e venían a trahernos de comer, los tomavan e prendian y llevauan atados, a los quales mandaban y hazian que los guiase a los pueblos por do querian yr; y porque uno herró el camino, de aver muchos días que por allí avia pasado, lo mandó el capitan Vergara atenazear, e asi acabó el probe yridio sus dias.

30. Llegados a los Moyganos, como dicho tengo, los yndios naturales nos recibieron bien; de cabsa questaban seguros e les avian hablado por parte del capitan Garci Rodriguez, que en la vanguardia yba y llevaba; llegados, los yndios dieron munchas cosas, ansi para comer como otras cosas que trayan e avian dado, y visto quel que mandaba, lo repartía con sus amigos y allegados, toda la más de la gente agraviados, fué pedido se hiziese y nonbrase procurador, e asi fué nombrado e elegido el capitan Camarago, ansi para en esta tierra como para ante V. M.

31. Fecho esto, determinó el que a la sazon mandaba, de hazer gerra a los yndios miaracanos, los quales estavan juntos a estos yndios do estavamos aposentados, los quales no hazian mal ni daño al gremio dellos; en la qual gerra mataron y prendieron mucha cantidad de gente, e los que daban yndios enemigos suyos, los acabaron: destos yndios, los cristianos no avian ni tomaban más dellos, si no heran las mozas e mancebos, porque los demas, todos los mataban los yndios. De aqui caminamos adelante, y fuimos muchos pueblos e casas haziendo gerra, commo atrás he dicho, hasta que llegamos a los Mogranoes, los quales con saber lo que atras se abia pasado, terniendo no suçediese a ellos como a los demas, nos esperaron de guerra, e entrando que entramos en el pueblo, començaron a disparar sus armas contra nosotros, do fenesçieron algunos cristianos, e alli arremetieron los cristianos y caballos en tal manera, que a poco espaçio, dexaron el pueblo e prendieron muchas mugeres. E en este pueblo estuvimos quinze dias.

32. Puestos en este pueblo de Mogranos e desvaratados, a pocos días despues dellos, yendo en busqueda de comida, hirieron un yndio de los carios, por lo qual fueron pregonados por esclavos, y se les hizo gerra, en la qual mataron mucha gente, ansi de niños, mugeres viejas y otros yndios de gerra en más cantidad de quatro mill ánimas, de todos, y prendieron más de dos mill, los cuales truxeron por esclabos, los quales los ofiçiales de V. M. e

capitan los quintaron, y no los quisieron herrar pareciendoles no aber cabsa para ello.

33. De aquí partimos y fuymos a los Cimeonos, por relaçion que teniamos de aver alli cristianos de los de Juan de Ayolas, y llegados, preguntaron por ellos, y dixeron que enemigos suyos los avian muerto yendo a la gerra con ellos; por esto fueron presos el prinçipal destos yndios que dicho tengo y vn hijo suyo, los quales salieron de paz a los cristianos, haziendoles buenos tratamientos e trayendo de comer.

34. De aquí partimos a los Cocorotoques, llevando presos este prençipal y hijo que dicho tengo, por lo qual toda la tierra se alborotó, viendo y sabiendo como saliendo de paz y a traer de comer, los prendían y llevaban.

35. De alli partimos, con relaçion de los yndios que dicho tengo, la buelta de los Tamacoçies, porque alli dezian aver metal blanco y a la mano derecha de como yvamos, avia el metal amarillo, e fué acordado que fuesemos a los Tamacocies, do como llegamos, salieron de paz, por ser como heran yndios que avian servido e tratado con cristianos: do fuimos ynformados en el Peru, y sabido que tan cerca estamos de los reynos del Peru, fué acordado por el capitan y ofiçiales de S. M. enbiar al capitan Nuflo de Chaves y a otros allá, y la demás jente dió buelta por los Corocotoques do salimos. Aqui ovo diferencia entre los ofiçiales de S. M. y el capitan, sobre la yda, que el capitan queria hir al Peru en el seguimiento del capitan Nuflo de Chaves; e fué tal, que toda la jente se llegó a la vanda de los oficiales e le contradixeron la yda del Peru, de cuya cabsa e de los requerimientos que le hizieron, se ovo de dysistir del mando que tenia, e fué elegido el capitan Gonçalo de Mendoça, hasta llegar al Paraguay y a esta çibdad de la Asunçion. En estos Corocotoques, se hizieron muy grandes gerras, do mataron ynfinitas criaturas e otra mucha gente e prendieron muchos.

36. De aquí partimos, trayendo ansi estos commo todos los demas que prendían por el camino do venían haziendo gerra, presos y por esclavos, hasta que llegaron puerto de San Fernando, do commo llegó al pueblo que quedó poblado al tiempo de la partida, supo commo estaba mandando por elleçion el capitan Diego de Abrego; e sabido, e visto que nunca avia sido de su opinion, trabajó el capitan Vergara con personas que alli estavan cómo dixesen a la gente quel capitan Diego de Abrego les avia quitado todas sus

haziendas y servicio, e las avia dado e repartido a los que él avia querido; de cuya cabsa se alborotó toda la jente en tal manera, que lo ovieron de elegir; e asi vino a esta çiudad con mano armada, y entrando, que entró de noche, echando vandos sopena de la vida e la hazienda perdida, e ser dados por traydores a qualesquier personas que saliesen fuera de su casa hasta otro dia.

37. Otro dia el capitan Diego de Abrego, con su escrivano, fué a le requerir de parte de V. M. le diese favor y ayuda, ansi el capitan Vergara como los ofiçiales de V. M., para tener la tierra en paz, quietud e sosiego lo qual está todo ante el escrivano del capitan Diego de Abrego, al qual respondieron çiertas cosas questán ante el dicho escrivano.

38. Despues desto, a cabo de tres o quatro dias prendieron al dicho capitan Diego de Abrego, e le tuvieron preso, molestandolo con prisiones, hasta tanto quél se soltó e se fué de la carcel.

39. Salido, algunos amigos suyos se juntaron con él, e determinaron de yr a esos reynos d'España, avisar a V. M. de lo que avia pasado en esta tierra, por la via de San Vicente. Sabido por el capitan Vergara, fué tras ellos con jente de pie e de a caballo, y los prendieron y truxeron presos y maniatados, con muy vituperio y algunos heridos.

40. Puestos otra vez en la carcel y fatigado de prisiones, determinó de se salir, e ansi lo hizo, y se salió, llevando consigo a vn pariente suyo que con él estava preso en la carçel; y salido, se fué e los bosques por do anduvo al pie de quatro años.

41. Despues desto, e buelto de prender al capitan Diego de Abrego, tornó a enbiar por la tierra personas, las quales la desipaban y destruian, tomandoles sus mugeres y hijas e todo lo que tenian, e quemandoles las casas y arrancandoles los bastimentos y haziendoles otros daños muy grandes, porque no les querian dar sus mugeres e hijas. Por lo qual, el procurador general desta provinçia e conquistadores della, viendo los daños que reçibian los naturales y conquistadores, en que vnos la gozavan y otros la sustentaban y nunca se aprovechaban della, determinó de le requerir sobre ello, e sabido por el capitan, le enbió a dezir que no lo hiziese, porque le avia de ahorcar por ello, por lo qual el procurador determinó de callar, e sabido por los conquistadores, espeçialmente por Miguel de Rutre, le dixo que por qué no hazia lo que hera obligado a procurar por la tierra e conquistadores della,

como lo avia prometido e jurado. Visto esto, e que no queria el procurador hazerlo, temyendose del capitan, el Miguel de Rutre le dixo: «yo se lo requiriré o le haré que lo haga o se desista»; lo qual, todo vino a notiçia del capitan Vergara, que veynte leguas de aqui estaba, y luego vino e venido, yendole a ver, como amigo que hera, el procurador, le mandó prender, e preso le tubo a buen recabdo. Sabido por Miguel de Rutre, fué a hablar con el capitan sobre el procurador e que no tenia culpa, e legando que llegó, lo prendió, e preso aquella noche, les mandó dar garrote, sin confision, dado caso que la pidieron muy muchas veces, e tenia clerigos dentro de su casa, diziendo que no avían menester confesarse.

42. Muertos Miguel de Rutre y Camargo, vinieron de empadronar la tierra que, antes que los matasen, avian ydo a la enpadronar para la repartir, lo qual con poca ocasion que ovo, la dexó de repartir, pero por eso no dexó todavia de enbiar sus faravtes a traher todo lo que por ella hallavan, yndios y mugeres como antes lo avian hecho.

43. Todo esto pasado, determinó de hazer entrada, la qual hizo dexando mandando al contador Felipe de Caçeres contra la voluntad de los más del pueblo, por lo qual el capitan Diego de Abrego, que, siempre en el serviçio de V. M. se avia mostrado, que en los montes estaba, viendo que muchos de su jente se salian, de cabsa de no ser perseguidos y desarmados, como todos siempre o an sido, despues que se prendió al governador Cabeça de Vaca, salió a los recojer, y teniendolos consigo en un bosque, dió buelta el capitan Vergara, que aora manda por governador, del camino que llevaua, y dió sobre él llevando ochoçientas ánimas, antes más de yndios naturales y de otros comarcanos y cristianos, que muchos llevaba por fuerça, so grabes penas que les ponia, y lo desbarató y prendieron tres cristianos, los cuales luego, mandó ahorcar y asi fueron ahorcados. Otros, que despues desto tomaron, los puso al pie de la horca, y por ruego, los dexó; pero quebró, la furya en les llevar todo lo que tenian, porque en costas y prinçipal, se yva todo; y asi mesmo ahorcó un prinçipal desta tierra, por dezir que avia dado de comer al capitan Diego de Abrego e gente.

44. Hecho esto determinó de proseguir su viaje, y ansi lo hizo, dexando mandando al contador, como antes dexava, al cual hizo jurar, so çierta pena que para ello puso, y mandó al contador executase sus vandos que avia

echado, que los que con Diego de Abrego se havian allado, a los quales o a los más destruyó, y no contento con esto, mandó dar su merced para matar al capitan Diego de Abrego, y hallandolo vna noche en un bosque malo de los ojos y solo, le dieron vna saetada por el corazon de la cual luego murió sin hablar palabra ni llamar a Dios.

45. Muerto el capitan Diego de Abrego, dió buelta del viaje que llevaba, por hallar la tierra despoblada, de cabsa que tomó otro camino del que avia de llevar, por yvitar que Garcia Rodriguez no pasase a los reynos del Peru, do pensaba yr a avisar a V. M. de lo suçedido en la tierra.

46. En esta buelta, de hanbre, frio y malos tratamientos, murieron dos mill yndios naturales desta tierra.

47. Buelto aqui, no olvidó su mala costuribre de chinchorrear y quitar las yndias de los yridios, ansi para él, como para dar a otros que con él avian ydo, no enbargante que, antes que partiese para la entrada, les avia dado muy grandes largas para que por la tierra anduviesen a robar, con título que hera servicio de V. M., lo que queria hazer en descubrir la tierra.

48. Despues de lo qual, queriendo otra vez hazer y efectuar su entrada, no ostante que antes avia muerto en la provincia del Parana mucha jente y ahorcado muchas viejas, de cabsa que heran escasas de dar sus hijas, y por esto los yndios allaban todo quanto tenian y estaban en las casas solos, y por vellos estar sin mugeres les levantaban questaban alçados y de gerra e ansi los matavan e buscaban las yndias, por los bosques, y otros, de miedo, las daban; y desta manera truxeron mucha cantidad della, con las quales daba algunos, para los prender para cada y quando fuese a la entrada, fuesen con él.

49. Pasado todo esto, vino nuebas cómo S. A. hazia governador desta provinçia al capitan Vergara, y sabido, dexó otra vez de efetuar la hentrada; y luego enbió al capitan Nuflo de Chaves con çierta gente en busca y demanda de Bartolome Justiniano, que hera el que traya las provisiones; elqual yendo en la demanda que llevaba, la dexó e fué a dar en unos yndios, porque tubo notiçia que nadie avia llegado a ellos, y tuvo bregas con ellos e mató e prendió muchas mugeres e muchachos, las quales repartió entre todos los que con él llevava.

50. Estando el capitan Nuflo de Chaves ocupado en esto, vino el Bartolome Justinianno, y él legó a esta çibdad y dió las provisiones que traya, las quales presentó e presentadas, le obedeçieron como S. A. lo mandaba por sus provisiones.

51. Despues de venidas las provisiones e obedeçido, mandó se enpadronase la tierra, e ydos anpadronar y traydos los padrones, la repartió entre sus amigos e baledores estranjeros e personas que nuevamente del Peru avian venido e de otras partes.

52. Puesta la tierra en este estado, determinó de yr otra vez al Parana, y en saliendo, llegó a esta çibdad el obispo y Martin de Vte, con çiertas provisiones de V. M., las quales se leyeron algunas dellas; y antes que el obispo llegase y la tierra se repartiese, no dexava de desollar los naturales de la tierra y quitalles sus hijas y mugeres, y no contento con esto, daba liçençias a los vezinos de San Vicente, para que pudiesen sacar yndias desta tierra y llevallas a San Vicente, y asi llevaron muchas.

53. Estas y otras cosas, ynvitisimo principe y señor, son las que en esta tierra an suçedido, mientras en esta tierra a faltado la justicia de V. M., la qual ruego en mis sacrifiçios a Nuestro Señor ponga en coraçon de V. M. que sienpre nos la provea, para que, mediante ella, sirvamos a Dios Nuestro Señor y a V. M. Nuestro Señor la ynvitisima persona de V. M. guarde y en muy largos años acreçiente, como sus leales vasallos deseamos, para que sienpre nos tenga en paz e justiçia. De esta çibdad de la Asunçion, a veynte e cinco de junio de mill y quinientos y çinquenta y seys años.

54. Sacra Cesarea Catolica Real Magestad, el vmilde capellan de V. M. que sus pies y manos Reales besa.

MARTIN GONZALEZ.

55. Sobre. *A la Sacra Cesarea Catolica Real Magestad del Enperador y Real nuestro señor, ó a los señores de su muy alto y poderoso Consejo de Yndias. - Va del Rio de la Plata.*

Apéndice Q
Información

[Importante documento citado por Madero, pero que no se reprodujo. Su extensión nos priva de publicarlo íntegro por ahora. Es de notar el silencio que se observa acerca de la matanza de Indios que motivó el desastre en Corpus Christi, y que Ruiz Galán se «*tomó toda la gente questaba en el puerto de Corpus Christi e la llevó* etc.» sin perjuicio de que más tarde «*tornó a asentar el real con los Indios tenbues nuestros amigos* etc.». Esta pieza, como la carta de Villalta e *Información* de Gonzalo de Mendoza, ha sido facilitada por el señor Enrique Peña. Por haber llegado a última hora no se ha utilizado en el Prólogo y Texto.]

Información de Francisco Ruiz Galán. 1538
Archivo General de Indias-Sevilla
Simancas-Justicia
Consejo
Informaciones y Provanzas
Año de 1538 a 1576
Estante 52
Cajón 5
Legajo 1/13

En el puerto de nra. señora Santa Maria del buen ayre ques en la provincia del Rio de la plata tres dias del mes de junio año del nascimiento de nro. salvador jesucristo de mil e quinientos e treinta ocho años en presencia de nos Melchor Ramirez e pero hernandez escribanos de su Mag. e de los testigos de yuso escrito el magnifico señor capitan Francisco Ruiz Galan teniente de governador capitan general en esta provincia por el ylustre e magnifico señor don pedro de mendoza adelantado governador e capitan general en esta dicha provincia con doscientas leguas de costa de mar del sur por su Mag. dijo que por cuanto al tienpo quel dicho señor adelantado partio delta provincia pa los Reynos de españa lo dejo en la governacion con tan poco bastimento que no se penso que la gente deste puerto se pudiera sostener por que no avia bastimento mas de para cinco o seis meses ni vergantines en que lo pedi yr abuscar y es asi que al cabo de dos meses poco mas o menos quel señor adelantado partio desta provincia vino el alferes Juan de Morales

en un batel el cual venia por socorro de Rescates para la gente que estaba
en el puerto de corpus cristi que desia que asi mesmo moria de ambre e
dijo que el vergantin en que avia ydo diego de padilla lo avian tomado los
yndios beguaes e avian muerto todos los soldados que en el yban e que alli
en el dicho puerto no podian sustentarse sin un vergantin e rescates e el
dicho señor teniente de governador le hizo e mando hacer un navio pequeño e le proveyo de rescates e hierro para con la gente del dicho puerto se
sostubiese e ansi lo despacho e embio bien aviado e luego por la necesidad
que en este Real cada dia se recrecia hizo hacer dichos vergantines para yr
a rescatar pescado e manteca al dicho puerto de corpus cristi a los yndios
que alli residen por que la gente no muriese de hambre e ansi mesmo hizo
hacer ciertas rogasen las quales se sembro mayz para que la gente comiese
y estando ya granado algunos de ello tanto que se podria bien cojer bino el
capitan juan de salazar de espinoza con los dos vergantines en que el señor
adelantado lo avia enviado a saber del capitan juan de ayolas que avia ydo al
paraguay e dijo al señor teniente de governador como sabia por nueba cierta
que avia entrado la tierra adentro e quel dejaba fecha una casa en el dicho
rio paraguay fuerte con yndios muy amigos de los cristianos e dejo en ella
cierta gente que la guardasen e que avia hallado mucha harina de mandioca
e de mayz e que seria bien que la gente subiese e se llevase a la dicha casa
por que en el campo ni alla no le faltaria de comer e mas que estarian mas
cerca de la entrada de la sierra de la plata e para saber del dicho capitan
juan de ayolas e ansi mismo trujo muestras de plata e de otros ciertos metal
y el dicho señor teniente de governador bisto lo suso dicho con parecer de
los oficiales de su Mag. por se certificar de todo ello e no dejar la gente en
parte donde no se pudiese mantener quiso en persona yr alla e dejando en
este puerto buen recabdo en cuatro vergantines e una zabra tomo toda la
gente questaba en el puerto de corpus cristi e la llebo a la dicha casa donde
hallo mucha hambre a cabza de que la langosta se habia comido lo sembrado
por lo cual se quiso bolver con la gente luego como llego mas por que le
dijeron que en la frontera e comarca de la dicha casa avia de comer e los
yndios que lo tenian heran enemigos con parte de la gente fue alla e tomo
contra su voluntad todo el bastimento que pudo en lo qual andubo un mes
en cabo del qual se bino a la dicha casa donde hizo una iglesia e dejo en ella

para que sirviesen a dios al padre francisco de andrada e al racionero graviel delezcaño e a los padres fray juan de salazar e fray luis e ansi mesmo dejo en la dicha casa al dicho capitan juan de salazar con cinquenta hombres con el bastimento que pudo para se sostublesen el e los dichos clerigos e religiosos dejoles ansi mismo fragua rescates e hierro para que pudiesen ansí mesmo rescatar de los yndios bastimentos e con la otra gente se bino al puerto de corpus cristi donde torno a asentar el real con los yndios tenbues nuestros amigos e alli hizo otra yglesia donde dejo e estan por capellanes el padre juan de santander e luis de miranda clerigos e antonio de mendoza por teniente de Governador con la mayor parte de la gente e le dejo mayz e manteca e resca-tes para sustentar la gente e los clerigos e con la otra se bolbio a este puerto de buenos ayres donde hallo una nao e una carabela que avia venido con gente las quales no, traian bastimentos para se poder sustentar e hallo ansi mesmo cogido el mayz que no fue en tanta cantidad como su merced penzo de donde le biene a su Mag. catorce fanegas e media de mayz de diesmo e porque el a fecho en este puerto quatro yglesias a costa de la hacienda del señor adelantado las quales por ser cubiertas de paja sean quemado algunas de ellas e otras llebado el rio el dicho señor teniente de governador deshizo una nao grande e hizo una yglesia de las tablas e maderas della donde esta por cura julian carrasco clerigo e el bachiller martin de armençía e los padres fray ysidro e fray cristobal religiosos que sirben a dios e cada dia dicen misa a los quales ansi mesmo an dado e dan de comer siempre de los bastimentos del señor adelantado como a los oficiales de su magestad e gente desta dicha provincia sin interese alguno e porque la necesidad del bastimento es tanta que no comen los soldados mas de a ocho onzas de mayz su merced enbia un galeon bien aderezado e con buena gente a la costa del brazil para que trayga bastimento e los oficiales de su magestad el tesorero garçí venegas e el contador felipe de caçeres se ponen en le pedir el diezmo de las dichas catorce fanegas e media de mayz no mirando en la gran necesidad que la gente padece mas de lo aver para provecho de sus salarios como el dicho contador lo a dicho e para pagar cierto mayz que deve a juan pedro de bibal-do ginobes e si se les diese seria cabza que oviese otra tal mortandad como la pasada pues ellos no la quieren aprovechar en servicio de su magestad e dello seria dios e su magestad deservidos por ende que su merced toma las dichas catorce fanegas e media de mayz para reparo de la dicha gente para lo dar a los dichos oficiales tanto quel dicho galeon venga sino se oviera comido e porque su magestad sea cierto por verdadera ynformacion que no lo toma sino para dar de comer a esta su gente que tiene aqui porque no lo ay bastimento en todo este rio ni donde al presente se pueda aver mando a nos los dichos escribanos que los testigos de ynformación que ante nos se tomasen cerca de lo suso dicho se lo demas en publica forma para que su magestad sepa como es servido e ansi mesmo dijo que los dichos oficiales de su magestad no an querido ni quieren pagar al dicho juan carrasco clerigo cura de este puerto los salarios que se le deben del tiempo que a servido despues aca que fue recibido al dicho cargo no enbargante que el se la ha pedido e su magestad por sus ynstrucciones que les tiene dadas se lo manda a lo cual fueron presentes por testigos juan pabon de badajos e hernando de ribera estantes en este puerto que lo firmo de su nombre - francisco ruiz.

GENEALOGÍA DE LOS SCHMÍDEL [1]

PEDRO SCHMÍDEL ob. 1364 (?)

ERHARDO, el mayor	=	FELICITAS ZELLERIN
1449, 1461, 1474, 1477, 1479 y 1480 Burgomaestre de Straubing. 1483 Zechenmeister (2).		ob. 1501 (?)

ERHARDO, el menor	AMBROSIO	WOLFOANG, ob. 1511 (4)
= VERÓNICA ZELLERIN	= MARTA ZELLERIN	= ANA ZELLERIN
	1484 Symonkastner (3)	ob. antes de 1498
	1495 Burgomaestre	1566 á 8 Burgomaestre
	1490-1519 Señor del hospital feudal en Straubing.	1506 Diputado á la convención después de la guerra de Sucesión de Landshut (5).
		1508 Señor de las rentas feudales propias del capítulo de la Catedral de Augsburgo.
		1500 Reconocido señor del Castillo feudal de Azlburg por el Arzobispo Ruprecht.

Primeras Nupcias		Segundas Nupcias
FEDERICO	TOMÁS	ULRICH
1522 Instalado señor del castillo feudal de Azlburg por el Arzobispo Juan de Regensburg, príncipe palatino del Rhin y duque de Baviera (6).	ob. Set. 20 de 1554 (7)	ob. Regensburg (?).
	= 1.ª MAGDALENA SCHELLERIN	
	ob. Agosto 12 de 1528	
	= 2.ª MARTA MALLERIN	
	ob. 1557 (8).	
	1522, 1524, 1530 y 1535 Burgomaestre.	
	1539 Concejal del ducado.	
	1522, 1536 y 1549 reconocido señor de Azlburg.	

(1) Los datos estos, en su mayor parte, fueron extractados por el Dr. R. R. Schuller, quien los obsequió para esta publicación; fueron reunidos por el capitán del ejército real de Baviera, Eduardo Wimmer, citado por J. Mondschein.
(2) *Zechenmeister* — Alto puesto feudal en el ducado y en la diócesis de Augsburgo.
(3) *Symonkastner* — Ignórase la categoría de este empleo.
(4) Existe la partida de su casamiento — un lunes después del día de San Erhardo 1472 — se halla en el archivo de la ciudad de Straubing — Legajo 44, núm. 27.
(5) *Landshut* — una ciudad en Baviera.
(6) Cartulario original en el castillo de Azlburg, hoy convento de religiosas de la orden de Sta. Elizabeth.
(7) Según la losa sepulcral en el cementerio de Santiago en Straubing.
(8) Reconocida señora del castillo feudal de Azlburg en 1555.

REVERENDISSIMO ET ILLV-
ſtriſsimo Principi ac Domino , Domino IO-
HANNI PHILIPPO ,Epiſcopo Bambergenſi.&c.
Principi ac Domino ſuo clementiſsimo.

NArrationes hiſtoricæ de novis Regionibus & populis, meo
indicio , non tantum iucundæ , ſed etiam chriſtianis lectu,
neceſſariæ ſunt. Si enim immenſa, & miranda Dei opera
eiuſq; ineffabilem miſericordiam conſiderabimus,quam in nos
miſeros indignoſq; Chriſtianos declaravit, quod non tantum
ſui noticia nos illuſtravit,ſed etiam Adami culpa exitio deſtina;
A   tos

Libros a la carta

A la carta es un servicio especializado para

empresas,

librerías,

bibliotecas,

editoriales

y centros de enseñanza;

y permite confeccionar libros que, por su formato y concepción, sirven a los propósitos más específicos de estas instituciones.

Las empresas nos encargan ediciones personalizadas para marketing editorial o para regalos institucionales. Y los interesados solicitan, a título personal, ediciones antiguas, o no disponibles en el mercado; y las acompañan con notas y comentarios críticos.

Las ediciones tienen como apoyo un libro de estilo con todo tipo de referencias sobre los criterios de tratamiento tipográfico aplicados a nuestros libros que puede ser consultado en Linkgua-ediciones.com .

Linkgua edita por encargo diferentes versiones de una misma obra con distintos tratamientos ortotipográficos (actualizaciones de carácter divulgativo de un clásico, o versiones estrictamente fieles a la edición original de referencia).

Este servicio de ediciones a la carta le permitirá, si usted se dedica a la enseñanza, tener una forma de hacer pública su interpretación de un texto y, sobre una versión digitalizada «base», usted podrá introducir interpretaciones del texto fuente. Es un tópico que los profesores denuncien en clase los desmanes de una edición, o vayan comentando errores de interpretación de un texto y esta es una solución útil a esa necesidad del mundo académico.

Asimismo publicamos de manera sistemática, en un mismo catálogo, tesis doctorales y actas de congresos académicos, que son distribuidas a través de nuestra Web.

El servicio de «libros a la carta» funciona de dos formas.

1. Tenemos un fondo de libros digitalizados que usted puede personalizar en tiradas de al menos cinco ejemplares. Estas personalizaciones pueden ser de todo tipo: añadir notas de clase para uso de un grupo de estudiantes,

introducir logos corporativos para uso con fines de marketing empresarial, etc. etc.

2. Buscamos libros descatalogados de otras editoriales y los reeditamos en tiradas cortas a petición de un cliente.

www.ingramcontent.com/pod-product-compliance
Lightning Source LLC
Chambersburg PA
CBHW021124020426

42331CB00005B/621